KB128999

ADHD의 통합적 이해

Integrative Understanding of ADHD

대표저자: 안동현

김봉석 · 두정일 · 박태원 · 반건호 · 신민섭 · 신윤미 · 양수진
이성직 · 이소영 · 이재욱 · 임명호 · 정유숙 · 천근아 · 홍현주 공저

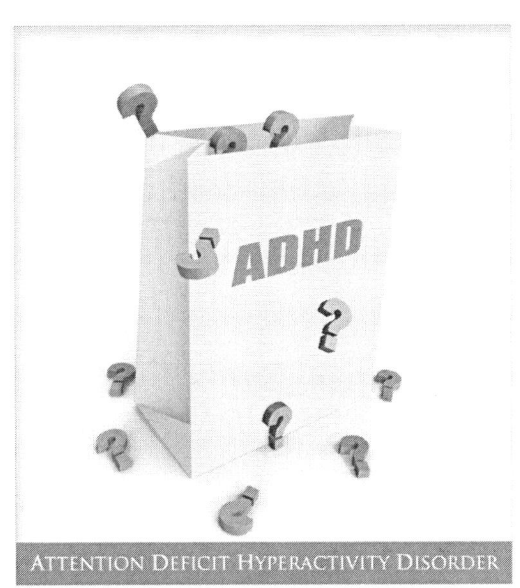

학지사

머리말

1980년대 후반에 당시로서는 다소 생소했던 ADHD에 관심을 가지게 되었습니다. 그래서 이에 대한 공부를 시작하여 논문도 쓰고 진료도 하며 관련 연구를 발전시켜 나가던 중, 우연한 기회에 『말 안 듣는 아이: 임상가를 위한 평가 및 부모훈련 교재(*Defiant children: A clinician's manual for assessment and parent training, 2nd ed.*)』(공역, 하나의학사)를 번역 출간하였습니다. 그 후 몇 년간 부모훈련에 몰두하면서 한편으로는 ADHD 아동에게 적용할 프로그램 개발에 돌입하여, 약 6년에 걸쳐 검증한 후 지난 2004년 가을 『주의력결핍장애 아동의 사회기술훈련』(공저, 학지사)을 출간하였습니다. 이 프로그램의 완성을 계기로 2004년 2월 '한양 ADHD Workshop'을 처음 개최하였고, 매년 워크숍을 개최해 오면서 ADHD에 대한 연구를 꾸준히 발전시켜 왔고, 많은 호응을 얻기도 했습니다. 그동안 7-모듈 모형, 부모훈련, 사회기술훈련을 포함하여 약물치료, 감각통합치료, 신경되먹임(neurofeedback), 성인기 ADHD, 학습지도 및 학습치료, 아이버그(Eyberg)의 부모-자녀상호치료(Parent-Child Interaction Therapy, PCIT), MTA 연구의 재해석, 집단 CBT(스탑! 1, 2, 3, 4) 등 국내외의 다양한 치료적 접근을 포함한 ADHD 진료와 연구, 상담, 치료에 관한 내용을 강의 및 워크숍을 통해 지속적으로 알리고 논의해 왔습니다.

이렇게 해 오다 보니 어느덧 10주년이 되었습니다. 10주년을 기념하여 욕심을 조금 부려서 2014년 2월 14~15일 이틀에 걸쳐 한양대학교 및 한양대학교병원에서 국내 ADHD와 관련한 여러 학자, 연구자, 임상가를 모시고 학술대회를 겸한 워크숍을 개최하였습니다. 발표자분들에게 미리 이 책의 출간 계획을 알리고 발표와 함께 원고 집필을 부탁드렸습니다. 물론 발표해 주신 모든 분이 함께하지는 못하였습니다. 하지만 많은 분께서 원고를 집필해 주셨고, 덕분에 이렇게 훌륭한 책이 완성될 수 있었습니다. ADHD의 개관부터 역사, 치료모형, 진단 및 평가, 신경심리학적 평가, 동반질병에 대한 내용을 1부에 담았습니다. 그리고 2부는 약물치료와 그 부작용, 치료유지(adherence)에 대한 내용을 담았고, 3부에서는 비약물치료로서 부모훈련, 부모-자녀상호작용치료(PCIT), 정신사회적 치료, 학교와 ADHD, 교실지도, 그리고 보완대체의학을 다루었습니다. 마지막 4부에서는 성인기 ADHD에 관한 두 개의 장을 실었습니다. 아쉽게도 발표를 위해 자비를 들여 방한해 주신 일본 Yamashita 교수의 여름치료프로그램(Summer Treatment Program)과 그 외에 신경되먹임(neurofeedback)을 포함한 컴퓨터를 이용한 다양한 진단 및 치료적 접근, ADHD에 대한 사회적 인식 등에 대한 주제를 담아내지는 못하였습니다. 미처 다루지 못한 내용은 다음 기회에 보완할 수 있기를 기대합니다.

그동안 수십 권의 ADHD 관련 서적이 국내에 출간되었지만, 거의 대부분이 외국 서적을 번역한 것이거나 부모 등 일반인을 위한 계몽서의 성격이 강한 것으로, 전문적인 내용을 통합적 조망으로 다룬 학술서적은 이 책이 처음입니다. 이 책을 기획하고 집필 · 편집하면서 많은 어려움도 있었지만 그동안 활발히 진행되어 온 국내 ADHD 연구를 정리해 본다는 사명감으로 마무리할 수 있었습니다. 이 책의 출간은 지난 10년 이상 '한양 ADHD Workshop'에 성원을 보내 주신 많은 분, 그리고 국내외에서 ADHD와 관련하여 큰 업적을 남기신 많은 연구자분들, 더불어 지난 해 10주년 학술대회의 발표와 집필을 맡아 주신 집필자분들 등 여러 사람이 함께해 주었기 때문에 가능했던 일로 이 자리를 빌려 그 분들께 다시 한 번 감사를 전합니다. 국내에서 ADHD에 대한 인식이 높아지고 관련 진료 및 연구가 매우 활발해졌음에도 이것을 다룬 본격적인 학술적 단행본은 출간되지 못하고 있었던 상황에 이 책이 뒤늦게나마 만회할 수 있는 기회가 된 것 같아 다행한 마음이 듭니다. 앞으로 국내외의 ADHD 관련 진료 경험 및 연구가 더욱 활발해져서 이 책에서 미처 다루지 못한 영역뿐 아니라 해결되지 않은 것이 또다시 새롭게 쓰일 수 있게 되기를 기대합니다.

2015년 9월

서울 행당동 연구실에서

대표저자 안동현

차례

제2부 약물치료

제3부 비약물치료

제4부 성인기 ADHD

1부

총론

ADHD 1

ADHD의 개관

1. ADHD의 정의
2. 실태 및 현황
3. ADHD의 원인
4. 임상 양상 및 경과
5. ADHD와 관련한 논란

ADHD 1

안동현

주의력결핍-과잉행동장애(attention deficit-hyperactivity disorder, 이하 ADHD)는 오랫동안 아동의 문제행동으로 논의되기는 하였지만 의학적인 질병으로 받아들여진 것은 그리 오래되지 않았다. ADHD는 1920년대 이전까지만 해도 산만하고, 말을 안 듣고, 지나치게 감정적인 아동에 대해 대부분 양육 혹은 교육의 문제로 취급되었다. 그러다가 1920년대 중후반이 되어 미국 전역에서 이와 같은 문제행동으로 아동상담소를 방문하는 아동의 수가 갑자기 증가하면서 그 원인을 찾았는데, 수년 전(1917~1918년 경) 전국적으로 뇌염이 유행한 이후, 당시 뇌염을 앓고 살아남은 아동에게서 그 발생이 높은 것을 알게 되었다. 이후 산만하고 활동적이며 충동조절 · 인지기능의 문제를 보이는 것이 단지 양육 및 교육의 문제가 아니라 뇌염과 같은 뇌손상에 의한 뇌기능과 연관될 수 있음을 알게 되었다. 이러한 근거에 기반하여 출산 시의 손상 · 홍역 · 납중독 · 간질 등과의 관련성에 대한 연구가 이루어졌고, '두뇌손상아(brain-injured child)' '미세두뇌손상(minimal brain damage)' 혹은 '미세두뇌기능장애(minimal brain dysfunction: MBD)' 등을 거쳐 '과잉행동아 증후군(hyperactive child syndrome)' '주의력결핍장애(attention deficit disorder, 이하 ADD)'로, 현재는 '주의력결핍-과잉행동장애(attention deficit hyperactivity disorder: ADHD)'와 '과잉행동장애(hyperkinetic disorder)'라고 지칭하는 의학적 질병으로 이해되고 있다. 이에 대한 역사적 고찰은 다음 장에서 자세히 다루고 있다.

즉, 산만하고 활동적인 것을 처음에는 단순히 버릇없이 키워져서 자제력이 부족한 것으로만 생각해 오다가, 뇌를 다치고 난 후에 오는 것으로 생각하게 되었고, 그 이후에는 특별히 관찰되는 뇌손상이 발견되지 않음에도 유전적으로 혹은 선천적으로 나타나는 병적인 현상으로 인정하고 있지만, 아직도 의학에서 질병으로 간주하는 것과는 달리 일반적인 인식은 그에 미치지 못하고 있는 실정이다.

1. ADHD의 정의

ADHD는 주의산만 · 과잉행동 · 충동성을 위주로 아동기 초기에 발병하여 만성적인 경과를 밟으며, 가정, 학교, 대인관계 등 여러 곳에서 지장을 초래하는 만성질환이다. ADHD는 심하게 움직이고 부산스러운 과잉행동(hyperactivity), 집중력이 짧고 끈기가 없어 쉽게 싫증을 내는 주의산만함(inattention), 참을성이 적고 감정 변화가 많은 충동적 행동(impulsivity)의 세 가지 주된 특징적 행동을 보인다. 미국정신의학회(American Psychiatric Association, 이하 APA)에서는 가정이나 학교 또는 임상에서 나타나는 이러한 행동의 특징을 4장의 〈표 4-1〉과 같이 그 진단 기준으로 제시하고 있다. 물론 나이가 들면서 과잉행동은 줄어들어(〈표 4-1〉에서 (2)의 3항과 같이) 초등학교 고학년이 되면 부산한 모습은 보기 어렵지만, 끈기가 없고 주의산만한 모습과 '욱' 하는 충동적인 면은 남아서 성인이 되어서도 문제를 일으키는 경우가 많다.

ADHD의 정의에서 몇 가지 논란이 되는 것이 있다. 첫째, 주의산만(inattention) 증상에 대한 것이다. 앞으로 세계보건기구(World Health Organization, 이하 WHO)에서 제정하는 국제질병분류(International Classification of Diseases, 이하 ICD) 11차 개정판을 두고 봐야 하겠지만, APA의 『정신질환의 진단 및 통계 편람 제5판(*Diagnostic and Statistical manual of Mental disorders, 5th ed.: DSM-5*)』(APA, 2013)에서 정의하고 있는 주의산만 우세형을 현재까지 ICD-10(WHO, 1992)에서는 인정하고 있지 않다. 둘째, DSM-5(APA, 2013)가 발간되면서 상당히 많은 발달학적 고려가 이루어졌는데, 가령 발병 연령 기준 변경(7세에서 12세로 변경), 진단 기준에 성인기 증상을 상세히 명시, 그리고 청소년 및 성인의 진단 기준 충족 요건 변경(5개 이상 충족) 등이다. 예전에 ADHD가 단지 아동기에 국한된 질병부터 성인기까지 지속할 수 있는 만성질환이라는 사실에 근거하여 청소년 및 성인기에 대한 진단 기준의 변경이 제안되기는 했지만 아직도 여전히 이에 대한 논란은 끊이질 않는다. 셋째, 정상적인 산만함 혹은 과잉행동과 ADHD와의 경계선에 대한 논란이다. 『정신질환의 진단 및 통계 편람 제4판(*Diagnostic and Statistical manual of Mental disorders, 4th ed.: DSM-IV*)』(APA, 1994)에서 DSM-5(APA, 2013)로 개정하는 과정에서 이 난제를 해결하기 위해 차원적(dimensional) 진단 개념의 도입을 검토하였지만 충분한 성과를 내지 못한 채로 종결되고 말았다. 이것은 증상의 심각도와 함께 증상으로 인한 기능 저하(진단 기준 D)에도 해당한다. 이러한 논란에도 ADHD는 분명한 질병이라는 것에는 더 이상 논란의 여지가 없는 명백한 과학적 근거를 갖는다.

2. 실태 및 현황

미국에서는 이 질병을 매우 흔하고, 뇌손상과 직접 관련이 없는 행동장애로 간주하여 약물치료를 우선적으로 시행하는 경향이 높은 반면, 영국을 중심으로 하는 유럽 쪽에서는 그 범위를 좁게 잡고 있을 뿐 아니라 기질적 원인도 중요하지만 양육 등 환경적 요인도 중요하다고 봐서 사회심리적 접근을 강조하는 경향이 강하다. 이러한 견해차는 질병의 빈도, 진단 기준, 치료 방법 등에서 많은 차이를 보여 왔으나 1980년대 이후 그 차이는 점점 줄어들고 있다. 이런 차이로 인해 발생 빈도에 대한 결과에서도 상당한 차이를 보여 왔는데, 최근 Polanczyk 등(2007)이 아동 및 성인을 대상으로 한 전 세계 유병률 연구를 종합해서 ADHD 유병률이 5.29%라고 보고하였다. 미국에서 한 지역의 전체 공립 초등학교 전체 아동의 5.96%가 정기적으로 약물치료(주로 각성제)를 받고 있다는 보고가 있을 정도로 ADHD는 매우 흔하게 진단되고 치료가 매우 보편화되고 있다(Safer & Zito, 2000). 국내에서의 역학조사를 보면 서울대학교병원과 서울시소아청소년광역정신보건센터가 주관하여 진행된 2006년 연구가 가장 대표적인데, Diagnostic Interview Schedule for Children(DISC-IV)을 활용한 구조화된 부모면담에서 확인된 ADHD의 빈도는 초등학생이 약 13%였고, 중학생과 고등학생은 7% 내외였다(김붕년, 정동선, 황준원, 김재원, 조수철, 2006).

남녀 비율은 지역사회에서 일반인을 대상으로 한 조사와 클리닉을 찾는 환자군을 대상으로 한 조사가 다소 차이를 보이는데, 일반 인구의 경우 2.5:1에서 5.1:1로 조사되어 대략 3:1~4:1로 남자에게 흔하다. 하지만 임상군을 대상으로 한 조사에서는 2:1 내지 10:1까지도 차이가 나는데 대략 6:1 정도로 남자가 높게 나타난다. 그 외에 여러 가지 요인이 이 질환의 발생 빈도에 영향을 미치는 것으로 거론되었으나, 성별, 가족 역기능, 낮은 사회경제적 수준은 별 영향을 미치지 않는 데 비해 건강문제, 발달상의 결함, 연령, 도시지역 거주 등의 요인이 영향을 미치는 것으로 알려져 있다(Szatmari, 1992).

ADHD는 다른 질환을 동반하거나 증상의 일부로 나타나는 경우가 많은데, 제일 흔하고 문제가 되는 것이 품행장애(conduct disorder) 혹은 적대적 반항장애(oppositional defiant disorder)다. ADHD를 앓는 아동의 약 40~70%에서 이들을 동반하는 것으로 보고된다. 그 외에 학습 및 언어장애, 자폐스펙트럼장애, 지적장애 등에서 과잉행동증을 동반하는 경우가 많고, 여러 가지 신체 질환 중에서도 간질, 두뇌손상, 갑상선기능장애 등과 연관이 높다. 이 외에도 과잉행동 증상을 보이는 질환이 많은데 앞의 두 가지 질환 외에 주요 우울장애, 양극성장애, 뚜렛장애, 불안장애, 아동학대 등이 있다. 이에 대해서는 별도의 장에서 논의한다.

3. ADHD의 원인

앞서 논의했듯이, ADHD의 원인은 아직 명확하게 밝혀져 있지 않다. 부적절한 양육, 생애 초기 경험의 중요성, 사회경제적 여건의 중요성이 논의되고 있지만, 흔히 일반적으로 생각하는 것과 달리 그것이 원인에 미치는 정도는 비교적 적다. 오히려 뇌의 신경생물학적 원인이 더 결정적인 것으로 알려져 있다.

1) 유전

ADHD는 분명하게 가족력을 가지며, 유전적 소인이 중요하다. 그 근거로서 첫째, 가계도연구에서 ADHD 아동의 부모 및 친척 가운데 ADHD를 포함하여 품행장애, 약물남용, 우울장애가 높은 빈도로 보고된다. 이 중 ADHD를 보면 형제는 대략 30% 내외, 부모가 ADHD인 경우에 자녀는 57%(Biederman et al., 1995)의 발현위험률을 나타낸다. 둘째, 입양아동에 대한 연구로 Cadoret과 Stewart(1991)의 연구에서 283명의 입양아를 조사한 결과, 친부모가 비행 혹은 범죄인이었을 경우 입양 보낸 자녀가 ADHD로 진단될 가능성이 높았다. 셋째, 쌍생아연구에서 과잉행동과 주의산만 요인이 약 50%의 유전적 요인으로 밝혀졌다(Goodman & Stevenson, 1989). 관련 연구들을 요약하면 이란성 쌍생아의 30%에 비해 일란성 쌍생아는 약 80%의 일치율을 보였다.

분자유전학의 발달과 함께 이 질병의 원인 유전자를 찾기 위한 연구가 진행되고 있다. 후보(candidate) 유전자를 찾는 연구, 연관 및 상관관계(linkage and association) 분석,

게놈 전반적 연관 및 상관관계(genome-wide linkage and association) 분석 등이 연구되고 있는데, 예상에 비해 후보 유전자, 연관 및 상관관계 연구의 결과는 상반된다. 그 결과에 따르면, ADHD의 원인은 복잡하고 다유전적이며, 여러 유전적이고 환경적인 위험인자를 갖고, 이것이 질환의 인구 집단 내에서 보여 주는 표현형 전체를 결정한다. 미래 분자 유전연구는 아직 불명확하지만 중요한 영향력을 가지는 드문 다형성(polymorphism)을 인구집단의 일부에서 찾는 방향으로 흘러갈 것이다.

2) 신경생물학적 요인

앞서 논의했듯이, 대뇌 감염, 외상, 임신 혹은 출산 중의 손상이나 합병증과 같은 대뇌 손상은 ADHD의 원인으로 오래 전부터 연구되어 왔다. 이 가운데 특히 저산소증을 유발하는 손상이 중요하게 거론되어 왔으며, 많은 연구자가 대뇌 가운데 전두엽, 그중에서도 전전두엽 피질(prefrontal cortex)의 손상에 주목해 왔다. 전전두엽은 주의력의 유지 · 억제, 감정 및 동기의 조절, 행동의 조직화 능력 등과 관련하여 중요한 기능을 한다.

대뇌손상이 ADHD의 원인과 연관된다고 하는 것은 1930년대 이후 지속되어 온 가설로 여전히 유효하다. ADHD 환자의 대뇌 구조(structure)에 관한 영상 연구(imaging study)를 보면, 주된 관심 영역은 전전두엽(prefrontal lobe)과 기저핵(basal ganglia) 그리고 뇌량(corpus callosum)이었다. 기저핵과 전전두엽은 상호 밀접한 연관을 맺고 있다고 알려져 있으며, 기능적 상호작용을 하고 있고, 기저핵은 ADHD와 관련이 깊은 도파민(dopamine, 이하 DA)이 주된 신경물질로 관여하는 영역이기도 하여 많은 관심을 받아 왔다. 이 부위의 이상을 보고한 연구들은 현재까지 일관된 결과를 보여 주고 있는데, 주로 정상적으로 존재해야 할 미상핵(striatum)의 비대칭성이 소실되었거나 역전되어 있다는 것이다. 전전두엽의 경우 정상 아동에서는 우측 전부 대뇌가 좌측에 비해 큰 비대칭성이 있으나 ADHD 환아군에서는 이러한 비대칭성이 소실되고, 신경심리검사상 반응 억제(response inhibition)의 장애와 정적 상관을 보인다는 보고가 있으며, 뇌량이 작아져 있다는 소견이 지속적으로 관찰되고 있다. 하지만 아직 정확하게 국재화(局在化, localized)되고 있지는 않아 보고되는 부위는 연구자마다 차이가 있다. 이 외에도 전반적인 대뇌의 회백질 및 백질 감소, 이전에 치료받지 않은 환아에서 연령이 증가함에 따라 나타나는 미상핵 용적의 정상화 감소 및 백질 용적 감소, 회백질의 헤테로피아(heterotopia) 및 후두와의 이

상발생의 증가 등이 보고되고 있다. 소뇌가 새롭게 주목받고 있는 영역으로는 ADHD 환아의 소뇌 충부(vermis)에서 후하엽(posterior inferior lobe, lobule VIII–X)의 용적 감소 소견이 있다. 이러한 연구들은 기존의 정상군과 비정상군의 차이에 대한 비교 연구를 넘어서서 비정상군 내에서의 임상적인 경과 등에 따른 차이를 비교함으로써 신경영상학이 보다 행동에 대한 반영을 하고 임상에 가까워지도록 하는 한 단계의 도약이라고 말할 수 있겠다. 기능적 뇌영상연구에서는 주의력 과제에서 대조군에 비해 ADHD 아동의 선조체, 측두엽, 전대상회, 시상, 소뇌 충부 영역의 활성화 이상이 기능적 자기공명 영상(functional magnetic resonance imaging, 이하 fMRI)을 통해 보고되고 있다. 자기공명분광술(magnetic resonance spectrography, 이하 MRS) 연구에서는 1H–MRS를 이용하여 ADHD 아동에게서 관심영역(region of interest: ROI)인 전두–선조체 영역에서의 NAA/Cr 비율 감소, NAA의 감소, 글루타민산염/크레아티닌 조절장애(glutamatergic/creatinine dysregulation) 등이 보고되고 있다.

대뇌의 구조적인 이상 요인과는 별도로 주로 ADHD 아동의 치료 약물반응과 관련된 연구 결과에서 추론된 신경생화학적 원인론이 논의된다. Zametkin과 Rapoport(1987) 그리고 조수철(1990)의 결론을 보면, 주로 DA 및 노에피네프린의 감소와 관련이 있는 것으로 판단되지만 아직 확정적이지 못하다.

신경생리학적 연구 중 뇌파, 피부전도반응, 심장박동 등 주로 자율신경계에 대한 연구는 그 결과가 일관되게 보고되지 않으나, 대체로 ADHD 환자에게서 각성도(arousal)가 저하된다. 하지만 정량화 뇌파검사(QEEG)와 유발전위검사(ERP)에서는 비교적 일관된 소견을 보이는데, Tannock(1998)의 보고를 보면 정량화 뇌파검사 결과 전두엽에서 서파와 베타파가 증가하고, 유발전위검사에서는 P300의 진폭이 줄어드는 것이 관찰되었다. 이러한 소견들은 대뇌 전전두엽 기능과 관련이 있는 것으로 생각된다(Kuperman et al., 1996).

3) 독성 물질 등 위험 요인

난산, 임신중독증 등과 관련하여 ADHD의 발생 빈도가 높아진다는 주장(Hartsough & Lambert, 1985), 저체중 출생이 관련된다는 주장(Breslau et al., 1996; Sykes et al., 1997)이 있지만, Barkley(2006)는 ADHD 아동에게서 일반 아동에 비해 임신 및 출산 합병증이 높아지지 않는다는 상반된 주장을 하기도 한다. 이 외에 십대 부모와 같이 모성의 연령이 낮을수록(Hartsough & Lambert, 1985) 임신 중 태아에 대한 지나친 술과 담배 연기에의 노출이 ADHD와 상당한 관련이 있다는 주장이 제기되었다. 특히 임신 중에 모성이 지나치게 술을 마시는 경우 태아알코올증후군(fetal alcohol syndrome)을 가져올 수 있는데, 이때 과잉행동증과 인지장애 등을 초래할 수 있다.

독성 물질과 관련하여 논란이 되었던 것으로 일부 ADHD 아동의 혈중 납(lead) 농도가 증가되어 있다는 소견(Hong et al., 2015; Needleman et al., 1990)이 있다. 하지만 납에 중독된 아동 대다수가 ADHD 증상을 나타내지 않는다는 것(Needleman et al., 1979)과 대부분의 ADHD 아동에게서 납 농도가 높지 않다는 것(Gittelman & Eskinazi, 1983)으로 인해, 논란은 계속될지라도 적극적으로 지지받고 있지는 못하다. 하지만 음주, 흡연과 마찬가지로 납에 관한 연구도 대부분의 연구가 ADHD 진단 기준을 이용하지 않았다는 점, 부모에게 ADHD 존재 여부에 대한 평가와 통제를 하지 않았다는 점 등으로 인해 아직 확정적으로 결론을 내리기는 어렵다.

4) 양육, 가정환경 등 사회심리적 요인

과거 초기 연구에서 ADHD의 환경적 요인이 제시되었지만(Block, 1977; Hartsough & Lambert, 1982), 별로 지지받지는 못하였다. 이들은 부모의 자녀 관리 방법의 문제가 잘못되었거나 부모의 정신병리 혹은 심리적 문제 등이 ADHD와 관련된다고 주장하였다. Goodman과 Stevenson(1989)은 ADHD 쌍생아 연구에서 어머니의 잔소리와 침체된 양육이 일부에서 관련되는 것을 발견하였다. 하지만 이런 요소들이 ADHD 발현에 기여하는 정도는 10%도 되지 않았다. 또한 부모의 심리 특성, 아이 돌보는 능력도 0~6%밖에 기여하지 않았다. 따라서 ADHD 발생에 중요한 요소는 아닌 것으로 결론짓고 있고, ADHD의 경과 및 예후 등에는 중요한 요인으로 작용한다고 본다.

5) 신경심리학적 모형

수많은 신경심리학적 연구가 진행되었는데, 대부분이 주로 전두엽 기능에 초점을 맞추었다. 최근 Barkley(1997)는 광범위한 문헌을 종합하면서 주로 작업기억, 계획 세우기, 언어적 유창성, 운동 순서 정하기, 기타 다른 전두엽 기능에서의 어려움과 함께 행동반

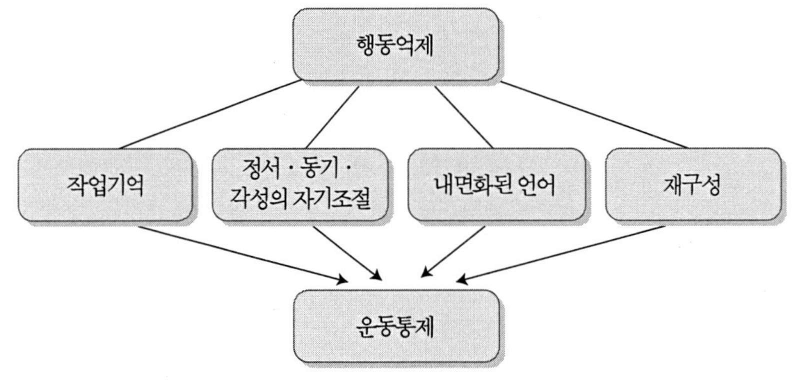

[그림 1-1] Barkley(1997)의 통합모형 모식도

응의 억제 실패(disinhibition)가 일관되게 나타난다고 하였다.

그는 [그림 1-1]과 같이 행동억제기능이 실행기능을 매개로 운동통제기능에 영향을 미치는 통합모형을 제안하였다. 그가 제안한 행동억제는 세 가지 방식, 즉 ① 사건에 대한 초기 우성반응의 억제, ② 현재 진행 중인 반응의 억제, ③ 주변의 다른 사건들로부터 현재 진행 중인 반응이 간섭받지 않도록 보호하는 것이다. 이러한 세 가지 방식의 행동억제는 전전두엽의 실행기능의 활성화를 매개로 하는 운동통제에 영향을 미친다. 그는 ADHD와 관련한 4개의 실행기능을 제안하였는데, [그림 1-1]에서와 같이 작업기억, 내면화된 언어, 정서 · 동기 · 각성의 자기조절, 재구성의 4개 요인이다. 그의 통합모형은 행동억제의 손상이 전전두엽의 네 가지 실행기능을 매개로 혹은 직접적으로 ADHD의 1차 증상인 운동통제의 손상을 초래한다고 하여, ADHD의 탈억제(disinhibition)에 의한 질병모형을 주장한다.

6) ADHD의 원인 및 정신병리에 대한 통합모형

결론적으로 ADHD의 원인을 요약해 보면, 아직 명확하게 밝혀지지는 않았다. 하지만 다양한 유전적 · 신경학적 요인이 관여하는 것은 틀림없고, 이들이 신경계의 특정 부위와 경로에 이상을 초래한다. 즉, ADHD는 유전적인 요인에 의해 대뇌의 실행기능을 주로 담당하는 전전두엽의 손상과 밀접한 연관을 갖는다. 여기에는 도파민(DA)과 노르에피네프린(norepinephrine, 이하 NE)의 신경전달물질이 직접적으로 관여하는데, DA는 실행기능을 담당하는 전반부 주의력체계(anterior attentional system: AAS), NE는 정보 수용과 처리를 담당하는 후반부 주의력체계(posterior attentional system: PAS)에 관여하는 것으로 알려져 있다. AAS는 배쪽중뇌피개영역(ventral tegmental area: VTA), 눈확이마엽피질(orbitofrontal cortex), 앞쪽대상회전(anterior cingulate gyrus), 전전두엽피질(prefrontal cortex), PAS는 청색반점(locus ceruleus: LC), 시상베개(pulvina of thlamus), 위둔덕(superior colliculus), 우측후두정엽피질(right posterior parietal cortex)이 관여하는 주요 신경해부학적 구조물이다. 최근의 주장은 이들 체계에 존재하는 신경세포 시냅스 접합부(synaptic cleft) 내 활동전위(action potential)에 의해 방출되고 남은 DA와 NE 양이 적다는 낮은 톤(low tone) 가설이다. ADHD 치료에 가장 효과적인 중추신경자극제을 비롯한 약물들이 시냅스 접합부에서 DA/NE 수용체의 재흡수를 차단함으로써 접합부 내의 낮은 톤을 높여 주고, 위상방출(phase release)을 감소시킨다는 설명이다. 즉, 중추신경자극제가 신호-대-잡음 비율(signal-to-noise ratio)을 개선하고, 과부하를 줄이며, 궁극적으로 DA 체계를 하향조절(down regulation)한다는 주장이다. 바로 이러한 전후반부 주의력체계의 신경생물학적 손상이 Barkley의 설명과 같이 신경심리학적 혹은 운동적 기제를 거쳐 임상 증상으로 나타난다고 보고 있다. 이러한 신경생물학적 결함은 임신 및 출산 중 합병증, 독성 물질

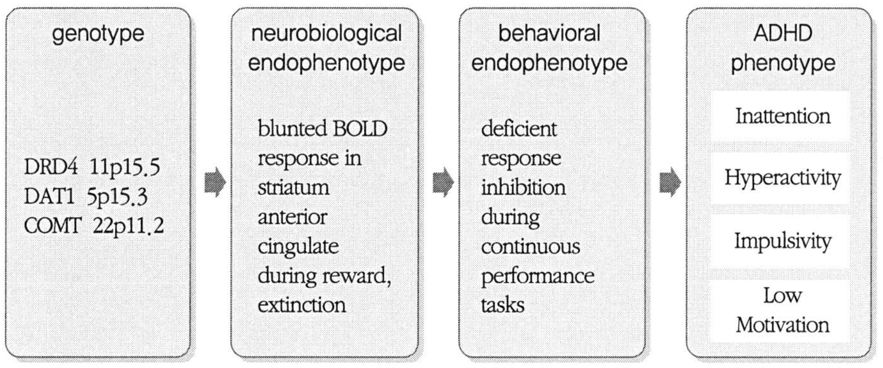

[그림 1-2] ADHD의 유전, 신경생물학, 신경심리학 및 임상 양상의 관계

* ADHD는 유전적 경향이 매우 강하여 유전형(genotype)을 찾기 위한 연구가 진행되고 있다. 이러한 유전적 요인과 독성 물질 혹은 태내 발달에 영향을 미칠 수 있는 여러 요인에 의해 신경생물학적 중간표현형(neurobiological endophenotype)이 결정된다. 뇌영상 및 뇌기능 연구에서 이를 지지하는 여러 근거가 제시되고 있다. 이러한 신경생물학적 소견들로 인해 행동적(혹은 신경심리학적) 중간표현형(behavioral/neuropsychological endophenotype)이 나타난다. 이는 여러 신경심리검사 소견 등으로 나타난다. 그리고 이러한 것을 바탕으로 ADHD의 특징적인 여러 임상 양상(표현형, phenotype)이 과잉행동, 주의산만, 충동 행동 등으로 나타난다. 그리고 이러한 표현형이 나타나는 데에 양육과 가정환경을 포함한 다양한 환경적 · 사회심리적 요인이 관여하여 영향을 미치게 된다.

에의 노출, 기타 신경학적 손상에 의해 유발되거나 악화될 수 있다. 이와 관련하여 임신 중 음주와 같이 몇 가지 분명하게 밝혀진 원인도 있지만 대부분은 아직 명확한 근거를 갖지 못한다. 사회심리적 요인은 이 질병의 직접적인 원인이라고 할 수는 없지만, 이 질병의 상태를 악화시키거나 경과를 지속시키거나, 특히 ADHD에 관련된 공존질병의 발병 혹은 악화에 기여할 수 있다. 물론 유전적인 요인이 없더라도 분명한 신경학적 손상이나 요인에 의해 신경계의 특정 부위와 경로에 이상을 초래하여 병을 일으킬 수도 있다.

4. 임상 양상 및 경과

ADHD 아동의 특징적인 모습을 보면, 흔히 아주 어려서부터 까다롭거나 활발했던 경우가 많다. 예를 들어, 밤낮이 바뀌어 애를 먹였다거나 하도 '발발거리고' 돌아다녀서 수없이 넘어지고 다쳐 애를 먹였다는 등이다. 하지만 대개 '철이 없다' '씩씩하다' '극성맞다' '남자답다' 등의 말을 들으면서 무심코 지내다가 유치원이나 초등학교에 다니기 시작하면서 단체 생활을 시작한 후에야 발견되고 주목하게 된다.

수업 중에는 가만히 앉아 있어야 하고, 질서나 규칙을 지켜야 하고, 비교적 긴 시간을 집중해서 공부해야 하는 등의 제한이 가해지는데, ADHD 아동은 이런 일을 수행하는 데 매우 곤란을 겪는다. 부모나 교사가 아동의 문제를 인식하게 되는 것이 대개 이 시기이며, 부모보다는 교사가 먼저 상담을 권유하는 경우가 많다. 왜냐하면 가정에서는 증상이 심하지 않거나 두드러지지 않는 경우가 많지만, 수십 명의 단체 생활에서는 훨씬 심해지고 더 잘 눈에 띄기 때문이다.

앞서 논의한 바와 같이, ADHD는 많은 개념의 변천을 거치면서 다양한 명칭으로 불려 왔는데, 이러한 변화와 혼란 속에서도 일련의 증상들—과잉행동, 주의집중력 저하, 주의산만, 충동성, 반항, 학습문제, 운동실조—은 핵심 증상으로서 전문가들이 공통적으로 인정해 왔다. 특히 과잉행동 혹은 주의산만은 아직도 핵심 증상으로 간주되고 있는데, 이는 단지 ADHD뿐 아니라 다른 질병 혹은 정상적인 발달 과정의 아동기·청소년기에도 매우 중요하고 높은 빈도를 나타내는 증상이다. 즉, '주의집중을 못하고 산만하다'는 문제는 일반아동에게서도 매우 흔하기 때문에 기질 혹은 성격 차원이나 훈육·양육의 문제와의 구분이 쉽지 않고 여러 오해를 초래하는 경우가 많다.

1) 증상 및 임상 양상

(1) 핵심 증상

1980년에 발간된 『정신질환의 진단 및 통계 편람 제3판(*Diagnostic and Statistical manual of Mental disorders, 3rd ed.: DSM-III*)』(APA, 1980)의 질병명이 『정신질환의 진단 및 통계 편람 제2판(*Diagnostic and Statistical manual of Mental disorders, 2nd ed.: DSM-II*)』(APA, 1966)의 과잉운동반응(hyperkinetic reaction)에서 주의력결핍장애(attention deficit disorder: ADD)로 변경되면서 1차 증상이 과잉행동(hyperactivity)에서 주의산만(inattention)으로 변했지만, 여전히 핵심 증상 중의 하나로 안절부절못함, 꼬무락거림, 불필요한 몸 움직임 등 운동관련 증상(motoric symptoms)이 중요하다. 부모는 흔히 '항상 가만히 있지를 않는다' '마치 모터가 달린 것 같다' '높은 데를 기어오른다' '가만히 앉아 있지를 않는다'고 호소하며, 학교에서 자리를 벗어나 돌아다니거나 팔다리를 가만히 두지 않고 흔들어대거나, 과제와 관계없는 다른 것을 가지고 놀거나, 다른 아이에게 말을 걸고 장난하거나, 쓸데없는 소리를 낸다. 이러한 과잉행동은 나이가 들면서 대근육 운동에서 소근육 운동으로, 외적 행동에서 내적 행동으로 변화한다. 따라서 학령 전기 아동에게서는 나대고 돌아다니는 것과 같은 대근육 활동이 문제가 되지만 학령기가 되어 시간이 지나면 이러한 대근육 활동은 더 이상 문제가 되지 않고, 문제가 되는 것은 꼬무락거림, 자리에서 뒤돌아보기, 말하기, 다른 아이에게 집적거리기, 연필 입에 물기 등으로 변한다. 그리고 청소년기가 되면 이와 같은 과잉행동은 대부분 크게 문제가 되지 않는다.

ADHD 아동은 주의력을 지속하는 것을 어려워하거나 무시해야 하는 자극에 주의가 쉽게 분산된다. 검사에서 ADHD 아동은 지속적 주의력(sustained attention) 혹은 각성도(vigilance)에 결함을 보이는데, 특히 재미없고 지루하고 반복적인 과제 수행(예: 혼자 하는 숙제, 자습, 심부름 등)에서 두드러진다. 부모들이 종종 '책 보는 것을 좋아해서 오랜 시간 꼼짝하지 않고 책을 읽는다' '레고 블록을 몇 시간씩 맞추는 등 집중력은 좋다'라고 이야기하는 경우가 있는데, ADHD 아동이라고 하더라도 특별한 경우에는 오랜 시간 집중하는 데 어려움이 없을 수 있다. 문제는 일상적이고 일반적인 상황에서 주의력을 유지하지 못한다는 점이다. 부모들은 흔히 '귀기울여 듣지를 않는다' '끝맺음을 잘 못한다' '쉽게 산만해진다' '잔소리를 하지 않으면 스스로 하지를 않는다' '물건을 잘 잃어버린다' '집중하지 않는다' '자꾸 지시해야만 한다' '일을 끝내지도 않고 딴 일을 벌인다'라고 아이들을 표현한다. 이와 같은 표현들은 후에 평가척도의 문항이 되었는데, 여러 가지 직접관찰연구에서 놀 때의 행동이나 특별히 주의력을 요하지 않는 일을 할 때도 정상 아동과 ADHD 아동이 구별되는 것으로 인해 이러한 결함이 행동 탈억제(behavioral disinhibition) 문제의 이차적인 것이 아니냐는 주장이 제기되고 있다(Barkley, 1998c). 이러한 주의산만함은 학령 전기 아동에게서는 주의집중이 덜 요구되기 때문에 과잉행동이나 요구가 많은 것으로 간과되다가 청소년기가 되면 두드러진다. 이것은 특히 학업 부진과 이차적인 동기 저하를 유발할 수 있다. 이 증상이 ADHD의 1차 증상인지, 아니면 과잉행동이 1차 증상인지는 오랫동안 논란을 거듭해 왔는데, 현재 이들은 서로 독립적이면서도 상호 보완적인 것으로 간주되고 있다.

과잉행동은 요인분석에 의해 주의산만(inattention)과는 구별되지만 충동성(impulsivity)과는 잘 구별되지 않는다. 왜 주의산만함과 같이 다차원적인 성격을 지니는지, 충동성의 어떤 측면이 이 아동에게서 문제가 되는지는 아직 확실치 않다. Kindlon 등(1995)은 충동성을 크게 두 가지 측면, 즉 동기차원(motivational domain)과 인지차원(cognitive domain)으로 나누고 있다. 전자는 처벌에 대한 민감도와 보상에 대한 무관심, 수동적 회피 학습, 만족 지연의 요소를 내포하고, 후자는 억제적 조절과 그 외의 일반적 처리 과정의 결함을 포함한다. 임상적으로는 지시를 끝까지 기다리지 않고 재빨리 반응하는 것으로 나타나는데, 대개 부주의한 실수를 초래하는 경우가 많다. 또 경우에 따라서는 부정적인, 파괴적인, 혹은 위험한 결과를 초래할 수도 있고, 자주 불필요한 위험한 행동을 하기도 한다. 결과적으로 잘 다치거나 물건을 잘 망가뜨리고, 게임에서 차례를 기다리거나 게임을 하는 데서 문제를 일으킨다.

(2) 연관된 여러 증상

① 인지발달 및 학업수행

ADHD 아동은 정상 아동이나 자기 형제들보다 지적 발달이 뒤처지는 것으로 알려져 있으며, 표준화된 지능검사에서 대조군에 비해 평균 7~15점 낮다고 보고된다. 그렇지만 이것이 검사받는 행동(주의산만함으로 수행이 저하되기 때문에)에서의 차이인지 혹은 실제 지능 차를 나타내는 것인지는 확실하지 않다. 학업수행에서 Barkley(1998b)는 자신의 클리닉을 방문하는 모든 아동이 학업상 결함을 갖는다고 하였지만, 이것이 실제 임상적으로 많은 문제를 가져오는 것은 약 40% 정도로 추정하고 있다. 김미경 등(1996)은 학습 수행평가척도를 이용하여 ADHD 아동의 46%가 학습상 상당한 곤란을 겪는 것으로 보고하였다.

② 학습장애

학습장애를 얼마나 동반하는가의 여부는 연구자에 따라 10% 정도부터 심지어 90% 이상 그 비율을 매우 다양하게 보고해 왔다. 이것은 학습장애를 평가하고 규정하는 방법이 다양하기 때문에 생긴 것으로 추정하며, 최근 개선된 방법으로 평가할 때 약 20% 내외의 학습장애를 동반하는 것으로 보고된다.

③ 언어발달

ADHD 아동에게서 심각한 언어 지연은 발견되지 않는다. 그렇지만 일반 지역사회 연구에서 과거력상 정상 아동에 비해 일반적으로 언어발달의 지연이 높게 보고되고 있다(6% 대 35%, 2% 대 5.5%). 이 같은 언어발달의 지연 외에도 10~54%에 이르는 다양한 정도(대조군 2~25%)로 표현언어에 문제를 더 많이 갖는 것으로 보고된다. 김미경 등(1996)은 ADHD 임상군에서 39%가 언어문제를 갖는 것으로 보고하면서, 특히 그 같은 소견을 뒷받침하는 것으로 지각-언어검사에서 다른 하위척도와 달리 특히 청각기억이 64.3%의 높은 비율로 결함을 보인다는 것을 든다. 이 하위척도는 후에 시각 운동, 시각 구성 하위척도와 함께 언어 표현은 물론 읽기 학습능력과도 관련이 높은 것으로 추정된다.

④ 신체 및 신경학적 이상들

모성 건강과 출산 전후의 문제들을 포함하여 청각, 시각, 대근육운동, 경한 신체 이상, 야뇨증 등이 잘 동반하는 것으로 거론되기도 하였지만 아직 뚜렷하게 관련성이 입증되어 있지 않다. 그 외에 주목할 것으로 몇 가지를 보면, 운동조절기능(motor coordination), 특히 미로 찾기나 판꽂기 과제(pegboard tasks)와 같은 미세운동조절기능에서 결함이 보고되고 있다. 특히 이것은 소위 '과흐름 운동(motor overflow movements)'이라고 하여 특정한 근육을 움직이도록 지시했을 때(예: 손가락 구부리기[finger flexion], 손가락 톡톡 치기[toe tapping] 등) 불필요한 연관 운동이 일어난다. 이것과 관련하여 ADHD 아동은 대부분

글씨 쓰기와 필기에서 아주 곤란함을 겪는 것으로 악명이 높다. 신체건강으로 영아기 때 잦은 질병, 잦은 상기도 감염, 알레르기, 천식 등이 제기되었고, 국내에서도 연구가 있었지만 아직 확실하지 않다. ADHD 아동과 관련해서 잠들기 어렵다, 자주 깬다, 깨서 피곤해한다 등 많은 수면이상이 보고되어 이들의 관련성에 대한 논의가 이루어지고 있다.

⑤ 정서 및 품행 문제

ADHD 아동이 공존질병을 갖는 것은 매우 흔한 것으로 보고되고 있다. 신윤오 등(1993)은 소아정신과에 입원 중인 ADHD 환자군이 평균 2.7개의 공존질병을 갖는다고 보고하였으며, 홍강의 등(1996)은 외래 ADHD 환자군의 48.8%가 공존질병을 갖는다고 하였다. 그들은 그 빈도를 순서대로 특정발달장애(11.6%), 품행장애(9.3%), 반항장애(7%), 불안장애(7%), 유뇨증(4.7%), 지적장애(4.7%) 등의 순서로 제시하였다. 김미경 등(1996)은 전체 26명의 대상 아동 중 반항장애(23%), 품행장애(8%), 분리불안 및 과잉불안장애(16%) 등이 동반되었음을 보고하였다. 그 외에 이경숙 등(1996)은 총 42명 중 22명(52.4%)이 반항 및 품행장애를 동반하는 것으로 보고하였다.

다른 장에서 더 자세히 논의하겠지만, ADHD는 다양한 공존질병을 갖는 복합적인 질병이다. 그렇기 때문에 치료를 하는 데 있어 동반하고 있는 증상 혹은 질병에 따라 다양한 전략이 요구되며, 진단적으로도 다양한 측면의 세밀한 평가를 통해 문제 영역 중심의 개별적인 접근이 요구된다. 이 같이 공존질병 혹은 증상의 동반 여부는 진단 및 평가, 치료 전략의 수립, 교육 계획의 수립 등에 있어서 필수적인 고려 사항임이 강조된다.

2) 발달단계에 따른 경과

〈표 1-1〉 연령대에 따른 두드러진 양상의 변화

	학령 전기	학령기	청소년기	성인기
주의 산만	놀이 시간이 짧다(<3분). 활동을 하다 말고 가 버린다. 잘 듣지 않는다.	활동 시간이 짧다(<10분). 활동을 미처 끝내지 않고 바꾼다. 잘 잊어버린다. 조직화하지 못한다. 주변에 쉽게 휩쓸린다.	또래 아이들보다 꾸준하지 못하다(<30분). 과제의 세부적인 것에 집중하지 못한다. 앞일에 대한 계획을 잘 세우지 못한다.	세부적인 것을 완성하지 못한다. 약속을 잘 잊어버린다. 장래에 대한 깊은 생각이 없다.

과잉 행동	부산하다(whirlwind).	조용히 있어야 할 때 가만히 있지 못한다.	가만히 있지 못한다.	안절부절못한다. 주관적 감각을 지닌다.
충동 행동	귀 기울여 듣지 않는다. 위험한 것에 대한 감이 없다(반항행동과 구별하기 어렵다).	차례를 뒤집고, 다른 아이를 방해하고, 불쑥 대답한다. 생각 없이 규칙을 어긴다. 아이들에게 끼어든다. 사고가 많다.	자기조절을 잘 못한다. 앞뒤 가리지 않는 모험-추구행동을 한다.	운동 및 기타 사고를 보인다. 성급하고 현명하지 못한 결정을 내린다. 참지 못한다.

출처: Tayler & Sonuga-Barke(2008), p. 522.

3) 예후

예전에는 모두 나이가 들고 자라면 괜찮은 것으로 생각했다. 하지만 이 아동들에 대해 20여 년 이상 추적 연구가 이루어지면서 경과를 조사해 본 결과, 무조건 나이가 들면 괜찮아지는 것으로 생각했던 것이 잘못된 것임이 밝혀졌다.

이들은 자라면서 학교생활과 친구관계, 가정에서 문제를 일으키기 때문에 모든 경우는 아니지만 대인관계에서 부적응을 가져오고, 학업에 대해서는 의욕저하, 학습부진, 좌절감과 부정적인 자아상, 난폭한 성격을 가져오기 쉽다. 심한 경우 중고등학교에서 누적되는 학업부진과 정서 불안정으로 인해 학교생활에 잘 적응하지 못하고, 결국 절반 정도는 성인이 되어서도 급한 성격, 인내심 부족 등의 증상을 남긴다. 이와 함께 앞에서 가졌던 여러 가지 문제가 제대로 해결되지 않을 경우 가정이나 사회생활에서 부적응을 일으키는 경우가 많은데, 여러 연구에서 이들은 직장을 자주 옮기거나 이사를 자주 하거나, 술을 많이 마시거나, 교통사고를 더 많이 내거나, 성격문제 혹은 대인관계 부적응을 더 많이 갖는다.

10~18세 사이의 91명의 ADHD 아동을 5년간 추적 조사한 Weiss 등(1971)의 연구, Ackerman 등(1977), Satterfield 등(1982), Gittelman 등(1985), Lambert 등(1987), Cantwell과 Baker(1989), Barkley 등(1990)의 청소년기 예후 연구들을 종합해 보면 ADHD 아동의 약 70%가 청소년기까지 지속하여 상당한 곤란을 초래하는 것을 알 수 있다. 종종 이들은 ADHD 진단 기준에 합당한 증세를 그대로 갖는가 하면, 학업 부진과 같은 교육상의 문제를 갖기도 하고, 때로는 또래, 교사, 부모와 사회적인 문제에서 미숙함이나 충동성을 포함한 개인적인 어려움으로 고생하기도 한다. 흔히 낮은 자긍심과 반사회적 행동이 나타나는데, 특히 처음 병원을 방문할 때부터 공격성이나 품행장애를 가졌던 경

우에 더 심하다. 이러한 예후는 중추신경자극제 투여만으로는 별 영향을 미치지 않는 것 같다.

ADHD 아동의 성인기 예후에 관해서 Weiss 등(1985)은 처음 6~12세 때부터 추적한 103명의 아동을 5년 후(평균 13.3세)에 91명, 10년 후(평균 19세)에 75명, 15년 후(평균 25세)에 63명에 대해 추적 조사하였다. 결과는 대조군에 비해 이사를 더 많이 하였고, 평균 수학 연한이 짧았고, 낙제를 더 많이 했고, 학점이 낮았다. 또한 인지검사에서 점수가 낮았고, 대부분의 임상군이 직업에 만족하고 지냈지만 대조군에 비해서는 낮은 계층이었고, 직업 변동이 잦았다. 또한 법원 출두와 비의학적 약물 사용이 많았다. 그리고 대조군(2.4%)에 비해 훨씬 높은 비율(23%)이 『정신질환의 진단 및 통계 편람 제3판 개정판(*Diagnostic and Statistical manual of Mental disorders, 3rd ed., revised: DSM-III-R*)』(APA, 1987)의 반사회적 인격장애의 기준에 해당하였다. 이 외에도 이 장애의 핵심 증상 중 적어도 한 가지 이상을 보였고, 자살 시도가 많았고, 사회 기술과 자긍심의 저하를 보였으며, 더 많은 증상과 정신과 진단을 내릴 수 있었다. 혈압, 맥박, 뇌파, 신장, 체중과 같은 신체적 조건이나 생리 측정에서는 큰 차이를 나타내지 않았다. 이 외에도 101명의 과잉행동아와 100명의 대조군을 5~11년 추적(평균 9년) 연구한 Gittelman 등(1985), 뉴욕주 법정 기록을 토대로 평균 연령 22세에서 과거 과잉행동아로 진단받은 대상들을 조사한 Mannuzza 등(1988, 1989)의 연구 결과들로 ADHD의 세 가지 유형의 성인기 예후가 존재하는 것을 알 수 있다. 첫 번째는 성인기에 잘 지내고 대조군과 차이를 보이지 않는 군이다. 두 번째는 상당한 정도의 집중력, 사회적 · 정서적 · 충동적 문제가 지속되면서 업무 및 대인관계에서 곤란을 갖는다. 또한 자긍심 저하, 충동성, 자극민감성, 불안, 정서가 변성을 보이는데, 대부분이 이 군에 속한다. 세 번째는 심각한 정신과 혹은 반사회적 문제를 갖는 군이다. 이들은 심하게 우울에 빠지거나 자살을 시도하기도 하고, 알코올이나 약물 남용 혹은 반사회적 행동에 빠지기도 한다. 하지만 이러한 부정적인 예후를 갖는 비율은 비교적 낮다.

5. ADHD와 관련한 논란

1) 미국국립보건원 합의도출회의

1990년대 들어 ADHD에 대한 관심이 급증하기 시작하면서 약물사용량이 급격하게 늘어났다. 이러한 현상에 대한 우려와 함께 ADHD와 관련한 여러 논란에 대해 합의를 도출해 내기 위한 회의가 미국국립보건원(National Institute of Health, 이하 NIH) 주최로 1998년 2박3일 일정으로 개최되었다. 이때 미국 전역의 전문가 수십 명과 함께 관련자들이 모여 여러 논의를 하였는데, 여기서 논의된 소주제들은 다음과 같다.[1)]

① ADHD가 질병이라는 과학적 증거가 있는가? 있다면 그것은 무엇인가?
② ADHD가 개인, 가정, 사회에 미치는 영향은 어떠한가?
③ ADHD의 효과적인 치료 방법은 과연 무엇인가?
④ 각성제 및 기타 약물치료의 위험성은 어느 정도인가?
⑤ 현존하는 진단 및 치료법은 어느 정도 효과가 있는 것인가? 그리고 적절한 인식, 평가, 치료를 방해하는 것은 무엇인가?
⑥ 장래 연구 방향은 어떠한가?

이 논의의 결론을 요약하면,[2)] ADHD는 중요한 공공보건문제를 나타내는 아동기에 흔히 진단되는 행동장애다. ADHD를 앓는 아동은 대개 여러 다양한 환경에서 심각한 어려움과 지장을 갖는다. 또한 학업성취, 직업적 성공, 사회심리발달에 장기적인 악영향을 갖는다. ADHD는 평가, 진단 및 치료에서 발전을 보였음에도 이 질병과 치료는 여

---

1) (요약본) No authors listed. (2000). National Institutes of Health consensus development conference statement: Diagnosis and treatment of attention-deficit/hyperactivity disorder(ADHD). *Journal of American Academy of Child and Adolescent Psychiatry, 39*(2), 182-193.
(전체 보고서) National Institutes of Health (1998). diagnosis and treatment of attention deficit hyperactivity disorder. *NIH Consensus Statement, 16*(2), 1-37.

2) National Institutes of Health (1998). Diagnosis and treatment of attention deficit hyperactivity disorder. *NIH Consensus Statement, 16*(2), 1-37.

전히 많은 공공 및 민간 영역에서 논란이 되고 있다. ADHD와 관련한 주요 논란은 단기 및 장기 치료에서 중추신경자극제의 사용과 관련된다.

ADHD에 대한 진단검사가 있지는 않지만, 이 질환의 타당성을 지지하는 근거는 충분하다. 앞으로 연구는 ADHD의 차원적(dimensional) 측면, 아동기 및 성인기에 존재하는 공존질병과 상태에 대한 것이 이루어질 필요가 있다.

무작위의 임상 연구를 포함한 연구(주로 단기, 약 3개월)를 보면, ADHD의 증상 및 그와 연관된 공격성(aggressiveness)을 호전시키는 데 있어 중추신경자극제 및 사회심리적 치료(psychosocial treatment)의 효과는 분명하고, 약물이 이들 증상을 호전시키는 데 사회심리적 치료법보다 더욱 효과적이다. 핵심 증상을 넘어선 일관된 호전 및 장기 연구(14개월 이상)가 부족하기 때문에 약물 및 행동 치료 그리고 복합치료에 대한 보다 장기간의 연구가 필요하다. 물론 이것이 진행 중에는 있지만, 장기간의 치료에 대한 결론적인 권고를 현재로서는 마련할 수 없다.

지역사회 및 의사에 따라 중추신경자극제의 사용에 많은 편차가 있는데, 이는 ADHD 환자의 치료에서 중추신경자극제를 사용하는 데 합의된 것이 없음을 시사한다. 이 문제는 ADHD 환자의 평가, 치료 및 추적에서 개선이 필요함을 보여 준다. 보다 일관된 진단 절차 및 임상 지침이 매우 중요하다. 더욱이 ADHD의 적절한 진단 및 치료를 방해하는 보험 적용의 문제 및 교육적 서비스와의 통합 부재는 중요한 걸림돌이며 사회적으로 장기적인 부담이 될 것이다.

마지막으로 ADHD에 관한 수년간의 임상연구 및 경험에도 불구하고, ADHD의 원인에 대한 우리의 지식은 여전히 추측에 머무르고 있다. 결과적으로 우리는 ADHD를 예방하기 위한 아무런 전략도 가지고 있지 못하다. NIH 합의도출회의는 이 회의가 개최된 다음 주 미국 『타임스(*Times*)』에 특집으로 게재되어 일반 대중에게도 널리 소개되었다.[3] 회의가 끝난 후 미국소아과학회(American Academy of Pediatrics, 이하 AAP)는 여기서 지적된 것에 대해 곧바로 특임위원회를 구성하여 2000년 학회지에 ADHD 아동의 진단 및 평가 임상진료지침[4], 다음 해에는 치료에 대한 임상진료지침[5]을 발표하게 되었다. 국

---

3) Nancy, G., (1998). The age of Ritalin. *Time Magazine, 152*(22).

4) American Academy of Pediatrics (2000). Clinical practice guideline: Diagnosis and evaluation of the child with attention-deficit/hyperactivity disorder. *Pediatrics, 105*(5), 1158-1170.

5) American Academy of Pediatrics (2001). Clinical practice guideline: Treatment of the school-aged child with

내에서도 필자가 중심이 되어 대한소아청소년정신의학회에서 이러한 지침[6]을 마련하여 발표한 바가 있지만, 광범위한 직역의 참여를 바탕으로 이러한 합의를 도출하려는 시도는 없었기에 이러한 시도가 절실하다.

2) MTA 연구

ADHD에 대한 관심의 증가와 더불어 1990년대 초 미국국립정신보건원(National Institute of Mental Health, 이하 NIMH)을 중심으로 ADHD의 치료에서의 약물치료와 행동치료(사회심리적 치료)의 효과성에 대한 논쟁이 있어 왔다. 이것은 결국 미국 전역의 6개 연구기관에서 약 600여 명의 ADHD 아동과 부모가 참여하는 미국 역사상 상당히 커다란 대규모의 연구로서 시행되었다. 이 연구는 MTA 연구(ADHD 아동에 대한 다양한 유형의 치료, Multimodal Treatment Study of Children with ADHD)라고 지칭되며 연구 설계, 방법론 등에 대한 논의가 1995년부터 여러 잡지에 논문 형태로 발표되면서 시작되었고, 첫 성과가 1999년 *American General Psychiatry*라는 저명한 잡지에 2편의 논문으로 게재되었다. 그 내용을 간략히 요약해 보면, 7~9.9세의 복합형 ADHD를 앓는 579명의 아동을 4개 군으로 나누어 그 치료 결과를 14개월 후에 평가하였다. 4개 군은 약물치료군(1개월마다 방문하여 약물 처방을 한 집단), 집중적 행동치료군(부모, 교사, 아동을 포함하여 시행하고 시간 경과에 따라 치료사의 관여를 점차 줄여 나간 집단), 혼합치료군(약물치료와 집중적 행동치료를 함께 시행한 집단), 표준지역사회군(지역사회 치료사로부터 치료받은 집단)으로 나누었다. 평가는 치료 시작 전, 치료 중, 치료 종결 시점에 다양한 영역에서 시행하였다. 결과는 시간이 경과함에 따라 증상이 상당한 정도로 감소하였는데, 집단 간에 그 변화의 정도에 상당한 차이가 있었다. 거의 대부분의 ADHD 증상에 대해 혼합치료군과 약물치료군에서는 집중적 행동치료군 및 표준지역사회군에 비해 유의미하게 뚜렷한 호전이 있었다. 혼합치료군과 약물치료군에서는 뚜렷한 차이를 보이지 않았지만, 몇몇 예(반항적/공격 증상, 내면화 증상, 교사가 평가한 사회기술, 부모-자녀 관계, 읽기 능력)에서 혼합형치료군이 집중적 행동치료군과 표준지역사회군에 비해 우수함을 보였다.

---

attention-deficit/hyperactivity disorder. *Pediatrics, 108*(4), 1033-1044.

6) 안동현, 강화연, 김붕년, 김지훈, 신동원, 양수진, 유한익, 유희정, 천근아, 홍현주(2007). 주의력결핍-과잉행동장애 한국형 치료권고안(I) -서론, 임상 양상 및 경과-. 소아청소년정신의학, 18(1), 3-9.

하지만 약물치료군은 그렇지 않았다. 표준지역사회군의 2/3가 연구 기간에 약물처방을 받았음에도 연구에 참여한 약물치료군은 표준치료군보다 우수하였다. 그들은 결론으로 ADHD 증상에 대해 주의 깊게 시행한 약물치료가 행동치료 및 약물을 포함한 일반적 지역사회 치료에 비해 우수한 결과를 보였다고 하였다. 그리고 혼합치료군은 핵심적인 ADHD 증상에 대해서는 약물치료군에 비해 유의미한 우수성을 보이지 않았지만, ADHD 이외의 증상 및 양성 기능적 예후에 대해서는 어느 정도의 장점이 있어 보인다고 하였다.

이 연구 논문이 발표된 이후 약물치료와 비약물적 치료에 대해서, 그리고 이 연구의 결과를 해석한 것에 대해서 많은 논의가 있어 왔다. 이후 이러한 배당된 집단을 떠나 자유로운 치료 방법을 선택하여 2년, 3년 그리고 8년이 지남에 따른 이들의 자연 경과를 추적한 연구들이 발표되었다. 이 연구 및 이후의 추적 결과에 대해서 수많은 논란이 있어 왔는데, 책임연구자들은 이에 대해 2편의 논문으로 요약하여 발표하였다. 그들은 첫 번째 논문에서는 1999년 1차 발표된 2편의 논문에 대한 재해석, 이어서 1차 추적논문 2편[7] 그리고 2차 추적논문 4편[8]에 대해 논의하였다. 두 번째 논문에서는 이들 8편의 논문에서 추가적인 사항들에 덧붙여 ① 'ADHD의 1차 치료(primary line treatment)가 무엇인가?' ② '중추신경자극제는 신체성장을 억제하는가?' ③ '약물치료가 장기적인 이득을 주는가?' ④ '치료의 유지가 약물의 상대적 우수성의 유지를 가져오는가?' ⑤ '선별오

7) MTA Cooperative Group (2004a). National institute of mental health multimodal treatment study of ADHD follow-up: 24-month outcomes of treatment strategies for attention-deficit/hyperactivity disorder(ADHD). *Pediatrics, 113,* 754-761.

MTA Cooperative Group (2004b). National institute of mental health multimodal treatment study of ADHD follow-up: Changes in effectiveness and growth after the end of treatment. *Pediatrics, 113,* 762-769.

8) Jensen, P. S., Arnold, L. E., Swanson, J. M., et al. (2007). 3-year follow-up of the NIMH MTA study. *Journal of the American Academy of Child and Adolescent Psychiatry, 46,* 989-1002.

Molina, B. S., Flory, K., Hinshaw, S. P., et al. (2007). Delinquent behavior and emerging substance use in the MTA at 36 months: Prevalence, course, and treatment effects. *Journal of the American Academy of Child and Adolescent Psychiatry, 46,* 1028-1040.

Swanson, J. M., Elliot, G. R., Greenhill, L. L., et al. (2007). Effects of stimulant medication on growth rates across 3 years in the MTA follow-up. *Journal of the American Academy of Child and Adolescent Psychiatry, 46,* 1015-1027.

Swanson, J. M., Hinshaw, S. P., Arnold, L. E., et al. (2007). Secondary evaluation of MTA 36-month outcomes: Propensity score and growth mixture model analysis. *Journal of the American Academy of Child and Adolescent Psychiatry, 46,* 1003-1014.

류가 약물의 유용한 효과를 상쇄하는가?' ⑥ '어떤 하위 집단이 다른 집단에 비해 더 이득을 가져오는가?'를 논의하였다.

3) 기타 논란

이 외에도 많은 논란이 이어져 왔다. 그중에서도 약물치료와 관련한 많은 논란이 있는데 이에 관해서는 해당 장에서 논의할 것이다. 예를 들어, 약물치료와 관련한 심혈관 부작용 혹은 급사(sudden death)와 관련된 논의 등은 약물부작용에 대해 다룬 8장에서 자세히 기술하고 있다. 놀이치료를 포함한 사회심리적 치료에 대한 논란(10장), 다양한 보완대체치료법에 대한 논란(15장), 성인기 ADHD에 대한 논란(16장, 17장)이 논의될 것이다.

그럼에도 여전히 풀어야 할 여러 문제가 있다. 영국 국립보건임상연구소(National Institute for Health and Care Excellence: NICE) 지침에서 몇 가지 질문을 하고 있는데, 이는 3장에서 자세히 소개하였다. 그 외에도 'ADHD에 대해 과잉진단 및 과잉치료가 이루어지고 있는 것은 아닌가?' '지나치게 약물치료에 기울어져 있는 것은 아닌가?' 등 관련 논란은 여전히 많다.

참 고 문 헌

김미경, 안동현, 이양희(1996). 학습문제를 동반한 주의력결핍-과잉행동장애 아동의 특성 분석. 정신건강연구, 15, 122-133.

김세실, 안동현, 이양희(1998). 주의력결핍/과잉활동장애(ADHD) 아동에 대한 약물-부모훈련 병합치료의 효과. 신경정신의학, 37(4), 683-699.

김자윤, 안동현, 신영전(1999). 농촌지역의 주의력결핍-과잉행동장애와 학습장애의 역학적 연구. 신경정신의학, 38(4), 784-793.

신민섭, 오경자, 홍강의(1990). 주의력결핍과잉활동장애 아동의 인지적 특성. 소아 · 청소년정신의학, 1, 55-64.

김붕년, 정동선, 황준원, 김재원, 조수철(2006). 서울시 소아청소년 정신건강문제 역학조사 보고서. 서울: 서울시소아청소년정신건강센터.

안동현, 강화연, 김붕년, 김지훈, 신동원, 양수진, 유한익, 유희정, 천근아, 홍현주(2007). 주의력결핍 과잉행동장애 한국형 치료권고안(I)-서론, 임상 양상 및 경과-. 소아청소년정신의학,

18(1), 3-9.

안동현, 홍강의(1990). 주의력결핍장애아동의 치료. 소아 · 청소년정신의학, 1, 77-88.

안동현, 홍강의, 오경자, 신민섭, 유보춘, 정경미(1992). Methyphenidate와 Imipramine 투여에 따른 주의력결핍 과잉운동장애 환아의 행동 및 인지기능 변화에 대한 연구. 소아 · 청소년정신의학, 3, 26-45.

오경자(1990). 주의력결핍과잉활동장애의 평가. 소아 · 청소년정신의학, 1, 65-76.

조수철(1990). 주의력결핍 · 과잉운동장애의 개념과 생물학적 연구. 소아 · 청소년정신의학, 1, 5-26.

조수철, 신윤오(1994). 파탄적 행동장애의 유병률에 대한 연구. 소아청소년정신의학, 5(1), 141-149.

조수철, 최진숙(1990). 주의력결핍 과잉운동장애와 행동장애 및 반항장애와의 상호관계에 관한 연구. 정신의학, 15(2), 147-159.

홍강의, 김종흔, 신민섭, 안동현(1996). 주의 산만, 과잉운동을 주소로 소아정신과를 방문한 아동의 진단적 분류와 평가. 소아 · 청소년정신의학, 7(2), 190-202.

Ackerman, P. T., Dykman, R. A., & Peters, J. E. (1977). Teenage status of hyperactive and nonhyperactive learning disabled boys. *American Journal of Orthopsychiatry*, *47*, 577-596.

American Academy of Child and Adolescent Psychiatry (1997). Assessment and treatment of children, adolescents, and adults with attention-deficit/hyperactivity disorder. *Journal of American Academy of Child and Adolescent Psychiatry*, *36*(10 Suppl), 85S-121S.

American Academy of Child and Adolescent Psychiatry (2000). National Institutes of Health consensus development conference statement: Diagnosis and treatment of ADHD. *Journal of American Academy of Child and Adolescent Psychiatry*, *39*(2), 182-193.

American Academy of Child and Adolescent Psychiatry (2002). Practice parameters for the use of stimulant medication in the treatment of children, adolescents, and adults. *Journal of American Academy of Child and Adolescent Psychiatry*, *41*(2 Suppl), 26S-49S.

American Academy of Child and Adolescent Psychiatry (2007). Practice parameters for the assessment and treatment of children and adolescents with Attention-Deficit/Hyperactivity Disorder. *Journal of American Academy of Child and Adolescent Psychiatry*, *46*(7), 894-921.

American Academy of Pediatrics (2000). Clinical practice guideline: Diagnosis and evaluation of the child with attention-deficit/hyperactivity disorder. *Pediatrics*, *105*(5), 1158-1170.

American Academy of Pediatrics (2001). Clinical practice guideline: Treatment of the school-aged child with attention-deficit/hyperactivity disorder. *Pediatrics*, *108*(4), 1033-1044.

American Psychiatric Association (1994). *Diagnostic and statistical manual of mental disorders* (4th ed.). Washington, DC: American Psychiatric Association.

American Psychiatric Association (2013). *Diagnostic and statistical manual of mental disorders* (5th ed.). Washintong, DC: American Psychiatric Association.

Barkley, R. A. (1997). ADHD and the nature of self-control. New York: Guilford Press.

Barkley, R. A. (1998a). A theory of ADHD: Inhibition, executive functions, and time. In R. A. Barkley (Ed.), *Attention-Deficit/Hyperactivity Disorder: A Handbook for Diagnosis and Treatment* (2nd ed.). New York: Guilford Press, 225-260.

Barkley, R. A. (Ed.), (1998b). Associated problems. In R. A. Barkley (Ed.), *Attention-Deficit/ Hyperactivity Disorder: A Handbook for Diagnosis and Treatment* (2nd ed.). New York: Guilford Press, 97-138.

Barkley, R. A. (Ed.), (1998c). Primary symptoms, diagnostic criteria, prevalence, and gender differences. In R. A. Barkley (Ed.), *Attention-Deficit/Hyperactivity Disorder: A Handbook for Diagnosis and Treatment* (2nd ed.). New York: Guilford Press, 56-96.

Barkley, R. A. (2006). Etiologies. In R. A. Barkley (Ed.), *Attention-deficit hyperactivity disorder: A handbook for diagnosis and treatment* (3rd ed.). New York: Guilford Press, 219-247.

Barkley, R. A., & Edwards, G. (1998). Diagnostic Interview, Behavior Rating Scales, and the Medical Examination. In R. A. Barkley (Ed.), *Attention-Deficit/Hyperactivity Disorder: A Handbook for Diagnosis and Treatment* (2nd ed.). New York: Guilford Press, 263-293.

Barkley, R. A., Fischer, M., Edelbrock, C. S., Smallish, L. (1990). The adolescent outcome of hyperactive children diagnosed by research criteria: I. An 8-year prospective follow-up study. *Journal of the American Academy of Child and Adolescent Psychiatry, 29*, 546-557.

Baumgaertel, A. (1999). Alternative and controversial treatments for ADHD. *Pediatric Clinics of North America, 46*(5), 977-992.

Biederman, J., Faraone, S. V., & Lapey, K. (1992). Comorbidity of diagnosis in attention-deficit hyperactivity disorder. *Child and Adolescent Psychiatric Clinics of North America, 1*(2), 335-360.

Biederman, J., Faraone, S. V., Mick, E., Spencer, T., Wilens, T., Kiely, K., Guite, J., Ablon, J. S., Reed, E., & Warburton, R. (1995). High risk for attention deficit hyperactivity disorder among children of parents with childhood onset of the disorder: A pilot study. *American Journal of Psychiatry, 152*, 431-435.

Block G. H. (1977). Hyperactivity: A cultural perspective. *Journal of Learning Disabilities, 110*, 236-240.

Braswell, L., & Bloomquist, M. L. (1991). *Cognitive-Behavioral Therapy with ADHD Children.*

New York: Guilford Press, 301.

Breslau, N., Brown, G. G., DelDotto, J. E., Kumar, S., Ezhuthachan, S., Andreski, P., & Hufnagle, K. G. (1996). Psychiatric sequelae of low birth weight at 6 years of age. *Journal of Abnormal Child Psychology, 24*, 385–400.

Brown, T. E. (Ed.), (2000). *Attention-Deficit Disorders and Comorbidities in Children, Adolescents, and Adults*. Washington, DC: American Psychiatric Press, 671.

Cadoret, R. J., Stewart, M. A. (1991). An adoption study of attention deficit/hyperactivity/aggression and their relationship to adult antisocial personality. *Comprehensive Psychiatry, 32*, 73–82.

Cantwell, D. P., & Baker, L. (1989). Stability and natural history of DSM-III childhood diagnoses. *Journal of the American Academy of Child and Adolescent Psychiatry, 28*, 691-700.

Collett, B. R., Ohan, J. L., & Myers, K. M. (2003). Ten-year review of rating scales-V: Scales assessing attention-deficit/hyperactivity disorder. *Journal of American Academy of Child and Adolescent Psychiatry, 42*(9), 1015-1037.

DePaul, G. J., & Stoner, G. (1994). *ADHD in the School*. New York: Guilford Press, 269.

Garfinkel, B. D., & Amrami, K. K. (1992). Assessment and differential diagnosis of attention-deficit hyperactivity disorder. *Child and Adolescent Psychiatric Clinics of North America, 1*(2), 311-324.

Gibbs, N. (1998). The age of ritalin. *Time Magazine, 152*(22).

Gittelman, R., & Eskenazi, B. (1983). Lead and hyperactivity revisited. An investigation of nondisadvantaged children. *Archives of General Psychiatry, 40*, 827–833.

Gittelman, R., Mannuzza, S., Shenker, R., & Bonagura, N. (1985). Hyperactive boys almost grown up: I. Psychiatric status. *Archives of General Psychiatry, 42*, 937–947.

Goldman, L. S., Genel, M., Bezman, R. J., & Slanetz, P. J. (1998). Diagnosis and treatment of ADHD in children and adolescents. *JAMA, 279*(14), 1100-1107.

Goodman, R., & Stevenson, J. (1989). A twin study of hyperactivity-II. The aetiological role of genes, family relationships and perinatal adversity. Journal of Child Psychology and Psychiatry, 30, 691-709.

Gordon, M., Barkley, R. A. (1998). Tests and observational measures. In R. A. Barkley. *Attention-Deficit/Hyperactivity Disorder: A handbook for diagnosis and treatment* (2nd ed.). New York: Guilford Press, 294–311.

Grace, A. A. (2001). Psychostimulant actions on dopamine and limbic system function: Relevance to the pathophysiology and treatment of ADHD. In M. V. Solanto, A. F. T. Arnsten, & F. X. Castellanos (Eds.), *Stimulant Drugs and ADHD: Basic and clinical neuroscience*. New York:

Oxford University Press, 134-157.

Hartsough, C. S., & Lambert, N. M. (1982). Some environmental and familial correlates and antecedents of hyperactivity. *American Journal of Orthopsychiatry, 52*, 272-287.

Hartsough, C. S., Lambert, N. M. (1985). Medical factors in hyperactive and normal children: Prenatal, developmental, and health history findings. *American Journal of Orthopsychiatry, 55*, 190-201.

Hinshaw, S. P., & Nigg, J. T. (1999). Behavior rating scales in the assessment of disruptive behavior problems in childhood. In D. Shaffer, C. P. Lucas & J. E. Richters (Ed.), *Diagnostic Assessment in Child and Adolescent Psychopathology*. New York: Guilford Press, 91-126.

Hong, S. B., Im, M. H., Kim, J. W., Park, E. J., Shin, M. S., Kim, B. N., Yoo, H. J., Cho, I. H., Bhang, S. Y., Hong, Y. C., & Cho, S. C. (2015). Environmental lead exposure and attention deficit/hyperactivity disorder symptom domains in a community sample of South Korean school-age children. *Environmental Health Perspectives, 123*, 271-276.

Jensen, P. S., Arnold, L. E., & Swanson, J. M., et al. (2007). 3-year follow-up of the NIMH MTA study. *Journal of the American Academy of Child and Adolescent Psychiatry, 46*, 989-1002.

Jensen, P. S., Kettle, L., Roper, M. S., et al. (1999). Are stimulants overprescribed? Treatment of ADHD in four US communities. *Journal of American Academy of Child and Adolescent Psychiatry, 38*, 797-804.

Jensen, P. S., Martin, D., & Cantwell, D. P. (1997). Comorbidity in ADHD: Implications for research, practice, and DSM-IV. *Journal of American Academy of Child and Adolescent Psychiatry, 36*(8), 1065-1079.

Kendall, P. C., & Braswell, L. (1993). *Cognitive-Behavioral Therapy for Impulsive Children* (2nd ed.). New York: Guilford Press, 239.

Kindlon, D., Mezzacappa, E., & Earls, F. (1995). Psychometric properties of impulsivity measures: Temporal stability, validity and factor structure. *Journal of Child Psychology and Psychiatry, 36*, 645-661.

Kuperman, S., Johnson, B., Arndt, S., Lindgren, S., Wolraich, M. (1996). Quantitative EEG differences in a nonclinical sample of children with ADHD and undifferentiated ADD. *Journal of the American Academy of Child and Adolescent Psychiatry, 35*, 1009-1017.

Lambert, N. M., Hartsough, C. S., Sassone, D., & Sandoval, J. (1987). Persistence of hyperactivity symptoms from childhood to adolescence and associated outcomes. *American Journal of Orthopsychiatry, 57*, 22-32.

Mannuzza, S., Klein, R. G., Bonagura, N., Konig, P. H., & Shenker, R. (1988). Hyperactive boys almost grown up: II. Status of subjects without a mental disorder. In S. Mannuzza, R. G. Klein, N. Bonagura, P. H. Konig, & R. Shenker (Eds.), *Archives of General Psychiatry, 45*, 13–18.

Mannuzza, S., Klein, R. G., Konig, P. H., & Giampino, T. L. (1989). Hyperactive boys almost grown up: IV. Criminality and its relationship to psychiatric status. *Archives of General Psychiatry, 46*, 1073–1079.

Molina, B. S., Flory, K., Hinshaw, S. P., et al. (2007). Delinquent behavior and emerging substance use in the MTA at 36 months: Prevalence, course, and treatment effects. *Journal of the American Academy of Child and Adolescent Psychiatry, 46*, 1028–1040.

National Institutes of Health (1998). Diagnosis and Treatment of Attention Deficit Hyperactivity Disorder. *NIH Consensus Statement, 16*(2), 16–18.

National Institutes of Health (2000). National institutes of health consensus development conference statement: Diagnosis and treatment of attention-deficit/hyperactivity disorder (ADHD). *Journal of American Academy of Child and Adolescent Psychiatry, 39*(2), 182–193.

Needleman, H. L., Gunnoe, C., Levinton, A., Reed, R., Peresie, H., Maher, C., & Barrett, P. (1979). Deficits in psychologic and classroom performance of children with elevated dentine lead levels. *New England Journal of Medicine, 300*, 689–695.

Needleman, H. L., Schell, A., Bellinger, D., Leviton, A., & Allred, E. N. (1990). The long-term effects of exposure to low doses of lead in childhood. An 11-year follow-up report. *New England Journal of Medicine, 322*, 83–88.

Pliszka, S. R. (2003). Attention-deficit/hyperactivity disorder. *Neuroscience for the Mental Health Clinician*. New York: Guilford Press, 143–164.

Polanczyk, G., de Lima, M. S., Horta, B. L., Biederman, J., Rohde, L. A. (2007). The worldwide prevalence of ADHD: A systematic review and metaregression analysis. *American Journal of Psychiatry, 164*, 942–948.

Rapoport, J. L. (1990). The diagnosis of childhood hyperactivity. In K. Conners, M. Kinsbourne, M. M. V. Münich, V. Medizin, & M. GmbH (Eds.), *Attention Deficit Hyperactivity Disorder (ADHD)*, 37–49.

Rösler, M., Retz, W., Thome, J., Schneider, M., Stieglitz, R. D., & Falkai, P. (2006). Psychopathological rating scales for diagnostic use in adults with attention-deficit/hyperactivity disorder (ADHD). *European Archives of Psychiatry and Clinical Neuroscience, 256*(Suppl 1), 3–11.

Safer D. J., & Zito, J. M. (2000). Pharmacoepidemiology of methylphenidate and other stimulants for the treatment of attention deficit hyperactivity disorder. In L. L. Greenhill & B. B. Osman. *Ritalin: Theory and Practice* (2nd ed.). Larchmont, NY: Mary Ann Liebert, 7-26.

Safer, D. J., & Krager, J. K. (1988). A survey of medication treatment for hyperactivity/inattentive students. *JAMA*, 260.

Satterfield, J. H., Hoppe, C. M., & Schell, A. M. (1982). A prospective study of delinquency in 110 adolescent boys with attention deficit disorder and 88 normal adolescent boys. *American Journal of Psychiatry*, *139*, 795-798.

Sauceda, J. M., & de la Vega, E. (1990). Attention deficit hyperactivity disorder in Mexico. In K. Conners, M. Kinsbourne, M. M. V. Münich, V. Medizin, & M. GmbH (Eds.), *Attention Deficit Hyperactivity Disorder (ADHD)*, 171-175

Silver, L. B. (1992). Diagnosis of Attention-Deficit Hyperactivity Disorder in adult life. *Child and Adolescent Psychiatric Clinics of North America*, *1*(2), 325-334.

Sunohara, G. A., Roberts, W. Malone, M., Schachar, R. J., Tannock, R., Basile, V. S., Wigal, T., Wigal, S. B., Schuck, S., Moriarty, J., Swanson, J. M., Kennedy, J. L., & Barr, C. L. (2000). Linkage of the dopamine D4 receptor gene and attention-deficit/hyperactivity disorder. *Journal of American Academy of Child and Adolescent Psychiatry*, *39*, 1537-1542.

Swanson, J. M., Elliot, G.R., Greenhill, L. L., et al. (2007). Effects of stimulant medication on growth rates across 3 years in the MTA follow-up. *Journal of the American Academy of Child and Adolescent Psychiatry*, *46*, 1015-1027.

Swanson, J. M., Hinshaw, S. P., Arnold, L. E., et al. (2007). Secondary evaluation of MTA 36-month outcomes: Propensity score and growth mixture model analysis. *Journal of the American Academy of Child and Adolescent Psychiatry*, *46*, 1003-1014.

Swanson, J., Arnold, L. E., Kraemer, H., et al. (2008a). Evidence, interpretation, and qualification from multiple reports of long-term outcomes in the multimodal treatment study of children with ADHD (MTA)-Part I: Executive summary. *Journal of Attention Disorders*, *12*(1), 4-14.

Swanson, J., Arnold, L. E., Kraemer, H., et al. (2008b). Evidence, interpretation, and qualification from multiple reports of long-term outcomes in the multimodal treatment study of children with ADHD (MTA)-Part II: Supporting details. *Journal of Attention Disorders*, *12*(1), 15-43.

Sykes, D. H., Hoy, E. A., Bill, J. M., McClure, B. G., Halliday, H. L., & Reid, M. M. (1997). Behavioural adjustment in school of very low birthweight children. *Journal of Child Psychology and Psychiatry*, *38*, 315-325.

Szatmari, P. (1992). The epidemiology of attention-deficit hyperactive disorders. *Child and Adolescent Psychiatric Clinics of North America*, *1*(2), 361-372.

Tannock, R. (1998). Attention deficit hyperactivity disorder: Advance in cognitive, neurobiological, and genetic research. *Journal of Child Psychology and Psychiatry*, *39*(1), 65-99.

Taylor, E., & Sonuga-Barke, E. (2008). Disorders of Altention and Activity. In M. Rulter, et al. (eds), *Rulter's Child and Adolescent Psychiatry* (5th ed). Blackwell Publishing Limited, 521-542.

The MTA Cooperative Group (1999). A 14-month randomized clinical trial of treatment strategies for ADHD. *Archives Gen Psychiatry*, *56*, 1073-1096.

The MTA Cooperative Group (1999). Moderators and mediators of treatment response for children with ADHD. *Archives Gen Psychiatry*, *56*, 1088-1096.

The MTA Cooperative Group (2004a). National institute of mental health multimodal treatment study of ADHD follow-up: 24-month outcomes of treatment strategies for attention-deficit/hyperactivity disorder (ADHD). *Pediatrics*, *113*, 754-761.

The MTA Cooperative Group (2004b). National institute of mental health multimodal treatment study of ADHD follow-up: Changes in effectiveness and growth after the end of treatment. *Pediatrics*, *113*, 762-769.

Weiss, G., & Hechtman, L. T. (1993). *Hyperactive Children Grown Up* (2nd ed.). New York: Guilford Press, 473.

Weiss, G., Hechtman, L., Milroy, T., & Perlman, T. (1985). Psychiatric status of hyperactives as adults: A controlled prospective 15-year follow-up of 63 hyperactive children. *Journal of the American Academy of Child and Adolescent Psychiatry*, *24*, 211-220.

Weiss, G., Minde, K., Werry, J. S., Douglas, V., & Nemeth, E. (1971). Studies on the hyperactive child: 8. Five-year follow-up. *Archives of General Psychiatry*, *24*, 409-414.

Wender, P. H. (1995). *Attention-Deficit Hyperactivity Disorder in Adults*. New York: Oxford University Press, 295.

World Health Organization (1992). International classification of diseases (10th ed.). Geneva: WHO.

Zametkin, A. J., & Rapoport, J. L. (1987). Neurobiology of attention deficit disorder with hyperactivity: Where have we come in 50 years? *Journal of the American Academy of Child and Adolescent Psychiatry*, *26*, 676-686.

http://consensus.nih.gov/1998/1998AttentionDeficitHyperactivityDisorder110Program.pdf

ADHD 2

ADHD의 역사 치료를 중심으로

1. 들어가는 글
2. 역사에서 찾아볼 수 있는 ADHD의 원형
3. 의학 문헌에서 발견할 수 있는 ADHD의 원형
4. 약물치료의 역사
5. 맺는 글

반건호

1. 들어가는 글

ADHD에 대해 의학계는 물론 사회적 관심이 확대되면서 그 뿌리에 대한 연구도 열기를 더해 가고 있다. ADHD는 일반 유병률이 5%를 상회하는 다빈도 질환인 데 비해 그 역사는 상대적으로 매우 짧다.

WHO(1949)에서 국제질병분류(ICD)-6을 제정하면서 처음으로 정신장애가 포함됐고, 미국에서는 1952년 정신장애를 위한 『정신질환의 진단 및 통계 편람 제1판(*Diagnostic and Statistical Manual of Mental Disorders, 1st ed.: DSM-I*)』(APA, 1952)을 발표하였다. DSM-I에서는 ADHD 진단의 시발점이 된 '미세뇌기능장애(minimal brain dysfunction, 이하 MBD)'가 채택되었다. 하지만 행동 문제를 보이는 모든 아동이 뇌손상을 가지고 있어야 한다는 이 진단 기준에 반론이 제기되었고, 뇌손상의 평가방법에 대한 논란도 커졌다. 또한 뇌손상이 없는 아동에게서도 행동 문제가 보고되었다. 이러한 논란에도 불구하고 그간 축적된 자료를 바탕으로 DSM-II(APA, 1968)에서는 '아동기 과잉행동반응(hyperkinetic reaction of childhood)'을 채택하였으며, 이를 다음과 같은 두 문장으로 정의하였다. "과활동성이고 안절부절못하고 산만하고 집중 시간이 짧은 아동에게 나타난다. 행동은 대개 청소년기에 감소한다." 하지만 진단명에서 알 수 있듯이 아직도 뇌의 기질적 원인보다는 주변 자극에 대한 과도한 '반응' 개념으로 이해되며, 안타깝지만 그때까지도 ADHD는 청소년기가 되면 사라지는 문제로 여겼다. DSM-III(APA, 1980)에서는 과잉행동보다는 충동조절, 주의력, 각성 영역의 결함에 좀 더 초점을 맞추게 되었고, 그간

---

* 이 장의 내용은 대한소아청소년정신의학회 및 대한생물정신의학회 간행위원회의 인용 허가를 받아 해당 학회지에 게재된 반건호 등(2011), 반건호 등(2014)의 내용을 상당 부분 그대로 인용하였음을 밝힌다.

MBD 아동에게서 문제가 되었던 특수 학습장애 영역을 ADHD에서 분리시켰다. 진단명도 DSM-II의 '반응(reaction)'에서 '장애(disorder)'로 바뀌었다. 하지만 과잉행동 증상의 중요성이 인식되지 않았고, 'ADD with hyperactivity(ADDH)와 ADD without hyperactivity (ADD)'로 명명하였다. 하지만 두 아형 사이의 임상적 차이가 미미하다는 논란이 지속되었고 과잉행동이 중요한 증상군임이 받아들여져서, 1987년 DSM-III-R에서는 두 아형에 대한 개념을 삭제하고 오늘날 사용되고 있는 주의력결핍 과잉행동장애(ADHD)로 진단명이 변경되었다(APA, 1987). 'ADD without hyperactivity' 진단은 '미분류 ADD (undifferentiated ADD)'로 남았다. 1994년에 개정된 DSM-IV에서도 ADHD라는 명칭은 남았으나 주의력결핍-우세형(predominantly inattentive type), 과잉행동-충동 우세형(predominantly hyperactive-impulsive type), 복합형(combined type)의 세 가지 아형으로 분류되었다(APA, 1994). 2000년 개정된 DSM-IV-TR(APA, 2000)에서도 진단체계는 크게 바뀌지 않았으며, 2013년 DSM-5(APA, 2013)로 개정되면서 그 체제는 그대로 유지되었다.

이렇듯 오늘날 ADHD는 최종 진단이라기보다는 잠정적 기준의 특성을 지니고 있으며, 역사적 토대가 튼튼하지 못한 편이다. 이러한 역사 때문에 질병 자체의 진단 기준이나 치료법, 특히 약물치료에 대한 저항이 치료에 큰 장애가 되고 있다. 따라서 이 장에서는 역사적으로 ADHD에 필적할 만한 사례에 대한 문헌 기록을 검토하고, 다른 한편으로는 의학적으로 ADHD와 부합되는 전문 의학 기록을 검토함으로써 오늘날 ADHD가 과거 다른 이름으로 존재하고 있었음을 확인하고자 한다. 또한 ADHD 치료의 가장 큰 걸림돌 중의 하나인 약물치료에 대한 역사적 고찰을 시도하였다.

2. 역사에서 찾아볼 수 있는 ADHD의 원형

1597년에 발표된 셰익스피어(Shakespeare)의 『헨리 4세(*Henry IV*)』에서는 기사 폴스타프가 법원장과 왕의 병에 대한 얘기를 나누는 장면이 나온다(Shakespeare, 2009). 여기서는 왕의 증상에 대한 '마치 귀머거리 같은 상태(kind of deafness), 남의 말을 듣지 못하고 남의 말에 주의하지 않는 고질병(the disease of not listening, the malady of not marking)' 등의 기술을 찾을 수 있다. 이는 당시에도 이러한 주의력이 저하된 환자가 존재했고, 셰익스피어가 ADHD의 주의력결핍 증상의 특징을 간파했던 것으로 보인다. 또한 '뇌졸중

(apoplexy)' 이라는 표현을 사용하고 있고, '일종의 혼수(kind of lethargy), 혈액순환이 안 됨(sleeping in the blood)' 등으로 기술한 것을 보면 뇌의 기질적 변화로 인한 가능성도 염두에 두고 있음을 확인할 수 있다. 하지만 그 원인에 대해 '너무 슬퍼하거나(original from much grief), 머리를 쓰거나(study), 뇌의 불안이 심해지면(perturbation of the brain)' 등으로 추정하고 있다는 점에서 양극성장애나 불안장애, 주요우울장애 등의 주의력결핍을 나타낼 수 있는 다른 질환의 가능성 또한 생각해 볼 수 있다. 그러나 주의력장애에 대한 특징을 정확하게 표현하고 있다는 점에서는 주목할 만하다(반건호 외, 2011).

독일의 의사인 하인리히 호프만(Heinrich Hoffmann)은 일반 의사로 일하다가 1851년 정신과 환자 수용소를 인수하면서 정신과 의사로 일하게 되었다. 그는 자신이 경험한 아이들의 사례를 그림동화책 『더벅머리 페터(*Struwwelpeter*)』로 출판하였다(Taylor, 2011). 원래는 호프만이 자신의 세 살짜리 아들에게 크리스마스 선물로 주기 위해 평소 모아 둔 아동 환자들의 인상을 묘사한 시와 간단한 그림을 책으로 엮었는데, 이를 본 출판업자의 권유로 1845년 초판을 출시한 것이다. 책 내용 중 '가만있지 못하는 필립(Fidgety Phil) 이야기' 사례는 문헌에 나타난 최초의 과잉행동 아동으로 인정받고 있다. 이 책은 1913년까지 400번째 개정판을 출간하였다(Thome & Jacobs, 2004). '가만있지 못하는 필립 이야기'는 한 가정에서 '필립'이라는 소년이 부모와 함께 식사를 하며 벌어지는 일을 그리고 있다. 식탁에 앉은 필립이 부모의 훈계에도 불구하고 가만있지 못하고 계속 움직이며 킬킬거리고, 의자를 앞뒤로 흔들다가 뒤로 넘어지며, 소리를 지르고 넘어지면서 식탁보를 잡아 당기는 바람에 식탁 위에 있던 접시나 음식이 바닥으로 쏟아지는 장면을 자세하게 서술하고 있다. 이는 ADHD 진단 기준으로 보면 ADHD의 과잉행동/충동성 유형에 해당된다(반건호 외, 2011).

이후 1847년 5판에 추가된 '멍하게 다니는 조니(Johnny look-in-the-air) 이야기'는 ADHD 주의력결핍형의 대표적 사례라고 할 수 있다. '멍하게 다니는 조니 이야기'에서는 '조니'라는 꼬마가 언제나처럼 학교에 가는 길에 하늘에 떠다니는 구름을 쳐다보며 걷고, 사람들이 "멍하게 다니는 꼬마 조니!"라고 놀리는 데도 신경 쓰지 않는 모습을 표현하였다(반건호 외, 2011). 하늘을 보며 걷다가 강아지가 달려들어도 모르고 부딪혀 넘어지기도 한다. 여기서 조니는 하늘을 나는 제비를 보다가 강둑에 넘어져 강에 빠지고, 지나가던 낚시꾼들에게 발견되어 장대를 이용해 겨우 강에서 빠져 나오게 된다. 하지만 강에서 빠져 나오고 나서 보니 책을 잃어버렸다. 이 글에서는 ADHD 하위 유형 중 주의력결핍형을 정확히 기술하고 있다. 멍하게 하늘만 쳐다보고 개와 부딪혀 넘어지며 강에 빠지는 등 극도로 산만한 모습이 DSM-IV의 진단 기준 중 부주의 항목의 세부 항목과 일치한다고 볼 수 있다. 그러나 안타깝게도 이때까지는 이러한 상태를 의학적 도움이 필요한 질병 개념으로 간주하고 있지 않았다. 하지만 필립을 단순한 장난꾸러기라고 해석한 보고도 있고, 조니를 소발작 간질 환자라고 해석한 보고도 있다. 『더벅머리 페터』 책 자체가 아동을 위한 교육 자료로서의 책이고 짧게 기술되어 있으며, 당시에는 ADHD에 관한 통일된 의견이나 질병으로서의 개념이 없었으므로 논란의 여지가 있으나 이 이야기들은 통상적인 ADHD 환자를 비유한 것으로 받아들여지고 있다(Lange et al., 2010).

로버트 W. 서비스(Robert W. Service, 1874-1958)는 영국에서 태어나 캐나다로 이주하여 활동한 시인이며, '유콘의 음유시인(the bard of Yukon)'이라는 별칭을 얻기도 하였다(Service, 1907). 1907년에 발간된 대표 시집인 『한 개척자의 노래(*Songs of Sourdough*)』에 실린 시 〈The men that don't fit in〉에서는 쉬지 않고 움직이는 사람들이 현실 적응에 어려움을 겪는 내용을 노래하고 있다. 이 시는 쉴 줄 모르고(they don't know how to rest), 적응하지 못하는(don't fit in) 사람의 삶을 표현한다. 그들은 실패하고, 또 실패하고(He has failed), 기회를 날려 버린다(He has missed his chance). 이는 집중력 유지에 장애를 보이는 사람의 삶으로, ADHD의 주의력결핍 증상에 해당한다고 볼 수 있다(반건호 외, 2011).

러시아의 아동문학가 니콜라이 노스코프(Nikolay Nosov, 1908-1976)의 동화 주인공인 '두노(Dunno; know nothing)' 역시 ADHD의 특성을 묘사하고 있다(Kropotov & Quantitative, 2008). 즉, 두노는 순진하고 현명하지만 장난꾸러기처럼 버릇없고, 호기심 많고 안절부절못하고, 뭔가 활동을 하지 않으면 안 되고, 항상 엉뚱하고 우스꽝스러운 상황에 연루되는 특징을 가지고 있다. 키는 작지만 똑똑해서 종종 대장 역할을 하는 '도노(Donno; I know)'는 두노와는 대조적인 인물이다(반건호 외, 2014).

3. 의학 문헌에서 발견할 수 있는 ADHD의 원형

최근 발견된 자료에 따르면, 최초의 ADHD 의학 자료는 ADHD의 개념을 처음 소개하였다고 알려진 Alexander Crichton보다도 최소 8년 앞서 발간된 한 독일 교과서라고 할 수 있다(Barkley & Peters, 2012). 교과서의 필자는 Melchior Adam Weikard(1742-1803)다.

독일에서 태어난 그는 어릴 적 사고로 척추기형이 생겼고, 그에 따라 키가 작았다. 그는 뷔르츠부르크에서 의학을 공부하고 독일 주교와 러시아 황녀 및 황제의 주치의를 지냈다. 이후 1790년에 자신의 이름을 기재한 교과서를 출간하였는데, 이는 실제로는 3판에 해당한다. 초판은 1775년(또는 1770년)에 출판되었으며 아마도 종교적 이유 때문에 필자명을 기재하지 않은 것으로 추정된다. Weikard는 이 책에서 주의력장애(attention disorder)를 기술하였다. 참고로 Weikard의 교과서 3장 '주의력결함(attentio volubilis, lack of attention)'에 실린 내용 중 치료에 대한 전문을 소개한다.

> 부주의한 사람은 소음 또는 다른 대상과 분리시켜야 한다. 너무 활동이 과할 때는 어둠 속에 혼자 두어야 한다. 재빨리 활성화되는 fiber(주석: 당시 과학 수준으로 볼 때 신경섬유조직을 지칭한 듯하다)를 조절하려면 마찰, 냉수욕, 쇳가루, 기나나무(주석: 기나나무 껍질에서 키니네를 추출한 것), 광천수, 승마, 체육활동이 좋다. 단, 젊은 사람을 치료할 때는 '사공이 많으면 배가 산으로 간다(Pluribus intentus minor est ad singular sensus)'는 속담을 염두에 두어야 한다. 정확하게 분석할 때까지 한 가지 방법만을 유지한다. 분석 시에는 환자의 관심사를 파악해야 한다. 즉, 그의 흥미 또는 자만심이 충족되는지를 살펴야 한다. 과도한 변덕(기민함, 쾌활함, 재치)이 원인이라면 체액(juices)과 민감한 신경섬유조직의 예열이 필요하다. 이상적인 방법으로는 냉수욕, 우유, 신맛 나는 물, 기나나무, 산(acids), 커피 금지, 향신료(spices), 뜨거운 음료, 열받게 하기(heating passions) 등이 있다. 정숙, 홀로 두기, 침착은 복합 사용한다. 이 책의 흥분 잘하는 기질 부분을 참고하라. 신경섬유가 비효율적이거나 늘어지는 경우에는 빠르게 변하고 열렬해지며 정상으로 돌아가는 약을 처방한다.

Weikard의 이론 중 흥미로운 것은 양육문제가 주의력장애의 원인이라고 한 점이다. 그는 짧은 시간에 너무 많은 것을 가르치려 한다거나 충분한 시간을 할애하지 않는다면 부적절한 주의력이 생길 수 있다고 보았다. 그의 이론 중 "여성은 원래 남성보다 주의력이 덜하다."처럼 오늘날 근거 없는 것으로 밝혀진 것도 있지만, 여전히 유용한 것도 있다. 예를 들어, 자극이 없는 환경을 조성해 준다든지 운동요법이 도움이 된다는 것 등이다. 재미있는 점은 주의력결핍 문제의 개괄 중 "(그가 살았던) 과거에 비해 현대인의 주의력이 약해졌다."는 것이다. 오늘날 ADHD가 현대사회의 문화현상이라고 주장하는 이론가들이 관심을 가져야 할 대목이다(반건호 외, 2014).

Weikard의 교과서에 대한 논문이 나오기 전까지는 현대의 ADHD 개념에 해당하는 내용을 의학적으로 처음 기술한 사람이 스코틀랜드의 의사였던 Alexander Crichton경(1763-1856)이라고 알려져 있었다(Crichton, 1798). Crichton은 1785년부터 1789년까지 독일에서 유학하였다. 그는 Weikard가 개업하고 있던 슈트트가르트와 할레에도 방문한 적이 있으므로 당대의 유명 의사였던 Weikard를 만났을 가능성이 있으며, 그의 교과서도 보았을 것으로 추정된다. 독일 유학 후 영국으로 돌아온 Crichton은 독일에서의 경험을 토대로 1791년 의과대학을 설립하였고, 1798년에는 의학 교과서 『정신이상의 특성과 기원에 대해서(*An inquiry into the nature and origin of mental derangement*)』를 출판하면서 '주의력결핍'을 기술하였다. 내용상 Weikard의 영향을 받았을 것으로 추정되지만 Weikard에 대한 언급은 없다. Crichton은 정신장애에 대한 과거 학자들의 보고는 개인 사례, 새로운 처방 소개 등이었을 뿐이며 의학적 이론으로 정신장애를 설명한 것은 자신이 처음이라고 주장하였다. 두 사람의 교과서 내용 중 주의력장애 부분의 분량은 Crichton은 46쪽, Weikard는 5.5쪽으로 차이가 있지만, 역사적으로는 Weikard의 교과서가 최대 28년, 최소 8년 앞선 것으로 봐야 한다(Barkley & Peters, 2012). Crichton은 자신의 교과서 내용 중 '주의력' 장에서 '정신적으로 가만있지 못함'에 대해 기술하였다. "어떤 한 물체에 대해 지속적으로 주의를 기울이는 능력이 없음을 말하며, 대개 일부러 꾸민 듯이 혹은 신경이 병적으로 감각 이상을 보여서 생기고, 끊임없이 이것저것 집적거리게 된다. 이것은 타고나는 것이기도 하고 우연히 병에 걸려 생기는 효과일 수도 있다." "타고난 경우에는 일찍부터 눈에 띄게 되며 좋지 않은 결과를 낳는다. 어떤 한 가지를 교육시키는 데 주의를 기울이지 못한다. 모든 면에 다 심하게 영향을 미치지는 않으며, 다행인 것은 대개 나이를 먹으면서 사라진다는 것이다." "이런 신경 상태를 특별히 부르는 이름이 있는데, 다름 아닌 안절부절못함(fidgets)이다." 이 짧은 구절에서 그는 환자의 주의력 변화에 대해 분명히 기술하였다. 이것은 현재 사용되고 있는 DSM-IV 진단 기준과도 부합하는 것으로서, Crichton은 이러한 아동에게 특별한 교육이 필요하며, 주의를 기울이려는 노력을 환자가 스스로 많이 해도 주의력 문제는 분명히 나타난다고 하였다. 그는 200여 년이나 앞서 ADHD의 주의력결핍형에 대해 기술하였고, ADHD의 일반적 특성인 주의력 문제, 가만히 있지 못함, 조기 발병, 그리고 학습에 미치는 영향까지도 서술하였다. 오늘날의 이론과 차이가 있다면 주의력 문제가 나이가 들면서 점차 줄어든다고 한 점과 훗날 George F. Still이 강조한 도덕성에 대해서 언급하지 않았다는 점이다. Crichton이 관찰한 환자가 지닌 장애가 ADHD가 아닌 주의력에 장애를 일으키는 다른 질환일 가능성도 고려해야 하지만, 이는 최소한 당시에도 ADHD가 존재했음을 시사하고 있다. Crichton은 주의력(attention)을 다음 세 가지 관점에서 정의하였다. 첫째, 주의력은 인식하는 힘의 핵심이다. 마음을 일순간이라도 외부 자극이나 내적 생각에 집중하도록 하는 데 필요하다. 둘째, 주의를 기울이는 것은 자동으로 이루어지는 것이 아니고 노력을 기울여야 하는 것이다. 셋째, 주의력은 의지로 이루어지는 행위로 보인다. 목표 달성을 위해 또는 다른 동기에 의해 진행될 수도 있지만 결국은 개인의 능동적 선택에 의한 것이다(Barkley & Peters, 2012).

통제불능 아동에 대한 19세기 기록 중에는 영국의 의사인 John Haslam(1764-1844)과 미국의 Banjamin Rush(1746-1813)의 사례를 들 수 있다(Taylor, 2011). 조현병 사례에 대해 자세한 기술을 남기기도 한 Haslam(1809)은 열 살짜리 장난꾸러기 소년에 대해 기록하였다. 그 소년은 주의력이 짧고 혼내도 듣지 않으며 통제가 되지 않는 아이라서 숙달된 교사도 손을 들게 만들었다. 아이는 잔인하고 파괴적이며 심지어 자살한다는 협박도 하였다. Haslam은 아이를 진찰한 뒤 구제불능의 표본이라고 여겼다. 현대적 시각에서 보면 아이가 자포자기 또는 절망한 상태로도 볼 수 있다. 미국 정신의학의 아버지라고 불리는 뛰어난 임상가였던 Rush(1812)는 통제력이 체질적으로 결핍된 집단에 대해 언급하였다. "그중 한 소녀는 온갖 나쁜 짓에 다 빠져 있었다. 눈을 뜨는 순간부터 쉴 새 없이 장난을 친다. 뭔가 어려운 일을 할 때나 공부에 몰두할 때 빼고는 종일 그렇다. 마음에서 도덕적 일을 담당하는 부분이 원래부터 망가져 있는 것 같다."

영국 최초의 소아의학 전문가이고 유년기 류마티스 관절염(훗날 스틸[Still] 씨 병으로 명명)을 정의하기도 하였으며, '소아과의 아버지'라고 불리기도 하는 George F. Still 경은 1902년 3월 4일, 6일, 11일 세 차례 런던의 왕립의학협회(Royal College of Physicians)에서 행한 'Goulstonian lectures'에서 몇몇 정신과적 이상을 보이는 아동을 소개하였는데(Still, 1902a, 1902b, 1902c), 이는 오늘날 ADHD 증상과 부합하는 부분이 많다. 그는 이 중 도덕적 결함(moral defect)으로 발생한다고 간주되는 주의력 문제와 자기조절 문제가 있는 15명의 소년 및 5명의 소녀를 소개하였다. 그중 한 사례를 구체적으로 기술하면 다음과 같다.

> 심각한 도덕적 결함이 있는 한 6세 소년은 심지어 놀이를 할 때조차 잠시도 집중할 수가 없었다. 예상했던 것처럼 집중력 장애는 학교에서 더욱 두드러졌고, 일상생활이나 대화에서는 다른 아이들만큼 똑똑하고 지적임에도 불구하고, 학교에서 낮은 성취도를 보였다. … 나는 이러한 도덕적 통제 결핍이 도덕 의식 수준의 결함 이외의 다른 병적 상황에 의한 것일수도 있을 것이라고 생각한다(Still, 1902c).

Still은 ADHD라는 용어를 사용하지는 않았으나 학자들은 그가 기술한 사례들이 오늘날 ADHD 복합형과 가장 일치한다고 평가한다. 또한 그는 아동기의 ADHD 문제가 성인기에도 남아있을 것이라고 기술한 최초의 인물이기도 하다.

> 이러한 과격한 위험성은 차치하고라도, 좀더 심각하고 영구적인 도덕조절장애가 있는 아동은 제대로 보호받지 못한다면 조만간 자신은 물론이고 가족에게도 사회적 불명예를 불러올 것이다. … 발생 가능한 위험을 부모에게 알려 주는 것이 옳다고 생각되지만 경험상 이들은 외형상으로는 그다지 심각해 보이지 않는다. … 이들이 정상 수준의 도덕조절 상태에 이르기를 기대하는 것은 가능성이 매우 낮다. 아주 어린 시절에는 정성스러운 훈련과 환경을 통해 이들이 얼마만큼 향상될 수 있을지를 미리 알기가 어렵다(Still, 1902c).

이와 같이 도덕적 조절은 환경, 도덕적 의식, 의지 등의 세 가지 정신인자와 유관하다고 하였으며, 이러한 조절 결함 상태를 의학적 상태보다는 병적 결핍으로 간주하였다. 하지만 뇌의 이상 가능성과 유전 관련 가능성을 시사하였다는 점과 이러한 증상이 성인기까지 계속될 수 있다고 예측한 점에서 Still의 기술은 훗날 미세뇌기능손상(minimal brain damage) 개념과 ADHD의 개념 형성에 큰 영향을 미치게 된다. 하지만 실제로 그의 이론은 1970년대까지도 거의 인용된 바가 없다(반건호 외, 2014).

Crichton과 Still의 공통점은 주의력장애를 타고난 유전성(heredity) 또는 뇌와 신경에 영향을 미치는 우발적 질환에 의한 것으로 보았다는 점이다(Taylor, 2011). 심지어 Crichton은 신체의 말초질환이라도 신경감각을 감퇴시키는 경우라면 주의력에 영향을 미친다고 하였다. Crichton과 Still 모두 주의력장애의 사회적 요인은 철저히 배제하였다. 그러나 Crichton은 아동기의 조기 교육이 주의력에 영향을 미칠 수 있다는 가능성을 제시하였다. 즉, 아동이 조기교육을 어떻게 받았는지, 그리고 아동 개인의 관심사에 따른 개인차이를 교육에서 어떻게 맞추어 주었는지에 따라 아동의 타고난 주의능력이 향상되기도 하고 퇴보할 수도 있다고 하였다(Barkley & Peters, 2012).

프랑스에서도 현대의 ADHD 개념과 매우 흡사한 증례 보고가 있었다(반건호 외, 2014). 유럽의 산업혁명과 프랑스 대혁명을 경험한 후 사회 구조의 변혁 과정에서 프랑스 사회는 하층 계급의 비도덕성(예: 높은 비율의 알코올 중독, 범죄, 매춘, 빈곤)에 주목하였다(Bader & Hadjikhani, 2014). 1880~1890년에 걸쳐 도덕적 위협에 처한 아이들을 보호하려는 움직임이 생겨났고, '비정상(abnormal)' 아동(예: 시각장애 아동, 청각장애 아동, 지적장애 아동, 간질 아동 등)에 대한 관심이 높아졌다. 1882년에는 「의무교육법」이 제정되면서 하층 계급의 아이들이 공립학교에 다니게 되었다. 이 과정에서 '비정상' 아동은 일반학교에서 지내기가 어려워 학문적 · 의학적 · 교육적 목적상 기관에 수용되었다. 이는 그들의 도덕적 문제와 관련된 비행이 사회에 미치는 영향을 감소시키기 위함이었다(반건호 외, 2014). Desire-Magloire Bourneville이 1879년 파리 비세트르(Bicetre) 병원에 '백치 및 간질 아동 병동'을 신설한 것도 그러한 조치의 하나였다(Bader & Hadjikhani, 2014). 이곳에서 그는 '의학-교육학적 접근'이라는 개념을 처음으로 시도하였다. 입원한 아이들은 '비정상(abnormal)'으로 분류되었고, 학습장애가 있는 지적장애 아동으로 간주되었다. 입원 아동을 관찰한 후 오늘날의 충동성과 과잉행동에 해당하는 문제를 가진 경우 '정신적 불안정성(mental instability)'이라고 명명하는 용어도 1885년에 처음으로 사용하였다. 1888년에는 병원에 입원한지 7년째인 14세 남아의 '불안정' 문제를 기술하였다. 성적 장애와 주의력 문제도 함께 나타난 사례였다. 이 보고서에서는 초기 아동기의 지지 요법이 긍정적인 효과를 보였다고 기술하였으며, 성인기까지 증상이 이어질 가능성에 대해 논하였다(반건호 외, 2014).

Bourneville의 보고에 이어 같은 병원에 근무하던 Georges Paul-Boncour는 지적으로는 문제가 없으나 과격하고 규칙을 지키지 않는 네 명의 아동 및 청소년에 대하여 자세히 기술하였다(Boulanger, 1892). 이들 사례는 오늘날의 ADHD와 증상 면에서 상당 부분 일치하며, 사례 중 한 명은 알코올남용 문제가 있었고, 다른 한 명은 병원에 8년 이상 입원해 있으면서 성인기로 이어졌다. Bourneville은 '완전한 백치, 심각한 백치, 정신박약, 지적장애, 정신적 불안정성'과 같은 분류체계를 제시하였다. 동시대의 Still과 마찬가지로 Bourneville도 이러한 정신병리는 '도덕 감각'과 관련이 있을 것으로 생각하였다

(Bader & Hadjikhani, 2014). 따라서 Paul-Boncour의 동료인 Jean Phillipe은 이러한 아동의 치료에 의학적 측면은 물론 교육적 측면을 고려해야 한다고 주장하였다(Philippe & Paul-Boncour, 1905). 특히 정신적으로 '불안정한' 아동의 문제가 청소년기를 거쳐 성인기로 이어진다고 기술한 점은 대단히 흥미롭다. Bourneville과 Paul-Boncour는 또한 이러한 증상이 대뇌기능부전과 관련된 기질적 원인이 있을 것으로 여겼다(Philippe & Paul-Boncour, 1905).

1882년 「의무교육법」 제정 이후 1904년 심리학자인 Alfred Binet가 교육부 장관에 임명되었다(Bader & Hadjikhani, 2014). Binet는 의사인 Theodore Simon과 함께 심리척도를 만들어 '비정상' 아동과 정상 또래 아동을 비교하였다(Binet & Simon, 1907). Bourneville의 개념에 준하여 '불안정한(unstable)' 아동을 기술하였으나 '불안정성(instablility)'의 특성을 찾아내는 데는 실패하였다. 그리하여 '성격 특성(character)'과 '도덕적 성분'에 비중을 두었다. 심리검사에서는 또한 '불안정한 아동'이 정상 아동보다 학업에서 일 년 정도 뒤처지게 나타났으나 '지적장애' 아동보다는 좋았다. '불안정한 아동'은 지지와 격려로 긍정적인 결과를 보였으며, 특수교육으로 좋은 결과를 예상할 수 있었다.

이후 1910년 프랑스에서 Ernest Dupre는 선천적으로 운동과 정신 영역의 불균형을 보이는 '침착하지 못함(restlessness)'의 개념을 제안하였다(Bader & Hadjikhani, 2014). Henri Wallon은 1920년 그 개념을 발전시켜 신경학적 근거에 준하여 세 가지 형태(비대칭성, 유사간질, 무도병성)의 '불안정성'을 구분하였다(Bader & Hadjikhani, 2014). 1940년에는 Jadigwa Abramson이 파리에서 1,117명의 '불안정성' 아동을 대상으로 '침착하지 못함'의 모델을 제안하였다. 이들 학자들은 기본적으로 성격 문제와 '불안정성'이 관련이 있다고 생각하였다. 이러한 '불안정성' 개념의 발전은 1950년대에 들면서 다른 국면을 맞는다. 프랑스 정신과 의사들 상당수가 이 상태의 무의식적 의미와 정신적 갈등에 대해 정신분석적으로 접근하고자 한 것이다. 따라서 약물치료는 물론 신경생물학적 접근을 거부하고 뇌기능에 의한 증상이라든지 국제적 분류 체계를 받아들이지 않게 되었다. 그러나 2000년부터는 ADHD에 대해 다각도로 이해하고 접근하고 있다(반건호 외, 2014).

독일의 Franz Kramer(1878-1967)와 Hans Pollnow(1902-1943)는 1932년 「유아기의 과활동성 질환에 대하여(On a hyperkinetic disease of infancy)」에서 행동 문제가 있는 17명의 아동(세 명의 소녀 포함)에 대해 다음과 같이 보고하였다(Neumärker, 2005). "아이들에게 나타나는 가장 분명한 증상은 엄청난 운동량이다. 그것도 무척 급하게 행동한다. 잠시도 차분하게 기다리지 못하고 방 안을 이리저리 뛰어 다닌다. 특히 높은 가구 위에 기어 올라가는 것을 선호한다. 누군가 말리려고 하면 성을 낸다." 이러한 내용은 오늘날 ADHD의 주 증상 중 하나인 과잉행동 특성과 상당 부분 일치한다. "특별한 목표 없이 하던 행동은 다른 자극을 받으면 쉽게 다른 행동으로 넘어가는 산만함을 보인다. 아동은 과제를 완수하기가 어렵고 간단한 질문에도 대답을 못한다. 어려운 과제에 집중하는 것은 대단히 곤란하다. 그러다 보면 학습에 문제가 생긴다. 지적 능력 평가도 곤란하다." 이 부분은 역시 ADHD의 주 증상 중 하나인 주의력결핍에 해당한다. "지속력이 떨어지고 특정 과제에 집중하기도 어렵다. 기분도 불안정하다. 쉽게 흥분하고 자주 분노를 터뜨리며 별것 아닌 일에 눈물을 터뜨리거나 공격적으로 변한다." 이는 ADHD의 충동 성향과 부합되는 내용이다. 하지만 "1초도 가만히 있지 못하는 아이의 행동 문제에도 불구하고 자신이 좋아하는 과제에는 오랜 시간 집중할 수 있다. 나이가 들면서 과활동성이 소실되거나 감소한다."는 기술은 충동 성향에 대한 의심을 불러오기도 하는 대목이다. DSM-IV의 진단 기준 중 "사회적 · 학업적 또는 직업적 기능의 현저한 손상" 대목에 해당하는 내용도 기술한 바 있다. "과잉행동 아동은 종종 불복종하는 행동 특성이 있으며, 학습 문제도 심각하다. 학교에서는 학급의 수업 진행을 방해하고 학급을 혼란에 빠뜨리며 친구들과 어울려 노는 것이 어렵고 친구 사이에서 왕따가 되기 일쑤다." DSM-IV의 연령 기준에 대한 부분도 이미 크라머-폴나우(Kramer-Pollnow) 증후군 기록에서 언급하고 있다. 이들이 보고한 사례들은 3~4세에 과잉행동이 시작되고 6세 경에 절정을 이룬다고 하였다. 상당수의 아동은 열성 질병이나 간질성 경련 후에 행동 문제가 나타난다는 내용도 기술하였다.

Kramer와 Pollnow는 이러한 아동의 장애를 '아동기의 과활동성(hyperkinesis of childhood)'이라고 지칭하였다(Neumärker, 2005). 이처럼 공격적 행동, 충동성, 혼란스러울 정도의 안절부절못함, 학습장애 등을 보였으나 당시 유행하던 뇌염 후 행동장애와는 차이가 있었다. 뇌염 후 행동장애에서 보이는 수면장애, 야간에 나타나는 초조감, 이상한 몸동작 등이 없었고 주간에만 증상을 보였다. 이 연구는 원인적 접근에서 뇌의 장애를 더 고려했다는 점에서 역사적 가치가 있다. 안타깝게도 그들이 모두 유대인이었기 때문에 연구를 진행하던 중에 나치의 강제 이주가 이루어지면서 후속 연구 자료를 찾기는 어렵다. 하지만 이는 WHO의 질병분류에 영향을 미쳤고, '과활동성(hyperkinetic)'이라는 용어는 ICD-8의 '과활동장애(hyperkinetic disorder)'로 이어졌다(WHO, 1967).

20세기 초까지도 말을 잘 듣지 않고 공격적이고 지나치게 감정을 드러내는 아동에 대해 도덕적인 면에서 참을성 부족이 원인이라고 생각하였다. 즉, 버릇없는 아이들로 여겼다. 하지만 미국을 비롯해 전 세계적으로 1917~1928년 사이에 2,000만 명에 가까운 뇌염 환자(encephalitis lethargica)가 발생하면서 이러한 인식이 바뀌기 시작하였다(Rafalovich, 2001). 당시 뇌염으로부터 살아남은 아이들 중 산만하고 행동이 과다해지며, 충동 조절 및 인지기능에 장애가 발생한다는 보고가 1920년대 초에 다수 발표되었다(Ross & Ross, 1976). 그들은 우울증을 포함한 기분 증상, 틱 증상, 인지 기능 손상으로 인한 학습장애 등의 다양한 증상뿐 아니라 반사회적 · 파괴적 행동을 포함한 행동 문제, 주의력결핍 문제 등의 ADHD에 해당하는 증상을 보였다. 이는 처음으로 ADHD 유사 증상의 원인으로 신체적 결함을 고려하게 된 사건이며, 단순한 도덕적 조절 능력 결핍이 아닌 '뇌염 후 행동장애(postencephalitic behavior disorder)'라는 진단을 내리게 만들었다(Levin, 1948). 그로 인해 출생 당시의 선천적 결손이나 주산기 무산소증, 주산기 질병 등이 뇌의 이른 기질적 손상을 가져오고, 이에 따라 행동상의 문제나 학습장애, 주의력결핍 등을 유발할 수 있다는 인식이 확산되었다(Barkley, 2006). 이러한 환자들을 단일 질환으로 분류하고 이에 대해 수많은 치료법을 개발하였으나 그 효과는 없었다. 파괴적 행동 문제가 이러한 뇌염 등의 질병으로 유발되는 것은 아니지만, 단순한 도덕적 결함으로 인한 개인적 문제 차원에서 뇌의 기질적 변화에 따른 질병으로 인식되기 시작했다는 점에서는 그 의의를 찾을 수 있다.

ADHD의 원인에 대한 인식이 Still의 도덕적 결함으로 인한 행동 문제에서 Tredgold (1908)의 뇌의 기질적 문제로 인한 행동 문제로 변화된 이후, Kahn과 Cohen(1934)은 '기질적 추동(organic drivenness)'이라는 표현을 사용하기도 하였다. Lewin(1938)은 지적 기능이 떨어지는 아동과 성인 환자에게서 뇌손상과 안절부절못하는 증상의 관련성을 제시하였으며, 전두엽을 제거한 동물실험 결과와 결부시켜 설명하였다. 그 밖에도 뇌염과 감염, 납중독, 경련성 질환 등 뇌에 영향을 미칠 수 있는 다양한 원인 및 그에 따른 환자의 행동 문제에 대한 보고가 다수 발표되었다. 이러한 연구 결과를 바탕으로 뇌손상과 행동 문제의 관련성에 대한 인식이 정착되기 시작하였고, Strauss와 Lehtinen(1947)은 뇌손상 아동에게서 여러 가지 정신증상이 나타날 수 있다고 보았으며, 특히 과잉행동과 뇌손상의 관련성을 지적하고 이러한 증상을 보이는 아동을 하나의 증후군, 즉 미세뇌손상증후군(minimal brain damage syndrome)으로 분류하였다. 오늘날 주의력결핍 증상 중

많은 부분이 이미 그의 논문에서 기술한 증후군과 일치한다. 1950~1960년대에 들어서는 '두뇌손상아동(brain-damage children)' '미세뇌손상(minimal brain damage)' '미세두뇌기능장애(minimal cerebral dysfunction)' '미세뇌기능장애(minimal brain dysfunction, 이하 MBD)' 등으로 명명되었고, 그중 MBD가 가장 흔히 통용되었다(Ross & Ross, 1976). 진단에 관한 논란은 1949년 WHO의 ICD-6과 1952년 APA의 DSM-I이 제정되면서 일관성을 갖게 되었다. 제2차 세계대전 당시 미군에서 장병 분류를 위해 William C. Menninger 장군 주도로 제정한 'Medical 203' 계획을 토대로 하여 1952년 정신장애를 위한 DSM-I이 발표되었다. 130여 쪽에 달하는 이 내용에는 106개의 정신장애가 포함되었고, 그중 ADHD의 뿌리라고 할 수 있는 MBD가 등재되었다.

4. 약물치료의 역사

주의력장애나 과잉행동 문제에 대한 사례 보고는 오래 전부터 있었으나 ADHD라는 진단체계가 성립된 것이 20세기 후반인 것처럼, 약물치료 역시 합성된 역사에 비하면 ADHD에 제대로 사용되기 시작한 것은 역시 20세기 후반부터다.

나가요시 나가이(長井 長義, 1845-1929)는 일본 도쿠시마현에서 의사의 아들로 태어나 1864년 나가사키의 네덜란드 의과대학에서 의학 공부를 한 뒤 동경과 베를린에서 연구를 계속하였다(Lock, 1984). 이후 베를린에서는 Albert W. Hofmann(1819-1892)의 연구소에서 화학을 전공하였고, 1883년 일본으로 돌아온 뒤 동경제국대학교의 교수가 되었으며, 식물에서 유효 성분을 추출하는 연구를 하였다. 1885년에는 에페드라 불가리스(Ephedra Vulgaris)라는 관목에서 에페드린(ephedrine)을 분리해 냈고, 1893년에는 에페드린 성분으로부터 수소기를 분리해 내면서 '메타암페타민(methamphetamine)'을 합성하였다. '메타암페타민'의 어원은 'methyl alpha-methylphenylethylamine'이라는 화학 성분에서 유래되었다. 이후 1919년 아키라 오가타(緒方 章)에 의해 결정화된 형태로 합성되면서 제2차 세계대전 중에는 치료제의 용도가 아닌 마약의 일종으로 사용되기도 하였다(Tamura, 1989). 1943년 미국에서는 아보트 제약회사가 식약청에 사용 허가를 신청하였다. 당시 적응증은 기면병, 경도 우울증, 뇌염 후 파킨슨병, 만성 알코올중독, 뇌경맥경화증, 건초열 등이었으며, 1944년 12월 이들 용도에 대하여 모두 사용을 허가하였다. 하지만 점차 이들의 적응증은 취소되었고, 현재는 ADHD와 심각한 비만에 제한적으로 사용되고 있다.

19~20세기에 걸쳐 새로운 산업경제 체제가 전개되면서 아동기에 대한 관심이 늘고 개념의 변화가 생겼다(Strohl, 2011). 자기조절행동과 절도 있는 사회관계가 가능한 이상적 아동기 모델이 등장하였으며, 성인기의 성공을 위해 아동기는 학습과 사회적 정체성 수립을 위한 결정적 시기로 인식되기 시작하였다. '좋은 아이' 모델이 생겨나면서 상대적으로 나쁜 모델, 즉 '말썽꾸러기 아동' 모델도 생겨났다. 학업수행능력 저하, 싸움, 규칙을 지키지 않고 권위에 저항하기 등이 이러한 '말썽'에 해당한다. 20세기에 접어들면서 말썽꾸러기 아동의 학업 · 가정 · 사회 문제와 신체적 · 정신적 건강을 다루기 위한 '아동지도운동(child guidance movement)' 개념 및 시설이 생겨났고, 외래진료소에서 이러한 문제를 개선시키기 위하여 노력하였다. 그러한 형태의 도움으로 해결하지 못하는 수준이 되면 의사가 운영하는 거주시설에서 행동 문제를 다루게 되었다. 엠마 펜들턴 브래들리 요양원(The Emma Pendleton Bradley Home)도 그런 취지로 생긴 시설 중 하나였다. 그곳에서는 안전, 격려, 자기표현의 출구로서 환경요소의 중요성을 강조하였다. 하지만 문제아동의 행동을 환경 조성이나 정신치료만으로 조절하는 것은 쉽지 않았다(반건호 외, 2014).

1935년 제약회사 Smith Kline & French(SKF)는 호흡기에 대한 '유사아드레날린 효과'와 뇌기능의 자극효과를 가진 황산 벤제드린(Benzedrine sulfate)을 알리기 위해, 관심을 보이는 의사와 연구진에게 약물을 무료로 제공하였다(Strohl, 2011). 하버드 대학교 부속병원에서 소아과 전문의 과정을 마치고 삼촌 부부가 설립한 엠마 펜들턴 브래들리 요양원에서 일하던 Bradley도 연구에 참여하였다. 그곳은 신경학적 문제 및 행동 문제가 있는 아동을 입원 치료하는 곳이었다. Bradley는 일차적으로 신경학적 진단을 받고 이차적으로 행동 문제가 있는 아이들에게 주목하였다. 아이들은 산만하고 가만히 있지 못하고 날뛰고 이기적이었다. 원래 Bradley는 약제의 정신적 수행기능 효현제 기능보다는 기뇌조영술(pneumoencephalography) 후에 두통이 있는 아동을 치료하기 위해 벤제드린(Benzedrine; Cullen, 2006)[2]을 투여하였다. 그는 두통이 뇌척수액의 손실로 인해 발생하

2) 벤제드린은 암페타민 제제로 1928년부터 기관지확장제로 시판되었고 흡입형 제제였으며, 현재는 프로필헥세드린(Propylhexedrine)으로 대체되어 사용되고 있다.

는 것이라고 생각했으며, 따라서 두통을 치료하기 위해서는 맥락총에서 뇌척수액 생산을 촉진시키면 될 것이라고 생각했다. 그는 뇌척수액 생산을 촉진시키기 위해 당시 사용되고 있던 가장 강력한 정신 자극제인 벤제드린을 사용한 것이었다. 벤제드린 투여 후에도 두통은 그다지 호전되지 않았으나, 일부 환아에게서 학교생활에 큰 변화가 있었고 학습 효과도 눈에 띄게 좋아졌다. 아이들은 이 약을 '수학문제 푸는 데 먹는 약(arithmetic pills)'이라고 불렀다. 그러한 아이들의 행동 변화를 감지한 Bradley는 자신의 병원에서 행동 문제를 보이는 30명의 환자를 대상으로 벤제드린을 투여한 후, "첫째 주는 암페타민(amphetamine, 이하 AMP) 없이 지내면서 평가하고, 둘째 주는 매일 아침 AMP을 투여하며, 셋째 주는 약물을 끊고 평가한다. 이 과정에서 벤제드린을 투여한 반수의 환아에게서 학교생활의 두드러진 호전이 나타났고, 일과 수행에 있어 훨씬 빠르고 정확하게 집중할 수 있게 되었다."(Bradley & Bowen, 1941)라고 기술하였다. 단, 약물 투여가 중단되면 행동 문제는 다시 나타났다. 약물 투여 기간에 아이들은 아동기의 '현대적 이상형 모델'로 변했다. 단, 예상치 못한 효과가 나타나기도 했다. 약물을 투여한 아이들 중 절반 정도는 순종적으로 변했으나 나머지 반 정도는 흥분된 모습을 보였다. 이후 100명의 아동을 대상으로 실험을 반복하여 1941년 발표하였다(Bradley & Bowen, 1941). 두 차례의 실험에서 아이들은 다양한 사회성 및 정서반응을 보였다. 첫째, 이해력, 정확성, 결과물의 향상 외에 성취 욕구가 생겼다. 둘째, 이러한 효과는 약물 투여 후 즉시 나타났지만 약물을 중단하면 다음날부터 효과가 없었다. 즉, 이 약물은 행동 문제의 근본적 원인을 바꿀 수 없었다. 셋째, 동기 증진 외에 두드러진 정서반응을 보였다. 반 정도의 아이들은 확실히 차분해지는 반응을 보였다. 예를 들면, 짜증스럽고 공격적이고 시끄럽던 아이들이 순순히 말을 잘 듣고 주변에 관심을 가지게 되었다. 반대로, 활성화(흥분)되는 아동도 있었다. 좀 더 기민해지고, 주도적으로 변하고, 대체로 자립성이 생기고 성숙해 보였다. Bradley는 이러한 변화를 주로 사회적 시각에서 판단하였다. 예를 들면, 홀로 떨어져서 지내던 아동이 집단 속에서 도움이 될 만한 행동을 하고, 과제 수행 면에서는 학급 활동에 참여하게 되는 것을 주목하였다. 사회적으로 적절한 행동을 하게 된 것이다. 이는 곧 '현대판 이상적 아동기'의 모습이며, 성공적인 성인기로 이어질 것을 기대하게 만든다. 하지만 이러한 상반된 약물 효과는 Bradley의 고민거리가 되었다. 즉, 차분해진 아동도 있었지만 뇌기능의 활성화를 보이는 아동도 있었다. 약물이 일시적이나마 사회적 부적응을 개선시킬 수는 있었지만 기질적 원인을 개선시킬 수는 없었다. 결과적으로 근본적 변화를 일으키기 위해서는 약물치료보다 장기적이고 통합적인 접근이 유효할 것으로 결론지었다. 그는 약물은 단지 치료 전체 중 극히 일부일 뿐이며, 정신과의 인간적 측면과 지지적 환경이 중요하다고 강조하였다. 심지어 약물이 의사에게 다소 편리함을 제공할 수는 있지만 의사와 환자의 관계를 약화시킬 수도 있음을 경고하였다. Bradley는 이러한 행동 문제의 기질적 원인을 밝혀내지 못하였고, 어떤 아동이 약물에 잘 반응할 것인지 규명하는 데 실패하였다. 이러한 애매함 때문에 다른 정신과 의사들의 이 약물에 대한 관심 역시 줄어들었다.

약물의 역설적으로 상반된 효과, 즉 문제행동의 진정효과와 학업수행의 활성화 효과는 AMP 연구의 새로운 장을 열었다(Strohl, 2011). 두 가지 효과 모두 아동을 이상적인 산업화 현장에 맞게 양육하는 데 유리하였다. 이것은 사회적으로 적절한 행동과 학업 수행 능력의 개선으로 인해 사회적으로 생산적인 일원이 되는 데 도움을 주었다. 즉, 사회적으로 바람직하지 못한 행동을 약물로 치료할 수 있게 되었다. 제약업계는 이러한 효과에 착안하였고 새로운 2차 약물 개발에 관심을 갖게 되었다. SKF는 Bradley가 초점을 맞췄던 뇌손상 아동보다는 건강한 아동을 대상으로 하는 더 큰 시장을 원했다. 그러나 1930년대 말 AMP가 정신적 수행 향상을 위해 사용되면서 아이들 사이에 남용 문제가 나타났고, 이는 사회적으로 비난을 받게 되었으며, 의료계에서 중독문제가 불거짐에 따라 SKF는 AMP 연구를 중단하였다.

의료계와 제약업계 양쪽 모두 AMP에 대한 관심이 사라지면서 Bradley의 연구 결과도 사람들의 기억에서 사라졌다. 그럼에도 불구하고 Bradley의 연구는 아동의 행동 문제에 대한 중추신경자극제의 효과를 과학적으로 평가하는 연구의 틀을 확립하였다는 점에서 높이 평가할 만하다. 오랫동안 창고에 처박혀 있던 Bradley의 연구는 엠마 펜들턴 브레들리 요양원에서 그의 뒤를 이은 Laufer에 의해 재개되었다.

Bradley의 뒤를 이어 엠마 펜들턴 브레들리 요양원의 운영과 환자 진료를 맡은 Laufer는 과잉행동, 예측불허의 충동적 · 폭발적 행동과 좌절을 견디지 못함, 학교에서의 짧은 주의력 문제 등을 보이는 아동을 'hyperkinetic impulse disorder(HID)'로 명명하였다(Laufer et al., 1957). 이러한 문제는 Rosenfeld와 Bradley(1948)가 보고한 영아기에 저산소증에 노출된 아이들에게서 보이는 행동 문제와 비슷하였다. Frosch와 Wortis(1954)는 이러한 문제가 간뇌(diencephalon), 특히 시상하부(hypothalamus)와 관련이 있을 것으로 보았으며, '충동성 장애(impulsive disorder)'로 명명하였다. Laufer 등(1957)은 HID 환아의 뇌기질 문제를 증명하기 위하여 환아에게 시각메트라졸역치(photo-Metrazol threshold, 이하 PMT)를 평가한 뒤 AMP 사용 반응 및 PMT 반응을 보고하였다. PMT는 간뇌, 특히 시상(thalamus)의 기능과 구조를 평가하는 임상적 · 신경생리학적 검사도구로, 뇌파에서 극파가 출현하고 상박부에서 간대성 근경련 반사(myoclonic jerk)가 나타날 때까지 메트라졸(Metrazol)을 투여하는 방법이다(Gastaut, 1950). HID 아동은 메트라졸 4.54±1.87mg/Kg, 과잉행동이 없는 집단은 6.35±0.74mg/Kg에서 반응하였다. 메트라졸 투여 용량 5mg/Kg을 비정상 반응의 상한선으로 정할 경우 HID 집단은 59%(19/32)가 해당되었으나 과잉행동이 없는 집단은 5%(1/18)만 해당되었다. 흥미로운 점은 HID 아동에게 AMP를 투여한 뒤 같은 반응을 얻기 위해서는 메트라졸 용량이 정상 수준으로 높아졌으며, AMP 투여를 중지하자 다시 메트라졸 용량도 낮아졌다는 점이다. 일부 사례에서는 AMP를 5년 동안 투여하였으나 심각한 신체부작용은 없었다.

Bradley(1941)는 과활동성, 주의집중에 장애를 보이는 환자를 대상으로 벤제드린을 투여한 후 효과가 있다고 보고하였으나 당시 그 결과는 주목받지 못했다. 하지만 점차 정신질환 치료에 있어 심리치료 이외에 생물학적 치료의 필요성이 강조되기 시작하였고, 과활동성을 보이는 아동의 치료에 있어서도 점차 중추신경자극제의 효과에 대한 관심이 커지고 있었다(Laufer et al., 1957).

Bradley가 ADHD 환자에 대한 벤제드린의 효과를 발표한 지 25년이 지난 1957년, ADHD 역사에서 가장 획기적인 사건 중 하나가 일어났다. 바로 메틸페니데이트(methylphenidate, 이하 MPH) 성분의 리탈린(Ritalin)이 처음으로 의약품으로 승인된 것이다(Leonard et al., 2004). 이 약품은 1944년 Ciba 제약회사의 화학자인 Leandro Panizzon이 합성하였고, 1954년부터 리탈린이라는 이름으로 판매되기 시작하였다. 리탈린이라는 이름은 Panizzon의 아내의 애칭인 리타(Rita)에서 온 것이라고 한다. 그는 평소 저혈압을 앓고 있던 아내가 테니스 시합 도중 저혈압으로 쓰러질 것을 우려하여 시합 전 자극제로 이 약을 사용하였다. 그로 인해 리탈린은 시판 당시 만성 피로, 기면증, 우울증, 그와 관련된 정신 증상 등에 효과가 있는 것으로 알려졌다. 그러나 점차 과잉행동이나 주의산만 증상에 효과가 있음이 알려지면서 이러한 증상을 보이는 환자에게 사용되기 시작하였고, 훗날 ADHD 치료에서 가장 중요한 역할을 담당하는 약물이 되었다.

5. 맺는 글

주의력 문제와 과잉행동 문제는 '도덕적 문제'로 인식된 적도 있으며, 원인 면에서 유전 및 뇌손상에 따른 후유증으로 간주되기도 하였다. 20세기 후반에 공식 진단으로 인정받기 시작하였으나 여전히 동질적 단일질환으로서 확립되었다고 보기는 어려울 수도 있다. ADHD가 독립적인 정신장애라는 점에는 의견이 모아지고 있으나, 약물치료는 확정된 질병을 목표로 개발된 약물을 사용하는 것이 아니므로 향후 진단체계 및 약물 적응증과 효과 예측인자 등에 대한 연구가 계속되어야 할 것이다.

참고문헌

반건호, 배재호, 문수진, 민정원(2011). 주의력결핍 과잉행동장애, 과거에도 있었을까? -역사적 고찰을 중심으로-. 소아청소년정신의학, 22(2), 57-66.

반건호, 홍민하, 이연정, 한주희, 오수현(2014). 주의력결핍 과잉행동장애 치료의 역사적 재조명: 약물치료적 접근. 생물정신의학, 21(2), 37-48.

American Psychiatric Association (1952). *Diagnostic and statistical manual of mental disorders, 1st ed (DSM-I)*. Washington, DC: American Psychiatric Association.

American Psychiatric Association (1968). *Diagnostic and statistical manual of mental disorders, 2nd ed (DSM-II)*. Washington, DC: American Psychiatric Association.

American Psychiatric Association (1980). *Diagnostic and statistical manual of mental disorders, 3rd ed (DSM-III)*. Washington, DC: American Psychiatric Association.

American Psychiatric Association (1987). *Diagnostic and statistical manual of mental disorders, 3rd ed rev (DSM-III-R)*. Washington, DC: American Psychiatric Press.

American Psychiatric Association (1994). *Diagnostic and statistical manual of mental disorders, 4th ed (DSM-IV)*. Washington, DC: American Psychiatric Association.

American Psychiatric Association (2000). *Diagnostic and Statistical Manual of Mental Disorders, TRTM (DSM-IV-TRTM)*. Washington, DC: American Psychiatric Press.

American Psychiatric Association (2013). *Diagnostic and statistical manual of mental disorders, 5th ed (DSM-5)*. Washington DC: American Psychiatric Association.

Bader, M., & Hadjikhani, N. (2014). The concept of instability: A French perspective on the concept of ADHD. *Attention Deficit and Hyperactivity Disorder, 6*(1), 11-17.

Barkley, R. A. (2006). Attention-deficit hyperactivity disorder. *A Handbook for Diagnosis and Treatment.* New York: Guilford Press.

Barkley, R. A., & Peters, H. (2012). The earliest reference to ADHD in the medical literature? Melchior Adam Weikard's description in 1775 of "attention deficit" (Mangel der Aufmerksamkeit, Attentio Volubilis). *Journal of Attention Disorders, 16*(8), 623-630.

Binet, A., & Simon, T. (1907). Les enfants anormaux. *Guide pour l'admission dans les classes de perfectionnement.* Paris: Colin.

Boulanger, C. (1892). Contribution à l'étude de l'instabilité mentale. *Thèse pour le Doctorar en Médecine.* Paris: Imprimerie de la Faculté de Médecine.

Bradley, C. (1937). The behavior of children receiving benzedrine. *American Journal of Psychiatry, 94,* 577-585.

Bradley, C., & Bowen, M. (1941). Amphetamine (Benzedrine) therapy of children's behavior disorders. *American Journal of Orthopsychiatry, 11,* 92.

Crichton, A. (1798). *An inquiry into the nature and origin of mental derangement: Comprehending a concise system of the physiology and pathology of the human mind and a history of the passions and their effects.* London: PAMS Press, 271-278.

Cullen, P. A. (2006). *Stranger in blood: The case files on dr. John Bodkin Adams.* London: Elliott and Thompson.

Frosch, J., & Wortis, S. B. (1954). A contribution to the nosology of the impulse disorders. *American Journal of Psychiatry, 111*(132).

Gastaut, H. (1950). Combined photic and Metrazol activation of the brain. *Electroencephalography & Clinical Neurophysiology, 2,* 249.

Haslam, J. (1809). *Observations on madness and melancholy including practical remarks on those diseases together with cases.* London: J. Callow.

Kahn, E., & Cohen, L. H. (1934). Organic drivenness: A brain syndrome and experience with case reports. *New England Journal of Medicine, 210,* 748-756.

Kropotov, J., & Quantitative, E. E. G. (2008). *Event-related potentials and neurotherapy.* San Diego, CA: Academic Press.

Lange, K. W., Reichl, S., Lange, K. M., Tucha, L., & Tucha, O. (2010). The history of attention deficit hyperactivity disorder. *Attention Deficit and Hyperactivity Disorder, 2,* 241-255.

Laufer, M. W., Denhoff, E., & Solomons, G. (1957). Hyperkinetic impulse disorder in children's behavior problems. *Psychosomatic Medicine*, *19*, 38–49.

Leonard, B. E., McCartan, D., White, J., & King, D. J. (2004). Methylphenidate: a review of its neuropharmacological, neuropsychological and adverse clinical effects. *Human Psychopharmacology*, *19*, 151-180.

Levin, S. (1948). Electroencephalogram in postencephalitic behavior disorder and postencephalitic parkinsonism. *American Journal of Psychiatry*, *105*, 439–442.

Lewin, P. M. (1938). Restlessness in children. *Archives of Neurology Psychiatry*, *39*, 764–770.

Lock, M. (1984). *East asian medicine in urban Japan: Varieties of medical experience*. Los Angeles, CA: University of California Press.

Neumärker, K. J. (2005). The kramer-pollnow syndrome: A contribution on the life and work of Franz Kramer and Hans Pollnow. *History of Psychiatry*, 16, 435–451.

Philippe, J., & Paul-Boncour, G. (1905). *Les anomalies mentales chez les écoliers*. Paris: F. Alcan.

Rafalovich, A. (2001). The conceptual history of attention deficit hyperactivity disorder: Idiocy, imbecility, encephalitis and the child deviant, 1877-1929. *Deviant Behavior*, *22*(2), 93-115.

Rosenfeld, G. B., & Bradley, C. (1948). Childhood behavior sequelae of asphyxia in infancy. *Pediatrics*, *2*, 74.

Ross, D. M., & Ross, S. A. (1976). *Hyperactivity: Research, theory and action*. New York: Wiley.

Rush, B. (1812). *Medical inquires and observations upon the diseases of the mind*. New York: Macmillan-Hafner Press.

Service, R. W. (1907). *Songs of sourdough*. Toronto: William Briggs. (US as The Spell of the Yukon and Other Verses. New York: Barse & Hopkins).

Shakespeare, W. (2009). *Henry IV part II*. New York: Digireads.

Still, G. F. (1902a). Some abnormal psychical conditions in children: The Goulstonian lectures. *Lancet*, *1*, 1008-1012.

Still, G. F. (1902b). Some abnormal psychical conditions in children: The Goulstonian lectures. *Lancet*, *1*, 1077-1082.

Still, G. F. (1902c). Some abnormal psychical conditions in children: The Goulstonian lectures. *Lancet*, *1*, 1163-1168.

Strauss, A. A., & Lehtinen, L. E. (1947). *Psychopathology and education of the brain-injured child*. New York: Grune and Stratton.

Strohl, M. P. (2011). Bradley's Benzedrine studies on children with behavioral disorders. *The Yale*

Journal of Biology and Medicine, 84, 27-33.

Tamura, M. (1989). Japan: Stimulant epidemics past and present. *Bulletin on Narcotics, 41*(1-2), 83-93.

Taylor, E. (2011). Antecedents of ADHD: A historical account of diagnostic concepts. *Attention Deficit and Hyperactivity Disorders, 3*, 69-75.

Thome, J., & Jacobs, K. A. (2004). Attention deficit hyperactivity disorder in a 19th century children's book. *European Psychiatry, 19*(5), 303-306.

Tredgold, C. H. (1908). *Mental deficiency (amentia)* (1st ed.). New York: Wood.

World Health Organization (1949). *Manual of the international classification of diseases, injuries, and causes of death*, 6th revision. Geneva: World Heath Organization.

World Health Organization (1967). *Manual of the international classification of diseases, injuries, and causes of Death* (8th ed.). Geneva: World Heath Organization.

ADHD 3

ADHD의 치료

7-모듈 모형을 중심으로

1. 들어가는 글
2. 핵심 모듈
3. 선택 모듈
4. 논란이 되는 방법
5. 맺는 글

ADHD 3

안동현

1. 들어가는 글

ADHD는 다면적인 측면을 갖는다. 증상에 있어서도 과잉행동, 충동성 및 주의산만함의 세 영역으로 나뉘며, 공존질병을 지니는 것이 오히려 일반적인 정도다. 또한 ADHD는 정상적으로 활발한 기질과 구별하기가 쉽지 않기도 하고, DSM-5(APA, 2013)에서 진단 기준이 변경된 배경과 같이 자폐스펙트럼장애를 포함한 관련 질환 혹은 장애와도 자주 병합된다. 그뿐 아니라 그동안 ADHD는 아동기에만 존재하는 질환으로 간주되다가 장기 추적연구 등으로 인해 청소년기는 물론 성인기에도 존재하고 상당히 많은 비율에서 일생 지속할 수 있음이 밝혀지면서 발달학적인 변화에 따른 진단 및 치료의 어려움도 발생하고 있다. 이런 여러 가지 이유로 하여 ADHD의 진단 및 치료는 여전히 어려움과 논란이 있어서 최근 여러 기관, 단체 혹은 국가 주도로 진료지침(guideline)을 제시하고 있다. 그럼에도 불구하고 ADHD의 치료를 포괄할 수 있는 적절한 모형이 제시된 적은 없어 필자는 ADHD 치료에 적합한 '7-모듈 모형(7-module model for ADHD treatment)'을 제안한다.

ADHD 치료에 있어서 7-모듈 모형은 크게 3개의 핵심 모듈(core module)과 4개의 선택 모듈(optional module)로 나뉜다. 핵심 모듈은 각각 진단 및 평가 모듈, 환자 · 부모 · 교사에 대한 교육 · 상담 및 훈련 모듈, 약물치료 모듈의 3개로 구성되고, 선택 모듈은 사회기술 훈련 모듈, 학습동기 및 성취도 모듈, 정서 모듈, 운동조절 모듈의 4개로 구성된다([그림 3-1] 참조). 사실 이 모형을 제안하게 된 데는 필자의 개인적 경험과도 연관이 있다. 30여 년 전 처음 ADHD를 연구하기 시작할 때 가장 먼저 부딪친 문제가 정확한 ADHD의 평가와 진단이었다. ADHD를 평가하고 진단하기 위한 적절한 평가도구 및 방법과 얻어진 자료의 분석 · 해석이 가장 시급하고 필요하였다. 현재 ADHD를 평가하고

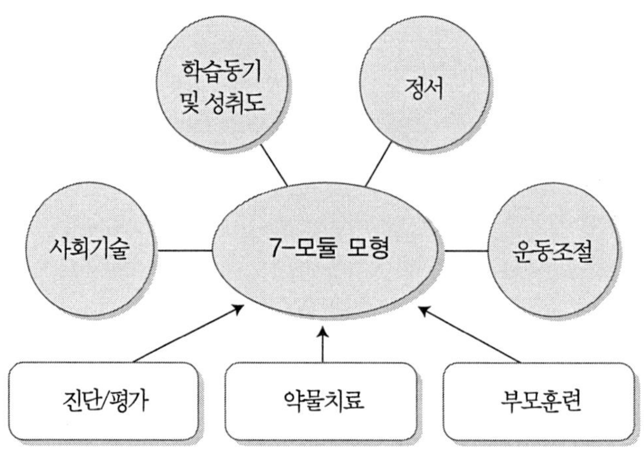

[그림 3-1] ADHD 치료에서의 7-모듈 모형

진단하기 위해 많은 설문검사지, 신경심리검사, 구조화 및 반구조화 면담, 뇌영상검사, 심지어 유전자분석 등이 개발되어 일부가 임상적으로 사용되고 있지만 결국은 이들 도구와 방법을 어떻게 적절하게 활용하여 진단할 것인지 하는 문제는 여전히 임상가의 몫이고 여전히 어려운 문제다.

이와 같은 평가 및 진단 과정에서의 문제를 어느 정도 극복하고 난 후 마주한 다음 주제가 약물치료를 시행할 것인지 여부를 결정하는 것과 어떤 약제를 어떤 방법으로 적절하게 투여하고 그 결과를 판정할 것인지 하는 것이었다. 몇 개의 ADHD 약물치료 알고리즘이 제시되었고, 진료지침에서도 여러 경우의 수에 대해 표준적인 지침을 주고는 있지만 이 또한 임상가로서 쉽게 판단하고 결정하기 어려운 점이다. 하지만 많은 ADHD 환자가 약물치료에 의해 그들의 핵심 증상의 호전이 필요하다는 점에서 약물치료가 모든 환자에게 시행되는 것은 아니라고 하더라도 치료의 핵심이 되는 것은 분명하다.

세 번째 핵심 모듈로 약물치료의 시행 여부와 관계없이 모든 ADHD 환자에 있어서 그들이 앓고 있는 증상, 그로 인해 겪는 여러 어려움과 지장, 이를 효과적으로 극복해 나가기 위한 전략, 약물을 복용하게 될 경우의 약물치료와 관련한 여러 논의점 등에 대해 자세하게 교육 · 상담 및 훈련하는 것이 필요하다. 어린 아동의 경우에는 아동을 대신하여 부모에 대한 교육 및 상담, 때로는 ADHD 아동에게 적합한 양육을 위한 훈련도 필요하다. 학령기 혹은 청소년기 환자의 경우에는 필요하다면 교사를 포함하여 주변에 중요한 사람들을 대상으로 한 교육이나 상담이 필요하다.

선택 모듈의 경우에는 모든 ADHD 환자에게 반드시 필요한 핵심적인 치료는 아니다. 하지만 ADHD 자체가 다면적이기 때문에 많은 관련된 문제 혹은 질환을 동반하며, 따라서 적절한 평가 및 진단을 통해 필요한 모듈을 치료에 포함해야 한다. ADHD 환자, 특히 아동기 환자의 경우 가장 높은 빈도로 동반하는 문제가 반항적인 태도와 불순종적 행동, 사회적 맥락에서의 부적절한 행동인데 이로 인해 부모는 물론 또래, 교사와 많은 갈등을 빚는다. 물론 이러한 문제가 심할 경우 약물치료의 도움을 받을 수밖에 없을 수도 있고, 부모 혹은 교사와의 상담이나 훈련을 통해 해결할 수 있기도 하지만 ADHD 환아에 대한 직접적인 사회기술 코치 혹은 습득을 목적으로 하는 사회기술훈련(social skills training, 이하 SST)과 같은 치료가 필요할 수도 있다. 그 외에도 ADHD 환자가 가지는 다양한 문제에 대해 주된 문제를 중심으로 나머지 제안한 모듈을 선택적으로 사용할 수 있다.

2. 핵심 모듈

1) 평가 및 진단

(1) 평가 및 진단과 관련한 논란점

ADHD가 하나의 독립 질환임에도 불구하고 왜 진단이 어려운가? 이에 대해 영국의 NICE 진료지침에서는 다음의 세 가지, 즉 ① ADHD 자체의 중첩되는 특성(overlapping nature of syndromes), ② 원인에 있어서의 복합적인 요인(complexity of the aetiological processes), ③ 검사실 검사와 같은 '표준적인 기준'이 없는 것(lack of a 'gold standard' such as a biological test)을 들고 있다(NICE, 2009; Taylor et al., 2004). '만약 질병이라면 어떻게 구분할 것인가?' '이에 대해 자연적인 역치(threshold)가 있는가?' 하는 점, 증상의 분포가 이중모드(bimodal)가 아니라는 점, 유전성(heritability) 관련 쌍생아 연구에서 뚜렷한 차이가 없다는 점 등으로 인해 결국 일반적인 의학에서 시행되는 고혈압, II형 당뇨와 유사한 방식의 진단 과정을 채택할 수밖에 없다. 여기에서 가장 중요한 핵심적인 사항은 바로 ADHD 증상과 연관된 지장(impairments)의 수준을 정의하는 것이다.

아동기에 '산만하다'는 문제는 매우 흔한 증상이다. 예를 들어, Lapouse와 Monk

(1958)의 연구에 따르면 일반 아동의 42~57%가, Werry와 Quay(1971)의 연구에 따르면 12~30%(과잉행동, overactive), 27~49%(불안, restless), 25~43%(짧은 주의폭, short attention span)가 보고되었다. 그렇기 때문에 '단지 증상이 있다는 것' 만으로 병(disorder)이 있다고 할 수는 없다. 흔히 ADHD 진단에서 '발달학적으로 부적절한(developmentally inappropriate)' 이라고 규정하는데, 과연 어느 정도가 부적절한 것인가? 이에 대해 정상에서 1.5SD 93번째 백분위수(percentile)를 벗어난 경우 14%(Trites et al., 1979), 1~2SD의 기준을 적용하면 1% 미만에서 22% 이상까지가 포함되고, 2SD 97번째 백분위수를 적용하면 2~9%가 해당된다(Reid et al., 1998; Szatmari et al., 1989; Taylor & Sandberg, 1984). 따라서 차원적인 고려를 통해 흔히 2SD를 적용한다.

ADHD 진단과 평가에서 겪는 또 다른 어려움 가운데 하나는 정보의 대부분이 양육자(부모, 교사 등)를 통해 얻어지는데, 그들 사이의 일치도가 높지 않다는 점이다. Lambert 등(1978)에 따르면 부모, 교사, 의사 중 한 명이라도 양성으로 판단한 경우 ADHD 진단율이 5%인 데 비해, 모두가 일치된 동의에 의해 진단할 경우 약 1%로 낮아졌다. 또한 부모-교사 일치도는 .50<, 아버지-어머니 일치도는 >.60~.70을 보고하였다. 그들은 이와 같은 불일치에 영향을 미치는 요소로 이들의 심리적 고통(distress), 우울, 가족 불화, 사회적 편견(bias)을 제시하였지만 이들의 불일치는 상황적 맥락에 의해 당연히 일치하기 어렵다. 예를 들면, 교사가 20~30명의 학생이 위치한 교실에서의 수업 중에 아동의 집중력을 평가하는 것과 부모가 과제 수행과 관계없는 가정(일상생활)에서 아동의 집중력을 판단하는 것의 결과는 다르다. 또한 아동이 게임, 레고 블록 조립, 운동 등 자신이 좋아하거나 특성에 맞는 활동을 할 때와 수학문제를 풀거나 어른들의 사교모임에 참석할 때 같이 다른 상황적 맥락은 증상을 다르게 발현하도록 만들 수 있음을 염두에 두어야 할 것이다.

아동 및 청소년, 부모 및 교사에게 진단 및 평가를 시행하는 과정은 다음 〈표 3-1〉에 요약되어 있다.

〈표 3-1〉 ADHD의 진단평가 및 공존질병을 평가하기 위해 시행할 사항

부모	교사	아동 · 청소년
주된 걱정	걱정	행동, 가족, 또래, 학교 관련 걱정 사항
증상의 과거력	ADHD 평가도구	ADHD 및 공존질병 평가도구
가족력	공존질병 및 상태의 파악	강점 및 약점 등 기능평가에 대한 주관적 인식
의학 관련 과거력	학업 및 사회성 등의 기능	아동 · 청소년의 임상가 직접 관찰
사회심리적 정보	학업 기록	신체 및 신경학적 진찰
전체적인 사항(신체 및 정신)	행정 기록	
ADHD 평가도구		
공존질병 및 상태의 파악		
강점 및 약점 등의 기능평가		

(2) 진단 과정

ADHD가 다면적이기 때문에 진단 및 평가에서도 마찬가지다. 이에 대해 Barkley(1990)는 생물적 · 심리적 · 사회적 요소의 상호작용하에 평가할 것을 제안하였다. 자세한 내용은 4장에서 논의하고 있어 여기서는 생략한다.

ADHD의 진단은 특별한 검사 소견에 의해 내려지는 것이 아닌 임상가의 종합적 판단에 따른다. 따라서 ADHD 아동 · 청소년의 진단 · 평가에서 중요한 세 가지 방법은 면담, 평가척도, 기타 검사 및 관련 자료의 분석이라고 할 수 있는데, 그중에서도 면담이 가장 중요하다. 부모를 통한 평가가 충분히 신뢰할 수 없다는 일부의 보고도 있지만, 그렇다고 해서 부모와의 면담의 중요성이 덜해지는 것은 아니다. Barkley(1990)는 부모면담의 목적을 치료적 관계(rapport) 수립, 정보 수집, 가족의 당면한 고통 파악 등으로 제시하면서 아동, 학교, 부모 및 가정, 부모-자녀 상호관계에 대한 정보를 포함해야 한다고 제안하였다. 특히 부모-자녀 상호작용에 대해 파악하는 것이 중요한데, 예컨대 혼자 놀 때부터 집에 손님이 왔을 때, 숙제할 때, 공공장소에 갔을 때 등 여러 상황에서 자녀에게 문제가 있는지 여부, 그리고 문제가 있다면 어떤 행동이 가장 신경에 거슬리고, 그럴 때 어떻게 조치하는지, 자녀의 반응은 어떠한지, 대개 이렇게 실랑이를 한 후 어떻게 결말이 나는지, 어느 정도 자주 일어나면 어떤 기분이 되는지, 이런 문제가 얼마나 심각한지 여부를 평가한다(오경자, 1990). 이것은 먼저 가정상황질문지(Home Situation Questionnaire: HSQ)를 시행한 후에 면담에서 다루기도 한다.

아동 · 청소년, 부모, 교사와의 면담과 함께 사용하는 중요한 평가방법이 평가척도

다. 이것은 아동 · 청소년의 행동 특성 혹은 증상뿐 아니라 부모의 특성이나 결혼 만족도 등도 포함할 수 있다. 또한 대부분은 부모나 교사를 통해 평가되지만 아동 · 청소년이 스스로 자신의 상태를 평가할 수 있기 때문에 자기보고형 척도도 사용할 수 있다. 평가척도는 면담에서 얻기 어려운 정보를 제공하거나 객관적인 수치로 정량화하는 등 여러 가지 장점을 갖고 있기 때문에 임상에서 유용하게 사용될 수 있고, 임상가는 이것을 통해서 많은 정보를 얻을 수 있다. 그렇지만 척도의 특성, 장단점, 한계를 잘 알아야만 한다. 이에 대해서는 다른 장에서 다루고 있어 여기서는 생략한다. 그 외에 성적표, 생활기록부, 적성검사 소견, 알림장이나 공책, 일기장 등을 참고로 하는 것도 좋다.

다음에서 보여 주는 생활기록부의 경우, 초등학교 1~2학년에는 교사도 '명랑, 장난기 많은'의 정도로 가볍게 여기고 별다른 문제가 없다고 간주하고 있다. 하지만 초등학교 3~4학년이 되면 또래관계에서 다툼, 규칙 위반, 학업 수행의 어려움이 두드러진다. 치료가 이루어지지 않고 진행되면서 초등학교 5~6학년이 되면 학업에 대한 동기가 저하되고, 자신감 저하 등 내면적인 문제가 발생하기 시작함을 엿볼 수 있다. 이 아동은 결국 중학교에 진학해서 학업은 아예 포기하다시피하고 또래관계에서도 다툼이 잦고 어울리지 못하며, 자신감도 부족하여 고립되기 시작하면서 결국 컴퓨터 게임에 몰입하게 된다. 이것이 등교 거부로 발전하고 부모와의 갈등이 심해지면서 폭력을 휘두르

---

*고등학교 1학년 때 컴퓨터 게임 중독, 폭력 및 과격행동, 등교 거부로 입원한 청소년의 초등학교 생활기록부

행동발달사항

1학년: 명랑하고 순진하여 장난을 즐김

2학년: 명랑한 성격에 꾸밈없이 행동하며 표정이 밝음

3학년: 욕심이 많아 가끔씩 다툼이 있음

4학년: 꾸밈없이 행동하나 규칙을 어기며 실천력이 부족함
산만하고 태만하여 학습 효과가 저조한 편임(교과학습 발달사항)

5학년: 자신이 한 행동에 대해 반성하려 하며 발전을 보임

6학년: 자신의 의견이나 주장을 펴는 데 소극적이고, 자기가 맡은 일을 성실하게 처리하려는 노력이 필요함
체육활동 시 소극적인 태도를 보이며, 전체적인 학습 태도에 적극성이 필요함(교과학습 발달사항)

고, 화를 참지 못해 과격한 행동으로 기물 등을 파괴함으로써 입원치료에까지 이르게 되었다.

세 번째로 많은 검사(tests) 및 객관적 측정 방법이 있는데, 각성도(vigilance)나 주의 집중력(attention)을 실험실에서 측정하는 가장 흔한 방법이 지속수행검사(continuous performance test, 이하 CPT)다. 이 검사로는 다양한 것이 개발되어 사용되는데, ADHD 아동과 정상 아동을 구별하거나 약물 효과를 측정하는 데 매우 민감한 것으로 알려져 있다. 그러나 아직은 표준화된 방법이 부족하고 정상 규준의 부족 등으로 임상적인 사용에 제한을 받는다. 그 외에도 CPT의 지필묵검사에 해당하는 아동용 점검과제(Children's Checking Task; Margolis, 1972), 웩슬러 지능검사에서의 주의산만성요인(Freedom from Distractibility Factor of the WISC-R; Kaufman, 1975), 같은 그림 찾기(Matching Familiar Figure Test: MFFT; Kagan, 1966), 위스콘신 카드분류검사(Wisconsin Card Sort Test; Grant & Berg, 1948), 스트룹검사(Stroop Word-Color Association Test; Stroop, 1935) 등 여러 가지가 이용된다(5장 참조). 또한 여러 가지 직접 행동관찰법, 측정기(actometer, actigraph)를 이용한 활동수준 측정법, 간질, 유전 질환, 기타 관련 질환의 유무를 배제하기 위해서 임상적으로 필요한 경우에는 많은 혈액검사, 소변검사, 뇌파검사, 두부영상검사, 사건유발검사, 염색체 및 유전자 검사 등이 시행될 수 있지만 일반적으로는 권고되지 않는다.

그 외에도 여러 다른 질환과 공존하거나 증상의 일부로 과잉행동을 나타내는 경우도 있기 때문에 공존질병의 여부 또는 감별은 매우 중요하다. 이와 함께 ADHD에 의한, 혹은 연관된 지장(impairments)의 정도를 평가하는 것이 중요한데, 현실적으로 이를 객관

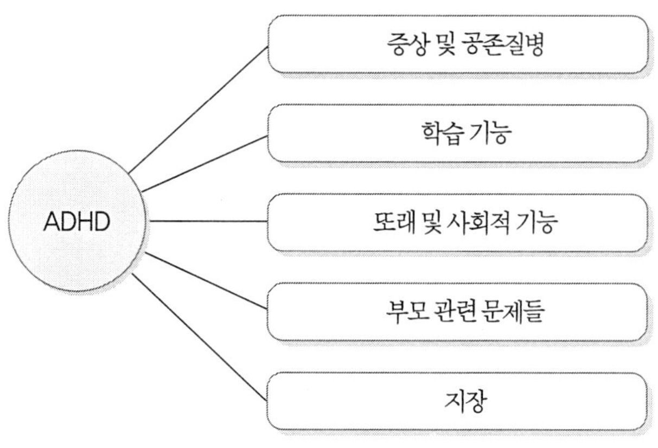

[그림 3-2] ADHD 진단 및 평가 영역

적으로 측정하는 것에는 많은 제한이 있다. 이를 정량화하여 평가하기 위해 개발된 몇 가지 측정도구 및 평가척도가 있긴 하지만 아쉽게도 국내에서 사용할 수 있는 것은 매우 제한된다. 마지막으로 아동·청소년, 부모 및 가족이 갖는 강점과 자원, 지지체계를 파악하는 것이 필요하다.

2) 환자, 부모 및 주요 인물의 교육, 상담 혹은 훈련

ADHD 아동의 부모를 대상으로 하는 부모훈련은 아동을 둘러싼 일차적인 환경을 결정하는 부모에게 행동주의 학습 원리에 기초하여 아동의 행동 문제를 더 잘 해결할 수 있도록 정보와 기술을 제공하는 치료적 접근 방법이다(Anastopoulos, Dupaul, & Barkley, 1991). 이미 앞에서 자세하게 논의하였지만, 현재 ADHD의 치료 방법으로 가장 보편화되어 있는 것은 약물치료로서, 미국의 경우 ADHD 아동의 약 60~90%가 학령기 동안 약물치료를 받고 있는 것으로 알려져 있다(Barkley, Fischer, Edelbrock, & Smallish, 1990). 약물치료는 ADHD의 핵심 증상에 영향을 미쳐 주의집중력을 향상시키고, 충동성, 과다활동, 공격성을 감소시키며, 학교에서의 문제행동을 크게 개선시켜 주는 것으로 알려져 있다(Weiss, Hechtman, Milroy, & Perlman, 1985). 하지만 이런 긍정적인 효과들에도 불구하고 약물치료 자체에 대한, 혹은 전적으로 약물치료에만 의존하는 것에 대한 우려가 제기된다. 우선, 약물로도 개선되지 않는 이차적 증상, 즉 대인관계, 자아개념, 사회적 적응과 같은 영역에서의 문제점이 여전히 개선되지 않은 채 남아 있다는 점이다(Horn et al., 1991). 그리고 더욱 중요한 것으로, 약물치료를 받는 동안에도 부모의 만족감은 상대적으로 적고 여전히 심각한 가족갈등이 존재하게 된다. 이는 부모의 역기능과 부적절한 양육이 지속되는 상태에서 일방적으로 ADHD 아동만이 치료의 대상이 되는 것은 제한적 효과만을 낳을 뿐이라는 점을 분명히 보여 준다. 특히 ADHD가 전적으로 주의집중의 장애라기보다는 발달적 자기조절(self-regulation) 혹은 자기통제(self-control)의 장애라는 새로운 관점이 대두됨에 따라 부모에 의한 지속적인 외적 동기 부여의 필요성이 더욱 강조되고 있다(Barkley, 1997). 결국 약물치료의 문제점을 보완해 주고 ADHD의 치료 효과를 강화해 줄 수 있는 방안으로서 부모훈련 혹은 부모상담 및 교육이 임상적·실제적으로 매우 합당한 치료모형이라 하겠다.

여러 사회환경적 요인이 ADHD를 악화시키거나 지속시키는 데 영향을 미치는데, 특히 가족갈등, 부모의 부적절한 양육 태도, 스트레스 등이 ADHD가 나타나는 증상 간의 심한 개인차를 일부 설명해 줄 수 있다. 일반적으로 ADHD 아동은 어머니와의 상호작용 과정에 어려움을 가지고 있는데, 일대일 관계 시 어머니에게 요구적 · 부정적 · 비순종적으로 반응하고, 어머니 역시 아동에게 지시적 · 통제적 · 요구적 · 부정적으로 반응한다(Barkley, 1997). ADHD 아동과 어머니의 이러한 부적 상호작용 양상은 '쌍방적 상호작용의 원리(bidirectional interaction)'에 따라 양자에게 여러 가지 역기능적 문제를 파생시킬 수 있다. 우선 어머니의 경우, 양육 스트레스가 심해지고 우울, 고립감, 학습된 무기력을 보이며, 장기적으로는 부모로서의 자신감이 저하되고 아동에 대해 바람직하지 않은 양육 태도를 습득하게 된다. 그리고 ADHD 아동은 품행문제나 비순종, 반항적 행동 등을 나타내게 되는데, 이러한 행동은 이후 가족 내 많은 부정적 상호작용과 갈등의 원인이 되며, 학교 및 다른 사회적 영역으로까지 확대되기 쉽고, 청소년기와 성인기 예후에도 심각한 영향을 미치는 것으로 알려져 있다(Barkley, 1998).

대부분의 부모훈련 지침서는 아동의 비순종적이고 반항적인 행동이나 공격적인 행동을 감소시키기 위하여 고안되어 ADHD 아동의 부모를 대상으로 적용되어 왔으며, 이와 함께 ADHD 아동 치료에 있어서 기능상의 여러 가지 문제에 대한 다면적 접근으로 관심의 방향이 모이고 있다. 김세실 등(1998)은 대표적인 ADHD 부모훈련 지침서인 Barkley(1997)의 프로그램과 약물치료를 병합한 프로그램의 긍정적인 효과에 대하여 보고하였다. 대부분의 부모훈련에 관한 연구가 문제행동에 대한 개입에 초점을 맞추고 있다. 부모에게 우선 한두 가지 목표 행동에 관심을 두도록 하고, 이때 완벽하기보다 현실적이고 실현 가능한 목표를 설정하도록 하며, 아동과 대화할 때 가능한 한 듣도록 한다. 비판과 칭찬의 균형을 적절히 맞추고, 일관성 있는 태도를 견지하며, 아동이 일상생활에서 성공을 이룰 수 있게 격려하도록 한다. 이와 같이 부모상담이나 가족상담에서 아동을 지지할 수 있도록 한다. 최근에는 단지 부모상담에 그치는 것이 아니라 인지행동적 방법에 근거한 체계적인 부모훈련방법(안동현, 김세실 역, 1997)이 개발되어 매우 유용하게 이용되고 있다.

흔히 사용하는 부모훈련 프로그램(안동현, 김세실 역, 1997)의 개요를 살펴보면, 그 목적으로 첫째, 부모의 양육 기술과 아동의 문제행동을 다루는 능력을 향상시킨다. 둘째, 아동기 반항행동의 원인과 그러한 행동의 사회학습 기저에 있는 원리 및 개념에 관한 부모의 지식을 증가시킨다. 셋째, 부모의 지시와 명령, 규칙에 대한 자녀의 순종을 향상시킨다. 넷째, 부모가 자녀에게 더 많은 긍정적인 관심을 보이고 적절한 행동 결과를 제시함으로써 가족 간의 조화를 증대시킨다.

간략하게 그 원리를 보면, Barkley의 부모훈련은 현재 가장 널리 사용되고 있는 프로그램 중의 하나로서 그 구성 면에선 Hanf의 2단계 프로그램(Two-Stage Program)의 원형을 따르고 있다. 유사한 프로그램으로서 널리 알려진 것으로 Forehand의 부모훈련모형(parent training model), Cunningham의 지역사회부모교육(Cunningham's community parent education: CPOE), Webster-Stratton의 엄청난 아이들(Incredible Years), Eyberg의 부모-자녀 상호작용 치료(Parent-Child Interaction Therapy: PCIT) 등이 있다(10장 참조). 훈련의 주요 내용은 다른 부모훈련 프로그램과 마찬가지로 근본적으로 행동주의적 요소로 이루어져 있어 행동치료에서 사용하는 것과 같은 행동수정 기법(관심 보이기, 칭찬하기, 지시하기, 무시하기, 행동조형, 토큰경제, 반응대가, 타임아웃)이 위주가 된다. 그리고 훈련 대상은 만 2~11세 사이 ADHD 아동의 부모이며, 대개 6~7명 정도의 집단을 이루어 매회 1시간 30분씩 총 9주간 실시된다. 프로그램의 매 단계는 이전 단계의 과제물을 점검하고, 지침서를 통해서 부모에게 행동수정기법을 강의한 다음, 질문을 위주로 토론을 진행하고, 다시 과제물을 나눠 주는 방식으로 이어진다. 부모훈련 프로그램의 단계는 〈표 3-2〉에 요약되어 있다.

부모훈련의 치료적 효과 및 제한점을 살펴보면, 부모훈련의 효과를 검증한 연구 결과들을 아동 측면과 부모 측면으로 나누어 봤을 때 먼저 아동 측면에서는 과다활동을 비

〈표 3-2〉 Barkley의 '말 안 듣는 아이(Defiant Children)' 부모훈련 프로그램 단계

단계	내용
1단계	ADHD에 관한 정보 제공 및 이해
2단계	반항 및 불순종 행동의 원인에 대한 분석 및 이해
3단계	부모의 관심 및 긍정적 행동 발전 · 강화
4단계	아동의 순종 및 독립놀이 강화
5단계	가정 내 토큰경제 수립
6단계	불순종에 대한 타임아웃 시행
7단계	추가적인 불순종 행동에 대한 타임아웃 확대
8단계	공공장소 등에서의 불순종의 관리
9단계	가정-학교 소통을 통한 학교생활 개선
10단계	미래에 예견되는 문제행동 관리
11단계	1개월 후 추후회기 시행

롯한 ADHD의 주요 행동증상이 감소하였고, 순종행동이 크게 증가하였으며, 반항이나 공격성, 비행이 감소되는 등의 긍정적 변화가 일어났다(안동현, 김세실 역, 1997; Dubey, O'Leary, & Kaufman, 1983). 다음으로 부모 측면에서는 ADHD에 대한 전반적인 지식과 이해, 긍정적·애정적 양육 태도가 증가하였고, 양육 스트레스와 우울이 크게 감소하였다(안동현, 김세실 역, 1997). 하지만 현실적으로 정도가 심한 ADHD 임상 집단 아동에게 단독으로 부모훈련만을 실시할 때 그 효과가 행동 정상화(normalization)로 이어질 수 있을지 여부는 여전히 불투명하다. 또한 부모훈련치료 후에도 주의집중, 학업문제, 또래상호작용 영역에서의 부적응이 지속된다는 점을 감안할 때, 이와 같은 치료 효과는 부모훈련 단독치료보다는 약물이나 SST와 같은 다른 치료 방법과 병합하여 제공하였을 때 더욱 광범위하고 지속적인 효과를 발휘할 수 있다.

3) 약물치료

아동에게 약을 투여하여 치료를 한다고 하면 부모나 교사는 의아해하거나 반대부터 하는 경우가 많다. 하지만 약물치료는 아동의 약 70~80% 정도에서 매우 효과가 있다. 그러다 보니 앞에서 이미 언급했지만 미국의 경우에 비록 한 지역(볼티모어 카운티)이지만 그 지역 공립초등학교 전체 학생의 약 6%가 약물치료를 받고 있다는 놀라운 보고가 있다. 국내에는 아직 정확한 통계가 없지만 점차 그 사용량이 늘고 있는 것은 분명하다. 그 이유에 대해서는 몇 가지로 설명하고 있는데, 가장 많은 이유로 ADHD의 인지도가 높아진 점, ADHD의 발병률이 증가한 점, ADHD의 진단 및 처방 가능한 약물의 용이함이 제시되고 있다. 그 외에도 치료 기간이 길어진 점, 청소년 및 성인이 포함된 점, 그리고 학습장애, 여성 및 주의산만 우세형의 포함 등도 거론되고 있다(AACAP, 2002). ADHD의 치료에 있어 약물의 효과와 필요성에 대해서는 전 세계 대부분의 진료지침은 물론이고 수많은 논문을 포함한 자료에서 의심의 여지가 없다.

1937년, Bradley는 지금의 진단으로 보면 ADHD로 추정되는 아동에게 덱스트로암페타민(dextro-amphetamine, 이하 D-AMP)을 투여하여 놀라운 효과를 관찰하였다(Bradley, 1937). 이후 수많은 연구가 ADHD의 약물치료와 관련하여 수행되었고, 여러 약제가 처방되었지만 가장 효과적인 것은 중추신경자극제(각성제)로 D-AMP, MPH의 두 계열의 약물과 최근 비각성제로 개발된 아톡목세틴(atomoxetine: AXT)이 있다. 그 외에 법적으로

〈표 3-3〉 ADHD 치료에 처방되는 약물

계열	특성	
식약청 허가 품목		
각성제 계열	암페타민(AMP)	d-amphetamine: 가장 오래된 약(Dexedrine®), 국내 생산/판매(−) Adderall/-XR®: 혼합제형, 서방형도 있다. 국내 생산/판매(−) lisdexamfetamine: 비활성약제(pro-drug)로 복용해야 작용, 국내 생산/판매(−)
	메틸페니데이트 (MPH)	MPH−IR(속방형): 1950년대 Ritalin®으로 발매, 국내 Penid®로 판매 Medikinet®(중간형): 8시간 지속형, 50:50으로 혼합됨, 국내 생산/판매(+) Metadate-CD®(중간형): 8시간 지속형, 30:70으로 혼합됨, 국내 생산/판매(+) OROS-MPH(서방형): 삼투압을 이용한 12시간 지속형, 국내 콘서타®로 판매
	* Focalin, MPH 패치(Daytrana) 등 여러 약제가 있음	
비각성제 계열	atomoxetine: 비각성제로 유일한 허가 품목, 국내 Strattera®로 판매	
식약청 허가 외 품목(off-label medications)		
항우울제 계열	TCAs: imipramine, desipramine 등, 현재 사용 저조 bupropion: 국내 Wellbutrin®으로 판매	
베타차단제 계열	clonidine: 고혈압치료제로 국내 서방제(Kapvay®)로 판매 guanfacine: 동일한 베타차단제 계열, 국내 생산/판매(−)	

* ®는 상품명을 나타내는 표기임

허가되지는 않았지만 항우울제, 베타차단제(clonidine, guanfacine) 등이 2차 선택약물로 사용된다(〈표 3-3〉 참조). 이 약은 일반적으로 알려진 정신건강의학과에서 사용하는 것과 달리 졸림이나 습관성이 없고, 매우 안전한 것으로 알려져 있다.

약물치료를 언제, 어떤 기준으로 시작할지 여부에 대해 구체적인 기준은 제시되고 있지 않다. 영국 및 유럽 연합(EU)은 다소 보수적인 경향을 보이고 있는데(NICE, 2009; Taylor et al., 2004), ① 최소한 DSM−IV 기준에 부합할 것, ② 사회심리적 치료만으로 충분하지 않을 때, ③ 증상 및 지장이 심할 때, 혹은 ④ 비약물치료를 거부하고 중등도 이상의 증상 및 지장을 가질 경우에 시행할 것을 권고하고 있다. 하지만 일반적으로 학령 전기 아동의 경우는 약물치료를 우선으로 하지 않는다. 반면에 미국소아과학회 진료지침(AAP, 2011)을 보면, 비록 학령 전기 아동이라고 하더라도 중등도 이상의 역기능을 갖는 ADHD 아동에게 ① 적어도 9개월 이상 증상이 지속될 경우, ② 가정 및 유치원 등에서 역기능이 두드러질 경우, ③ 행동치료로 적절하게 호전되지 않을 경우 약물치료를 시행할 것을 권고한다.

치료 시작 전에 약물의 효과와 한계에 대해 설명해 주고, 반드시 적절한 교육 혹은 행동수정 프로그램이 배려된 후에 투여하도록 한다. 약물의 선택은 아동의 평가를 바탕으로 연령, 증상의 특성, 공존질병 여부 및 유형, 증상 및 지장의 심각도와 함께 여러 약물의 특성, 즉 효능(효과크기, effect size: ES), 지속시간(약역학 및 역동학 특성), 제형(속방형/서방형, 패치 등), 가격 등을 고려하여 결정한다. MPH 및 AMP의 선택은 특별히 반응에 대한 예측요인이 없기 때문에 대부분 의사의 선호도에 따른다. 약물의 효과크기는 각성제가 1.0(혹은 0.91~0.95), 아토목세틴이 0.7(혹은 0.62), 베타차단제가 0.7 정도로 제시된다(AAP, 2011; AACAP, 2007). Seixas 등(2012)에 따르면 AMP 혼합제에 대해 검토한 진료지침 가운데 3개는 권고하지 않고 있고, 아토목세틴에 대해서는 진료지침마다 조금씩 다른데 흔히 약물 남용, 불안, 틱, 늦은 저녁의 증상 악화, 성장 저해 혹은 불면이 있을 때 선호하고 있다고 하였다. 하지만 많은 진료지침에서 아토목세틴을 1차 선택약으로 제시하고 있다.

약물치료에 대해서는 미국소아청소년정신의학회 각성제 사용지침(AACAP, 2002) 및 ADHD 진료지침(AACAP, 2007), 유럽의 HKD 진료지침(Taylor et al., 2004), HKD 약물진료지침(Banaschewski et al., 2006), 텍사스 약물알고리즘(Pliszka et al., 2006), 영국 NICE 진료지침(NICE, 2009), 미국소아과학회 진료지침(AAP, 2011) 등이 널리 인용되고 있고, 국내에서도 필자가 중심이 되어 대한소아청소년정신의학회에서 발표한 한국형 치료 권고안(안동현 등, 2007)이 있어 이들을 토대로 약물치료의 원칙을 요약 정리하면 〈표 3-4〉와 같다.

〈표 3-4〉 약물치료의 원칙

A. 약물의 선택

1. 중추신경자극제(각성제) 혹은 아토목세틴을 1차 선택약으로 선택한다.
2. 아동 및 약물의 특성, 즉 효능, 지속시간, 제형, 가격 등을 고려하여 선택한다.
3. 속방형과 서방형 선택에서 가격 문제를 제외하면 서방형 제제가 우선된다.
4. 공존질병 혹은 증상(예: 틱, 불안 및 우울, 폭력)을 고려하여 우선순위를 정한다.
5. 선택 약이 효능이 부족하거나 부작용이 심하면 다른 1차 선택 약으로 변경한다.
6. 결과가 만족스럽지 않으면 1차 선택 약 2개를 중복하거나(예: MPH 서방형제+속방형제 혹은 MPH+ATX) 2차 선택 약(허가 외 품목)으로 변경한다. 최근에는 1차 선택 약에 베타차단제 등 2차 선택 약을 병행하는 것도 일부에서 권고되고 있다.

B. 약물의 시작

1. 아동과 부모에게 약물의 효능, 부작용 및 제한점에 대해 설명해 준다.
2. 아동 및 부모에 대한 적절한 교육 및 상담과 병행하며 약물을 사용한다.

3. 구체적인 특정 목표 증상을 설정하고 객관적 평가를 시도한다(예: 평정척도).
4. 기저선 평가로 아동의 신장, 체중, 혈압, 맥박을 측정한다.
5. 기타 검사(예: 심전도, 뇌파검사) 시행 여부는 고위험 요소가 있는 경우에 한한다.

C. 약물 처방의 실제(MPH 중간형 및 서방형을 기준으로)

1. 초기 용량으로 아침(흔히 식후)에 1회 5mg(AMP는 2.5mg)을 사용한다.[1)]
2. 용량은 3~7일 간격으로 조절하는데, 보통 5mg씩 증량하여 최적의 용량을 정하도록 한다. MPH의 경우 체중이 25kg 미만인 아동은 35mg을 넘지 않도록 하고, 최대 60mg까지 허용한다. Concerta의 경우 13세 미만은 54mg, 이상의 경우 72mg까지 허용되지만 실제 더 고용량을 사용하기도 한다. 아토목세틴은 체중 대비 1.4mg/kg이 최대 허용량이다.
3. 호전 여부는 부모 및 교사의 목표 증상의 변화에 대한 평가와 평정척도가 이용된다.
4. 용량 조절의 지표로서 객관적 검사(예: CPTs)의 사용은 타당도 부족으로 제한적이다.
5. 증상이 충분히 완화되거나 부작용으로 증량이 어렵거나, 최대 용량에 도달할 때까지 증량한다.
6. 금기 사항: MAO 억제제 병용, 정신병, 녹내장, 간질환, 약물의존이 있는 경우
7. 약물로 충분한 치료 효과가 없을 경우[2)] 진단을 주의 깊게 재검토하고 다른 치료법의 병행을 고려한다.
8. 약물에 적정 반응을 보이지 않거나 공존질병이 있는 경우 혹은 가족 간 스트레스가 상당한 경우 약물치료와 함께 사회심리적 치료를 병행하도록 한다.

D. 약물 투여의 기간

1. 추적 방문은 최적 반응이 유지될 때까지 1개월로 하고, 이후는 3개월 간격도 가능하다.
2. 목표에 도달하고 안정적이게 되면 2~3년 정도는 유지한다.
3. 유지 기간이 지나면 일정 기간(4~6주) 약을 중단하고 증상의 변화 여부를 평가한다. 평가에 따라 약물치료의 지속 여부를 정기적으로 결정한다. 증상이 계속되거나 기능장애가 지속되는 한 약물치료를 지속한다.
4. '약물 휴일(drug holiday)'은 논란이 있는데, 성장 저해가 없으면 시행하지 않는다.

---

1) 용량을 조절하는 방식에는 체중을 기준으로 하는 방법과 일정한 양을 단계적으로 증량하는 방식이 있다. 예전에 Sprague와 Sleator(1977)의 제안 이후 초기 용량으로서 MPH 0.3mg/kg을 시작으로 1.0mg/kg이 최적 용량이 된다고 하여 이 방법이 널리 사용되었으나, 이후 타당도가 부족하여 더 이상 권고되지 않는다. AACAP(2002)에서는 각성제 사용 진료지침에서 후자의 방식(escalating-dose, stepwise-titration)을 권고하고 있다(AACAP, 2002, p. 37S).

2) NICE 진료지침(NICE, 2009)에서는 치료 반응이 실패할 때 ① 진단, ② 공존질병 및 상태, ③ 약물반응, 부작용 발현 및 치료 유지, ④ 편견 및 치료 수용도, ⑤ 학교 혹은 가족 내 문제, ⑥ 아동 및 부모의 동기, ⑦ 식사(diet)와 관련하여 검토할 것을 권고한다(NICE, 2009, p. 306).

3. 선택 모듈

약물치료가 매우 탁월함에도 불구하고 약물치료 효과의 제한과 ADHD의 속성에 따른 문제로 사회심리적 치료의 필요성이 대두된다(안동현, 김세실 역, 1997). 물론 약물치료에 사회심리적 치료가 병행되어야 하는지와 관련한 주제는 미국에서 수행된 MTA 연구[3]와 Abikoff 등(2004)이 수행한 뉴욕-몬트리올(NYM) 공동연구 등이 다루었다. 이와 관련해서는 많은 논란이 있어 왔지만, Smith 등(2006)은 광범위한 자료를 개관하고 약물치료와 심리사회적 치료의 역할, 병행해야 하는 필요성에 대해 제안하였으며, 필자도 이에 대부분 동의한다. 약물치료가 갖는 제한점으로는, 첫째, ADHD 아동의 약물치료가 매우 우수하고 그 효능이 탁월하여 70~80%에서는 좋은 결과를 보이지만, 나머지 약 20~30%에서는 약물치료의 효과가 두드러지지 않는다. 둘째, 비록 적은 수에 속하기는 하지만 일부 아동에게서 효과는 뚜렷한 반면, 틱 발생이나 식욕 저하 등의 일부 약물부작용으로 그 사용이 제한되는 수가 있다. 이 경우 다른 2차 선택 약을 사용하는 등 대책을 세우기도 하지만 때로는 약물치료를 하지 못하는 경우도 생길 수 있다. 셋째, 약물을 사용하더라도 약의 효과가 떨어지는 오전 일찍, 저녁 혹은 약물 투여 후에 일어나는 문제에 대처하기 위한 별도의 방법이 필요하게 된다.

ADHD의 속성에 따른 문제로 인해 사회심리적 치료가 필요하게 된다. 첫 번째로는 부모나 교사가 약을 복용하는 것에 대해 거부하거나 두려워하여 분명한 효과가 나타남에도 약물치료 이외의 방법에 따른 치료를 요구하는 경우가 많다. 따라서 약물치료를 하면서 치료에 대한 순응도를 높이기 위해 이러한 방법이 병행되는 경우가 많다. 두 번째는 ADHD에 동반된 문제행동, 예컨대 학습 결손이 심각하다든지 자긍심이 저하되어 있다든지 하는 것은 약물치료에 따른 호전을 기대하기 어렵다. 물론 약물치료로 집중력이 개선되어 학업 능률 또는 성취도가 증가하거나 부정적인 행동이 약물 투여 후 줄어

3) 'The National Institute of Mental Health(NIMH) collaborative multisite Multimodal Study of Children with ADHD' 로서 1992년부터 미국 교육부 연구기금으로 국립정신건강연구소(NIMH)와 미국 5개 및 캐나다 1개 연구센터가 공동으로 수행한 것으로, 총 579명의 ADHD 아동을 4개 집단, 즉 약물치료군, 사회심리적 치료군, 병합치료군, 대조군으로 나누어 14개월 동안 치료한 연구다. 그 1차 연구 결과가 1999년 'A 14-month randomized clinical trail of treatment strategies for attention-deficit/hyperactivity disorder'라는 제목으로 *Archives of General Psychiatry*(56, pp. 1073-1086)에 발표되었다.

들어 이에 대한 질책 및 간섭이 감소함에 따라 자긍심이 간접적으로 증가되기도 하지만 이것은 약물치료에 따른 직접적인 효과라고 기대할 수 없다. 따라서 약물치료에 병행하여 이들을 호전시키기 위한 별도의 사회심리적 방법이 병행될 수 있다. 또한 비슷한 이유로 해서 부모-자녀, 형제, 교사 및 또래관계 자체가 약으로 호전되지는 않는다. 이러한 필요성으로 약물치료에 병행해서 혹은 단독으로 사회심리적 치료가 이러한 아동의 치료에 유용하다.

약물치료를 제외한 다양한 치료법은 흔히 '사회심리적 치료'로 범주화된다. 여기에는 다양한 범주가 포함될 수 있는데, 미국소아과학회 진료지침에서는 근거기반행동치료(evidence-based behavioral treatment)라고 통칭하고 있다. 그리고 그 가운데 행동치료적 부모훈련(behavioral parent training: BPT), 행동치료적 교실 내 관리(behavioral classroom management), 행동치료적 또래개입(behavioral peer intervention: BPI)의 세 가지를 대표적으로 제시하고 있다. 그리고 앞의 두 가지 평균 효과크기를 각각 0.55, 0.61로 제시하고 있어 앞에서 제시한 약물의 효과크기(0.7~1.0)에 비해 낮은 것으로 평가하고 있다(AAP, 2011, p. 1018). 하지만 이미 앞에서 제안한 것과 같이 근본적으로 약물치료로 달성하고자 하는 목표와 비약물치료(사회심리적 치료)로 달성하고자 하는 목표는 다른 것임을 여러 연구에서 지적하고 있어 이를 참조할 것을 권고한다.

1) 사회 및 대인관계 기술

ADHD 아동의 치료에 사회기술훈련(Social Skills Training, 이하 SST)을 적용하는 것과 관련하여 많은 연구가 수행되었다. 초기 SST 관련 연구를 보면 ADHD 아동의 치료에 대해 부정적인 경향이었다. 하지만 이들이 또래관계를 포함하여 대인관계에서 환영받지 못하고 많은 어려움을 겪는 것은 널리 알려진 사실이다. 이에 대해 Hinshaw(1992)는 ADHD 아동의 사회적 상호작용의 문제는 매우 이질적이기 때문에 또래관계의 문제가 마치 공통적인 문제인 것처럼 사회적 접근전략에 입각한 치료 방법에는 반응하지 않는다는 주장을 하였다. 이와 같은 주장을 뒷받침하듯 ADHD 아동의 치료에 있어 SST 적용에 대해서는 서로 상반된 결과를 내어 놓고 있다. 이에 대한 Smith 등(2006)의 고찰을 보면, 긍정적 결과로 Beelmann 등(1994), Frankel 등(1995), Frankel 등(1997), Webster-Stratton 등(2001), Pfiffner와 MacBurnett(1997)의 연구를 제시하고 있다. 이들 연구들의 대부분은 ADHD를 포함한 품행문제를 갖는 아동을 대상으로 하여 긍정적 결과를 얻었으나 몇 가지 방법상의 문제 등으로 충분히 인정받고 있지 못하다고 그들은 주장한다. 반면에 Dee 등(1996), Anstel과 Remer(2003)는 SST의 효과를 입증하는 데 실패하였다. 이런 상반된 연구 결과를 바탕으로 Smith 등(2006)은 ADHD 아동의 치료에 대한 SST 적용은 C등급에 속한다고 결론짓고 있다. 그들은 이러한 일관되지 못한 연구 결과뿐 아니라 연구의 대상자 선정에서 무작위 할당 연구가 부족한 점, 부모 및 교사가 아동이 치료를 받고 있음을 알고 있는 상태에서 평가한 점, 대조군에 대한 위약집단 등이 부족한 점, 학교 세팅에서의 일반화에 대한 입증이 제한된 점 등 연구 방법에서의 제한점 등을 C등급으로 할당한 이유를 제시하고 있다. 이러한 주장은 Seixas 등(2012)이 고찰한 전 세계 ADHD 진료지침(〈표 3-5〉 참조)에서도 반영되고 있는데, ESCAP(European Society for Child and Adolescent Psychiatry, 유럽소아청소년정신의학회: ESCAP, 2004/2006), NICE(2008), CADDRA(Canadian Attention Deficit Disorder Resource Alliance, 캐나다 ADD 후원연맹: CADDRA, 2011)와 같이 일부에서는 SST를 지침 속에 포함하고 있는 반면, AAP(2000/2001), AACAP(2002/2007) 등에서는 권고사항에 포함하고 있지 않다. 그럼에도 소위 제안되고 있는 여러 통합치료(multimodal treatment)에서 SST는 중요한 구성요소로 포함되고 있다.

안동현 등(2005)은 ADHD 아동의 치료에서 SST를 적용하는데, 그 근거를 다음과 같이 설명하고 있다. 아동의 또래관계의 어려움에 대하여 가장 널리 받아들여 온 관점은 개인 내 특성으로 존재하는 사회적 행동의 결함에서 그 원인을 찾는 것으로, 이러한 사회적 기술 결함 모델에서는 아동이 친사회적인 행동을 습득하면 자동적으로 또래 지위에서 긍정적 변화가 관찰된다고 단언하고 있으나 이러한 전형적인 변화는 관찰하기 어렵다. 그렇기 때문에 아동의 사회적 관계에 대하여 보다 광범위하고 다각적인 관점을

〈표 3-5〉 아동 집단 회기별 훈련 내용(안동현 외, 2005)

회기	내용
1회기	집단 소개 및 또래의 놀이에 어울리기
2회기	좋은 놀이친구 되기
3회기	친구와 대화하기
4회기	기분 좋게 결과를 받아들이기
5회기	자기주장하기
6회기	1:1 관계 유지하기(친구를 집으로 초대하기)
7회기	문제해결하기
8회기	감정 다루기

가지는 새로운 모델이 제시되고 있고, 이러한 관점의 방향은 SST에도 많은 영향을 주었다고 할 수 있다. 학령기 아동에게 있어서 원만한 또래관계 형성은 이후의 적응과 관련된 심리적 결과의 중요한 변인으로 작용한다. 그리고 사회적 기술의 습득과 원만한 또래관계의 형성은 사회적 유능성 획득에 중요한 변인이 된다. 다양한 사회적 기술 중에서 어떠한 행동을 선정하여 훈련해야 하는지는 매우 복잡한 문제이며 사회문화적 특성에 따라 매우 다양해질 것이다. 이미 앞에서 논의한 것과 같이, 실제로 SST는 대부분의 경우 제한적인 효과를 나타내고 있다. 특히 훈련 상황에서의 행동 변화가 가정이나 학교에서 일반화되지 않았다는 제한점이 주를 이루고 있다. 그리고 훈련에서 다루는 사회적 기술이 사회적 타당성을 가지고 있는지에 관한 제한점도 많이 제시되고 있다고 하였다.

안동현 등(2005)은 미국 시카고 대학교 Pfiffner와 McBurnett(1997)의 프로그램을 바탕으로, McGinnis와 Goldstein(1997), Elliott과 Gresham(1991)의 프로그램을 일부 참조하여 ADHD 아동의 치료에 적용할 수 있는 SST 프로그램을 제안하였다. 이를 간략하게 요약하면, 기본적인 목적으로 가정과 학교에서 집단활동에 참여하는 적절한 방법 및 또래와 성인의 관계를 개선하는 방법을 훈련하는 것이다. 이론적인 근거로 ① 사회적 지식 결함에의 개입 및 부적응적인 사회적 행동을 적응적인 행동으로 대체하기 위하여 직접교수(didactic instruction), 상징적이고 실제적인(in vivo) 모델링, 역할놀이, 행동시연(rehearsal) 등을 사용해 새로운 기술을 가르친다. ② 기술 수행의 결함에 개입하기 위하여 단서 제공, 촉진법, 구조화된 연습, 강화를 사용해 적절한 행동 빈도를 증가시킨다. ③ 사회적 행동의 적절한 자극 통제를 하기 위하여 타인의 언어적 · 비언어적 사회적 단서나 감정을 변별하고 이해하는 방법을 가르친다. ④ 새로운 문제해결 상황에서 적극적이고 적절한 반응을 하도록 사회적 문제해결 방법에 대한 구조화된 절차를 가르친다. ⑤ 부모훈련 회기를 병행하여 부모가 가정에서 회기 중에 습득한 기술을 지속적으로 수행할 수 있도록 보조함으로써 SST의 효과가 일반화되는 것을 촉진한다.

프로그램의 회기 순서는 놀이규칙, 결과수용, 독립적인 생활습관, 자기주장, 또래의 놀림에 대한 대처, 감정 인식 및 통제, 문제해결을 다루는 순서의 총 8회기로 이루어져 있으며 각 회기별 활동은 기술게임과 역할놀이로 구성되어 Pfiffner와 McBurnett(1997)의 제안에서 자유놀이(실외놀이 포함)를 제외하였고, 다루는 사회적 기술 또한 보다 구체적인 기술을 포함하여 재구성하였다. 회기 진행은 4~8명의 집단으로 주 1회 60분씩, 아동 및 부모 대상으로 각각 시행하며, 아동 집단 프로그램은 집단 시작 활동 및 지난 주 과제 검토로 시작하여 참여적 토의로 금주의 목표가 되는 사회적 기술에 대한 설명을 하고, 금주의 기술을 적은 기술카드를 제시하면서 주제와 관련된 구조화된 집단 놀이 활동(coached group play), 즉 기술게임을 진행함으로써 아동이 직접 행동을 시연하는 역할극을 진행한다. 주된 활동이 끝나면 집단 마무리 활동으로 금주의 과제를 배부하며 당일 수행을 평가한 후 집단보상 여부를 결정하게 된다. 아동 집단은 개인보상과 집단보상을 동시에 이용한 행동관리 체계에 따라 이루어지며, 훈련 회기 동안 아동 개인의 과제물 수행과 집단 내 참여 수행 및 바람직한 행동에 대해 '보상'(개인보상 및 집단보상 등)을 사용하고 부적절한 행동에 대해 '처벌'(반응대가 및 타임아웃)을 사용하는 행동수정 방법을 병행한다. 개인보상은 가정에서의 과제물 수행과 좋은 친구 쿠폰에 대한 보상을 주고, 집단보상으로는 한 회기에서 토큰을 특정 점수 이상 모으면 프로그램이 끝난 후에 파티를 하도록 한다.

부모집단은 마찬가지로 주 1회 60분씩 진행하며, 부모훈련은 SST가 가정과 학교에서 일반화하는데, 부모가 일차적인 역할을 수행하도록 하기 위함이다. 부모집단의 경우 아동의 프로그램 참여 시 행동 관찰 내용을 전달하고 과제물 수행에 관한 의견을 교환한 후, 부모지침서를 배부하여 금주의 목표가 되는 사회적 기술에 대한 설명을 하고 가정에서 사용할 수 있는 교육 방법을 구체적으로 훈련한다. 부모훈련 프로그램의 큰 특징은 아동이 훈련받은 사회적 행동이나 바람직한 행동을 보였을 때 부모가 '좋은 친구 쿠폰'으로 보상하도록 하는 것이며, 이것은 해당 쿠폰을 아동집단에 가져왔을 때 보상물로 교환하여 줌으로써 SST 효과의 일반화를 높이기 위한 방법이다.

2) 학업 및 작업 동기

많은 ADHD 아동이 학습장애 내지 학습부진을 동반하고, 이것은 이들이 병원을 찾는 가장 흔한 이유이기도 하다. 또한 아동은 학교에서 보내는 시간이 많기 때문에 이에 대한 이해가 중요하다. 이들은 학령기 이전에는 단순히 행동 문제가 눈에 띄어 부모나 교사로부터 지적을 받는데, 학습상황이 구조화되고 사회적인 관계가 넓어지는 학령기에는 학업적인 문제가 두드러진다(김미경, 안동현, 이양희, 1996; Barkley, 1998). 저조한 학업성취는 또래관계 및 아동의 정서적 · 사회적 적응에 부정적 영향을 미친다. 즉, 일차적인 증상은 이차적으로 학업부진, 반항과 공격성, 또래와의 관계 등 사회적 적응에 심각한 문제를 일으키고 낮은 자존감과 정서적 부적응을 초래하는 원인이 된다. 많은 ADHD 학생은 한 과목 이상에서 낙제점수를 받고, 표준화된 성취도검사에서 또래보다 심각하게 낮은 점수를 받는다(Barkley, Dupaul, & McMurray, 1990; Cantwell, Satterfield, Cantwell, Saul, & Yusin, 1974). 그래서 ADHD 아동의 1/3이 고등학교 진학 전에 적어도 1년 이상 유급하며, 정학 및 퇴학 비율도 평균보다 높게 나타난다. 이러한 문제는 청소년기를 거쳐 성인기까지 지속되는데, 학업성취 영역에서의 문제와 반사회적 행동으로 계속되어 1/3은 고등학교를 졸업하지 못하고, 보통 성인의 40%가 대학을 마치는 데 비해 이들은 단지 5%만이 대학을 마친다(Barkely, Fischer, Edelbrock, & Smallish, 1990).

ADHD 아동이 학업에 문제를 보이는 원인은 먼저 아동의 일차적 증상 때문으로, 부주의와 관련된 특성 때문에 외부의 자극에 의해 쉽게 주의가 분산되며 말을 했을 때도 듣지 못하는 듯하고 기억하는 것이 어렵고, 지시를 이해하고 적대감을 가지는 것이 아님에도 지시대로 이행하는 것에 어려움을 보인다. 더불어 이들은 기억기능, 특히 작업기억(working memory)에 문제가 있다는 결과가 계속해서 제시되고 있어 이러한 기억력 결함이 이들에게서 나타나는 학습부진과 관련되어 있다고 추측된다. 또한 이들의 인지 특성으로 문제해결 능력이 있음에도 과제에 몰두하거나 전략을 효과적으로 사용하지 않기 때문에 복잡한 문제해결 전략과 조직 기술을 필요로 하는 과제를 어려워하는 경향이 있다(Barkely, 1998; Tant & Douglas, 1982). ADHD 아동의 학업이나 과제 성취와 관련한 문제의 두 번째 원인으로 이들 중 상당수가 언어발달 혹은 운동발달에서 일반 아동과 차이를 보인다는 것이 있다. 일반 아동의 2~25%가 표현언어 문제를 나타내는 반면, ADHD 아동은 10~54%가 표현언어 문제를 나타낸다(Barkley, Dupaul, & McMurray, 1990; Hartsough & Lambert, 1985). 또한 ADHD 아동은 구어적 설명을 요구하는 과제에서 유창성이 떨어지거나 발표 내용이 조직적이지 못한 경향이 있다(Hamlett, Pellegrini, & Conners, 1987). 미세운동협응에 관한 연구에서 ADHD 아동의 약 52%가 서툰 반면, 일반아동은 최대 35%만이 서툴게 나타났다(Barkely, Dupaul, & McMurray, 1990; Hartsough & Lambert, 1985). 때문에 ADHD 학생의 상당수가 필기와 관련된 문제를 가지게 되는 것이다. 큰 운동협응과 관련해서는 과다한 근육 움직임 등의 신경학적 문제가 경미한 수준에서 더 자주 나타난다(Denckla, Rudel, Chapman, & Krieger, 1985). 마지막으로, 이들의 낮은 학업성취에 공헌하는 주요 요소는 낮은 학습동기다. Barkely(2006)는 ADHD 아동의 낮은 동기는 감정 · 동기 · 각성의 자기조절의 실행기능을 파괴적으로 이끄는 행동억제결함(behavioral dis-inhibition)에서 나온다고 하였다. 이와 함께 낮은 학습동기는 ADHD 아동에게서 자주 동반되는 반항장애 및 품행장애와 같은 행동장애, 불안 및 우울장애로 인한 학습동기 저하와도 밀접한 관련을 갖는다.

지금까지 ADHD 치료에 관한 많은 연구는 일차적 증상인 아동의 행동장애에 주로 초점이 맞추어져 있었고, ADHD 아동의 학업부진을 해결하려는 직접적인 연구는 상대적으로 부족하다. 물론 학업성취는 앞서 살펴본 것과 같이 복합적인 요인이 적용된 결과다. 학습과정에서 학습자의 변인을 탐색 · 통제하여 학습 성과를 극대화하려는 노력은 오랫동안 지속되어 지능, 인지 양식, 태도, 자아개념, 성격 특성 등과 같은 많은 구성개념이 학업성취에 작용하는 변인으로 밝혀졌다. 이 가운데 지능, 적성, 성격 특성 등과 같은 변인은 조작하기가 어려운 반면, 학업성취에 있어 기대, 원인 귀속, 가치, 지속성 등과 같은 동기적 변인과 학습전략은 조작이 가능하고 비교적 용이하다. 실제 주의집중력을 실험실에서 직접 증가시키기 위한 연구가 시도되었는데, Sohlberg와 Mateer(1987)가 두뇌손상 성인 환자에게 시행한 '집중력훈련(attention process training: APT)'을 ADHD 아동에게 적용한 연구(Semrud-Clikeman et al., 1999)에 따르면 주의력의 호전이 관찰되었지만, 학업성취 및 행동변화에서 일반화되지 못하였기 때문에 이러한 연구의 적용은 매우 제한적이다.

남궁선 등(2007)은 ADHD 아동이 상당히 오랫동안 학업을 포함한 과제 수행에서 많은 실수를 경험하거나 성취하지 못하는 것이 반복되면서 과제 수행 혹은 학업성취 자체에 흥미를 잃고 동기부여가 되지 못하는 점에 주목하여, 여기에 치료적으로 접근하는 것을 제안하였다. 물론 약물치료나 부모상담 및 훈련을 통한 양육 태도의 변화에 의해 아동이 과제 수행에 호전을 보이면서 동기가 증진되고 자발성이 증가하기도 한다. 하지만 초등학교 고학년 내지 중학생이 되면 큰 비율로 약물치료 등에 따라 증상의 호전을 가져옴에도 여전히 낮은 동기수준과 자발성의 부족으로 적절한 호전은 보이지 않는다. 따라서 약물치료 등이 선행함에도 여전히 어려움을 갖는 상당히 많은 수의 아동 및 청소년을 위해 과제 및 학업성취에 대한 자발성과 동기를 높일 수 있는 치료적 전략이 필요하다. 이에 대한 접근은 시도 결과 긍정적인 효과를 보고하였고, 이후에 이를 발전시켜 또 다른 긍정적인 효과를 보고하였으나 아직 확립된 것으로 권고하기에는 제한적이다. 하지만 학업 및 과제 성취에 있어서 동기 자체를 접근으로 하고 있다는 점은 주목할

만하다. Barkley(2007)도 ADHD의 원인에서 동기의 중요성에 주목하였고, 최근 이를 뒷받침하는 연구 결과가 제시되는 등 향후 이에 대해 더 많은 연구와 경험이 필요할 것으로 보인다.

이와 함께 교사에 의한 교실 내 행동관리(classroom-focused contingency management)에 주목할 필요가 있다. 이에 대해 이미 앞에서 논의한 AAP 진료지침(2011)에서 행동치료적 교실 내 관리(behavioral classroom management)의 효과크기가 0.61로 행동치료적 부모훈련(BPT)의 효과크기 0.55에 비해 높다고 제시하였고, Smith 등(2006)도 사용되는 치료기법에 따라 차이는 보이지만 신뢰하고 권고할 수 있는 A 혹은 B 집단에 속하는 것으로 결론짓고 있다. 또한 Seixas 등(2012)이 고찰한 논문에서도 많은 진료지침(AAP, ESCAP, BAP, DGKJP, NICE, SIGN, CADDRA)의 권고사항에 포함되고 있다. 구체적으로, 선택적 주의집중 증진, 주의집중 시간의 증대, 주의집중 이동을 유연하게 증대시키는 방법이 있으며 그 외에 개별지도, 학습진도나 난이도의 변경, 학급 재배치 등이 있다. 이것은 주로 교사가 교실에서 수행해야 하는 부분이기 때문에 임상가는 이런 구체적인 방법은 교사에게 맡기고 원칙적인 기본 원리를 이해하는 것이 필요하다. 보다 구체적인 부분은 다른 장에서 상세히 다루고 있다.

3) 정서

ADHD 아동은 대인관계 및 과제수행, 성취, 자기통제에서의 어려움 등으로 낮은 자존감과 정서적 부적절감, 불안정성을 많이 갖는다. 이와 함께 혹은 이로 인한 내재화장애로 우울장애 및 불안장애를 동반하는 경우도 많다. 박은진 등(2012)은 불안장애는 25~47%, 우울장애는 7.9~75%까지 동반하는 것으로 보고하였다. 이들은 불안장애 및 우울장애가 공존할 때 증상이나 지장이 심하여 우선적으로 치료가 필요한 것을 선정하도록 권고하고 있다. 약물치료를 예로 들면, 우울장애가 동반된 경우 ADHD가 심하면 MPH, 아톡목세틴, 그리고 다음 단계에서 이들 약제에 부프로피온 혹은 SSRI 계열 약제를 병합투여하도록 하고 있고, 만일 우울장애가 심하면 일차적으로 부프로피온, 다음으로 SSRI 계열 약물, 다음으로 MPH 또는 ATX을 병합 투여하도록 권유하고 있다. 불안장애도 선택 약제의 순서가 다소 다르기는 하지만 방법은 유사하게 권고한다.

하지만 이와 같이 불안장애 혹은 우울장애가 동반되거나 정신질환으로의 우울장애 및 불안장애까지는 아니더라도 낮은 자존감 혹은 정서적 불안정을 가질 때 사회심리적 치료에 대해서는 구체적으로 제시하고 있는 것이 매우 제한적이다. 하지만 MTA 연구에서 불안장애를 동반했던 경우가 그렇지 않았던 경우에 비해 행동치료에서 더 많은 호전을 보여 이들이 조절변수(moderating factor)로 작용함을 시사하고 있다. 즉, 불안장애를 동반할 경우 박은진 등(2012)이 제안한 것과 같이 약물치료의 알고리즘에 따라 약물치료를 시행하기도 하지만, 비약물 치료에 대해서는 구체적으로 제시하고 있지 않다. Remschmidt와 Global AWG(2005)는 우울장애가 동반될 경우 "적당한 방법으로 우울장애를 치료한다(treat MDD using appropriate treatment)."고 요약해 버리고 말았으며, AACAP(2007)에서도 "약물치료에 병행하여 사회심리적 치료가 유용하기도 하다(psychosocial treatment in conjunction with medication treatment is often beneficial)."라고 간략하게 제시하였을 뿐이다.

흔히 불안장애의 비약물적 치료에서 노출(exposure), 모델링(modeling), 자기관리(self-management), 혼잣말하기(self-talk), 인지재구성(cognitive restructuring), 귀인 재훈련(attribution retraining) 등의 인지기법, 그 외 심리교육(psychoeducation), 정서기술훈련(emotional skills training), 이완훈련(relaxation training), 행동변용(contingency management), 문제해결훈련(problem-solving training) 등을 사용한다(Chorpita & Southam-Gerow, 2006). 우울장애의 경우, Stark 등(2004)의 ACTION 프로그램과 같이 매뉴얼화된 인지행동치료(cognitive behavior therapy: CBT), 그 외의 대인관계치료(interpersonal therapy: IPT) 등이 널리 사용되고 있다(Stark et al., 2006). 하지만 그렇다면 이들 치료법을 단순히 불안 혹은 우울장애가 동반된다고 하여 동일한 근거로 그대로 적용할 수 있는 것인지를 다룬 자료는 매우 제한적이다.

안동현(미발표)은 아동기 불안장애의 인지행동치료로 널리 알려진 Kendall(2002)의 Coping Cat 프로그램과 아동기 우울장애의 인지행동치료 매뉴얼(Dudley, 1997)을 합쳐서 수정 · 보완하고, 기존에 개발했던 안동현 등(2005)의 SST 프로그램의 일부를 합쳐서 ADHD 아동의 내재화 문제를 동반한 집단에 적용했을 때 일부 효과가 있음을 관찰하였지만 이들 프로그램을 그대로 적용하는 데는 많은 어려움과 문제가 있음을 발견하였다. 따라서 앞으로 기존에 널리 알려진 불안 혹은 우울장애의 치료에 효과적인 치료법이 ADHD 아동의 치료에 적합한 것인지, 어떤 수정 · 보완이 필요한지에 대한 구체적인 연구가 시행되어야 할 것이다. 적어도 ADHD 아동의 1/4 정도가 우울 및 불안장애를 동반하는 것으로 알려져 있음에도, 또한 행동치료가 불안장애를 동반한 ADHD 아동에 효과가 있는 조절인자로 밝혀져 있음에도 이들에 대한 연구가 제한적이라는 것은 앞으로 주목할 사항이다.

마지막으로, 앞에서 언급하였듯이, ADHD 환자는 정서 및 행동장애를 동반하는 경우가 많다. 우울증, 자신감 결여, 대인관계의 갈등과 같은 문제를 나타낼 때 일부는 약물치료를 시행하기도 하고, 행동치료 등 근거가 입증된 치료를 바탕으로 시행하여 효과를 나타낸다. 하지만 일부 임상증상의 질환 및 장애 진단을 내릴 정도가 아닌 경우(subclinical) 등에서는 개인정신치료가 필요하다. 정신치료 자체가 ADHD를 치료하는 것은 아니지만, 이들 장애에 수반된 문제를 해결하는 데는 많은 도움을 줄 수 있다. 하지만 이에 대해 아직 분명한 근거가 입증되지 않고 있기 때문에 적용에는 신중을 기하여야 한다.

4) 운동조절 문제

이들은 흔히 동반질병 혹은 상태로 다루어지고 있다. 예를 들어, 이미 앞에서 일부 논의했지만 우울 및 불안이 매우 높은 비율로 동반하기 때문에 이에 대한 치료적 접근이 필요하다. 또한 학업 및 과제 성취에서 성취도 자체도 문제가 되지만 동기를 어떻게 다룰 것인지도 논의가 필요하여 그에 대한 치료적 접근도 논의했다. 그리고 부모훈련에서는 불순종과 관련하여 반항장애를 다루었다. 그 외에 남은 주제로 공격성 및 비행, 약물 남용, 틱장애 및 뚜렛장애, 자폐스펙트럼장애 등이 있는데 이들 문제는 개별 질환으로서 별도로 다룰 문제로 판단하여 여기서는 논의하지 않는다. 필자가 주목하는 부분은 Gillberg와 Kadesjö(2000)도 지적하였지만, ADHD와 운동조절결함, '굼뜸(clumsiness)', 발달성 조절장애(developmental coordination disorder: DCD)와의 연관성이다. 이러한 운동발달의 문제에 대해 Gillberg와 Kadesjö(2000)는 ADHD 아동의 약 절반, Barkley(1990)는 52%까지 동반할 수 있음을 보고하였다. 그리고 Gillberg(1983)는 '주의력, 운동조절 및 지각의 결함(deficits in attention, motor control, and perception: DAMP)'이라는 개념을 제안하였다. 이 개념은 ADHD와 운동조절장애의 중간쯤에 위치하며 이들과는 다른 공통의 배경과 함께 사회심리 및 학업상 예후도 불량한 것으로 알려져 있다. 이것은 북유럽에서는 비교적 널리 알려지고 인정되는 개념으로 과거의 '최소뇌기능장애

(minimal brain dysfunction: MBD)'와 유사한 양상을 갖는데, 근거가 부족하다는 이유를 포함하여 여러 이유로 아직 공식적으로 혹은 주류 학계에서 인정받지 못하고 있다. 또 다른 문제는, ADHD 아동에게 널리 적용되는 치료, 예컨대 약물치료가 이러한 운동조절에 어떠한 영향을 미치는지, 반대로 운동훈련 프로그램(감각통합치료를 포함하여)이 ADHD 혹은 관련 증상의 예후에 어떤 영향을 미치는지에 대한 연구도 매우 제한적이라는 것이다. 하지만 경험적으로 적절한 운동훈련 프로그램이 ADHD 아동에게서 자기조절 능력을 일부 호전시킨다든지 세계적으로 널리 알려진 수영선수인 Michael Phelps가 수영으로 ADHD를 극복했다든지, 일부 운동훈련 프로그램이 ADHD 증상의 일부에 효과가 있다든지(Kang, Choi, Kang, & Han, 2011), 그리고 대만에서 감각통합치료가 ADHD에서 널리 이용되고 있는 현상 등으로 향후 이에 대한 연구가 필요하다.

4. 논란이 되는 방법

앞서 논의한 방법들은 비교적 어느 정도는 과학적인 방법으로 연구되고 그 결과가 밝혀진 것들인 것에 비해, 앞으로 논의할 방법들은 그 결과가 아직 확립된 것이라고 하기 어렵거나 다른 연구자들이 그 결과를 받아들이지 못하고 있는 방법들이다.

이들은 몇 가지 특징을 지닌다. 첫째, 지금까지 과학적으로 널리 받아들여지고 있는 신경과학의 이론에 맞지 않는 경우가 많다. 둘째, 진단이 모호하고 ADHD뿐 아니라 여러 질병을 포함한 연구 결과인 경우가 많다. 셋째, 흔히 해를 주지 않는 치료 방법이라고 주장한다. 넷째, 권위 있는 학술 잡지에 발표된 신뢰할 수 있는 연구가 없다. 마지막으로, 이들 방법이 때로는 선정적으로 일반 사람들의 호응이나 지지 속에서 사회적으로 많은 관심을 받게 되는 경우가 있다. 따라서 아직 이들을 부모에게 공식적으로 권고하는 방법으로 추천할 수는 없다. 다만 부모가 이런 방법을 듣거나 권고받았을 때 어떤 결정을 내릴 것인가 하는 면에 참고 자료를 제공하는 것이라고 보면 된다.

국내에서 흔히 거론되는 것들을 보면, ① 뇌파 훈련법(EEG Biofeedback Training), 신경훈련법(neurotherapy), neurofeedback 등, ② 청각훈련법(Auditory Integration Training, 혹은 토마티스[Tomatis]법), ③ 식이요법(인스턴트 식품섭취 제한, 수분 · 염분 · 설탕 섭취의 제한 등), ④ 운동조절법(감각통합치료, 호흡훈련, 조기 독서 교육, 교정된 신체적 자세로 걷기, 음악

을 들려주지 말 것, 눈과 손 사용 훈련 등), ⑤ 안구운동(눈 요가 혹은 특수한 색깔의 렌즈, 프리즘형 렌즈 착용 등), ⑥ 비타민(혹은 분자교정법[orthomolecular therapy]), ⑦ 영양제(미네랄, 당분, 오메가-3 등), ⑧ 한약(피크노게놀[pycnogenol], 쥐오줌풀[valerian], 카와카와[후추과, kava], 카밀레[국화과, chamomile], 홉[뽕나무과, hop], 향수박하[lemon balm], 시계풀[passion flower] 등, 은행나무 잎 추출물 등) 등 수많은 방법이 시도되고 있지만 앞에서 논의한 것과 같이 경험적 근거를 바탕으로 근거가 검증되지 않은 치료 방법을 권고하는 것은 피하거나 매우 신중해야 한다. 이에 대해서는 15장에서 자세히 논의한다.

5. 맺는 글

ADHD 치료에 있어 제안한 7-모듈 모형은 ADHD가 아동기에만 국한된 질환이 아닌 성인기에도 지속할 수 있는 만성질환이라는 점, 대뇌기능의 이상에 기반을 두지만 심리사회적 요인이 중요한 생물-사회-심리적(biopsychosocial) 질병 개념에 기반을 둔다는 점, ADHD 증상을 정상과 구별하는 것이 카테고리 진단에서 매우 어렵고 결국 차원적(dimensional) 개념에 기반을 둔 진단이 매우 중요하다는 점, 그리고 ADHD가 단순히 주의력(attention)에서의 결함에만 국한된 것이 아니고 보다 광범위한 실행기능(executive function), 더 나아가 동기(motivational system)에까지 영향을 미친다는 점, 따라서 ADHD에 있어서 공존질병을 병합하는 것은 오히려 단순히 ADHD만을 갖는 것보다 더 흔한 일상적인 것이라는 점 등을 고려한 경험적 가설에 기반을 둔 이론이라고 할 수 있다. 물론 그 가운데 일부 근거가 다소 부족하거나 연구 결과가 상충되는 경우 또는 혼재되어 있는 경우도 있지만 필자의 경험에 입각하여 이러한 모형을 제안한다.

최근에는 ADHD 치료에서 약물치료 단독, 행동치료 단독보다는 통합치료(multimodal treatment)에 주목하고 있다. 현재 가장 주목받고 있는 연구로는 미국 피츠버그 대학교의 Pelham이 개발한 여름 치료 프로그램(summer treatment program: STP), Swanson과 McBurnett이 참여하는 미국 캘리포니아 대학교 어반캠퍼스(UC-Irvine) 및 오렌지카운티 교육청(Orange County Department of Education: UCI/ODCE) 프로그램, 매사추세츠 의과대학교와 웰체스터의 공립학교들이 참여하고 Barkley가 주도한 조기 중재 프로젝트(Early Intervention Project), 미국 NIMH의 MTA 프로젝트, 뉴욕의 Abikoff 그리고 몬트리올의

Hechtman과 Weiss가 공동연구한 NYM 연구가 있다. 이들 통합치료는 대부분 부모훈련, 교실행동관리, SST 등의 사회심리적 치료와 약물치료를 다양한 방법으로 병행 또는 비교하는 연구를 시행하여 그 결과를 보고하였다(Smith et al., 2006). 일부 연구(예: NYM 연구)에서는 약물치료와 비교할 때 통합치료가 더 우월한 효과를 보이고 있지 않다는 결과를 제시하기도 하였지만, 그 외의 다른 연구들에서는 제한적이지만 통합치료가 약물치료 혹은 사회심리적 치료 단독보다는 우월한 효과를 보이는 것으로 보고하였다. 이렇게 통합치료가 주목받고 있지만, 아직 명확한 결론을 내리기에는 해결해야 할 점이 남아 있다. 하지만 이러한 근거가 일부 제한적임에도 경험적 근거를 바탕으로 ADHD가 아동기에 발병하지만 일부에서 성인기까지 지속되는 만성질환임이 밝혀졌듯이, 이와 관련하여 많은 것이 밝혀지고 있다.

이러한 현재까지의 연구를 바탕으로 ADHD 치료는 명확하고 포괄적인 평가를 통해 임상가의 판단으로 진단이 내려지고, 이를 바탕으로 치료가 시작된다. 그리고 치료를 시작하면서 아동 자신은 물론 부모를 포함한 아동의 생활에 중요한 인물, 예컨대 교사 등에게 ADHD 진단이 의미하는 것과 왜, 무엇을 목표로 어떤 치료가 필요한지에 대해 충분히 논의하고 필요한 협력을 이끌어내야 한다. 또한 부모 및 교사가 수행할 수 있는 필요한 상담, 훈련, 자문을 시행하여야 한다. 부모 및 교사를 대상으로 시행하는 행동치료적 접근은 비교적 높은 효과크기를 가지고 그 효과가 이미 입증되어 있다. 이와 함께 적어도 학령기 이전에 심한 증상을 가지는 경우와 학령기에 중등도 이상의 증상과 상당한 정도의 지장을 초래하는 경우에 반드시 약물치료를 시행한다. 이때는 널리 알려진 진료지침 혹은 약물치료의 알고리즘을 참조하여 시행하도록 한다. 이러한 치료적 접근은 대부분의 아동에게 ADHD 치료의 핵심이 되기 때문에 이를 핵심 모듈로 분류한다.

하지만 증상이 경하거나 중등도 이상이라고 하더라도 약물치료를 수용하지 못하거나 약물치료 효과가 충분하지 않거나, 부작용으로 인해 지속하기가 어렵거나, 그 외에 동반한 공존질병이나 장애 혹은 아동의 문제가 약물치료에 반응하기 어려운 경우 등에서 사회심리적(비약물적) 치료가 필요하다. 이때는 주로 아동에게 동반된 문제 유형 혹은 공존질병에 의거해서 가장 흔하거나 지장이 심한 것을 중심으로 SST, 학업동기증진치료 프로그램, 정서치료 프로그램, 그리고 운동조절훈련 프로그램 등을 제안하고 이들을 선택 모듈로 명명하였다. 물론 이들에 대해서는 필자의 견해와는 다른 비판과 이견이 있을 수 있다. 그리고 일부는 아직 근거가 충분치 않기도 하다. 하지만 필자의 경험적 근거와 여러 진료 지침, 선행연구 등을 바탕으로 제안하며, 또한 아직 미흡한 부분에 대해서는 앞으로 해결해야 할 과제에 대해 논의하면서 제안한다.

ADHD 치료는 오랫동안 지속해야만 하고, 다면적이기 때문에 대부분의 경우 다학제적 접근이 필요하다. 이를 위해 관련 부모 및 전문가가 서로 소통하고 협력하여 통합적인 치료를 만들어 내도록 노력해야 할 것이다. 마지막으로, 수십 년 동안 많은 연구와 경험으로 인한 진전에도 불구하고 ADHD와 관련하여 여전히 풀어야 할 숙제에 대해 NICE(2009)에서 제시한 것을 소개하면 다음과 같다(NICE, p. 502).

- 교정 체계(correct system)에 관한 논쟁과 오해를 일으킬 수 있다.
- 차원적 개념의 카테고리 정의: 절단점 문제
- 주의산만함(inattentiveness)의 정의에 대한 논란
- ADHD는 이질적인 집단(heterogeneous group)이다.
- 지장(impairment)이 적절하게 고려되지 않으면 남용될 수 있다.
- 진단 기준에서 공존질병 유형(comorbid forms)을 제외시키고 있다.
- 치료를 필요로 하는 경우를 결정하기가 어려울 수 있다. 예를 들어, 상당한 지장을 갖지만 역치하 증상(subthreshold symptoms)의 경우
- 대부분의 연구가 순수(pure) ADHD에 초점이 맞춰져 있어 공존질병을 갖는 경우에는 정보가 부족하다.
- 많은 연구가 핵심 증상(core symptoms)의 감소에 집중되고 지장, 삶의 질, 공존질병의 더 넓은 예후는 부족하다.
- 학령 전기, 청소년 혹은 성인 집단에 대한 이해가 충분하지 않다.

치료에 있어서 이들이 제시한 것과 같은 제한점을 이해하고 가능한 범위에서 최선을 다해 최적의 치료를 위해 노력해야 할 것이다.

참고문헌

곽영숙, 반건호, 송동호, 안동현, 오은영, 이영식, 이정섭, 전성일, 조수철, 최성구(2012). 출판에 즈음하여. *Journal of Korean Academy of Child and Adolescent Psychiatry, 23*(suppl), S90-S95.

김미경, 안동현, 이양희(1996). 학습문제를 동반한 주의력 결핍-과잉행동장애 아동의 특성 분석. 정신건강연구, 15, 122-133.

김붕년, 유한익, 강화연, 김지훈, 신동원, 안동현, 양수진, 유희정, 천근아, 홍현주(2007). 주의력 결핍 과잉행동장애 한국형 치료권고안(IV): 비약물치료. *Journal of Korean Academy of Child and Adolescent Psychiatry*, *18*(1), 26-30.

김세실, 안동현, 이양희(1998). 주의력결핍/과다활동장애(ADHD) 아동에 대한 약물-부모훈련 병합치료의 효과. 신경정신의학, 37, 683-699.

남궁선, 안동현, 이양희(2007). 주의력결핍 과잉행동장애아동에서 학습동기증진 프로그램. 소아청소년정신의학, 18(1), 58-65.

박은진, 방수영, 서천석, 이영식, 황준원, 곽영숙(2012). 주의력결핍 과잉행동장애아동에서 불안장애 및 기분장애의 공존과 약물치료. 소아청소년정신의학, 23(Suppl), S46-S54.

안동현, 강화연, 김붕년, 김지훈, 신동원, 양수진, 유한익, 유희정, 천근아, 홍현주(2007). 주의력결핍-과잉행동장애 한국형 치료권고안(I): 서론, 임상 양상 및 경과. 소아청소년정신의학, 18(1), 3-9.

안동현, 김세실 역(1997). 말 안 듣는 아이: 임상가를 위한 평가 및 부모훈련교재[*Barkley's Defiant Children: A Clinician's manual for Assessemtn and Parent Training*(2nd ed.)]. R. A. Barkley 저. 서울: 하나의학사, (원저는 1판 1987년, 2판 1997년에 출판).

안동현, 김세실, 한은선(2005). 주의력결핍장애아동의 사회기술훈련. 서울: 학지사.

오경자(1990). 주의력 결핍과잉활동장애의 평가. 소아 · 청소년정신의학, 1, 65-76.

Abikoff, H., Hechtman, L., Klein, R. G., Weiss, G., Fleiss, K., Etcovitch, J., Cousins, L., Greenfield, B., Martin, D., & Pollack, S. (2004). Symptomatic improvement in children with ADHD treated with long-term methylphenidate and multimodal psychosocial treatment. *Journal of American Academy of Child and Adolescent Psychiatry*, *43*, 802-811.

American Academy of Child and Adolescent Psychiatry (2002). Practice parameter for the use of stimulant medications in the treatment of children, adolescents, and adults. *Journal of American Academy of Child and Adolescent Psychiatry*, *41*(2 Suppl), 26S-49S.

American Academy of Child and Adolescent Psychiatry (2007). Practice parameter for the assessment and treatment of children and adolescents with attention-deficit/hyperactivity disorder. *Journal of American Academy of Child and Adolescent Psychiatry, 46*(7), 894-921.

American Academy of Pediatrics (2011). ADHD: Clinical practice guideline fot the diagnosis, evaluation, and treatment of attention-deficit hyperactivity disorder in children and adolescents. *Pediatrics, 128*, 1007-1022.

Anastopoulos, A. D., DuPaul, G. J., Barkley, R. A. (1991). Stimulant medication and parent training therapies for attention deficit-hyperactivity disorder. *Journal of Learning Disabilities, 24*, 210-218.

Banaschewski, T., Coghill, D., Santosh, P., Zuddas, A., Asherson, P., Buitelaar, J., Danckaerts, M., Dopfner, M., Faraone, S. V., & Rothenberger, A. (2006). Long-acting medications for the hyperkinetic disorders: A systematic review and European treatment guideline. *European Child and Adolescent Psychiatry, 15*, 476-495.

Bankley, R. A., Fischer, M., Edelbrock, C. S. & Smallish, L. (1990). The adolescent out come of hyperactive cildren diagnosid of research criteria, An 8year prospective follow-up study, *Journal of the American Academy of Chlid & Adolescent Psychiatry, 29*, 546-557.

Barkley, R. A. (1997). *ADHD and the nature of self-control.* New York: The Guilford Press.

Barkley, R. A. (1998). Associated problems. *Attention deficit hyperactivity disorders: A Handbook of diagnosis and treatment.* New York: The Guilford Press, 97-138.

Barkley, R. A. (2006). Etiologies. In R. A. Barkley (Ed.), *Attention-deficit hyperactivity disorder: A handbook for diagnosis and treatment* (3rd ed.). New York: Guildford Press, 219-247.

Barkley, R. A., DuPaul, G. J., & McMurray, M. B. (1990). Comprehensive evaluation of attention deficit disorder with and without hyperactivity as defined by research criteria. *Journal of Consulting and Clinical Psychology, 58*, 775-789.

Barkley, R. A., Fischer, M., Edelbrock, C. S., & Smallish, L. (1990). The adolescent outcome of hyperactive children diagnosed by research criteria: I. An 8-year prospective follow-up study. *Journal of American Academy of Child and Adolescent Psychiatry, 29*, 546-557.

Bradley, W. (1937). The behavior of children receiving Benzedrine. *American Journal of Psychiatry, 94*, 577-585.

Buitelaar, J. K., & Rothenberger, A. (2004). Foreward-ADHD in the scientific and political context. *European Child and Adolescent Psychiatry, 13*(1 Suppl), 1-6.

Chorpita, B. F., & Southam-Gerow, M. A. (2006). Fears and anxieties. In E. J. Mash & R. A. Barkley (Eds.), *Treatment of Childhood Disorders* (3rd ed., pp. 271-335). New York:

Guilford Press.

Cubillo, A., Halari, R., Smith, A., Taylor, E., & Rubia, K (2012). A review of fronto-striatal and fronto-cortical brain abnormalities in children and adults with Attention Deficit Hyperactivity Disorder (ADHD) and new evidence for dysfunction in adults with ADHD during motivation and attention. *Cortex*, *48*, 194–215.

Denckla, M. B., Rudel, R. G., Chapman, C., & Krieger, J. (1985). Motor proficiency in dyslexic children with and without attentional disorders. *Archives of Neurology*, *42*, 228–231.

Dubey, D. R., O'Leary, S. G., Kaufman, K. F. (1983). Training parents of hyperactive children in child management: A comparative outcome study. *Journal of Abnormal Child Psychology*, *11*, 229–245.

Dudley, C. (1997). *Treating depressed children: A therapeutic manual of cognitive behavioral interventions.* Oakland, CA: New Harbinger.

Elliott, S. N., & Gresham, F. M. (1991). *Social skills intervention guide.* Circle Pines, MN: American Guidance Service.

Gillberg, C. (1983). Perceptual, motor and attentional deficits in Swedish primary school children. Some child psychiatric aspects. *Journal of Child Psychology and Psychiatry*, *24*, 377–403.

Gillberg, C., & Kadesjö, B. (2000). Attention-deficit/hyperactivity disorder and developmental coordination disorder. In T. E. Brown (Ed.), *Attention-Deficit Disorders and Comorbidities in Children, Adolescents, and Adults* (pp. 393–406). Washington, DC: American Psychiatric Press.

Hamlett, K. W., Pellegrini, D. S., & Connersm, C. K. (1987). An investigation of executive processes in the problem-solving of attention deficit disorder-hyperactive children. *Journal of Pediatric Psychology*, *12*, 227–240.

Hammerness, P. G., Perrin, J. M., Shelley-Abrahamson, R., & Wilens, T. E. (2011). Cardivascular risk of stimulant treatment in pediatric attention-deficit/hyperactivity disorder: Update and clinical recommendations. *Journal of American Academy of Child and Adolescent Psychiatry*, *50*(10), 978–990.

Hartsough, C. S., & Lambert, N. M. (1985). Medical factors in hyperactive and normal children: Prenatal, developmental, and health history findings. *American Journal of Orthopsychiatry*. *55*, 190–201.

Hinshaw, S. P. (1992). Interventions for social competence and social skill. *Child and Adolescent Psychiatric Clinics of North America*, *1*, 539–552.

Horn, W. F., Ialongo, N. S., Pascoe, J. M., Greenberg, G., Packard, T., Lopez, M., & Wagner, A., & Puttler, L. (1991). Additive effects of psychostimulants, parent training, and self-control therapy with ADHD children. *Journal of American Academy of Child and Adolescent Psychiatry, 30*, 233–240.

Kang, K. D., Choi, J. W., Kang, S. G., & Han, D. H. (2011). Sports therapy for attention, cognitions and sociality. *International Journal of Sports Medecine, 32*, 953–959.

Kendall, P. C. (2002). *Coping cat therapist manual.* Ardmore, PA: Workbook.

Kutcher, S., Aman, M., Brooks, S. J., Buitelaar, J., van Daalen, E., Fegert, J., Findling, R. L., Fisman, S., Greenhill, L.L., Huss, M., Kusumakar, V., Pine, D., Taylor, E., & Tyano, S. (2004). International consensus statement on attention-deficit/hyperactivity disorder (ADHD) and disruptive behaviour disorders (DBDs): Clinical implications and treatment practice suggestions. *European Neuropsychopharmacology, 14*, 11-28.

Lambert, N. M., Sandoval, J., & Sassone, D. (1978). Prevalence of hyperactivity in elementary school children as a function of social system definers. *American Journal of Orthopsychiatry. 48*, 446–463.

McGinnis, E., & Goldstein, A. P. (1997). *Skillstreaming the elementary school child: New strategies and perspectives for teaching prosocial skills.* Champaign, IL: Resaerch Press.

National Institute for Health and Clinical Excellence (2009). Attention deficit hyperactivity disorder: Diagnosis and management of ADHD in children, young people and adults. *NICE Clinical Guidelines, No. 72.*

Pelham, W. E. Jr., & Fabiano, G. A. (2008). Evidence-based psychosocial treatments for attention-deficit/hyperactivity disorder. *Journal of Clinical Child & Adolescent Psychology, 37*(1), 184-214.

Pfiffner, L. J., & McBurnett, K. (1997). Social skills training with parent generalization: Treatment effects for children with attention deficit disorder. *Journal of Consulting and Clinical Psychology, 65*, 749-757.

Pliszka, S. R., Crismon, M. L., Hughes, C. W., Corners, C. K., Emslie, G. J., Jensen, P. S., McCracken, J. T., Swanson, J. M., & Lopez, M. (2006). Texas consensus conference panel on pharmacotherapy of childhood attention deficit hyperactivity disorder. *Journal of American Academy of Child and Adolescent Psychiatry, 45*(6), 642-657.

Reid, R., DuPaul, G. J., Power, T. J., Anastopoulos, A. D., Rogers-Adkinson, D., Noll, M. B., & Riccio, C. (1998). Assessing culturally different students for attention deficit hyperactivity disorder using behavior rating scales. *Journal of Abnormal Child Psychology, 26*, 187-98.

Remschmidt, H., & Global AWG. (2005). Global consensus on ADHD/HKD. *European Child and Adolescent Psychiatry, 14*(3), 127-137.

Rojas, N. L., & Chan, E. (2005). Old and new controversies in the alternative treatment of attention-deficit/hyperactivity disorder. *Mental Retardation and Developmental Disabilities, 11*, 116-130.

Satterfield, J. H., Cantwell, D. P., Saul, R. E., & Yusin, A. (1974). Intelligence, academic achievement, and EEG abnormalities in hyperactive children. *American Journal of Psychiatry, 131*, 391-395.

Seixas, M., Weiss, M., & Müller, U. (2012). Systematic review of national and international guidelines on attention-deficit hyperactivity disorder. *Journal of Psychopharmacology, 26*(6), 753-765.

Semrud-Clikeman, M., Nielsen, K. H., Clinton, A., Sylvester, L., Parle, N., & Connor, R. T. (1999). An intervention approach for children with teacher-and parent-identified attentional difficulties. *Journal of Learning Disabilities, 32*, 581-590.

Smith, B. H., Barkley, R. A., & Shapiro, C. J. (2006). Attention-deficit/hyperactivity disorder. In E. J. Mash & R. A. Barkley, *Treatment of Childhood Disorders* (3rd ed., pp. 65-136). New York: Guilford Press.

Sohlberg, M. M., Mateer, C. A. (1987). Effectiveness of an attention-training program. *Journal of Clinical and Experimental Neuropsychology, 9*, 117-130.

Stark, K. D., Sander, J., Hauser, M., Simson, J., Schnoebelen, S., Glenn, R., & Molnar, J. (2006). Depressive disorders during childhood and adolescence. In E. J. Mash & R. A. Barkley, *Treatment of Childhood Disorders* (3rd ed., pp. 336-407). New York: Guilford Press.

Szatmari, P., Offord, D. R., & Boyle, M. H. (1989). Ontario child health study: Prevalence of attention deficit disorder with hyperactivity. *Journal of Child Psychology and Psychiatry, 30*, 219-330.

Tant, J. L., & Douglas, V. I. (1982). Problem solving in hyperactive, normal, and reading-disabled boys. *Journal of Abnormal Child Psychology, 10*, 285-306.

Taylor, E., Dopfner, M., Sergent, J., Asherson, P., Banaschewski, T., Buitelaar, J., Coghill, D., Danckaerts, M., Rothenberger, A., Sonuga-Barke, E., Steinhausen, H. C., & Zuddas, A. (2004). European clinical guidelines for hyperkinetic disorder-first upgrade. *European Child and Adolescent Psychiatry, 13*(Supplement 1), 1/7-1/30.

Taylor, E., & Sandberg, S. (1984). Hyperactive behavior in English schoolchildren: A questionnaire survey. *Journal of Abnormal Child Psychology, 12*, 143-155.

The MTA Coopearative Group (1999a). A 14-month randomized clinical trail of treatment strategies for attention-deficit/hyperactivity disorder. *Archives of General Psychiatry, 56*, 1073-1086.

The MTA Cooperative Group (1999b). Moderators and mediators of treatment response for children with ADHD. *Archives of General Psychiatry, 56*, 1088-1096.

Treuer, T., Gau, S. S., Mendez, L., Mongomery, W., Monk, J. A., Altin, M., Wu, S., Lin, C. C., & Dueñas, H. J. (2013). A systematic review of combination therapy with stimulants and atomoxetine for attention-deficit hyperactivity disorder, including patient characteristics, treatment strategies, effectiveness, and tolerability. *Journal of Child and Adolescent Psychopharmacology, 23*(3), 179-193.

Weiss, G., Hechtman, L., Milroy, T., & Perlman, T. (1985). Psychiatric status of hyperactives as adults: A controlled prospective 15-year follow-up of 63 hyperactive children. *Journal of American Academy of Child Psychiatry, 24*, 211-220.

ADHD 4

ADHD의 진단 및 평가

면담 및 척도를 중심으로

1. 들어가는 글
2. ADHD 진단평가에서 면담법
3. 평가척도 및 질문지
4. 의학적 진찰 및 검사실 검사
5. 감별 진단
6. 맺는 글

ADHD 4

양수진

1. 들어가는 글

ADHD는 소아정신과 영역에서 가장 중요한 질병으로, 외래를 찾아오는 환자의 상당수가 여기에 해당하는데, 이들을 정확하게 평가하는 과정은 진단뿐 아니라 치료에서도 매우 중요하다. 이들을 치료하는 데는 다른 중복장애아의 경우와 같은 다차원적 · 다학제적 접근이 필요한데(안동현, 홍강의, 1990), 이는 평가에 있어서도 마찬가지다.

Barkley(1990)는 평가에 있어서 소아정신과 영역의 다른 질병과 마찬가지로 생물적 · 심리적 · 사회적 요소의 상호작용하에 평가할 것을 제안하였는데, 그의 제안을 간략히 살펴보면 다음과 같다. 먼저 생물적 요인에서는 아동의 신체 상태, 유전적 소인, 그 외에 수많은 위험 요소로 거론된 것들을 평가하는 것이 필요하다. 이와 같은 위험 요소 중에 임신 중인 어머니의 알코올 남용으로 인한 태아알코올증후군(fetal alcohol syndrome)의 예를 들 수 있는데, 이 증후군에서 과잉행동과 함께 지적장애, 학습 곤란 등이 동반된다. 그 외에 여러 가지 환경에서 유래하는 독성 물질(예: 납)과의 관련에 대해서도 논의되고 있다. 최근에 중추신경계의 기능, 그중에서도 대뇌영상검사에서 대뇌 혈류량의 감소나 신경심리검사에서 전두엽 기능의 저하 등이 거론되고 있어 연구가 활발히 진행되고 있지만 이는 대개 일상적인 평가에는 포함되지 않는다.

두 번째는 인지적 및 신경심리적 요인으로서 아동의 신경심리학적 능력 및 중추신경계의 발달학적 능력을 평가하는 것이 필요하다. 실행능력, 규칙에 따르는 행동, 행동억제에서의 결함이 ADHD의 핵심이다. 그렇지만 ADHD 아동은 과제나 상황에 따라 많이 달라지기 때문에, 아동이 과제를 성취하는지 여부뿐만 아니라 다른 요소, 즉 문제해결 방식, 과제에 접근하는 방법, 전략을 수립하는 능력과 전략을 행동으로 옮기는 능력, 집중력을 유지하거나 과제를 피하는 보상행위 등도 파악해야 한다. 그 외에 아동이 보이는 과제 선호도, 기질이나 기분 상태, 오전 혹은 오후에 더 잘 수행하는지 여부 등도 고려해야 한다. 이와 같은 요소는 평가에 있어서 서로 일치하는 자료를 해석하는 데도 도움을 주지만 치료에 더 많은 정보를 제공할 수도 있다. 이러한 요소 외에 또 중요한 것이 아동의 인지능력이다. 평균 이상의 지적 능력을 가진 아동은 그렇지 못한 아동보다 훨씬 좋은 예후를 갖는다. 이러한 일반적인 인지능력 외에도 일부 ADHD 아동은 읽기, 쓰기, 산술 계산과 같은 학습 기술(academic skill)의 결함을 갖는다(김미경, 안동현, 이양희, 1996). 따라서 이러한 학습 기술과 같은 인지 능력의 평가도 포함되어야 하고, 마지막으로 품행문제나 공격성과 같은 심리적 요소의 평가도 포함되어야 한다.

세 번째는 사회적 요소로서, Barkley(1990)는 이것을 행동 및 환경 요소, 사회 및 가족 요소, 사회경제적 · 정치적 요소의 세 가지로 구분하였지만, 여기서는 묶어서 논의한다. 예를 들어, 교사가 수업을 어떤 형태로 구조화하는지의 여부가 ADHD 아동의 상태나 증상을 많이 변화시키기도 한다. 예를 들면, 열린 형태의 교육 혹은 몬테소리 형태의 교육과 같이 기대 또는 요구가 덜 명확하거나 한 가지에서 다른 것으로의 이행이 명확하지 않을 때 아동은 종종 곤란함을 겪는다. 이러한 요소들 외에도 학습 공간, 안락함, 주의분산도, 소음, 학생-교사 비율과 같은 물리적 환경이 모든 아동의 수행에 영향을 미치지만, ADHD 아동에게서는 더욱 민감하게 작용한다. 이와 같은 환경 요소 외에도 교사, 부모, 또래와의 사회적 상호작용에 관한 평가 역시 필요하다. 이들이 또래로부터 부정적 평가를 많이 받는다는 보고, 그리고 또래와 어울리지만 비효율적인 방법으로 수행한다는 보고가 뒷받침하듯이, 이들의 평가에는 여러 사회적 환경 요소에 관한 평가가 포함되어야 한다. 다음으로 부모와 형제 간의 심리적 관계, 정신의학적 문제 여부, 부모의 결혼만족도 여부, 스트레스 여부와 정도 등 가족 기능을 포함한 사회적 요소가 평가되어야 한다. 예를 들면, ADHD와 품행장애(conduct disorder, 이하 CD)를 모두 갖는 아동의 가족에서 우울증, 알코올중독, 품행문제, 과잉행동이 더 많이 발견된다는 보고가 있는데, 결국 이것은 치료에서도 중요한 의미를 갖는다. 만일 이러한 문제가 동반된 경우에는, 특히 부모교육과 같은 치료가 덧붙여질 필요가 있다. 마지막으로, 사회경제적 요소로서 부모의 교육 수준, 직업, 경제 상태 등이 영향을 미칠 수 있고, 그 외에 문화, 인종, 종교 배경 등도 영향을 미칠 수 있다. 이러한 배경에 따라 아동의 행동이나 학습 문제를 심각하게 받아들일 수도 있으며, 치료해야 할 문제로 받아들일 수도 있다.

McKinney 등(1993)은 ADHD를 평가할 때 다음과 같은 8개의 평가 영역을 제안하였다.

① 중심증상(core symptoms): 부주의, 과행동, 충동성의 존재와 정도 평가, ② 동반질환(co-occurring disorders): 학습장애, 반항성장애, 우울장애 등의 동반질환 평가, ③ 심각도(severity): 존재하는 증상의 수를 포함한 증상의 정도 평가, ④ 지속 기간(duration): 증상의 지속 기간 평가, ⑤ 범위(pervasiveness): 증상을 보이는 상황과 존재하는 시간 평가, ⑥ 사회적 적응(social adjustment): 아동의 사회적 적응 평가, ⑦ 교육적 요구도(educational needs): 아동의 교육 필요성 평가, ⑧ 인지능력(cognitive abilities): 아동의 언어, 비언어, 단기 그리고 장기 기억력 등의 인지 기능 평가다.

2. ADHD 진단평가에서 면담법

ADHD는 임상 진단이기 때문에 평가하는 데 있어서 중요한 세 가지 방법은 면담, 의학적 검사, 행동평가척도의 평가라고 할 수 있는데, 그중에서도 면담이 가장 중요하다. 〈표 4-1〉에 제시된 『정신질환의 진단 및 통계 편람 제5판(*Diagnostic and Statistical manual of Mental disorders, 5th ed.: DSM-5*)』(APA, 2013)의 진단 기준에서도 확인할 수 있듯이 ADHD 진단을 위해서는 부주의, 과잉행동-충동성의 증상을 확인하고 부주의, 과잉행동-충동성, 혼합형의 세 유형 중 하나로 구분한 뒤, 적어도 두 곳 이상의 장소(예: 학교와 가정)에서 이러한 증상이 존재해야 한다. 특히 사회활동, 학업, 직업 기능을 방해하거나 질적으로 저하시킨다는 명백한 증거가 있어야 한다. 임상가는 증상의 존재와 함께 이러한 기능손상(impairment)의 여부를 확인해야 하며 이를 치료 계획 등에 반영하면 좋다.

ADHD 아동의 부모를 면담할 때 임상가는 과잉행동과 충동성의 발병 시점에 대해서 질문해야 한다. 이러한 증상이 12세 이전에 발생하였는지 확인해야 하는데, 어떤 부모는 아이를 임신했을 때나 신생아 때에도 그런 문제가 있었다고 보고하기도 한다. 그런 경우에는 부모가 아동이 아주 어렸을 때부터 까다로운 기질, 불규칙한 수면과 수유 패턴을 보였으며, 걸음마기부터 사고가 발생하는 경향이 있거나 순종적이지 않았다고 호소한다. 또한 아동이 매사에 신중하지 못하고 매우 부산스럽게 움직이며, 시작한 일은 어떤 것이든 결코 끝내는 법이 없다고 불평한다. 이런 아동의 일부는 까다로운 기질을 지니고 있으며 과도한 주의를 요구한다. 아동에 대한 부모의 평가를 충분히 신뢰할 수 없다는 일부의 보고도 있지만, 그렇다고 해서 부모와의 면담의 중요성이 덜해지는 것은 아니다.

어떤 정신과적 면담에도 적용되는 말이지만, 아동의 문제에 대한 부모의 관점, 양육 방식과 훈육 기술, 아이의 문제와 관련 있는 환경적 영향, 가족 내에서 이용할 수 있는 치료적 자원, 아동의 산전 및 산후 발달력, 그리고 의학적 · 사회적 · 교육적 정보가 평가에 필수적이다.

〈표 4-1〉 ADHD의 진단 기준(DSM-5; APA, 2013)

A. 다음과 같은 증상이 발달수준에 맞지 않고 부적응하게 6개월 이상 지속되어야 한다.

(1) 주의산만 증상들(6개 이상)

1. 학업, 일, 기타 활동 중 세심한 주의를 기울이지 못하거나 부주의한 실수를 자주 한다.
2. 과제 수행이나 놀이 중 주의집중을 지속하는 데 어려움을 자주 갖는다.
3. 대놓고 이야기하는데도 듣지 않는 것처럼 보일 때가 자주 있다.
4. 지시를 따라오지 않거나 학업, 심부름, 업무를 끝내지 못하는 경우가 자주 있다.
5. 과제나 활동을 조직적으로 하는 것에 곤란을 자주 겪는다.
6. 지속적으로 정신을 쏟아야 하는 일을 피하거나 싫어하거나, 거부하는 경우가 자주 있다.
7. 과제나 활동에 필요한 것을 자주 잃어버린다(예: 숙제, 연필, 책 등).
8. 외부 자극에 의해 쉽게 주의가 산만해진다.
9. 일상적인 일을 자주 잊어버린다.

(2) 과잉행동(1~6)/충동성(7~9) 증상들(6개 이상, 17세 이상인 경우 5개 이상)

1. 손발을 가만두지 않거나 자리에서 꼬무락거린다.
2. 가만히 앉아 있어야 하는 상황에서 자주 자리를 뜬다.
3. 적절하지 않은 상황에서 지나치게 달리거나 기어오른다(성인은 '안절부절못함').
4. 조용하게 놀거나 레저활동을 하지 못하는 경우가 자주 있다.
5. '쉴 사이 없이 활동하거나' 마치 '모터가 달린 것 같이' 행동하는 경우가 자주 있다.
6. 지나치게 말을 많이 하는 경우가 자주 있다.
7. 질문이 끝나기도 전에 대답해 버리는 경우가 자주 있다.
8. 차례를 기다리는 것이 자주 어렵다.
9. 다른 사람이 하는 것을 자주 중단시키거나 무턱대고 끼어든다.

B. 이러한 증상들이 12세 이전에 있어야 한다.

C. 적어도 2군데 이상(예: 학교와 가정)에서 이러한 증상이 존재해야 한다.

D. 사회활동, 학업, 직업 기능의 방해 혹은 질적 저하의 명백한 증거가 있어야 한다.

E. 조현병의 경과 중이거나 기분장애, 불안장애, 해리장애, 인격장애, 물질급성중독 혹은 금단에 의한 것이 아니어야 한다.

Barkley와 Edward(1998)는 부모 면담의 목적을 다음과 같이 이야기하였다. 즉, ① 부모와의 치료적 관계인 라포 수립에 필요하다. ② 아동과 가족에 관한 매우 유용한 정보를 제공한다. ③ 아동의 문제로 인해 가족이 당면한 고통이 무엇인지, 그리고 부모의 심리적 상태는 어떠한지를 알 수 있다. ④ 부모-자녀 관계를 알 수 있기 때문에 반드시 부모 면담 시 아동을 면담실에 함께 있도록 한다. ⑤ 아동의 문제에 관한 부모의 생각의 초점을 좀 더 중요하고도 구체적인 영역에 맞추도록 한다. ⑥ 진단을 내리고 치료 계획을 수립한다. ⑦ 속이 시원해지도록 돕는 기능이 있다. 특히 전문가를 처음 찾아왔거나 지금까지의 상담이 흡족하지 못했을 경우 모두에게 해당할 수 있다.

ADHD 아동 · 청소년을 위한 면담은 보통 다음과 같은 내용을 포함해야 한다. 즉, ① 아동에 관한 정보, ② 학교에 관한 정보, ③ 부모 및 가정에 관한 정보, ④ 부모-자녀 상호관계에 관한 정보가 포함되어야 한다. 부모-자녀 상호작용에 대한 부모면담에서는 식사할 때, 숙제할 때, 아침에 옷 입을 때 등 집에서 부모-자녀 상호작용이 일어날 수 있는 각 항목에 대한 문제 정도를 평가하는 내용을 다루는 가정상황설문지(Home Situation Questionnaire)를 이용하면 도움이 된다. 임상가는 다음과 같은 질문을 통해서도 정보를 얻을 수 있다. '아동이 대부분의 일상 활동에서 문제행동을 보이는가? 아니면 특정한 환경에서만 과잉행동-충동성 문제를 보이는가? 아동이 집에서 공부할 때나 수업 시간에 집중할 수 있는가? 아동이 한 자리에서 숙제를 마칠 수 있는가? 아동이 체계적 · 조직적으로 과제를 수행할 수 있는가? 아동이 주의력을 요구하는 활동을 잘할 수 있는가? 아동이 보는 TV 프로그램은 무엇인가? 아동의 사회성이나 문제해결기술은 어떠한가?'

Cantwell(1996)에 따르면 ADHD의 진단적 면접은 다음과 같은 내용을 포함해야 한다. 즉, ① 발달력, 의학적 치료력과 더불어 아동의 학교 과거력, 가족 구성원의 사회적 · 의학적 · 정신건강 과거력, ② 장애의 징후와 증상을 평가하고 공존병리를 감별하기 위한 정보 수집, ③ 신경학적 문제와 건강 상태를 감별하기 위한 의학적 평가, ④ 능력과 성취에 대한 인지적 평가, ⑤ ADHD에 대한 부모 및 교사의 평정척도 사용, ⑥ 소근육 및 대근육 기능 평가와 더불어 언어평가와 같은 적절한 부가적 평가의 수행 등이다.

그 외에 ① 아동과의 직접 면담, ② 부모-자녀 구조화 정신과 면접, ③ 부모-청소년 구조화 정신과 면접, ④ 교사 면담 등이 시행되기도 하지만, 실제로 교사 면담이 이루어지는 경우는 극히 드물다.

ADHD 아동을 면담할 때는 면담의 길이도 매우 중요하다. 면담은 간결한 것이 좋으며, 15~20분 정도 면담한 후에는 휴식이 필요하다. 어린 아동의 경우에는 아동 행동 관찰이 특히 중요하다. 아동의 과잉행동을 직접 관찰할 수도 있고, 기다리기 어려워하거나 지연된 만족보다 즉각적인 만족을 선택하고자 하는 것을 관찰할 수도 있다. 하지만 학교 입학 무렵에는 대부분 눈에 띄는 행동을 최소한 평가 면담 같은 인위적인 환경에서 변화시킬 수 있다. 새로운 환경, 구조적 환경, 그리고 어른의 집중된 관심이 있을 때는 과잉행동이 쉽게 관찰되지 않을 수 있다. 그래서 단순히 평가 과정 중에 아동의 행동이 잘 통제된다고 해서 ADHD 진단을 무시해서는 안 된다.

부모를 대상으로 한 구조화된 정신과 면담에서는 증상의 범위와 심각도가 애매할 때 면담자가 문제행동에 대한 개념을 좀 더 구체적으로 정리하여 응답자의 이해를 도와 증상의 애매함을 해결할 수 있다. 대부분의 구조화된 면담은 행동 문제를 포함하여 다양한 범위의 정신병리 증상을 다루고 있어 전체 면담을 시행하는 데 2시간 이상이 걸리기도 한다. 아동용진단면접스케줄(Diagnostic Interview Schedule for Children-IV)과 학령기 아동을 위한 정동장애와 정신분열병 스케줄-현재 및 평생용(The Schedule for Affective Disorders and Schizophrenia for school-age children-PL) 등은 현재 우리나라에서도 면담 과정에 대한 훈련을 받은 전문가가 사용할 수 있다.

교사 면담은 아동 증상의 심각도, 증상이 발생하는 상황, 학교생활을 방해하는 특정 행동, 학업의 장점과 약점, 사회 기술의 장점과 약점, 또래관계의 질을 알아볼 수 있는 중요한 기회다. ADHD 아동은 다른 아동에 비해 자주 과제를 벗어나며, 충동적으로 행동하여 또래에 비해 수업 과정을 따라가기 어려울 수 있다.

3. 평가척도 및 질문지

아동, 부모, 교사와의 면담에 이어, 혹은 면담과 함께 사용하는 중요한 평가방법이 행동평가척도다. 이것은 아동 · 청소년의 행동 특성 또는 증상뿐 아니라 부모의 특성이나 결혼 만족도 등도 포함할 수 있다. 또한 대부분은 부모나 교사를 통해 평가되지만, 일부, 특히 청소년은 스스로 자신의 상태를 평가할 수 있기 때문에 자기보고형 척도도 사용할 수 있다.

평가척도는 면담에서 얻기 어려운 정보를 제공하거나 객관적인 수치로 정량화하는 등 여러 가지 장점을 갖고 있기 때문에 임상에서 유용하게 사용될 수 있고, 임상가는 이것을 통해서 많은 정보를 제공받는다. 그렇지만 한편으로는 척도의 한계와 특성을 잘 알아야만 하는 면도 간과할 수 없다. 그 외에 성적표, 생활기록부, 적성검사 소견, 알림장이나 공책, 일기장 등을 참고로 하는 것도 좋다. 진단에서뿐 아니라 이후 치료 과정에서도 이와 같은 평가척도는 널리 이용되는데, 〈표 4-2〉에 정리되어 있다.

평가척도는 일반적으로 광대역 평가척도(broad-band rating scales)와 협대역 평가척도

〈표 4-2〉 아동 및 청소년 ADHD의 평가에 사용되는 척도

척도	개발자	특성	국내
학업수행 평정척도 (Academic Performance Rating Scale: APRS)	Barkley(1990)	학업수행(19문항)	○
부모와 교사를 위한 ADHD 평정척도 IV (ADHD Rating Scale-IV for parents and teachers: ADHD-RS-IV)	DuPaul et al. (1998)	DSM-IV(18문항)	○
브라운 ADD 설문지 (Brown ADD Rating Scale: Brown ADD-RS)	Brown(2001)	실행기능 포함	×
아동행동 부모/교사 조사표 (Child Behavior Ckecklists/Teacher Rating Form: CBCL/TRF)	Achenbach(1991)	전반적 평가척도	○
코너스 부모용 평정척도-개정판 (Conners Parent Rating Scale-Revised: CPRS-R)	Conners(1997)		×
코너스 교사용 평정척도-개정판 (Conners Teacher Rating Scale-Revised: CTRS-R)	Conners(1997)		×
코너스/웰스 청소년 자기보고 (Conners/Wells Adolescent Self Report Scale: CWASRS)	Conners & Wells (1997)		○
가정상황설문지-개정판 (Home Situation Questionnaire-Revised: HSQ-R)	Barkley(1990)	가정 내 문제(14항목)	×
학교상황설문지-개정판 (School Situation Questionnaire: SSQ-R)		학교 내 문제	×
부주의/과잉행동과 공격성 코너스 교사평정 척도 (Inattention/Overactivity With Aggression[IOWA] Conners Teacher Rating Scale: IOWA CTRS)	Loney & Milich(1982)	10문항, ODD와 구분	○
스완슨-놀란-팰함 평정척도 (Swanson-Nolan, and Pelham-IV Questionnaire: SNAP-IV/SKAMP)	Swanson(1992) Wigal et al. (1998)	DSM-IV(26문항), 가정 및 학교 지장 평가(10문항)	×
반더빌트 ADHD 진단 교사/부모 평정척도 (Vandervilt ADHD Diagnostic Teacher/Parent Rating Scale: VADTRS/VADPRS)	Wolraich et al. (2003)	교사용-ADHD 및 공존질병 증상(35문항), 수행문항(8문항)	×

*○: 국내 가능, ×: 국내판 없음.

(narrow-band rating scales)가 있다. 광대역 척도는 보다 넓은 범위(예: 외현화 장애, 내현화 장애)에 관한 증상과 행동에 대한 질문을 포함하고 있으며, 협대역 척도는 특정 질환에 대한 행동을 측정하는 질문을 포함하고 있다. 일반적으로 ADHD를 평가하기 위한 목적으로 개발된 것이 일반 정신병리 측정 도구보다 더 정확하고 민감도와 특이도 측면에서도 더 좋을 수 있다. 예를 들어, 과잉행동 측면에서는 코너스 척도의 민감도와 특이도가 95% 정도 된다. 이 수치로 보면 대단히 좋은 평가도구지만 임상 현장에서 주의해야 할 점도 있는데, 이는 이러한 척도가 100% 진단 구분을 해 낼 수 없다는 것이다. 아동의 발달 수준이나 나이 및 문화적 차이의 고려, 가족 내 평가자와 아동의 관계가 위양성(false positive)에 영향을 줄 수 있다. 즉, 평가척도는 선별검사에서 그리고 연구 목적 또는 치료 효과를 판정하기 위해 일정한 평가자가 작성하는 경우 중요한 가치를 지닌다. 진단에는 이러한 평가도구보다 상세한 임상 면담이 가장 의미 있는 방법으로 간주되고 있다.

흔히 사용하는 광대역 평가척도로는 아동행동 조사표(Child Behavior Checklist), 교사용 보고서(Teacher Report Form), 청소년용 자기보고서(Youth Self-Report Form; Achenbach, 1991) 등이 있으며, 협대역 평가척도는 코너스 평정척도-개정판(Conner's Rating Scales-Revised; Conners, 1997), ADHD 평정척도-IV(DuPaul et al., 1998), 브라운 ADD 설문지(Brown Attention Deficit Disorder Scales; Brown, 1996), 가정상황설문지(Home Situations Questionnaire; Barkley, 1990), 학교상황설문지(School Situations Questionnaire; DuPaul & Barkley, 1992) 등이 있다.

아동, 부모, 교사에게서 얻은 정보에 따라 동반질환이 있는지 평가하기 위해 추가로 다른 협대역 척도를 사용할 수도 있다. 예를 들어, ADHD 청소년이 종종 우울 문제를 동반하여 갖고 있을 수 있고, 더 어린 아동도 불안이나 다른 어려움을 지닐 수 있다. 이런 경우에 아동 우울 설문지(Children's Depression, Inventory, Kovacs, 1992), 레이놀즈 아동청소년 우울척도(Reynold's Children and Adolescent Depression Scale; Reynolds, 1987, 1989) 등을 사용하는 것이 도움이 된다.

① 코너스 부모용 평정척도(Original Conners Parent Rating Scale: CPRS; Conners, 1970)

이 척도는 세 가지 형태의 판, 즉 1970년에 개발된 93문항형, 1978년에 개정된 48문항형과 10문항의 단축형이 존재한다. 여기서는 6~14세 아동에 대해 부모가 93항목을 0~3점 척도로 측정한다. 시간은 10~15분 정도 소요되며, 8개의 요인으로 분석되고 신뢰도 및 타당도도 만족스럽다.

② **코너스 부모용 평정척도-개정판**(Conners Parent Rating Scale-Revised: CPRS-R; Goyette, Conners, & Ulrich, 1978)

원래의 93문항 중 내면화 증상(우울, 정신신체 증상 등)에 관한 항목을 대폭 줄이고, 주로 행동 문제와 과잉행동을 평가하기 위해서 48문항으로 개정하였다. 요인 분석에 의해 5개 영역, 즉 품행 문제(conduct problems), 학습 문제(learning problems), 정신신체(psychosomatic), 충동-과잉(impulsive-hyperactive), 불안(anxiety)으로 나누었다.

③ **코너스 단축형 증상질문지**(Conners Abbreviated Symptom Questionnaire: CASQ; Goyette, Conners, & Ulrich, 1978)

3~17세 아동을 둔 부모가 작성하며, 이 질문지의 10개 항목은 보통 ADHD 아동에게서 핵심 정신병리로 간주되어 왔고, 치료 효과를 평가하는 데 사용되어 왔다. 최근에 이 질문지는 품행장애 증상과 과잉행동 증상이 혼재되어 있다는 비판으로 그 사용이 줄어들고 있다.

④ **가정상황질문지**(Home Situation Questionnaire: HSQ; Barkley, 1987) 및 **가정상황질문지-개정판**(Home Situation Questionnaire-Revised: HSDQ-R; DuPaul, 1990)

대부분의 척도가 어떤 형태의 문제를 갖고 있는지 평가하는 데 비해, 이 척도는 어디서 문제를 갖는지를 평가한다. 치료 효과에 민감하며, 임상군과 정상군의 구별도 유용한 것으로 알려져 있다. 또한 예측 타당도 역시 높은 것으로 조사되었다. 한 가지 문제는 행실 문제가 포함되기 때문에 순수한 집중력 문제를 평가하지 못한다는 것으로 이런 목적 하에서는 개정판 HSQ-R을 사용하는 것이 좋은데, 개정판은 원래 판보다 4개 문항이 줄어든 것으로서 좀 더 구체적으로 집중력 문제를 평가하기 위해 고안되었다.

⑤ **학업수행 평정척도**(Academic Performance Rating Scale: APRS; Dupaul, Rapport, & Perriello, 1990)

이 척도는 아동의 학업 성적, 정확도를 평가하기 위한 보완적인 목적으로 개발되었다. 초등학교 1학년부터 6학년까지 사용하는데, 4개 요인(학습능력, 학업수행, 충동조절,

사회적 위축)이 포함된다. 특히 다른 어떠한 척도로도 평가되지 않는 학업 정확도와 생산성에 관한 약물 효과의 평가가 탁월하다.

⑥ **주의력결핍-과잉행동장애 평정 척도-IV(ADHD Rating Scale-IV; DuPaul, 1998)**

DSM-IV의 진단 기준에서 추출된 항목을 통해 18문항으로 개발된 척도로 국내에서도 소유경 등(2002)이 표준화하였다. 한국형 ARS는 18항목으로서, 부주의와 과잉행동을 평가하며 4점 척도를 사용한다(0점: 전혀 아니다~3점: 매우 그렇다; 〈표 4-3〉 참조). 한국형 ARS는 신뢰도와 타당도가 우수하며 17점 이상인 경우 ADHD에 대한 진단을 고려해 볼 수 있다.

〈표 4-3〉 한국형 주의력결핍-과잉행동장애 평정척도-IV

다음 문항 중 지난 일주일 동안 아이가 집 안에서 보인 행동을 가장 잘 기술한 항목에 V 표시해 주세요.

번호	척도문항	평정			
		전혀 아니다	약간 그렇다	자주 그렇다	매우 그렇다
1	학교 수업이나 일 혹은 다른 활동을 할 때 주의집중을 하지 않고 부주의해서 실수를 많이 한다.	□	□	□	□
2	가만히 앉아 있지를 못하고 손발을 계속 움직이거나 몸을 꿈틀거린다.	□	□	□	□
3	과제나 놀이를 할 때 지속적으로 주의집중하는 데 어려움이 있다.	□	□	□	□
4	수업 시간이나 가만히 앉아 있어야 하는 상황에서 자리에서 일어나 돌아다닌다.	□	□	□	□
5	다른 사람이 직접 이야기할 때도 잘 귀 기울여 듣지 않는 것처럼 보인다.	□	□	□	□
6	상황에 맞지 않게 과도하게 뛰어다니거나 기어오른다.	□	□	□	□
7	지시에 따라서 학업이나 집안일 또는 자신이 해야 할 일을 끝마치지 못한다.	□	□	□	□
8	조용히 해야 하는 놀이나 오락 활동에 참여하는 데 어려움이 있다.	□	□	□	□
9	과제나 활동을 체계적으로 하는 데 어려움이 있다.	□	□	□	□
10	항상 '끊임없이 움직이거나' 마치 '모터가 달려서 움직이는 것처럼' 행동한다.	□	□	□	□
11	공부나 숙제 등 지속적인 정신적 노력이 필요한 일 또는 활동을 피하거나 싫어하고, 하기를 꺼린다.	□	□	□	□
12	말을 너무 많이 한다.	□	□	□	□
13	과제나 활동을 하는 데 필요한 것(장난감, 숙제, 연필 등)을 잃어버린다.	□	□	□	□
14	질문을 끝까지 듣지 않고 대답한다.	□	□	□	□
15	외부자극에 의해 쉽게 산만해진다.	□	□	□	□
16	자기 순서를 기다리지 못한다.	□	□	□	□
17	일상적인 활동을 잊어버린다(예: 숙제를 잊어버리거나 도시락을 두고 학교에 간다).	□	□	□	□
18	다른 사람을 방해하고 간섭한다.	□	□	□	□

* 17점 이상인 경우 ADHD를 의심하고 추가 평가를 권유함.

⑦ **아동행동조사표**(Child Behavior Cheecklist: CBCL; Acehnbach & Edelbrock, 1983)

국내에서도 오경자, 이혜련, 홍강의, 하은혜(1997)가 표준화 작업을 수행하여 아동 및 청소년을 대상으로 가장 널리 사용되는 척도 중 하나다. 138문항 중 20문항은 사회적 자신감(social competence), 118문항은 행동 문제 척도(behavior problem scale)로 구성되어 있다. 전자는 3개 영역(활동: 운동 및 취미 등, 사회성: 조직 및 교우 관계 등, 학교생활: 학업 및 문제 등)으로 나뉘고, 4~5세, 6~11세, 12~16세와 남녀 성별에 따른 6개 프로파일 중 하나를 따른다. 후자는 위축, 신체증상, 우울 및 불안, 사회적 미성숙, 사고의 문제, 주의집중 문제, 비행, 공격성, 성 문제, 정서불안정 척도로 구성되어 있다. 성 문제와 정서불안정 척도가 11세 이하 아동에게만 적용되는 것을 제외하고 나머지 척도들은 4~17세를 대상으로 국내에 표준화되어 있다. 행동 문제 척도도 성별과 연령에 따라 각각 다르게 구분하여 평가한다. 이 표준형 외에 교사형, 청소년 자기보고형이 개발되어 있다.

2013년 개정된 APA의 DSM-5에서 제안한 단면적 증상 평가도구 중 6~17세 아동을 대상으로 한 12개의 증상 항목(신체 증상, 수면 문제, 부주의, 우울, 분노, 과민성, 조증, 불안, 정신증, 반복된 생각과 행동, 물질 사용, 자살 사고 및 자살 시도)에서 ADHD와 관련되어 포함된 부주의 증상 항목은 Swanson-Nolan-Pelham 평정척도 버전 IV(SNAP-IV)를 추가 척도로 언급하고 있다. "지난 2주간 당신의 자녀가 학교에서나 과제를 할 때 또는 책을 읽거나 게임을 할 때 집중하는 데 문제가 있습니까?"라는 질문에 대해 0점(없다)에서 4점(심하다, 매일) 척도 중 1점(약간, 하루에 1~2회) 이상으로 부모 및 보호자가 작성할 경우 추가 평가를 권유하고 있다.

4. 의학적 진찰 및 검사실 검사

신체검사를 포함한 의학적 평가는 매해 시행하는 것이 바람직하다. 물론 기초적으로 시력 및 청력 등의 이상 여부를 평가한다. 만일 임상적으로 위험도가 높을 경우에는 혈중 납 농도 측정, 갑상선 기능검사가 포함될 수 있다. 특히 갑상선 기능검사는 갑상선 기능저하 혹은 기능항진, 갑상선 질환의 가족력, 성장 속도의 둔화, 유전적 요인이 강하게 시사되는 경우에 한하여 시행한다(안동현, 1996). 물론 간질, 유전 질환, 기타 관련 질환의 유무를 배제하기 위해서 임상적으로 필요한 경우에는 많은 혈액검사, 소변검사, 뇌파검사, 두부영상검사, 사건유발검사, 염색체검사 및 유전자검사 등이 시행될 수 있지만 일반적으로는 권고되지 않는다.

5. 감별 진단

앞에서도 논의했지만, 여러 다른 질환과 공존하거나 증상의 일부로 과잉행동을 나타내는 경우도 있다. 그러므로 이와 같은 공존질환의 여부나 감별은 매우 중요하다. ADHD는 공존하는 질병이나 연관된 문제가 매우 많고, 가장 흔히 감별해야 할 질환이나 상태는 〈표 4-4〉를 참조한다.

〈표 4-4〉 ADHD와 감별이 필요한 질환이나 상태

1. 정상적인 외향적 기질
2. (신체) 의학적 질환
   갑상선 장애, 갑상선 호르몬 내성 증후군
   약물(페노바비탈, 테오필린, 슈도에페드린)
3. 신경학적 질환
   대뇌손상(뇌염 후유증, 뇌 좌상, 저산소증, 납중독, 간질)
4. 정신질환
   품행장애, 적대적 반항장애, 학습장애, 언어장애, 지적장애, 자폐스펙트럼장애, 우울증, 양극성 장애, 불안장애, 조현병, 기타 정신병, 기타 신경증
5. 가정이나 열악한 환경 조건
   아동학대, 부적절하고 혼란스러운 양육 환경, 부적절한 양육 방법

6. 맺는 글

많은 아동 · 청소년이 일상생활 중에 종종 집중력이 떨어지고 충동적이고 부주의한 모습을 보일 수 있다. 이러한 행동은 심하지 않을 경우에는 문제가 되지 않지만, 증상이 심각하고 지속될 경우에는 개인의 심리적 발달의 위험 요소가 될 수 있다. 이는 개인의 발달과 기능 수행뿐만 아니라 사회적 발달과 기능 수행 등에도 악영향을 끼치며, 보호자,

교사에게도 큰 부담이 된다. 이러한 문제를 인식하지 못하고 도움을 거의 구하지 않는 아동, 그리고 어떻게 대처해야 할지 모르는 보호자 및 교사에게 임상가는 체계적인 면담과 평가 과정을 통해 ADHD에 대한 정확한 진단을 내리고 치료 계획을 제시하여야 한다.

참고문헌

김미경, 안동현, 이양희(1996). 학습문제를 동반한 주의력결핍-과잉행동장애 아동의 특성 분석. **정신건강연구**, 15, 122-133.

소유경, 노주선, 김영신, 고윤주(2002). The Reliability and validity of Korean parent and teacher ADHD Rating scale. **대한신경정신의학지**, 41, 283-289.

안동현, 홍강의(1990). 주의력결핍장애아동의 치료. **소아 · 청소년정신의학**, 1, 77-88.

안동현(2005). 주의력결핍-과잉행동장애. 홍강의 편저, **소아정신의학**(pp. 225-231). 서울: 중앙문화사.

오경자, 이혜련, 홍강의, 하은혜(1997). **K-CBCL 아동 · 청소년 행동평가척도 매뉴얼**(*K-CBCL Child and Adolescent Behavior Checklist manual*). 서울: 중앙문화사.

조수철, 신민섭, 김붕년, 김재원(2010). 과잉행동 및 충동적 행동의 평가 면접. **아동 · 청소년 임상 면담**(pp. 364-366). 서울: 학지사.

American Psychiatric Association (2013). *Diagnostic and statistical manual of mental disorders* (5th ed.). Washington, DC: American Psychiatric Association, 733-741.

Barkley, R. A., & Edward, G. (1998). Diagnostic interview, behavior rating scales, and the medical examination. In R. A. Barkley (Ed.), *Attention-deficit/hyperactivity disorder: A handbook of diagnosis and treatment* (2nd ed.), New York: Guilford Press, 263-293.

Cantwell, D. P. (1996). Attention deficit disorder: A review of the past 10 years. *Journal of American Academy of Child and Adolescent Psychiatry*, *35*, 978-987.

McKinney, J. D., Montague, M., & Hocutt, A. M. (1993). Educational assessment of students with attention deficit disorder. *Exceptional Children*, *60*, 125-131.

Sattler, J. M., Weyandt, L., & Roberts, M. A. (2002). Attention-deficit/hyperactivity disorder. In J. M. Sattler (Ed.), *Assessment of children, behavioral and clinical applications* (4th ed., pp. 268-271), San Diego, CA: J. M. Sattler Publisher.

Taylor, E. (2006) Hyperkinetic disorder. In C. Gillberg, R. Harrington, & H. Steinhausen (Ed.), *A clinician's handbook of child and adolescent psychiatry* (pp. 489-503). Cambridge: Cambridge university Press.

ADHD 5

ADHD의 신경심리학 및 전두엽 기능평가

1. 들어가는 글
2. 주의력 평가
3. 실행기능 평가
4. 지능검사를 통한 신경심리평가

ADHD 5

신민섭

1. 들어가는 글

주의력은 단일한 개념이 아니라 다차원적인 요소를 가지며, 그러한 요소들은 각기 다른 뇌기능 체계에 의해 매개된다고 볼 수 있다. 즉, 여러 뇌기능 체계가 상호작용하여 특정 자극에 주의를 기울이고 유지하며, 행동적인 반응을 계획 · 조직화 · 통합하여 실행한다고 할 수 있다. 따라서 각기 다른 뇌기능 체계의 장애가 여러 유형의 주의장애를 나타나게 하므로, ADHD의 유형과 심각성 및 주의 과정에 관여하는 두뇌의 기능을 총체적이고 면밀하게 평가하기 위해서는 다양한 심리학적 · 신경심리학적 요인에 대한 평가가 필요하다. 특히 ADHD 아동에게서 전두엽이 매개하는 실행기능의 장애가 일관성 있게 보고되므로, 주의력 문제가 수반되는 우울증, 불안장애, 틱장애 등 소아정신과 장애와 ADHD를 감별진단하기 위해서는 주의력 검사와 더불어 전두엽의 실행기능을 평가하는 신경심리검사가 필수적이라고 할 수 있다. 이 장에서는 ADHD 아동 및 청소년의 주의력과 실행기능을 총체적으로 평가할 수 있는 신경심리검사 도구들을 개관하고, 평가의 핵심 요소에 대한 이해를 돕고자 한다.

ADHD는 주의력과 학업성취에서의 결함을 포함한 사회적 행동과 자기통제력의 신경발달장애로 간주할 수 있으며, 대개 유아기나 초기 아동기에 시작하여 청소년기 이후까지 진행되는 장기적인 경과를 보인다(Barkley, 1983).

역사적 고찰을 통해서 볼 때 ADHD는 Strauss와 Lechtinen(1947)이 명명한 '뇌손상 아동 증후군(brain injured child syndrome)'이라는 개념에서 출발하였고, 이후 '미세뇌기능장애(minimal brain dysfunction)'라고 불리어 왔으나 이러한 개념이 모호하고 너무나 포괄적이며, 규준적인 가치가 적다는 비판이 많아 새로운 개념이 대두되었다. ADHD의 초기 개념화에서는 과잉활동(overactivity)을 핵심 증상으로 간주하여 '과잉행동증후군

(hyperkinetic syndrome)' '아동기 과잉행동반응(hyperkinetic reaction of childhood; APA, 1968)' 이라는 용어가 사용되었으나 1970년대에 이르러서는 과잉행동보다는 주의력결핍과 충동성이 더욱 중요한 증상으로 인식되어, 현재는 ADHD 진단하에 주의력결핍-우세형, 과잉행동/충동성-우세형, 복합형으로 구분하기에 이르렀다(APA, 1994). 최근 개정된 DSM-5(APA, 2013)에서도 장애 범주, 연령 기준, 공병 관련 부분에서 약간의 변화가 있는 것 외에는 앞서 언급한 진단적 분류가 그대로 유지되고 있다. 변화 내용을 세부적으로 살펴보면, 기존에 유아기, 아동기 또는 청소년기에 처음 진단되는 장애 중 '주의력결핍과 파탄적 행동장애' 범주에 속해 있었던 것이 '신경발달장애(neurodevelopmental disorder)' 범주로 이동하였으며, 자폐스펙트럼장애와의 공존병리 진단이 가능하게 변경되었다. 연령과 관련하여서는 처음 증상이 나타나는 시기가 7세 이전에서 12세 이전으로 변경되었고, 성인이나 청소년을 진단하기 위해 필요로 하는 부주의, 과잉행동-충동성 증상의 최소 개수에 대한 기준이 추가되었다(아동은 6개 증상, 성인은 5개 증상). 이와 같은 변화는 ADHD가 아동기에 시작하는 장애가 아니라 청소년기와 성인기의 삶에도 크게 영향을 미칠 수 있는 상태임을 반영하는 것이며, 따라서 ADHD 아동에 대한 조기 평가와 개입의 중요성이 더욱 강조되었다고 할 수 있다.

ADHD에 대한 초기 개념화에서도 알 수 있듯이, ADHD의 원인론에 대한 대부분의 선행연구는 다양한 생물학적 · 신경학적 요인이 관련되어 있음을 시사해 주었다. 하지만 주의력결핍을 설명하기 위해서는 먼저 정상적인 주의과정에 대한 이해가 선행되어야 한다. 주의력이란 제한된 정신적 자원을 정보처리 및 인지과제에 투입하는 과정이자 환경 내의 특정 자극에 초점을 기울이고 그 외 다른 자극은 무시하는 과정을 말한다. 주의력은 대체로 5가지 유형으로 구분되는데, '초점주의력'은 특정 자극에만 반응하는 능력, '지속적 주의력'은 과제를 수행하는 동안 주의를 유지시키는 능력, '선택적 주의력'은 방해 자극에 의해 쉽게 주의분산이 되지 않고 주의를 기울일 수 있는 능력, '주의력의 변경'은 주의의 초점을 바꿀 수 있는 능력, '분할주의력'은 2개 이상의 과제에 동시에 반응하는 능력을 말한다(한국신경인지기능연구회, 1995). 이러한 다양한 주의과정 중 어느 하나의 단계에서라도 문제가 발생할 경우 경계력(vigilance) 저하, 주의 분산, 주의 유지의 어려움, 주의 전환의 어려움, 정보처리 속도의 저하 등 주의집중력의 문제가 발생할 수 있다. 이처럼 다양한 주의력의 구성요소를 정확히 평가하기 위해서는 주의력과 관련된 다양한 두뇌 영역 및 신경심리학적 요인을 평가하는 도구에 대한 이해가 필수적이다. 이

장에서는 먼저 주의력을 측정하는 대표적인 평가도구인 연속수행검사(continuous performance test, 이하 CPT)에 대해 살펴보고, 전두엽이 매개하는 실행기능을 평가하는 신경심리검사들을 개관한 후, 개별 지능검사에 포함된 주의력 평가방법을 살펴보고자 한다.

2. 주의력 평가

(1) 연속수행검사

연속수행검사(CPT)는 충동성, 부주의, 지속적 주의력 등을 측정하는 전산화된 검사다. 특정한 기호, 숫자, 문자, 소리가 짧은 시간에 시각적 또는 청각적으로 제시되고, 피검자는 미리 지정된 표적자극(target)이 나올 때마다 빠르게 반응하여야 한다. 이때 정반응 수, 표적자극에 반응하지 않는 누락오류(omission error), 비표적자극(non-target)에 잘못 반응한 오경보오류(commission error), 정반응시간(RT) 및 그것의 표준편차(variability) 등이 측정되는데, 정반응 수와 누락오류는 지속적 주의력의 지표가 되며, 오경보오류는 주의 집중력과 인지적 충동성, 반응 억제력 등에 대한 지표가 된다. CPT는 ADHD의 임상적 진단과 치료 효과 평가에 많이 이용되고 있다. 일반적으로 ADHD 아동 집단은 정상 집단에 비해 누락오류와 오경보오류의 비율이 높고, 정반응을 하는 데 걸리는 시간이 더 길며 반응시간의 변산도 더 큰 편이다. 국내외에서 다양한 버전의 CPT가 개발되어 사용되고 있으나 기본적인 검사 구성의 패러다임은 다음과 같다.

- **CPT-X**(Rosvold, Mirsky, Sarason, Bransome, & Beck, 1956): 표적자극(X)이 나올 때 반응
  예: **X**(클릭)-S-E-A-**X**(클릭)-T-S-C-C-**X**(클릭)-A-P-A-**X**(클릭)-R-R-A-W-O-A-**X**(클릭)
- **CPT-Double**(Cornblatt et al., 1989): 같은 자극이 연이어서 나올 때 반응
  예: X-S-E-A-X-T-S-C-**C**(클릭)-X-A-P-A-X-R-**R**(클릭)-A-W-O-A-X
- **CPT-AX**(Nuechterlein et al., 1984): 신호자극(A) 다음에 표적자극(X)이 나올 때 반응
  예: X-S-E-A-**X**(클릭)-T-S-C-C-X-A-P-A-**X**(클릭)-R-R-A-W-O-A-**X**(클릭)

① 정밀주의력 검사(Advanced Test of Attention)

정밀주의력 검사(ATA; 홍강의, 신민섭, 조성준, 2010)는 국내에서 개발된 표준화된 CPT로서, 5~15세 아동 · 청소년의 연령별 규준이 확립되어 있다. ATA는 시각 및 청각 두 가지 검사로 구성되어 있다. 시각 검사에서는 세 가지 도형을 사용하는데, 하나는 표적자극(네모 안에 세모)이고, 나머지 둘은 비표적자극(네모 안에 원 혹은 네모)이다. 피검자는 0.1초간 컴퓨터 화면에서 제시되는 자극에 주의를 집중하여 표적자극인 경우 빠르게 마우스 왼쪽(또는 스페이스 바) 버튼을 눌러야 하며, 비표적자극인 경우에는 반응하지 말아야 한다. ATA에서는 네 가지 지표(누락오류, 오경보오류, 정반응시간, 정반응시간 표준편차)가 아동의 연령별 규준에 따라 T-점수로 환산되어 자동으로 산출되고, 60T 미만은 '정상', 60~64T는 '의심', 65T 이상은 'ADHD'를 시사하는 점수로 자동 해석된다. 더불어 초반 · 중반 · 종반 각각의 수행에 대한 분석도 제공되는데, 초반에는 목표자극이 22%의 낮은 빈도로 제시되기 때문에 경계성을 측정하는 데 유용하며, 각성수준이 낮은 사람은 목표자극 빈도가 낮을 때 수행저하를 보여 누락오류를 보일 가능성이 높아진다. 종반에는 목표자극이 78%의 높은 빈도로 제시되기 때문에 반응과 억제가 동시에 높게 요구되는 조건이다. 따라서 오경보오류를 보일 가능성이 높아진다. 중반에는 목표자극이 50% 제시되기 때문에 초반 · 중반 · 종반의 수행에 대한 비교를 통해서 환경적 자극의 변화에 따라 주의통제력을 발휘하는 능력을 살펴볼 수 있다. ATA의 장점은 ADHD 진단 분할점인 65T가 정상집단의 평균과 표준편차를 근거로 산출된 것이 아니라 정상규준집단과 ADHD 집단의 분포에 대한 자료에 근거하여 두 집단을 분류하는 점수를 산출한 데 있다.

② 종합주의력 검사(Comprehensive Attention Test)

종합주의력 검사(CAT; 해피마인드, 2008) 또한 국내에서 개발되고 표준화된 CPT로서 단순선택주의력(시각 및 청각), 억제지속주의력, 간섭선택주의력, 분할주의력, 작업기억력 검사로 이루어진 종합 주의력 평가도구다. 단순선택주의력, 억제지속주의력은 4~15세, 간섭선택주의력은 6~15세, 분할주의력과 작업기억력은 9~15세 아동 및 청소년의 규준을 갖추고 있다. CPT의 기본 원리를 활용한 단순선택주의력, 억제지속주의력, 간섭선택주의력 소검사에서는 누락오류, 오경보오류, 정반응시간 평균, 정반응시간 표준편차의 네 가지 주요 지표가 제시되며, 1표준편차 미만은 '정상', 1~1.6표준편차는 '경계',

2표준편차 이상은 '저하'로 분석된다.

- 단순선택주의력(시각 및 청각): 표적자극에 반응하는 능력을 알아보는 검사로, 시각과제에서는 화면에 별, 원, 마름모가 나타났다가 사라지는데 별이 나올 경우에만 스페이스 바를 눌러서 반응하며, 청각과제에서는 종소리, 카메라 셔터 소리, 초인종 소리 중에 종소리가 들리는 경우에만 반응해야 한다.
- 억제지속주의력: 지속적으로 주의력을 유지하며 충동성을 억제하는 능력을 알아보는 검사로, 화면에 다양한 자극, 즉 타원, 마름모, 십자가, X가 차례로 나타났다가 사라지면 X를 제외한 모든 도형에 대해 스페이스 바를 최대한 빨리 눌러서 반응하도록 한다.
- 분할주의력: 간섭자극을 무시하고 표적자극에 적절히 반응할 수 있는지를 알아보는 검사로, 화면에 원, 삼각형, 사각형 중 한 도형이 나타났다가 사라지고, 동시에 청각적으로는 종소리, 카메라 셔터 소리, 초인종 소리 중 한 가지 소리가 들린다. 바로 앞에 나타난 도형과 같은 도형이 나타나거나 바로 앞에 들린 소리와 같은 소리가 들리는 경우 최대한 빨리 스페이스 바를 눌러서 반응해야 한다.

③ 코너스 연속수행 검사(Conners' Continuous Performance Test)

코너스 연속수행 검사(CCPT; Conners, 1992/CCPT-II; Conners, 2000)는 X를 제외한 모든 알파벳 글자에 대해 반응하는 형식으로 구성되어 있다. 자극은 250ms씩 제시되며, 자극제시 간격은 구간별 1초, 2초, 4초로 변화한다. 결과 분석에서는 누락오류, 오경보오류, 반응시간, 반응시간 표준편차뿐만 아니라 자극제시 간격의 변화에 따른 반응시간 및 반응시간 표준편차에 대한 분석도 제공하고 있다. 즉, 시행이 거듭되면서 반응시간 및 반응시간 표준편차의 변화가 있는지에 대한 분석을 통해 일정 시간이 지나는 동안 반응속도가 향상되는지 혹은 둔화되는지를 알 수 있고, 얼마나 일관되게 수행하였는지를 평가할 수 있다.

새로운 버전인 CPT-II에서는 6세에서 55세(이상)까지의 연령층을 대상으로 1,920명의 정상집단 표본, 223명의 신경학적 손상이 있는 임상집단 표본, 378명의 ADHD 임상집단 표본을 수집하여 광범위한 규준 자료를 산출하였다. 결과 해석에서도 신경학적 손상이 있는 집단 또는 ADHD 집단 표본과의 비교를 통해 피검자의 프로파일이 임상집단과 유사한지, 비임상집단과 유사한지를 신뢰도지수(confidence index)를 통해 보여 준다.

3. 실행기능 평가

실행기능은 자기주도적 목표 달성을 성공적으로 해내도록 하는 능력으로 반응억제 능력, 작업기억력, 인지적 융통성(주의 전환 능력), 계획성, 조직화 능력 및 유창성 등으로 구성된다(Lezak, 1995). 실행기능이라는 용어는 전두엽 장애가 있는 환자가 보이는 행동적 결함을 설명하기 위해 사용되었으며, 따라서 실행기능은 특정 인지기능을 의미함과 동시에 전두엽의 기능을 의미하기도 한다(Miller & Cummings, 1999). 여러 연구자가 제시한 실행기능의 의미와 본질에 대한 정의는 다음과 같다.

> 복잡한 목표 지향적 행동을 수행하고, 일련의 환경적 변화 및 요구에 적응하는 데 필요한 인지적 능력으로 계획 능력, 결과를 예측하는 능력, 일상적이지 않은 사건에 직면했을 때 주의 자원을 적절히 배분하는 능력을 포함한다(Loring, 1999).
> 예측, 목표 선택, 계획, 감찰 및 피드백을 활용하는 능력이다(Stuss & Benson, 1986).
> 계획능력, 문제해결, 인지적 틀의 변화, 두 가지 이상의 과제 사이에서 전환하는 등의 전두엽과 관련된 능력이다(Green, 1998).
> 적절한 문제해결 방식, 전략수립, 계획력, 충동 통제, 조직화된 탐색, 생각과 행동의 유연성 등을 유지하는 능력이다(Welsh, Pennington, Ozonoff, Rouse, & McCabe, 1990).

종합하면, 실행기능은 환경적 요구에 대한 인지적 · 행동적 반응의 유지 및 전환 간의 균형을 유지하는 능력으로, 더 장기적인 목표 지향적 행동을 가능하게 하며, 관련된 지식의 탐색, 추상화 및 계획 능력, 의사결정 기술, 행동 개시, 자기감찰, 인지적 유연성, 즉각적이고 반사적인 반응의 억제 등을 포함하는 광범위한 능력이라고 할 수 있다. 실행기능을 통해 우리는 문제 상황에서 현재 및 미래를 고려하여 대안적 반응을 생각하고 그것을 평가함으로써 가장 효과적일 것으로 예상되는 반응을 선택하고 이를 실행한 후, 자기감찰을 하거나 외부 피드백을 통해 그 결과를 재평가하는 과정을 거쳐서 효율적으로 문제해결을 할 수 있게 된다.

Barkley(2003)는 ADHD 아동이 행동을 억제하는 데 근본적인 어려움이 있으므로, 쉽게 외부 자극에 산만해지고, 계획하거나 조직화하지 못하며, 결국 장기적인 목표를 향해 행동을 조절하는 능력이 부족하다고 보았다. 이처럼 ADHD의 핵심 증상은 실행기능의 결함으로 볼 수 있으며, 이러한 실행기능을 평가하는 다양한 신경심리검사는 다음과 같다.

(1) 위스콘신 카드 분류 검사

위스콘신 카드 분류 검사(Wisconsin Card Sorting Test: WCST®; Grant & Berg, 1992; Grant & Berg, 1948; Heaton, 1993, 2008)는 Grant와 Berg가 개발한 검사로서, 실행기능을 평가하는 대표적인 검사이며, Heaton이 전산화된 버전으로 실시하였다. 이 검사를 통해서 추상적 사고력, 문제해결 능력, 외부 피드백에 따라 효율적으로 전략을 수정하는 능력 등을 평가한다. 피검자 앞에 4장의 카드가 제시되는데, 이 카드들은 색깔, 자극의 수, 자극의 모양이 다르게 구성되어 있다. 피검자 앞에 한 장씩의 카드가 추가로 제시되면 앞서 제시된 4장의 카드 중 해당되는 범주의 카드에 분류하는 과제다. '색깔, 모양, 개수' 등에 따라 분류하는 규칙에 대해서는 알려 주지 않고, 피검자가 시행할 때마다 맞았는지 틀렸는지만 알려 주게 된다. 피검자가 하나의 규칙에 대해 10회 연속해서 맞게 분류하면 규칙이 변화하며, 오류를 가능한 한 적게, 그리고 범주 규칙을 빠르게 파악하는 것이 요구된다. WCST 수행을 비교한 연구들에 대한 메타분석 결과에 따르면, ADHD 아동이 정상 아동에 비해 WCST 수행이 더 저조한 것으로 나타났다(Romine et al., 2004).

(2) 아동용 색 선로 잇기 검사

아동용 색 선로 잇기 검사(Children's Color Trails Test: CCTT; D'Elia & Satz, 1989; 신민섭, 구훈정, 2007)는 아동용 선로 잇기 검사(Children's Trail Making Test: CTMT; Reitan, 1971)와 유사한 검사로, 아동이 수행하기 쉽도록 철자 대신 색깔을 사용하여 언어의 영향력을 최소화하였다. CCTT는 주의력과 실행기능을 동시에 측정할 수 있는 검사이며, ADHD 아동의 진단 및 임상 평가에도 매우 유용하고 타당한 검사로 활용되고 있다(Williams et al., 1995). 국내에서도 표준화 연구가 이루어져서 널리 사용되고 있는데, CCTT에서는 여러 자극 중 필요한 자극에만 주의를 기울이는 초점주의력과 시각적 추적능력, 인지적 융통성, 그리고 두 가지 이상의 과제를 동시에 시행할 때 주의력을 분배하는 분할주의력을 평가한다. CCTT 1형과 2형이 있으며, 1형은 검사지에 무작위로 배치되어 있는 숫자들을 1-2-3-4……의 순서대로 연결하는 것이다. 2형은 분홍-노랑 동그라미를 번갈아가며 숫자를 차례대로 연결하는 것이 요구된다(분홍①-노랑②-분홍③-노랑④-……). 또한 CCTT는 미세한 인지적 결함을 측정하기 위해서 근사-오류 점수(방해자극이 되는 숫자가 쓰인 원으로 잘못 연결하기 전에 이를 스스로 수정하는 부정확한 반응)를 채점하는데, 이는 ADHD 아동이 자주 보이는 충동적인 시도를 잘 탐지할 수 있다. 아울러 단순 시각추적 능력을 측정하는 CCTT 1형과 분할주의력을 측정하는 CCTT 2형의 수행 비교를 통해 주의 전환 능력이나 간섭 억제 능력을 평가할 수 있다. 약물을 복용하지 않은 ADHD 아동이 정상 아동 및 약물을 복용한 ADHD 아동에 비해 CCTT에서 유의미하게 저조한 수행을 보이는 것으로 나타났다(구훈정, 신민섭, 2008).

(3) 스트룹 아동 색상-단어 검사

미국의 실험심리학자 Stroop은 색을 읽는 것과 단어를 읽는 데 있어서 차이가 있다는 것을 발견하고 스트룹 색상-단어 검사를 개발했으며(Stroop, 1935), Golden(1978)이 아동용 검사로서 스트룹 아동 색상-단어 검사(Stroop Color and Word Test; 신민섭, 박민주, 2007)를 개발하였다. 국내에서 표준화되어 실시되고 있는 검사이며, ADHD 진단과 치료 효과 평가를 위해 유용하게 사용될 수 있는 실행기능 평가도구다. 스트룹 아동 색상-단어 검사에서는 지시에 따라 불필요한 자극에 대한 자동화된 반응을 억제하는 능력, 즉 전두엽이 매개하는 반응 억제 능력을 평가한다. 스트룹 검사는 단어를 빠르게 읽어야 하는 단어 과제, 색깔을 빠르게 읽어야 하는 색상 과제, 색깔을 나타내는 글자의 의미를 무시하고 그 글자가 무슨 색깔로 쓰였는지를 빠르고 정확하게 말해야 하는 색상-단어 과제로 구성되어 있다. 관련 연구에서는 ADHD 아동이 정상 아동에 비해 스트룹 색상-단어 검사에서 유의미하게 저조한 수행을 보였다(Boucugnani & Jones, 1989; Gorenstein, Mammato, & Sandy, 1989).

(4) 한국판 레이-오스테리스 복합 도형 검사 발달적 채점 체계

ROCF(Rey-Osterreith Complex Figure)는 Andre Rey(1941)가 개발하고 Paul Osterrieth (1944)가 개정한 검사다. 아동의 ROCF 수행에 대한 임상적 해석과 진단의 기초를 제공하기 위해 발달적 특성을 고려한 발달적 채점 체계(Developmental Scoring System: DSS)가

있으며(Waber & Bernstein, 1995), 국내에서는 이에 대한 한국판 레이-오스테리스 복합 도형 검사 발달적 채점 체계(Korean Developmental Scoring System for the Rey-Osterreith Complex Figure: K-DSS-ROCF; 신민섭, 구훈정, 김수경, 2009)가 표준화되어 사용되고 있다. ROCF를 통해서 시지각적 조직화 능력, 시각적 기억력, 실행기능을 평가할 수 있다. 발달적 채점 체계에서는 아동에게 복잡하고 추상적인 시지각 자극을 제시한 후 도형을 똑같이 그리도록 지시한다. 연령에 따라 60초(5~7세), 45초(8~11세), 30초(12~14세) 간격으로 초록색-파란색-갈색-노란색-빨간색 색연필로 바꿔 주며 그리게 한 뒤(모사 조건), 즉시 새 종이와 색연필을 주고 방금 그렸던 것을 기억해서 그려 보도록 한다(즉시 회상 조건). 즉시 회상을 실시한 후 15~20분이 지나면 지연 회상을 실시한다. DDS에서는 조직화, 모사 양식, 정확도, 오류 점수를 산출하게 된다. ADHD 아동 집단이 정상 집단이나 틱장애 아동 집단에 비해 모사 단계에서의 조직화 점수가 유의미하게 낮은 것으로 나타났는데(Shin, Kim, Cho, & Kim, 2003), 이는 ADHD 아동의 전두엽에 의해 매개되는 조직화 및 계획 능력이 부진함을 시사해 주는 결과다.

(5) 스톱 신호 과제

스톱 신호 과제(Stop-signal task; Logan, 1994)는 두 가지 하위 과제인 '진행' 과제(Go task)와 '스톱' 과제(Stop task)로 이루어져 있다. 화면에 제시되는 특정자극(예: 글자, 도형)에 가능하면 빨리 반응하되, 스톱 신호(예: 삐 소리나 X 표시)가 제시될 때는 절대로 반응을 하지 말아야 하는 과제다. 먼저 진행 과제에서는 스톱 신호 없이 가능한 한 빠르게 표적자극에 반응하도록 하여 반응시간의 기저선을 측정한다. 이후 스톱 시행에서는 표적자극이 나타난 후에 스톱 신호를 줌으로써 피검자가 반응을 억제할 수 있는지 여부를 평가한다. 스톱 신호는 간헐적이고 예측할 수 없으며, 표적자극 제시 직후에 다양한 간격을 두고 제시된다. 스톱 신호 과제는 빠르고 정확한 반응을 요구함과 동시에 때로는 행동의 억제도 요구하기 때문에 실행기능을 측정하는 좋은 방법이다.

(6) 시간 재산출 과제

시간 재산출 과제(Time reproduction task; Barkely, Koplowitz, & Anderson, 1997)에서는 ADHD 아동이 보이는 행동억제 능력과 관련된 시간 지각능력의 결함을 측정할 수 있다. 컴퓨터 화면에 2개의 전구가 제시되는데, 다양한 제시 간격 동안(예: 3초, 5초, 7초) 왼쪽 전구에 불이 켜졌다가 꺼진 후 아동이 동일한 시간만큼 스페이스 바를 눌러 오른쪽 전구에 불이 들어오게 하도록 설계되어 있다. 간섭자극(예: 전구 주위로 벌이나 나비가 날아다님)이 있는 조건과 없는 조건으로 구성되어 있는데, 아동은 간섭자극이 있을 때 시간 지각의 정확성이 저하되었고, 비교적 짧은 시간(12초, 24초)은 정상 아동에 비해 더 길게 인식하지만 간격이 길어지면(48초, 60초) 더 짧게 인식하는 것으로 나타났다(Barkely, Koplowitz, & Anderson, 1997). 국내 연구에서도 제시된 시간 간격이 길어질수록 ADHD 아동의 시간 지각 정확성이 저하되었으며, 이러한 시간 지각 결함으로 인해 ADHD 아동이 시간에 맞추어 미리 준비하거나 미래를 위해 행동을 억제하고 조직화하는 것이 더 어렵다는 점을 시사하였다(김경아, 신민섭, 2012).

(7) 캠브리지 도박 과제

캠브리지 도박 과제(Cambridge Gambling Task: CGT)는 캠브리지 신경심리검사 배터리(CANTAB; John et al., 2011)에 포함된 검사로, 즉각적인 보상과 지연된 처벌 사이의 갈등을 유발하여 위험을 무시한 채 보상만 추구하는 비합리적 의사결정 수준을 측정한다. 이를 통해서 ADHD 아동이 보이는 보상 지연의 어려움을 평가할 수 있다. 과제를 살펴보면, 10개의 파란색과 빨간색 상자가 다양한 비율로 제시되고(9:1, 8:2, 7:3, 6:4), 피검자는 노란색 토큰이 빨간색 상자와 파란색 상자 중 어디에 숨겨져 있는지, 그리고 어느 점수 비율에 배팅할 것인지를 결정해야 한다. '의사결정의 질(quality of decision making)'은 배당이 될 가능성이 높은 결과에 점수를 거는 것으로, 예컨대 파란색 상자의 비율이 높을 때 파란색 상자를 선택하는 것을 의미한다. 배팅할 점수는 낮은 비율부터 제시되거나(5~95%) 높은 비율부터 제시될 수 있는데(95~5%), '지연 회피(delay aversion)'는 높은 비율부터 제시될 때 이후 배팅할 것을 고려하지 않고 한꺼번에 많은 점수를 거는 것을 의미한다. 그 외에 선택하기까지 걸리는 시간을 통해 충동성을 알아보는 '숙고의 시간(deliberation time)', 배당률이 높을 때 더 많은 점수를 거는 '위험 적응(risk adjustment)' 점수 등이 산출된다. 보상-처벌 관계는 ADHD 아동을 이해하는 데 중요한 요인으로 주목받고 있는데, ADHD 아동에서는 '지연 회피'가 빈번하게 나타나며, 이는 ADHD 아동이 욕구만족 지연의 어려움을 보인다는 많은 연구 결과와도 일치한다(Sonuga-Barke, Taylor, Sembi, & Smith, 1992; Sagvolden & Sergeant, 1998; Sergeant et al., 2003). 최근 연구에서는 ADHD 남아가 정상 남아에 비해 지연 회피 및 의사결정에서 더 저조한 수행을 보인다는 결과를 제시하였다(Coghill, Seth, & Matthews, 2013).

(8) 작업기억력 평가

① N-Back 과제

N-Back 과제(Kirchner, 1958)는 작업기억력(working memory)을 측정하는 대표적인 검사다. 시각적 N-Back 과제와 청각적 N-Back 과제가 있는데, N-Back 과제에서는 일련의 제시되는 자극에서 'N' 단계 전에 나온 자극과 같은 자극이 나오면 반응을 해야 한다. 예를 들어, 시각적 2-Back 과제에서는 8–7–1–8–6–3–6(반응)–7–1–3–1(반응)–8–9–……와 같은 방식으로 수행하면 된다. N-Back 과제는 ADHD 아동의 작업기억력 결함에 대한 fMRI 연구에서 자주 사용된다.

② 코시 공간주의폭 과제(Corsi block tapping task)

코시 공간주의폭 과제(Corsi, 1972)는 시공간적 작업기억력을 평가하는 과제다. 정육면체 토막이 판 위에 놓여 있고 정육면체의 한쪽 면에만 숫자가 적혀 있는데, 검사자는 숫자가 적혀 있는 면을 보고 앉고, 피검자는 반대편에 앉기 때문에 숫자가 적혀 있는 면을 볼 수 없다. 검사자가 미리 정해진 숫자의 순서대로 정육면체 토막의 윗부분을 손가락으로 짚으면 피검자도 같은 순서대로 토막의 윗면을 짚어야 하는 과제다. 바로 따라 짚기와 거꾸로 따라 짚기 두 가지 방식으로 검사를 진행하는데, 두 번의 시행에서 모두 실패할 경우 수행을 중지하게 된다.

③ 순차연결(Letter Number Span)

순차연결(LNS; Gold, Carpenter, Randolph, Goldberg, & Weinberger, 1997) 과제는 단순 주의폭 과제에 비해 보다 복잡한 정신적 조작을 요하는 작업기억 과제다. 글자–숫자의 조합을 듣고 난 후, 숫자를 모두 앞으로 보내고 글자는 모두 뒤로 보내서 숫자는 작은 수부터, 글자는 알파벳순으로 머릿속에서 정렬하여 대답하는 검사다. 예를 들어, '8-G-2-U'를 들었다면 피검자는 28GU라고 대답해야 한다. 2개에서 시작해서 7개까지 숫자와 문자를 늘려 가며 총 24문항을 실시한다. 국내에서는 아동의 인지능력을 측정하는 K-WISC-IV(곽금주, 오상우, 김청택, 2011)의 순차연결 소검사에서 알파벳 대신 한글로 변형하여 사용하거나 치매 환자의 인지 기능을 측정하기 위한 CERAD-K(이동영, 2001)에서 알파벳 대신 요일로 바꾸어서 실시하고 있다.

4. 지능검사를 통한 신경심리평가

(1) 웩슬러 지능검사 4판

웩슬러 지능검사 4판(Korean-Wechsler Intelligence Scale For Children-IV: K-WISC-IV; 곽금주, 오상우, 김청택, 2011)은 1939년에 성인용 웩슬러 지능검사 I형으로 시작하여 1949년에는 아동용 웩슬러 지능검사(WISC)가 개발되었다. 1991년에 한국교육개발원에서 한국판 표준화 연구를 수행하여 KEDI-WISC가 출판되었고, 2001년에는 곽금주, 박혜원, 김청택이 K-WISC-III를 표준화하였으며, 2011년에는 K-WISC-IV가 출판되어 국내에서 사용되고 있다(곽금주, 오상우, 김청택, 2011).

K-WISC-IV는 10개의 핵심소검사와 5개의 보충소검사로 구성되어 있으며, 6세 0개월부터 16세 11개월까지의 아동·청소년에게 실시할 수 있는데 전반적인 지적 능력(전체검사 IQ) 외에도 네 가지 지표점수–언어 이해(Verbal Conceptualization Index: VCI), 지각추론(Perceptual Reasoning Index: PRI), 작업기억(Working Memory Index: WMI), 처리속도(Processing Speed Index: PSI)가 산출된다.

'언어이해 지표'는 언어적 개념 형성 및 추론 능력뿐만 아니라 환경을 통해 습득되는 지식, 즉 결정지능을 반영한다. 결정지능은 개인이 학습과 경험을 통해 문화에 노출됨으로써 얻을 수 있는 문화적 경험을 폭넓게 반영하며(Cattell, 1941), 개인이 문화 속에서 생활하면서 획득한 지식을 실현하고 적용하는 것을 의미한다(McGrew & Flanagan, 1998).

'지각추론 지표'는 유동적 추론, 공간 처리, 세부 사항에 대한 주의력, 시각–운동 통합에 대한 측정치, 즉 유동지능을 측정한 것이다. 유동지능은 개인이 친숙하지 않은 새로운 과제에 직면했을 때 이용하게 되는 모든 정신 작용으로(Li, Carroll, & Ellar, 1991), 개념을 인식하고, 패턴들 사이의 관계를 지각하고, 추측하고, 암시를 이해하고, 문제를 해결하고, 정보를 인식하거나 전달하는 것과 관련된 능력을 반영한다.

'작업기억 지표'는 아동의 작업기억 능력 측정치다. 작업기억력이란 정보를 일시적으로 기억하면서 동시에 머릿속에서 이 정보를 조작하거나 처리하고 결과를 산출해 내는 능력으로, 주의력, 집중력, 정신적인 통제 능력, 추론 능력을 포함한다(Lawrence, Weiss, Aurelio, & James, 2006).

'처리속도 지표'는 단순한 시각적 정보를 빠르고 정확하게 차례대로 검색하고 구별하는 능력을 측정한다. 정보를 빠르게 처리하기 위해서는 작업기억력 외에 시각적 단기기억력, 주의력, 시각-운동 협응 능력이 필요하다(Lawrence, Weiss, Aurelio, & James, 2006).

이와 같은 네 가지 지표 중에서 작업기억 지표 및 처리속도 지표는 성취 및 학습과 밀접하게 관련되어 있을 뿐만 아니라 고차적인 인지처리에서 핵심적이며, ADHD, 학습장애, 뇌손상과 같은 신경학적인 문제나 임상적인 증상에 매우 민감한 요소다(Lawrence, Weiss, Aurelio, & James, 2006). ADHD 아동은 WISC 소검사들 중 주의산만성을 평가하는 '산수, 숫자, 기호쓰기' 소검사에서 저조한 수행을 보이는 것으로 보고되었는데(Kaufman, 1979), 국내 연구들에서도 이와 일치하는 결과를 보여 주었다(신민섭, 오경자, 홍강의, 1990). 최근에는 ADHD 아동을 대상으로 WISC-IV의 네 가지 지표를 활용한 연구들이 많이 진행되고 있는데, ADHD 아동은 특히 작업기억 지표와 처리속도 지표에서 인지적 결함을 보이는 것으로 나타났다(Mayes & Calhoun, 2006, 2007; San Miguel Montes, Allen, Puente, & Neblina, 2010).

① 작업기억 지표

작업기억 지표는 주의력, 집중력과 작업기억력을 측정하는 소검사로 이루어져 있다. 〈표 5-1〉은 작업기억 지표를 구성하는 소검사와 측정되는 인지능력을 기술한 것이다.

작업기억은 주의집중력을 필요로 하며, 작업기억력이 부진하면 복잡한 정보처리를 하는 데 더 시간이 걸리게 되고 다른 또래 아동보다 더 빨리 정신적인 에너지를 소모하게 되므로, 다양한 학습과제에서 실수를 할 가능성이 높다. 이에 작업기억은 학습 및 주의력장애와 관련이 있으며, 학습장애와 ADHD로 진단받은 아동은 작업기억을 측정하는 소검사들에서 낮은 점수를 받는 경향이 있다. 즉, 언어이해와 지각추론 능력이 보통 수준 이상이면서 작업기억이 부진할 때는 학습장애나 ADHD가 있을 가능성이 증가한다(Thaler, Bello, & Etcoff, 2013). 그러나 이를 무조건적인 진단적 '증거'로 이해해서는 안 되며, ADHD 아동을 감별하기 위해서는 수행 양상을 주의 깊게 살펴보는 것이 도움이 된다. 예를 들어, ADHD 아동은 언어적 지시나 발음을 주의 깊게 듣지 않아 '일'을 '이'라고 틀리게 반응하는 경우도 흔하고, 긴 숫자폭은 따라하면서 오히려 짧은 숫자폭에서

〈표 5-1〉 작업기억 지표를 구성하는 소검사와 측정하는 인지능력

지표	소검사	측정하는 인지능력
작업기억	숫자 따라하기	'숫자 바로 따라하기'와 '숫자 거꾸로 따라하기'로 구성되어 있다. '숫자 바로 따라하기'는 기계적 암기 학습과 청각적 단기기억력, 주의력을 평가한다. '숫자 거꾸로 따라하기'는 작업기억력, 정보변환, 정신적 조작 능력을 평가한다.
	순차연결	검사자가 아동에게 일련의 숫자와 글자를 읽어 주면 아동은 숫자는 오름차순으로, 글자는 가나다 순으로 암기하도록 하는 방식이다. 이 과제는 계열화, 정신적 조작, 주의력, 유연성, 청각적 작업기억, 시공간적 형상화, 처리 속도를 측정한다.
	산수 (보충 소검사)	검사자가 산수 문제를 청각적으로 불러 주면 아동은 이를 듣고 제한된 시간 내에 암산을 통해 계산해야 한다. 청각적 · 언어적 이해 능력, 정신적 조작 능력, 주의집중력, 작업기억, 장기기억, 수학적 지식 및 수학적 추론 능력을 평가한다.

틀리는 등 수행상의 기복을 보일 수 있다. 또한 작업기억력이 부진하여 복잡한 정보처리 시 더 시간이 걸리고, 문항을 시각적으로 제시해 주면 충분히 풀 수 있지만 청각적으로만 제시해 주면 실수를 자주 보이며 쉽게 포기하기도 한다. 혹은 난이도와 상관없이 일관성 있게 계속 주의를 유지하지 못하는 경우도 종종 있다. '순차연결'이나 '숫자 따라하기' 소검사에서의 낮은 처리 점수는 주의력, 청각적 작업기억력, 청각적인 숫자 또는 철자 입력에서의 결함과 관련이 있을 수 있다(Prifitera, Saklofske, & Weiss, 2005).

하지만 ADHD 아동이라고 해서 모두 같은 수행 패턴을 보이는 것은 아니며, 개인에 따라 소검사 수행의 차이가 있을 수 있다. '숫자' '산수' '순차연결'이 모두 청각적 기억과 숫자를 다루는 능력과 관련되지만 '숫자' 소검사의 '바로 따라 외우기'의 시행은 단순한 단기기억을 측정하는 반면, '거꾸로 따라 외우기' 시행이나 '순차연결' 소검사는 단기기억뿐만 아니라 청각적 정보에 대한 전환 등 보다 복잡한 주의집중 단계를 필요로 한다. 또한 '산수' 소검사는 청각적 기억력과 더불어 수리적 추론능력 및 작업기억력을 모두 필요로 한다. 따라서 지능검사 소검사 프로파일 분석에 입각해서 아동의 인지적 강점 · 약점 영역을 파악할 수 있으며, 이를 통해서 임상진단뿐만 아니라 맞춤형 치료 계획을 세우는 데 도움이 되는 구체적이고 유용한 정보 역시 얻을 수 있다.

② 처리속도 지표

처리속도 지표는 주의력, 집중력과 작업기억력을 측정하는 소검사로 이루어져 있다. 〈표 5-2〉는 처리속도 지표를 구성하는 소검사와 측정되는 인지 능력을 기술하고 있다.

처리속도 지표는 정신 과정과 글자쓰기 운동 과정의 속도를 측정한다. 처리속도에 결함이 있는 아동은 정상 아동에 비해 같은 시간 내에 적게 학습하며, 같은 양을 학습하는 데 더 많은 시간이 걸린다. 처리속도가 느리면 인지적인 부담이 증가하여 좀 더 많은 실수를 하게 되고, 좌절 경험도 많아진다(Prifitera, Saklofske, & Weiss, 2005). 때문에 처리속도는 다른 인지기능과 상호작용하여 일반 인지기능 및 일상적인 학습과 수행에 영향을 미치게 된다(Prifitera, Saklofske, & Weiss, 2005). 학습에 어려움이 있는 아동의 경우 추론능력보다 처리 속도가 저조한 경향이 있다. WISC-III를 사용한 연구에서는 ADHD 아동이 처리속도 지표에서 가장 낮은 점수를 받는다는 결과가 보고되었고, WISC-IV를 사용한 최근 임상 연구에서도 ADHD 아동과 학습장애를 동반한 ADHD 아동이 언어이해 또는 지각추론보다 처리속도에서 낮은 점수를 받는 것으로 나타났다(Thaler, Bello, & Etcoff, 2013). 처리속도 지표 지수 점수의 상대적인 저하뿐만 아니라 수검 태도에서도 ADHD 감별에 유용한 정보를 얻을 수 있다. 예를 들어, ADHD 아동은 처리속도 자체도 느린 편이지만 충동성 때문에 실수를 많이 해서 동형찾기나 기호쓰기에서 낮은 점수를 보일 수 있다.

아울러 WISC-IV에서는 네 가지 지표(언어이해 지표, 지각추론 지표, 작업기억 지표, 처리속도 지표) 외에 작업기억과 처리속도의 영향을 덜 받는 요약점수인 '일반능력 지표

〈표 5-2〉 처리속도 지표를 구성하는 소검사와 측정하는 인지능력

지표	소검사	측정하는 인지능력
처리속도	기호쓰기	시각-운동 처리 속도뿐만 아니라 단기기억력, 학습 능력, 시지각, 시각-운동 협응, 시각적 탐색 능력, 인지적 유연성, 주의력, 동기 수준, 시각적 순차 처리능력을 평가한다.
	동형찾기	시각-운동 처리 속도뿐만 아니라 단기 시각 기억, 시각-운동 협응, 인지적 유연성, 시각적 변별, 집중력을 측정한다. 또한 청각적 이해, 지각적 조직화, 계획하고 학습하는 능력도 측정한다.
	선택 (보충 소검사)	아동이 무선으로 배열된 그림이나 일렬로 배열된 그림을 훑어보면서 제한시간 안에 표적 그림들에 표시를 하는 과제다. 이 소검사는 처리속도, 시각적 선택 주의, 각성, 시각적 무시를 측정하기 위해 개발된 검사다.

(GAI)'를 산출한다. 이는 작업기억이나 처리속도 때문에 낮은 전체 지능지수를 받게 되는 아동에게 적용할 때 유용할 수 있다. 즉, 모든 소검사 수행을 반영한 전체지능 지수와 일반능력 지표 점수의 편차를 이용하면 학습장애나 ADHD 혹은 다른 신경심리학적 문제를 가진 아동을 감별하는 데 도움이 된다. 그러나 이러한 지표지수의 저하를 ADHD의 전형적인 프로파일로 간주해서는 안 된다는 점을 명심해야 한다. ADHD 아동은 증상의 심각도나 수반되는 행동적 문제에 따라 각기 다른 인지 영역의 손상을 보이기도 한다. 따라서 WISC-IV 프로파일을 ADHD를 진단하는 절대적인 기준으로 사용해서는 안 되며, 아동의 개인적 특성이나 수행 수준, 다양한 검사 결과를 종합하여 주의 깊게 질적인 해석을 함으로써 진단적 판단을 해야 한다.

(2) 한국판 라이터 비언어성 지능검사

웩슬러 지능검사는 언어를 매개로 검사가 실시되고 피검자의 반응이 채점되므로 청각장애 및 언어장애가 있거나 자폐스펙트럼장애 아동 및 지적장애 아동의 경우 언어적 능력의 결함으로 인해 지능이 과소 추정되는 경향이 있으며, 피검자의 인지적 특성에 대한 부정확한 결과를 제공할 가능성이 높다. 이에 비언어적인 인지기능 평가의 중요성이 부각되었고, 1979년 Leiter가 비언어성 지능검사를 개발한 이후 Roid와 Miller(1997)가 이를 개정하였다. 국내에서는 신민섭과 조수철(2010)이 라이터 비언어성 지능검사(Leiter-R)의 한국 표준화 및 타당화 연구를 통해 2세 0개월부터 7세 11개월까지 아동의 연령별 한국 규준을 산출하였다.

한국판 라이터 비언어성 지능검사(Korean Leiter International Performance Scale-Revised: K-Leiter-R)는 9개의 소검사로 이루어진 '시각화 및 추론' 검사와 10개의 소검사로 이루어진 '주의력 및 기억력' 검사로 구성되어 있다. 시각화 및 추론(Visualization and Reasoning: VR) 검사는 시각적 추론, 유추 및 문제해결 능력과 같은 일반적인 지적 능력을 측정하며, 이를 바탕으로 전체 지능지수, 단축 지능지수가 산출된다. 주의력 및 기억력(Attention & Memoty: AM) 검사는 지능 산출 시 포함되지 않고, 주의력, 기억력, 신경심리 기능에 관한 풍부한 정보를 제공한다. 특히 AM 검사는 학습장애, ADHD를 비롯한 신경학적 손상이 있는 아동과 정상 아동을 감별하는 데 유용하다. 예를 들어, 수학, 철자(spelling), 읽기 영역에서 부진한 성취를 보이는 아동의 경우 K-Leiter-R의 시각화 및 추론, 주의력 및 기억력 두 가지 검사지 수행점수를 비교하면 그러한 부진한 학업 성취가 낮은 지능

〈표 5-3〉 AM 기억력 및 주의력 복합점수를 구성하는 소검사

복합점수	복합점수에 포함되는 소검사	연령 집단(세)
기억 선별	쌍대 연합(AP) 바로 따라 기억하기(FM)	2~7
연합 기억	쌍대 연합(AP) 지연 쌍대연합(DP)	6~7
기억 폭	바로 따라 기억하기(FM) 거꾸로 따라 기억하기(RM) 공간기억(SM)	6~7
주의력	지속적 주의력(AS) 분할주의력(AD)	6~7
기억과정 (작업기억력 포함)	바로 따라 기억하기(FM) 공간기억(SM) 대응 도형 찾기(VC)	6~7
재인 기억	즉각재인(IR) 지연재인(DR)	4~7

에 기인하는 것인지, ADHD나 LD와 같은 신경심리학적 문제에 기인하는 것인지를 감별하는 데 중요한 근거를 제공한다(Roid & Miller, 2002). K-Leiter-R의 주의력 및 기억력 검사 배터리(AM)에 포함된 소검사들과 그 소검사들의 조합으로 산출되는 복합점수는 〈표 5-3〉과 같다.

① 쌍대 연합(Associated Pairs: AP): '짝 찾기 게임'

짝지어진 그림 쌍을 5초에서 10초 정도 보여 준 후 방금 제시된 그림 쌍 중 한 짝을 보여 주고 다른 한 짝을 보기 중에서 찾도록 하는 소검사다. 시각적 단기기억력을 평가할 수 있으며, 학습장애 평가에도 민감한 검사다(Kaszniak, Garron, & Fox, 1979). 그림 쌍에는 친숙한 그림 쌍(예: 부츠-발, 포크-숟가락)과 무작위적인 그림 쌍(예: 연필-버스, 다람쥐-수영복)이 함께 포함되어 있는데, 친숙한 그림 쌍과 무작위적인 그림 쌍의 환산 점수 차이가 3점 이상일 때 통계적으로 유의미하며, 무작위로 제시된 과제를 기억하고 학습하는 데 어려움이 있음을 시사해 준다(신민섭, 조수철, 2010). 즉, 무작위적인 그림 쌍의 경우 친숙한 그림 쌍에 비해 익히고 기억하기에 더 까다로운 기억책략을 필요로 하기 때문에, 단기기억력이나 학습에 어려움이 있는 아동의 경우 수행이 더욱 저조해질 수 있다.

② 즉각 재인(Immediate Recognition: IR): '무엇이 빠졌을까 게임'

완전한 하나의 그림을 5초 동안 제시한 후에 일부가 생략된 그림을 제시하여 무엇이 빠졌는지 찾도록 하는 소검사다. 회상보다는 재인능력을 평가하며, 이 검사의 수행이 저조한 경우는 단순한 인출의 문제라기보다는 학습 및 기억 장애에 기인되었을 수 있다. 이 소검사는 동기 및 자발성 부족이나 충동성과 같은 ADHD 문제에 영향을 받을 수 있는데, 이런 경우에는 측두엽의 기억기능보다는 전두엽 기능장애를 시사할 수 있으므로 해석 시 주의를 기울여야 한다(신민섭, 조수철, 2010 재인용).

③ 바로 따라 기억하기(Forward Memory: FM): '기억하기 게임'

주어진 여러 장의 그림 중 검사자가 손으로 지적한 그림의 순서를 잘 기억한 뒤 그대로 따라서 지적하도록 하는 검사로, 웩슬러 지능검사 '바로 따라 외우기' 소검사의 비언어적 버전이라고 할 수 있다. 시각적 단기기억력과 주의력을 평가하는 데 유용하다.

④ 지속적 주의력(Attention Sustained: AS): '같은 그림 찾기 게임'

종이에 그려져 있는 일련의 그림 중 하나의 표적자극만 제한된 시간 내에 가능한 한 빠르고 정확하게 찾아서 지우도록 하는 소검사다. 이 검사를 수행하는 과정을 관찰하면서 유용한 임상적 정보를 얻을 수 있다. 자극이 잘 정리되어 있는 '1~3번 문항'보다 자극이 다양한 각도로 무질서하게 배열되어 있는 '4번 문항'에서 더 부진한 수행을 보인다면 이는 시공간적 자극에 대한 부주의를 반영하는 결과라고 볼 수 있다. 또한 행동억제력, 지속적 및 선택적 주의력을 가장 잘 평가해 주며, 특히 충동성을 반영하는 '오류점수'는 주의력 문제가 없는 정상 아동과 ADHD 아동을 변별하는 데 매우 중요한 측정치 중의 하나다.

⑤ 거꾸로 따라 기억하기(Revised Memory: RM): '거꾸로 기억하기 게임'

주어진 여러 장의 그림 중 검사자가 손으로 지적한 그림의 순서를 잘 기억한 후에 반대 순서로 지적하도록 하는 검사로, 웩슬러 지능검사 '거꾸로 따라 외우기' 소검사의 비언어적 버전이라고 볼 수 있다. 바로 따라 기억하기 소검사가 단순 시각적 주의력을 평가한다면, 거꾸로 따라 기억하기 소검사는 작업기억력이 요구되는 복잡한 정신활동을 평가한다(신민섭 외, 2010). '바로 따라 기억하기'보다 '거꾸로 따라 기억하기' 소검사

환산점수가 상대적으로 저조한 경우 단기 시각 기억력의 문제보다는 작업기억력, 주의집중력의 문제가 시사된다.

⑥ **대응도형찾기(Visual Coding: VC): '찾아 바꾸기 게임'**

웩슬러 지능검사의 '기호쓰기' 소검사와 유사한 소검사다. 하지만 기호쓰기 소검사는 피검자가 직접 숫자와 기호 쌍을 제한된 시간 내에 모사해야 하므로 시각-운동 협응능력에 영향을 받는 반면, 이 소검사에서는 짝이 되는 도형을 단순히 지적하면 된다는 점이 다르다. 지속적인 주의력, 작업기억력 및 추론능력과 상위 수준의 정신적 전환능력(mental set shifting)을 평가할 수 있다. 특히 VC 9~13번 난이도 상위 문항은 작업기억력을 평가하는 문항으로 ADHD나 학습장애 진단 시 유용한 정보를 제공한다.

⑦ **공간기억(Spatial Memory: SM): '위치 외우기 게임'**

격자무늬 판에 일련의 그림을 몇 초간 제시한 뒤, 피검자가 빈 격자무늬 판에 위치를 정확히 기억하여 그림을 놓도록 하는 검사다. 즉각적인 시공간적 기억력을 평가할 수 있다.

⑧ **지연 쌍대 연합(Delayed Pairs: DP): '짝 다시 찾기 게임'**

'쌍대 연합(AP)' 검사를 실시한 지 30분 정도의 시간이 지난 후 쌍대 연합 과제에서 보았던 짝을 다시 한 번 찾도록 하는 검사다. 시각적 자극의 인출 및 재인 능력과 더불어 한 번 본 자극에 대해 우연히 일어나는 학습(incidental learning)을 평가할 수 있다(신민섭 외, 2010).

⑨ **지연 재인(Delayed Recognition: DR): '빠진 것 다시 찾기 게임'**

'즉각 재인(IR)' 검사를 실시한 지 30분 정도의 시간이 지난 후에 다시 그림을 보여주면서 무엇이 빠졌는지 기억하도록 하는 소검사로, 시각적 자극에 대한 장기기억력의 저장과 인출 및 우연학습을 평가할 수 있다.

⑩ **분할 주의력(Attention Divided: AD): '2개 동시에 하기 게임'**

사과, 바나나, 소방차 등의 그림이 그려진 도면을 검사틀의 그림 도면 창에 넣으면 이후 검사자가 한 칸씩 도면을 움직일 때마다 특정한 개수의 표적자극이 나타나는데, 피검자에게 도면에 보이는 표적자극을 지적하도록 하는 과제와 숫자가 적힌 카드를 순서대로 정렬하는 과제를 번갈아가며 하도록 요구한다. 이를 통해 피검자의 주의 분할 능력, 즉 도면 창에 제시된 표적자극을 지적하는 것과 숫자가 적인 카드를 순서대로 정렬하는 과제 사이의 주의를 전환하고 분할하는 능력을 평가한다. 이처럼 하나 이상의 과제에 동시에 주의집중하는 능력은 신경심리학적 결함에 민감하기 때문에 ADHD나 학습장애가 있는 아동의 경우 일반 아동에 비해 현저히 저하된 수행을 보일 수 있다. 이 소검사를 통해 주의 전환 및 분할 능력 외에 인지적 융통성, 조직화 능력, 갈등적인 자극을 억제하는 능력을 함께 평가할 수 있다. 이와 유사한 검사로는 웩슬러 지능검사의 '기호쓰기'나 '선로 잇기 검사'를 들 수 있다.

앞서 기술한 것과 같이 K-Leiter-R의 AM 검사 배터리는 전체 지능을 추정하는 데에는 포함되지 않지만, 소검사 프로파일이나 수행 중의 행동 관찰을 통해 피검자의 기억(시각적 및 공간적 단기 · 장기 기억력, 재인 능력)과 주의 과정(지속적 및 선택적 주의력, 주의 전환 및 분할 능력)에 대한 세부적인 정보를 얻을 수 있다. ADHD 아동은 주의력결핍과 더불어 작업기억력 등의 실행기능에 어려움이 있다는 사실은 이미 많은 선행연구를 통해 지지받아 왔다(Rapport et al., 2008). Douglas(1983)도 ADHD 아동이 장기기억의 저장 및 파지에는 뚜렷한 결함이 없지만 작업기억력에서는 분명한 기억 결함을 보인다고 주장하였다. 이는 ADHD의 기억 결함이 기억의 용량보다는 주의분산, 주의 유지의 어려움, 적절한 기억책략을 사용하는 데 있어서의 어려움에서 야기된다는 점을 시사해 준다(김지연, 백용매, 2007 재인용). 따라서 ADHD 아동의 신경심리학적 평가 시 주의력과 더불어 기억력 소검사의 수행양상을 살펴보는 것이 중요하며, 이러한 점에서 K-Leiter-R의 AM 검사 배터리가 임상적으로 유용한 정보를 제공한다고 할 수 있다.

참 고 문 헌

곽금주, 박혜원, 김청택(2001). K-WISC-III(한국웩슬러아동지능검사) 지침서. 서울: 도서출판 특수교육.

곽금주, 오상우, 김청택(2011). K-WISC-IV 전문가 지침서. 서울: 학지사 심리검사연구소.

구훈정, 신민섭(2008). 아동 색 선로 검사의 표준화 연구. 소아청소년정신의학, 19(1), 28-37.

김경아, 신민섭(2012). ADHD 아동의 시간 지각 결함. 한국심리학회지: 임상, 31(2), 449-466.

김지연, 백용매(2007). 정상 아동과 주의력결핍 과잉행동장애아동의 기억 결함과 실행기능의 차이. *The Differences of Memory Defect and Executive Function in Normal Children and ADHD Children*, *8*(1), 333-349.

도례미, 최지윤, 안현선 역(2012). WISC-IV: 임상해석[*WISC-IV advanced clinical interpretation*]. G. Lawrence, D. H. S. Weiss, A. Prifitera, & J. A. Holdnack 공저. 서울: 시그마프레스. (원저는 2006년에 출판).

신민섭(2012). 한국판 라이터 비언어성 지능검사. 제20회 한국재활심리학회 연수회 미간행 자료집. 경산: 한국재활심리학회, 399-433.

신민섭, 구훈정(2007). 아동 색 선로 검사. 서울: 학지사 심리검사연구소.

신민섭, 구훈정, 김수경(2009). 레이-오스테리스 복합 도형 검사 한국판 발달적 채점 체계. 서울: 마인드프레스.

신민섭, 박민주(2007). 스트룹 아동 색상-단어 검사. 서울: 학지사.

신민섭, 오경자, 홍강의(1990). 주의력결핍과잉활동장애 아동의 인지적 특성. 소아청소년정신의학, 1(1), 55-64.

신민섭, 조수철(2010). 한국판 라이터 비언어성 지능검사. 서울: 학지사 심리검사연구소.

신민섭, 김미연, 김수경, 김주현, 김지영, 김해숙, 류명은, 온싱글(2010). 웩슬러 지능검사를 통한 아동 정신병리의 진단평가. 서울: 학지사 심리검사연구소.

이동영(2001). 한국판 CERAD 신경심리검사집[CERAD-K (N)]의 노인정상규준 연구. 서울대학교 대학원 박사학위 논문.

이창우, 서봉연(1978). K-WISC 실시 요강. 서울: 교육과학사.

한국교육개발원(1991). KEDI-WISC 검사요강. 서울: 도서출판 특수교육.

한국신경인지기능연구회(1995). 신경심리평가. 서울: 하나의학사.

해피마인드(2008). 종합주의력검사(*Comprehensive Attention Test*). 서울: 해피마인드.

홍강의, 신민섭, 조성준(2010). 주의집중검사(Advanced Test of Attention). 서울: 브레인메딕.

American Psychiatric Association (1968). *Diagnostic and statistical manual of mental disorders* (2nd ed.). Washington, DC: Auther.

American Psychiatric Association (1994). *Diagnostic and statistical manual of mental disorders* (4th ed.). Washington, DC: Auther.

American Psychiatric Association (2013). *Diagnostic and statistical manual of mental disorders* (5th ed.). Washington, DC: Auther.

Barkley, R. A. (1983). Hyperactivity. In R. J. Morris & T. R. Kratochwill (Eds.), *The Practice of Child Therapy* (pp. 87-112). New York: Pergamon Press.

Barkley, R. A. (2003). *Child psychopathology*. New York: Guilford Press.

Barkley, R. A., Koplowitz, S., Anderson, T., & McMurray, M. B. (1997). Sense of time in children with ADHD: Effects of duration, distraction, and stimulant medication. *Journal International Neuropsychological Society*, *3*, 359-369.

Berg, E. A. (1948). A simple objective technique for measuring flexibility in thinking. *Journal of General Psychology*, *39*(1), 15-22.

Boucugnani, L. L., & Jones, R. W. (1989). Behaviors analogous to frontal lobe dysfunction in children with attention deficit hyperactivity disorder. *Archives of Clinical Neuropsychology*, *4*(2), 161-173.

Cattell, R. B. (1941). Some theoretical issues in adult intelligence testing. *Psychological Bulletin*, *38*(592), 10.

Coghill, D., Seth, S., & Matthews, K. (2013). A comprehensive assessment of memory, delay aversion, timing, inhibition, decision making and variability in attention deficit hyperactivity disorder: advancing beyond the three-pathway models. *Psychological Medicine*, 1-13.

Conners, C. K. (1992). *Conners' continuous performance test*. Toronto: Multi-health systems.

Conners, C. K. (2000). *Conners' Continuous performance test II*. Toronto: Multi-health systems.

Cornblatt, B. A., Lenzenweger, M. F., & Erlenmeyer-Kimling, L. (1989). The continuous performance test, identical pairs version: II. Contrasting attentional profiles in schizophrenic and depressed patients. *Psychiatry Research*, *29*(1), 65-85.

Corsi, P. M. (1972). *Human memory and the medial temporal region of the brain*. Doctoral Dissertation. Abailable from ProQuest Dissertations and Theses database, AAT NK14430.

D'Elia, L., & Satz, P. (1989). *Color Trails 1 and 2*. Odessa, FL: Psychological Assessment Resources.

Downes, J., Evenden, J., Morris, R., Owen, A., Robbins, T., Roberts, A., & Sahakian, B. (2011). *CANTABeclipse software user guide*. Cambrigde: Cambridge Cognition Ltd.

Gold, J. M., Carpenter, C., Randolph, C., Goldberg, T. E., & Weinberger, D. R. (1997). Auditory working memory and Wisconsin Card Sorting Test performance in schizophrenia. *Archives of General Psychiatry, 54*(2), 159.

Golden, C. J. (1978). *A manual for the Stroop Color and Word Test.* Chicago, IL: Stoelting Company.

Gorenstein, E. E., Mammato, C. A., & Sandy, J. M. (1989). Performance of inattentive-overactive children on selected measures of prefrontal-type function. *Journal of Clinical Psychology, 45*(4), 619-632.

Grant, D. A., Berg, E. A. (1948). A behavioral analysis of degree of veinforcement and ease of shifting to new responses in a weigl-type card sorting problem. *Journal of Experimental Psychology, 34*, 404-411.

Green, M. F. (1998). Schizophrenia from a neurocognitive perspective. *Probing the impenetrable darkness.* Boston, MA: Allyn & Bacon.

Heaton, R. K. (1993). *Wisconsin card sorting test: Computer version 2.* Odessa: Psychological Assessment Resources.

Heaton, R. K. (2003). *Wisconsin card sorting test: Computer version 4.* Odessa: Psychological Assessement Resources.

Kaszniak, A., Garron, D., & Fox, J. (1979). Differential effects of age and cerebral atrophy upon span of immediate recall and paired-associate learning in older patients suspected of dementia. *Cortex, 15*(2), 285-295.

Kaufman, A. S. (1979). *Intelligence testing with the WISC-R.* New York: Jone Wiley.

Kirchner, W. K. (1958). Age differences in short-term retention of rapidly changing information. *Journal of Experimental Psychology, 55*(4), 352.

Leiter, R. G. (1979). *Instruction mannual for the Leiter International Performance Scale.* Wood Dale, IL: Stoelting Co.

Lezak, M. D. (1995). *Neuropsychological Assessment* (3rd ed.). New York: Oxford University Press.

Li, J., Carroll, J., & Ellar, D. J. (1991). Crystal structure of insecticidal δ-endotoxin from Bacillus thuringiensis at 2.5Å resolution. *Nature, 353*(6347), 815-821.

Logan, G. D. (1994). On the ability to inhibit thought and action: A users' guide to the stop signal paradigm. In D. Dagenbach & T. H. Carr (Eds), *Inhibitory processes in attention, memory, and language.* (pp. 189-239). San Diego: Academic Press.

Loring, D. (1999). *INS dictionary of neuropsychology.* New York: Oxford University Press.

Mayes, S. D., & Calhoun, S. L. (2006). WISC-IV and WISC-III profiles in children with ADHD. *Journal of Attention Disorders, 9*(3), 486–493.

Mayes, S. D., & Calhoun, S. L. (2007). Wechsler Intelligence Scale for Children-3rd and-predictors of academic achievement in children with attention-deficit/hyperactivity disorder. *School Psychology Quarterly, 22*(2), 234.

McGrew, K. S., & Flanagan, D. P. (1998). *The intelligence test desk reference (ITDR): Gf-Gc cross-battery assessment.* Boston, MA: Allyn & Bacon.

Miller, B. L., & Cummings, J. L. (1999). *The frontal lobes: Functions and disorders.* New York: Guilford Press.

Nuechterlein, K. H., & Dawson, M. E. (1984). Information processing and attentional functioning in the developmental course of schizophrenic disorders. *Schizophrenia Bulletin, 10*(2), 160–203.

Osterrieth, P. A. (1944). Le test de copie d'une figure complexe; contribution a l'etude de la perception et de la memoire. *Archives de Psychologie, 30*, 206–353.

Prifitera, A., Saklofske, D. H., & Weiss, L. G. (Eds.). (2005). *WISC-IV clinical use and interpretation: Scientist-practitioner perspectives.* New York: Elsevier Academic Press.

Rapport, M. D., Alderson, R. M., Kofler, M. J., Sarver, D. E., Bolden, J., & Sims, V. (2008). Working memory deficits in boys with attention-deficit/hyperactivity disorder (ADHD): The contribution of central executive and subsystem processes. *Journal of Abnormal Child Psychology, 36*(6), 825–837.

Reitan, R. M. (1971). Trail making test results for normal and brain-damaged children. *Perceptual and Motor Skills, 33*(2), 575–581.

Rey, A. (1941). L'examen psychologique dans les cas d'encéphalopathie traumatique. Les problėms. [The psychological examination in cases of traumatic encepholopathy. Problems]. *Archives de Psychologie, 28*, 215–228.

Roid, G. H., & Miller, L. J. (1997). *Leiter international performance scale-revised: Examiners manual.* Wood Dale, IL: Stoelting.

Roid, G. H., & Miller, L. J. (2002). *Leiter international performance scale-revised (Leiter-R).* Wood Dale, IL: Stoelting.

Romine, C. B., Lee, D., Wolfe, M. E., Homack, S., George, C., & Riccio, C. A. (2004). Wisconsin card sorting test with children: A meta-analytic study of sensitivity and specificity. *Archives of Clinical Neuropsychology, 19*(8), 1027–1041.

Rosvold, H. E., Mirsky, A. F., Sarason, I., Bransome, E. D. Jr., & Beck, L. H. (1956). A continuous performance test of brain damage. *Journal of Consulting Psychology, 20*(5), 343-350.

Sagvolden, T., & Sergeant, J. A. (1998). Attention-deficit hyperactivity disorder-from brain dysfunctions to behaviour. *Behavioural Brain Research, 94*(1), 1-10.

San Miguel Montes, L. E., Allen, D. N., Puente, A. E., & Neblina, C. (2010). Validity of the WISC-IV Spanish for a clinically referred sample of Hispanic children. *Psychological Assessment, 22*(2), 465.

Sergeant, J. A., Geurts, H., Huijbregts, S., Scheres, A., & Oosterlaan, J. (2003). The top and the bottom of ADHD: A neuropsychological perspective. *Neuroscience & Biobehavioral Reviews, 27*(7), 583-592.

Shin, M.-S., Kim, Y.-H., Cho, S.-C., & Kim, B.-N. (2003). Neuropsychologic characteristics of children with attention-deficit hyperactivity disorder (ADHD), learning disorder, and tic disorder on the Rey-Osterreith Complex Figure. *Journal of Child Neurology, 18*(12), 835-844.

Sonuga-Barke, E., Taylor, E., Sembi, S., & Smith, J. (1992). Hyperactivity and delay aversion-I. The effect of delay on choice. *Journal of Child Psychology and Psychiatry, 33*(2), 387-398.

Strauss, A. A., & Lechtinen, L. (1947). *Psychopathology and education of the brain injured child.* New York: Grune & Stratton.

Stroop, J. R. (1935). The basis of Ligon's theory. *The American Journal of Psychology, 47*(3), 499-504.

Stuss, D. T., & Benson, D. F. (1986). *The frontal lobes.* New York: Raven Press.

Sullivan, S. A. (1998). Leiter international performance scale-revised. *Psychology in the Schools, 35*(2), 195-197.

Thaler, N. S., Bello, D. T., & Etcoff, L. M. (2013). WISC-IV profiles are associated with differences in symptomatology and outcome in children with ADHD. *Journal of Attention Disorders, 17*(4), 291-301.

Waber, D. P., & Bernstein, J. H. (1995). Performance of learning-disabled and non-learning-disabled children on the Rey-Osterrieth Complex Figure: Validation of the developmental scoring system. *Developmental Neuropsychology, 11*(2), 237-252.

Welsh, M. C., Pennington, B. F., Ozonoff, S., Rouse, B., & McCabe, E. R. (1990). Neuropsychology of early-treated phenylketonuria: Specific executive function deficits. *Child Development, 61*(6), 1697-1713.

Williams, J., Rickert, V., Hogan, J., Zolten, A., Satz, P., D'Elia, L. F., et al. (1995). Children's color trails. *Archives of Clinical Neuropsychology, 10*(3), 211-223.

ADHD 6

ADHD의 동반질병

1. 들어가는 글
2. ADHD에 동반하는 정신과적 질환
3. ADHD와 신경과 질환 및 내과 질환
4. 맺는 글

ADHD 6

김봉석

1. 들어가는 글

무엇이 ADHD를 일으키는가? 유전적 요인과 환경적 위험인자가 넓은 범위의 신경발달학적 및 신경정신학적 결과와 연관된 것으로 보인다. 이때 드물거나 흔한 유전적 변이가 ADHD와 그 표현형에 기여한다(Thapar et al., 2012). 흔히 환자가 한 가지 이상의 정신질환을 가질 때 동반이환되었다고 한다. 이들은 한 질환이 다른 질환을 일으켰거나 독립적으로 함께 있을 수 있다. ADHD는 다른 발달학적 및 정신의학적 질환과 겹친다. 낮은 지능과 지적 문제, 특별한 학습과 발달학적 문제 및 자폐스펙트럼장애 사이에는 잘 알려진 강력한 연관성이 있다. 최근의 쌍생아연구는 ADHD와 다른 신경발달학적 문제의 동반이환에 공통된 유전인자가 있다는 것을 시사한다(Lichtenstein et al., 2010; Ronald et al., 2008; Ronald et al., 2011; Willcutt, et al., 2010). 이는 ADHD가 신경발달학적 장애의 하나로 고려되어야 함을 나타낸다. 또한 ADHD는 품행장애 및 반사회적 행동, 알코올과 물질 오용 및 기분장애와 높은 수준의 동반이환을 보인다. 이는 ADHD가 외현화장애군의 하나임을 나타낸다. 이러한 문제가 발달에서 나타나고 후에 ADHD를 갖도록 한다는 것이다(Thapar et al., 2013). DSM-III(APA, 1980)가 도입된 이후 임상가와 연구자는 동반질병의 중요성에 커다란 흥미를 보여 왔다. ADHD는 임상과 지역사회에서 높은 비율의 동반질병을 갖는데(Biederman et al., 1991, 1993; Biederman, Faraone, Keenan et al., 1992), 많은 연구자가 이러한 동반질병의 현상을 더 일반적으로 규명하고자 하였다(Achenbach, 1990/1991; Caron & Rutter, 1991; Nottelmann & Jensen, 1995). ADHD의 이해를 확장하기 위해서는 동반질병의 양상을 인식하고 조사하는 것이 필요하다. 또한 동반질병으로 인하여 ADHD 치료에 많은 어려움이 발생하고 동반질병에 이환된 아동의 기능은 더욱 저하된다. 따라서 동반질병을 가진 ADHD 아동의 치료에서는 다음 두 가지 상황에서의 성공적인 치료가 요구된다.

ADHD는 독립적으로 여러 정신의학적 동반질병(양극성장애, 범불안장애, 외상후스트레스장애, 특정공포증 및 자기애적인격장애, 연극성인격장애, 경계선인격장애, 반사회적인격장애와 분열형인격장애)과 연관된다. 또한 ADHD의 전 생애 병력은 계획 부족과 억제조절 결핍을 반영하는 행동과 높은 빈도로 연관된다. 이것은 높은 빈도의 유해 사건, 낮은 건강과 사회 지지 및 높은 스트레스로 이끈다(Bernardi et al., 2012). 따라서 병의 초기에 동반질병을 정의하고 올바른 치료가 함께 이루어져야 한다.

ADHD의 경과에서 성 효과는 ADHD의 증상에서 나이 효과에 영향을 미치지 않았으며, 여성의 경우 청소년이 동반질병이 더 안정화되는 경향이 있었고, 남성의 경우에는 상관관계가 없었다(Monuteaux et al., 2010). 전체 인구 대상 연구에서 지능의 정도는 ADHD의 특징에서 유의한 차이를 보이지 않았으며 높은 지능은 읽기 성취에 영향을 주었다(Katusic et al., 2011). 반수의 ADHD 아동은 높은 수준의 감정적 취약성을 보이고 높은 빈도의 기능손상, 동반질병 및 치료서비스 이용을 보였다. ADHD가 지속됨에 따라 더 많은 동반질병을 가지고, 기분장애에 대한 가족 경향을 보이고, 교육 및 대인 간 손상을 나타냈으며, 지속 요인은 초기 ADHD의 심각도, 동반질병 및 어머니의 정신병리가 작용한다고 하였다(Biederman et al., 2010).

2. ADHD에 동반하는 정신과적 질환

ADHD에 동반하는 정신과적 질환에는 다음과 같은 것이 있다.

① 파탄적 행동장애

ADHD 아동의 절반 이상은 파탄적 행동장애의 진단 기준을 만족한다. ADHD와 적대적 반항장애, 품행장애의 관계는 상당한 연구의 주제가 되어 왔다(Biederman et al., 1996). 품행장애 아동은 거의 항상 적대적 반항장애와 ADHD를 갖는다(Szatmari et al., 1989).

ADHD와 품행장애를 동시에 지닌 아동은 낮은 사회경제적 지위를 갖는 경향이 있고(Lahey et al., 1988), 학습문제가 있는 경우가 많으며(McGee et al., 1984), 청소년기에 분명한 병리적 모습을 보이고 반사회적 행동을 보인 가족력이 있는 경우가 많다(Faraone et al., 1997). ADHD와 품행장애가 있는 경우 장기적 예후가 나쁘고 반사회적 행동, 물질남용, 성인에 대한 공격성을 나타낼 확률이 높다(Mannuzza & Klein, 2000; Mannuzza et al., 1989; Weiss & Hechtman, 1993). 장기재소자 중 ADHD의 유병률은 40%이고, 이 중 10%는 반사회적 인격장애를 갖는데, 그 전에 대개 품행장애를 갖는다. ADHD와 품행장애를 갖는 경우 더 나쁜 비행행동 결과를 보이고, 비행행동이 더 일찍 시작하며, 더 넓은 범위의 공격성을 보인다(Ginsberg et al., 2010).

② 우울장애

ADHD를 나타내는 아동과 우울증으로 병원을 찾는 아동에게서 ADHD와 우울증-주요우울장애가 공존하는 경우가 흔하다. 주요우울장애는 ADHD와 동반이환될 확률이 3~75%로 나타난다(Biederman et al., 1991). DSM-IV(APA, 1994)와 엄격한 진단 평가에 따라 우울증을 정의해 봤을 때 MTA 연구에서 6%의 아동이 주요우울장애의 진단 기준을 만족시켰다(Pliszka, 2000).

가족연구에서는 ADHD를 지닌 아동의 1세대 친족과 ADHD-주요우울장애를 지닌 아동의 1세대 친족에서 우울증이 발병할 확률이 높다는 것이 밝혀졌다. 이는 ADHD와 우울증 사이에 흔한 유전 관계가 있다는 것을 의미한다(Biederman, Faraone, & Lapey., 1992; Biederman, Faraone, Keenan et al., 1992). 우울증을 지닌 어머니를 둔 아동이 ADHD를 지닌 경우가 흔하다. 자살과 관련된 연구에서 4~6세에 ADHD를 진단받은 경우 18세에 주요우울장애와 만성경도우울장애(dysthymia) 및 자살시도의 위험도가 높아졌다. 위험인자로는 여성 · 모성 우울 및 4~6세에서의 동반 증상이 있었다(Chronis-Tuscano et al., 2010). 그렇지만 성인 ADHD에서 하나 이상의 동반질병이 위험도를 높이긴 하더라도 ADHD가 강력한 예측인자인 것은 아니라는 연구도 있다. ADHD와 동반질병의 조기 치료는 자살의 위험을 낮추고 예후를 호전시킬 수 있다(Agosti et al., 2011).

③ 양극성장애

이 영역과 관련해서는 해소되지 못한 뜨거운 논란이 있다. ADHD의 가족 발병률은 ADHD와 양극성 1형 장애 친척에서 차이가 없었다. 6~18세의 ADHD 아동 200명 중 양극성장애는 1명만 진단되었던 반면(Hassan et al., 2011), 아동 중에서 양극성장애의 유병률은 1~5%였고 높은 빈도의 재발과 지속적인 역치하 증상을 보였다(Mendez & Birmaher,

2010). 또한 양극성장애 1형과 2형 집단에서 81%가 ADHD에 동반이환되었다는 보고도 있다(Singh et al., 2010). 뇌영상 연구에서 ADHD와 양극성장애에 동반이환된 성인은 두 질병의 신경해부학적 연관성을 보여 두 질병이 독립적으로 피질 두께 변화에 기여함을 설명한다(Makris et al., 2012). 한편, 피질 두께에 대한 양극성장애의 효과가 ADHD 상태에 의존한다는 보고도 있다(Hegarty et al., 2012). 작업기억력 영역의 변화는 ADHD와 양극성장애의 동반이환과 관련되어 있으며, 각 질병의 증상은 해부학적 및 기능적으로 다른 영역에 관련된다(Brown et al., 2012).

④ 불안장애

ADHD의 MTA 연구에서 ADHD 아동의 1/3이 불안장애의 진단 기준을 만족시키는 것으로 나타났다(The MTA Cooperative Group, 1999). 가족 유전자 연구에서는 불안과 ADHD는 다른 질환이고 독립적으로 분리해야 한다는 결과가 나왔다(Biederman et al., 1991). ADHD와 강박장애에 동반이환된 성인에게서는 주의 전환 문제가 강박 증상 및 증상 심각도의 가장 유의한 예측인자로, 이는 증상의 중첩과 공통 원인인자를 반영할 수 있다(Anholt et al., 2010). 강박적 구매자에서는 우울, ADHD, 충동성 경향 및 새로운 것을 추구하는 수준이 높다(Black et al., 2012). 또한 저장장애(hoarding disorder)의 28%에서 ADHD 부주의 우세형으로 진단되었다(Frost et al., 2011).

⑤ 학습장애

학습장애와 ADHD의 동시 유병률은 10~90%로 정의에 따라 매우 다양하다(Semrud-Clikeman et al., 1992). 읽기장애와 ADHD는 정보처리 속도에서 공통의 인지 결함을 보이고 공유된 결함은 공통의 유전적 영향에 기인한다(Willcutt et al., 2010). 그렇지만 인지적 결함이 다른 양상을 보인다는 보고도 있다(Gooch et al., 2011). 따라서 여러 가지 원인이 작용한다. 쓰기장애는 19세까지 ADHD 아동에게서 높게 나타나며, 이러한 연관성은 여학생에게서 더 높게 나타난다(Yoshimasu et al., 2012). 시간이 지남에 따라 ADHD 증상은 읽기의 더 강력한 예측인자이고 특히 부주의한 증상이 그러하며, 이러한 연관성은 유전적 영향을 공유함에 기인한다(Czamara et al., 2013).

⑥ 지적장애

ADHD와 지적장애의 동반이환은 일반 인구에서보다 높다. 이 분야에 대한 연구는 연구 결과들이 일치하지 않는다. 또한 경계성 지능을 가진 아동도 반드시 심리학적 검사와 적절한 교육의 기회를 제공받아야만 한다. 분명히, 그들이 이해하지 못하는 자료에 대해 집중하지 못하는 모습을 가지고 부주의 우세형의 ADHD를 갖고 있는 것으로 진단하는 것은 잘못된 일이다. 여린X증후군은 지적장애와 자폐스펙트럼장애의 가장 중요한 유전 원인이고, ADHD가 가장 흔히 동반되며, 발프론산(valproic acid)이 ADHD 증상을 호전시킨다(Tranfaglia, 2011). 경도인지장애와 ADHD의 연관성은 원인과 교란변수의 둘 다에서 가능하다(Ivanchak et al., 2012).

⑦ 뚜렛장애

3,500명의 뚜렛장애(tourette's disorder) 아동 연구에서는 ADHD가 가장 흔한 동반질병이었다(Freeman et al., 2000). ADHD는 뚜렛장애의 분노, 수면, 행동조절의 어려움과 큰 관련이 있었다. 가족유전연구에 따르면, 뚜렛장애와 ADHD는 유전학적으로 독립적이고, 공통유전자의 변형적인 표현형으로 고려할 수는 없다(Apter et al., 1993).

전체 인구 대상의 Avon 종단연구에서 뚜렛장애의 8.2%만이 강박장애와 ADHD를 같이 가지고 있었으며, 뚜렛장애의 69%는 동반질병이 없었다(Scharf et al., 2012). 대규모 형제-쌍 표본연구에서 뚜렛장애와 강박장애 및 강박장애와 ADHD 간에는 유의한 유전적 연관성이 있었으나 뚜렛장애와 ADHD 간에는 그렇지 않았으며, 뚜렛장애와 ADHD 간에 유의한 환경적 연관성이 있었다(Mathews & Grados, 2011). 뚜렛장애와 ADHD 동반이환의 경우 틱의 심각도는 뚜렛장애 단독일 때와 차이가 없었지만 정신사회적 스트레스가 더 컸고 전반적 기능이 더 떨어졌으며, 적대적 반항장애의 기준에 더 부합했다(Lebowitz et al., 2012). 치료되지 않은 ADHD 증상이 뚜렛장애에서 더 나쁜 결과를 초래한다(Hassan & Cavanna, 2012).

⑧ 자폐스펙트럼장애

ADHD와 정신질환이 동반이환된 청소년은 불안정한 애착 양상과 관련이 있다. 자폐스펙트럼장애를 가진 아동의 31~53.1%에서 ADHD가 동반이환된다(Gjevik et al., 2011; Ponde et al., 2010). 지속적인 과잉행동-부주의 증상을 갖는 다수의 아동은 지속적인 사회적 의사소통 결함을 보이지만 그 역은 성립하지 않는다(Grzadzinski et al., 2011). 가족과 쌍생아 연구는 ADHD와 자폐스펙트럼장애가 부분적으로 비슷한 가족적 · 유전적 요인에서 발생한다는 것을 시사한다(Rommelse et al., 2010).

⑨ 발달협응장애

많은 연구에서 발달협응장애와 ADHD 간에 강력한 관계가 있고, 하나의 진단을 가진 아동의 절반이 다른 진단 역시 가지고 있다고 보고하였다. Avon 연구에서 발달협응장애는 집중력에 곤란을 겪고, 사회적 의사소통, 읽기 및 철자에서도 어려움을 겪는 것으로 나타났다(Lingam et al., 2010).

⑩ 물질사용장애

ADHD는 모든 물질사용장애의 발생에 유의한 위험 인자이며, 이는 집행기능과 관련되지 않는다(Wilens et al., 2011). 물질사용장애에서 진단받지 않은 ADHD의 유병률은 12% 정도다(Huntley et al., 2012).

3. ADHD와 신경과 질환 및 내과 질환

ADHD 관련 신경과 질환 및 내과 질환은 다음과 같다.

① 경련

경련질환을 갖는 아동은 발달지연(51%), ADHD(23%), 불안장애(17%), 자폐스펙트럼장애(16%), 품행장애(16%) 등을 경험한다(Russ et al., 2012). 그러나 경련질환의 기능 저하는 ADHD와의 동반이환으로 예측되지 않는다(Asato et al., 2011).

② 두부 외상

경미한 두부 외상이 ADHD를 일으킨다는 실제적 근거는 없다(Bijur et al., 1990). 2년간의 ADHD 추적 관찰에서 심각한 두부 외상은 20%까지의 아동에게서 인지적 · 행동적 효과를 보이는 것과 연관이 있었다(Gerring et al., 1998).

③ 주산기 합병증

ADHD는 극소 저체중 출생에 대한 장기적 결과일 것이며, 이러한 아동의 절반은 5세 무렵 주의력결핍 또는 과잉행동을 보인다(Astbury et al., 1987). 제태 연령보다 작게 태어난 영아 또한 ADHD의 위험에 놓여 있다(Schothorst & van Engeland, 1996).

④ 편두통

편두통 아동은 ADHD, 품행장애, 또는 우울장애로 더 흔히 진단되지는 않는다. 성인 ADHD에서는 편두통의 유병률이 더 높고 ADHD와 편두통의 동반이환은 ADHD의 임상적 아형이 될 수 있다(Fasmer et al., 2011).

⑤ 식이, 알러지, 그리고 천식

식이(Gross et al., 1987), 음식 중독(Conners, 1989), 당(Wolraich et al., 1994), 알러지(McGee et al., 1993), 천식(Pliszka et al., 1999)과 ADHD의 관계는 확인되지 않았다.

⑥ 자궁을 통한 독소 노출

태아 알코올 증후군을 가진 많은 아동은 ADHD의 진단 기준을 또한 만족시킨다(Coles et al., 1997). 더불어 낮은 용량의 알코올도 아이가 성장함에 따라 집중력과 행동상의 문제를 불러일으킬 수 있다는 것이 최근 연구를 통해 밝혀졌다(Olson et al., 1997). 자궁 내에서 니코틴에 노출되는 것은 자녀의 ADHD 위험도를 높이는 데 영향을 미친다는 의견이 지지를 받고 있다(Milberger et al., 1998).

⑦ 납중독

납중독은 아동의 인지장애 및 행동장애와 연관이 있지만 정신사회적 다양성을 고려한 후에는 약 1% 정도에서 이상이 나타난다(Fergusson et al., 1988).

4. 맺는 글

Jensen 등(1997)은 특정 동반 증상이 존재하는 ADHD를 ADHD 단독과 구분하기 위해 7가지 기준을 제시하였다. 이 기준은 임상적 양상, 인구학적 특징, 정신사회적 요인, 생물학적 요인, 유전학, 가족 환경, 경과와 결과, 특정 치료에 대한 반응을 포함한다.

동반질병 연구는 미래의 주요한 임상과 연구에 대한 중요성을 기대하게 한다. 임상적으로, 임상가는 특정 동반질병 존재의 치료의 중요성에 대하여 명백히 알아야 한다. 가족은 ADHD와 심각한 동반질병을 앓고 있는 아동의 기능적 향상이 동반질환의 영향으로 제한이 있다는 것을 알아야 한다. 임상에서의 증상에 대한 접근과 결과 평가를 포함한 넓은 범위의 증상에 대한 접근이 필요하다. 시간에 따른 변화의 영향, 증상, 기능, 발달에 따른 변화에 대한 평가를 위한 동반 증상 관리 전략을 다루는 임상적 지침이 필요하다. 이러한 전략은 존재하는 동반 증상, 1차 질환 및 2차 질환 치료, 두 질환 치료의 연속성에 대한 결과를 바탕으로 특별하게 고안된 임상 시험을 기초로 할 필요가 있다.

ADHD 아동의 다수에서 다양한 동반 증상의 존재는 ADHD 연구를 복잡하게 한다. 신경영상학적 연구와 유전자 연구는 ADHD와 동반 증상에 대한 우리의 이해를 강화한다. ADHD와 동반 증상을 각각 또는 함께 분류하는 것에 대한 지식은 병인론과 치료 이해에 있어 중요한 영향을 미친다. 결과적으로 ADHD의 신경생물학에 대한 더 많은 연구가 구분된 임상 인구를 판별하는 데 필요할 것이다.

참고문헌

Achenbach, T. M. (1990/1991). "Comorbidity" in child and adolescent psychiatry: Categorical and quantitative perspectives. *Journal of Child and Adolescent Psychopharmacology*, *1*, 1–8.

Agosti, V., Chen, Y., & Levin, F. R. (2011). Does attention deficit hyperactivity disorder increase the risk of suicide attempts? *Journal of Affective Disorders*, *133*(3), 595–599.

Anastopoulos, A. D., Smith, T. F., Garrett, M. E., Morrissey-Kane, E., Schatz, N. K., Sommer, J. L., Kollins, S. H., & Ashley-Koch, A. (2011). Self-regulation of emotion, functional impairment, and comorbidity among children with AD/HD. *Journal of Attention Disorders*, *15*(7), 583–592.

Anholt, G. E., Cath, D. C., van Oppen, P., Eikelenboom, M., Smit, J. H., van Megen, H., & van Balkom, A. J. (2010). Autism and ADHD symptoms in patients with OCD: Are they associated with specific OC symptom dimensions or OC symptom severity? *Journal of Autism and Developmental Disorders, 40*(5), 580-589.

Apter, A., Pauls, D. L., Bleich, A., Zohar, A. H., Kron, S., Ratzoni, G., Dycian, A., Kotler, M., Weizman, A., Gadot, N., & Cohen, D. J. (1993). An epidemiologic study of Gilles de la Tourette's syndrome in Israel. *Archives Gen Psychiatry, 50*, 734-738.

Asato, M. R., Nawarawong, N., Hermann, B., Crumrine, P., & Luna, B. (2011). Deficits in oculomotor performance in pediatric epilepsy. *Epilepsia, 52*(2), 377-385.

Astbury, J., Orgill, A., & Bajuk, B. (1987). Relationship between two-year behavior and neuro-developmental outcome at five years of very low-birth weight survivors. *Developmental Medicine and Child Neurology Journal, 29*, 370-379.

Barkley, R. A. (1997). *ADHD and the Nature of Self-Control.* New York: Guilford Press.

Beardslee, W. R., Bemporad, J., Keller, M. B., & Klerman, G. L. (1983). Children of parents with major affective disorder: A review. *American Journal of Psychiatry, 140*, 825-832.

Bernardi, S., Faraone, S. V., Cortese, S., Kerridge, B. T., Pallanti, S., Wang, S., & Blanco, C. (2012). The lifetime impact of attention deficit hyperactivity disorder: Results from the National Epidemiologic Survey on Alcohol and Related Conditions (NESARC). *Psychological Medicine, 42*(4), 875-887.

Biederman, J., Faraone, S. V., & Kiely, K. (1996). Comorbidity in outcome of attention-deficit hyperactivity disorder. In L. Hechtman (Ed.), *Do They Grow Out of It's Long Term Outcomes of Childhood Disorders* (pp. 39-75). Washington, DC: American Psychiatric Press.

Biederman, J., Faraone, S. V., & Lapey, K. (1992). Comorbidity of diagnosis in attention deficit hyperactivity disorder. *Child and Adolescent Psychiatric Clinics of North America, 1*, 335-360.

Biederman, J., Faraone, S. V., Keenan, K., Benjamin, J., Krifcher, B., Moore, C., Sprich-Buckminster, S., Ugaglia, K., Jellinek, M. S., Steingard, R., Spencer, T., Norman, D., Kolodny, R., Kraus, I., Perrin, J., Keller, M. B., & Tsuang, M. T. (1992). Further evidence for family-genetic risk factors in attention deficit hyperactivity disorder. Patterns of comorbidity in probands and relatives psychiatrically and pediatrically referred samples. *Archives Gen Psychiatry, 49*, 728-738.

Biederman, J., Faraone, S. V., Milberger, S., Jetton, J. G., Chen, L., Mick, E., et al. (1996). Is childhood oppositional defiant disorder a precursor to adolescent conduct disorder' Findings from a four year follow-up study of children with ADHD. *Journal of American Academy of Child and Adolescent Psychiatry, 35*, 1193-1204.

Biederman, J., Faraone, S. V., Spencer, T., Wilens, T., Norman, D., Lapey, K. A., et al. (1993). Patterns of psychiatric comorbidity, cognition, and psychosocial functioning in adults with attention deficit hyperactivity disorder. *American Journal of psychiatry, 150*, 1792-1798.

Biederman, J., Newcorn, J., & Sprich, S. (1991). Comorbidity of attention deficit hyperactivity disorder with conduct, depressive. anxiety, and other disorders. *American Journal of Psychiatry, 148*, 564-577.

Biederman, J., Petty, C. R., Clarke, A., Lomedico, A., & Faraone, S. V. (2011). Predictors of persistent ADHD: An 11-year follow-up study. *Journal of Psychiatric Research, 45*(2), 150-155.

Biederman, J., Petty, C. R., Evans, M., Small, J., & Faraone, S. V. (2010). How persistent is ADHD-A controlled 10-year follow-up study of boys with ADHD. *Psychiatry Research, 177*(3), 299-304.

Biederman, J., Petty, C. R., O'Connor, K. B., Hyder, L. L., & Faraone, S. V. (2012). Predictors of persistence in girls with attention deficit hyperactivity disorder: Results from an 11-year controlled follow-up study. *Acta Psychiatrica Scandinavica, 125*(2), 147-156.

Black, D. W., Shaw, M., McCormick, B., Bayless, J. D., & Allen, J. (2012). Newropsychological performance, impulsivity, ADHD symptoms, and novelty seeking in compulsive buying disorder. *Psychiatry Research, 200*(2-3), 581-587.

Bijur, P. E., Haslum, M., & Golding, J. (1990). Cognitive and behavioral sequelae of mild head injury in children. *Pediatrics, 86*, 337-344.

Brown, A., Biederman, J., Valera, E., Lomedico, A., Aleardi, M., Makris, N., & Seidman, L. J. (2012). Working memory network alterations and associated symptoms in adults with ADHD and Bipolar Disorder. *Journal of Psychiatric Research, 46*(4), 476-483.

Bruijn, J., Locher, H., Passchier, J., Dijkstra, N., & Arts, W. F. (2010). Psychopathology in children and adolescents with migraine in clinical studies: A systematic review. *Pediatrics, 126*(2), 323-332.

Caron, C., & Rutter, M. (1991). Comorbidity in child psychopathology: concept issues and research strategies. *Journal of Child Psychology and Psychiatry, 32*, 1063-1080.

Chronis-Tuscano, A., Molina, B. S., Pelham, W. E., Applegate, B., Dahlke, A., Overmyer, M., &

Lahey, B. B. (2010). Very early predictors of adolescent depression and suicide attempts in children with attention-deficit/hyperactivity disorder. *Archives General Psychiatry, 67*(10), 1044-1051.

Coles, C. D., Platzman, K. A., Raskind-Hood, C. L., Brown, R. T., Falek, A., & Smith, I. E. (1997). A comparison of children affected by prenatal alcohol exposure and attention deficit, hyperactivity disorder. *Alcoholism Clinical and Experimental Research, 21*, 150-161.

Conners, C. K. (1989). *Feeding the brain. how foods affect children.* New York: Plenum Press.

Czamara, D., Tiesler, C. M., Kohlbock, G., Berdel, D., Hoffmann, B., Bauer, C. P., et al. (2013). Children with ADHD symptoms have a higher risk for reading, spelling and math difficulties in the GINIplus and LISAplus cohort studies. *PLoS ONE, 8*(5), e63859.

Faraone, S. V., Biederman, J., Jetton, J. G., & Tsuang, M. T. (1997). Attention deficit disorder and conduct disorder: Longitudinal evidence for a familial subtype. *Psychological Medicine, 27*, 291-300.

Fasmer, O. B., Halmoy, A., Oedegaard, K. J., & Haavik, J. (2011). Adult attention deficit hyperactivity disorder is associated with migraine headaches. *European Archives of Psychiatry and Clinical Neuroscience, 261*(8), 595-602.

Fergusson, D. M., Fergusson, J. E., Horwood, L. J., & Kinzett, N. G. (1988). A longitudinal study of dentine lead levels, intelligence, school performance and behavior. Part III. Dentine lead levels and attention/activity. *Journal of Child Psychology and Psychiatry, 29*, 811-824.

Freeman, R. D., Fast, D. K., Burd, L., Kerbeshian, J., Robertson, M. M., & Sandor, P. (2000). An international perspective on Tourette syndrome: Selected findings from 3,500 individuals in 22 countries. *Developmental Medicine & Child Neurology, 42*, 436-447.

Frost, R. O., Steketee, G., & Tolin, D. F. (2011). Comorbidity in hoarding disorder. *Depression and Anxiety, 28*(10), 876-884.

Gerring, J. P., Brady, K. D., Chen, A., Vasa, R., Grados, M., Bandeen-Roche, K. J., et al. (1998). Premorbid prevalence of ADHD and development of secondary ADHD after closed head injury. *Journal of American Academy of Child and Adolescent Psychiatry, 37*, 647-654.

Ginsberg, Y., Hirvikoski, T., & Lindefors, N. (2010). Attention deficit hyperactivity disorder (ADHD) among longer-term prison inmates is a prevalent, persistent and disabling disorder. *BMC Psychiatry, 10*, 112.

Gjevik, E., Eldevik, S., Fjæran-Granum, T., & Sponheim, E. (2011). Kiddie-SADS reveals high rates of DSM-IV disorders in children and adolescents with autism spectrum disorders.

Journal of Autism and Developmental Disorders, 41(6), 761-769.

Gooch, D., Snowling, M., & Hulme, C. (2011). Time perception, phonological skills and executive function in children with dyslexia and/or ADHD symptoms. *Journal of Child Psychology and Psychiatry, 52*(2), 195-203.

Gorman, D. A., Thompson, N., Plessen, K. J., Robertson, M. M., Leckman, J. F., & Peterson, B. S. (2010). Psychosocial outcome and psychiatric comorbidity in older adolescents with Tourette syndrome: Controlled study. *The British Journal of Psychiatry, 197*(1), 36-44.

Greven, C. U., Rijsdijk, F. V., Asherson, P., & Plomin, R. (2012). A longitudinal twin study on the association between ADHD symptoms and reading. *Journal of Child Psychology and Psychiatry, 53*(3), 234-242.

Gross, M. D., Tofanelli, R. A., Butzirus, S. M., & Snodgrass, E. W. (1987). The effect of diets rich in and free from additives on the behavior of children with hyperkinetic and learning disorders. *Journal of American Academy of Child and Adolescent Psychiatry, 26*, 53-55.

Grzadzinski, R., Di Martino, A., Brady, E., Mairena, M. A., O'Neale, M., Petkova, E., Lord, C., Castellanos, F. X. (2011). Examining autistic traits in children with ADHD: Does the Autism spectrum extend to ADHD? *Journal of Autism and Developmental Disorders, 41*(9), 1178-1191.

Hassan, A., Agha, S. S., Langley, K., & Thapar, A. (2011). Prevalence of bipolar disorder in children and adolescents with attention-deficit hyperactivity disorder. *The British Journal of Psychiatry, 198*(3), 195-198.

Hassan, N., & Cavanna, A. E. (2012). The prognosis of Tourette syndrome: Implications for clinical practice. *Functional Neurology, 27*(1), 23-27.

Hegarty, C. E., Foland-Ross, L. C., Narr, K. L., Sugar, C. A., McGough, J. J., Thompson, P. M., & Altshuler, L. L. (2012). ADHD comorbidity can matter when assessing cortical thickness abnormalities in patients with bipolar disorder. *Bipolar Disorders, 14*(8), 843-855.

Huntley, Z., Maltezos, S., Williams, C., Morinan, A., Hammon, A., Ball, D., et al. (2012). Rates of undiagnosed attention deficit hyperactivity disorder in London drug and alcohol detoxification units. *BMC Psychiatry, 12*, 223.

Ivanchak, N., Fletcher, K., & Jicha, G. A. (2012). Attention-deficit/hyperactivity disorder in older adults: prevalence and possible connections to mild cognitive impairment. *Current Psychiatry Reports, 14*(5), 552-560.

Jensen, P. S., Martin, D., & Cantwell, D. P. (1997). Comorbidity in ADHD: Implications for research, practice, and DSM-V. *Journal of American Academy of Child and Adolescent Psychiatry, 36*(8), 1065-1079.

Katusic, M. Z., Voigt, R. G., Colligan, R. C., Weaver, A. L., Homan, K. J., & Barbaresi, W. J. (2011). Attention-deficit hyperactivity disorder in children with high intelligence quotient: Results from a population-based study. *Journal of Developmental & Behavioral Pediatrics, 32*(2), 103-109.

Lahey, B. B., Piancentini, J., & McBurnett, K. (1988). Psychopathology in the parents of children with conduct disorder and hyperactivity. *Journal of American Academy of Child and Adolescent Psychiatry, 27*, 163-170.

Lebowitz, E. R., Motlagh, M. G., Katsovich, L., King, R. A., Lombroso, P. J., Grantz, H., Lin, et al. (2012). Tourette syndrome in youth with and without obsessive compulsive disorder and attention deficit hyperactivity disorder. *European Child and Adolescent Psychiatry, 21*(8), 451-457.

Lichtenstein, P., Carlström, E., Råstam, M., Gillberg, C., & Anckarsäter, H. (2010). The genetics of autism spectrum disorders and related neuropsychiatric disorders in childhood. *American Journal of Psychiatry, 167*(11), 1357-1363.

Lingam, R., Golding, J., Jongmans, M. J., Hunt, L. P., Ellis, M., & Emond, A. (2010). The association between developmental coordination disorder and other developmental traits. *Pediatrics, 126*(5), e1109-1118.

Makris, N., Seidman, L. J., Brown, A., Valera, E. M., Kaiser, J. R., Petty, C. R., et al. (2012). Further understanding of the comorbidity between attention-deficit/hyperactivity disorder and bipolar disorder in adults: An MRI study of cortical thickness. *Psychiatry Research, 202*(1), 1-11.

Mannuzza, S., & Klein, R. G. (2000). Long-term prognosis in attention-deficit/hyperactivity. *Child and Adolescent Psychiatric Clinics of North America, 9*(3), 711-726.

Mannuzza, S., Klein, R. G., Konig, P. H., & Giampino, T. L. (1989). Hyperactive boys almost grown up. IV criminality and its relationship to psychiatric status. *Archives Geneeral Psychiatry, 46*(12), 1073-1079.

Mathews, C. A., & Grados, M. A. (2011). Familiality of Tourette syndrome, obsessive-compulsive disorder, and attention-deficit/hyperactivity disorder: Heritability analysis in a large sib-pair sample. *Journal of American Academy of Child and Adolescent Psychiatry, 50*(1), 46-54.

Max, J. E., Arndt, S., Castillo, C. S., Bokura, H., Robin, D. A., Lindgren, S. D., et al. (1998). Attention deficit hyperactivity symptomatology after traumatic brain injury: A prospective study. *Journal of American Academy of Child and Adolescent Psychiatry, 37*, 841–847.

Max, J. E., Lindgren, S. D., Knutson, C., Pearson, C. S., Ihrig, D., & Welborn, A. (1998). Child and adolescent traumatic brain injury: Correlates of disruptive behavior disorders. *Brain Injury, 12*, 41–52.

McGee, R., Stanton, W. R., & Sears, M. R. (1993). Allergic disorders and attention deficit disorder in children. *Journal of Abnormal Child Psychology*, 21, 79–88.

McGee, R., Williams, S., & Silva, P. A. (1984). Behavioral and developmental characteristics of aggressive. hyperactive, and aggressive-hyperactive boys. *Journal of American Academy of Child and Adolescent Psychiatry, 23*, 270–279.

McGrath, L. M., Pennington, B. F., Shanahan, M. A., Santerre-Lemmon, L. E., Barnard, H. D., Willcutt, E. G., et al. (2011). A multiple deficit model of reading disability and attention-deficit/hyperactivity disorder: searching for shared cognitive deficits. *Journal of Child Psychology and Psychiatry, 52*(5), 547–557.

Mendez, I., & Birmaher, B. (2010). Pediatric Bipolar Disorder: Do we know how to detect it? *Actas Esp Psiquiatr, 38*(3), 170–182.

Milberger, S., Biederman, J., Faraone, S. V., Chen, L., & Jones, J. (1996). Is maternal smoking during pregnancy a risk factor for attention deficit hyperactivity disorder in children. *American Journal of Psychiatry, 153*, 1138–1142.

Milberger, S., Biederman, J., Faraone, S. V., & Chen, L., & Jones, J. (1997). Further evidence of an association between attention-deficit/hyperactivity disorder and cigarette smoking. Findings from a high-risk sample of siblings. *American Journal of Addictions, 6*, 205–217.

Milberger, S., Biederman, J., Faraone, S.V., Jones, J. (1998). Further evidence of an association between maternal smoking during pregnancy and attention deficit hyperactivity disorder: Findings from a high-risk sample of siblings. *Journal of Clinical Child and Adolescent Psychology, 27*, 352–358.

Monuteaux, M. C., Mick, E., Faraone, S. V., & Biederman, J. (2010). The influence of sex on the course and psychiatric correlates of ADHD from childhood to adolescence: A longitudinal study. *Journal of Child Psychology and Psychiatry, 51*(3), 233–241.

Nottelmann, E., & Jensen, P. (1995). Comorbidity of disorders in children and adolescents: developmental perspectives. In T. Ollendick & R. Prinz (Eds.), *Advances in Clinical Child Psychology. Vol. 17* (pp 109–155). New York: Plenum.

O'Rourke, J. A., Scharf, J. M., Platko, J., Stewart, S. E., Illmann, C., Geller, D. A., et al. (2011). The familial association of tourette's disorder and ADHD: The impact of OCD symptoms. *American Journal of Medicine Genetics Part B: Neuropsychiatric Genetics, 156B*(5), 553-560.

Olson, H. C., Streissguth, A. P., Sampson, P. D., Barr, H. M., Bookstein, F. L., & Thiede, K. (1997). Association of prenatal alcohol exposure with behavioral and learning problems in early adolescence. *Journal of American Academy of Child and Adolescent Psychiatry, 36*, 1187-1194.

Pauls, D. L., Leckman, J. F., & Cohen, D. J. (1993). Familial relationship between Gilles de la Tourette's syndrome, attention deficit disorder, learning disabilities, speech disorders, and stuttering. *Journal of American Academy of Child and Adolescent Psychiatry, 32*, 1044-1050.

Pearson, D. A., & Aman, M. G. (1994). Ratings of hyperactivity and developmental indices: Should clinicians correct for developmental level? *Journal of Autism Developmental Disorders, 24*, 395-411.

Perera, S., Crewther, D., Croft, R., Keage, H., Hermens, D., & Clark, C. R. (2012). Comorbid externalising behaviour in AD/HD: Evidence for a distinct pathological entity in adolescence. *PLoS One*, 7(9), e41407.

Perrin, S., & Last, C. G. (1996). Relationship between ADHD and anxiety in boys: Results from a family study. *Journal of American Academy of Child and Adolescent Psychiatry, 35*, 988-996.

Pliszka, S. R. (2000). Patterns of psychiatric comorbidity with attention-deficit/hyperactivity disorder. *Child and Adolescent Psychiatric Clinics of North America, 9*, 525-540.

Pliszka, S. R., Carlson, C. L., & Swanson, J. M. (1999). *ADHD with domorbid disorders: Clinical assessment and management*. New York: Guilford Press.

Pondé, M. P., Novaes, C. M., & Losapio, M. F. (2010). Frequency of symptoms of attention-deficit and hyperactivity disorder in autistic children. *Arquivos de Neuro-Psiquiatria, 68*(1), 103-106.

Rommelse, N. N., Franke, B., Geurts, H. M., Hartman, c. A., Buitelaar, J. K. (2010). Shared heritability of attention-deficit/hyperactivity disorder and autism spectrum disorder. *European Child and Adolescent Psychiatry, 19*(3), 281-295.

Ronald, A., Larsson, H., Anckarsäter, H., & Lichtenstein, P. (2011). A twin study of autism symptoms in Sweden. *Molecular Psychiatry, 16*(10), 1039-1047.

Ronald, A., Simonoff, E., Kuntsi, J., Asherson, P., & Plomin, R. (2008). Evidence for overlapping genetic influences on autistic and ADHD behaviours in a community twin sample. *Journal of Child Psychology and Psychiatry, 49*(5), 535-42.

Russ, S. A., Larson, K., & Halfon, N. (2012). A national profile of childhood epilepsy and seizure disorder. *Pediatrics, 129*(2), 256-264.

Scharf, J. M., Miller, L. L., Mathews, C. A., & Ben-Shlomo, Y. (2012). Prevalence of Tourette syndrome and chronic tics in the population-based Avon longitudinal study of parents and children cohort. *Journal of American Academy of Child and Adolescent Psychiatry, 51*(2), 192-201 e5.

Schothorst, P. F., & van Engeland, H. (1996). Long-term behavioral sequelae of prematurity. *Journal of American Academy of Child and Adolescent Psychiatry, 35*, 175-183.

Semrud-Clikeman, M., Biederman, J., Sprich-Buckminster, S., Lehman, B. K., Faraone, S. V., & Norman, D. (1992). Comorbidity between ADDH and learning disability: A review and report in a clinically referred sample. *Journal of American A cad Child and Adolescent Psychiatry*, 31, 439-448.

Singh, M. K., Chang, K. D., Mazaika, P., Garrett, A., Adleman, N., Kelley, R., et al. (2010). Neural correlates of response inhibition in pediatric bipolar disorder. *Journal of Child and Adolescent Psychopharmacology, 20*(1), 15-24.

Szatmari, P., Boyle, M., & Offord, D. R. (1989). ADHD and conduct disorder: Degree of diagnostic overlap and differences among correlates. *Journal of American Academy of Child and Adolescent Psychiatry, 28*, 865-872.

Thapar, A., Cooper, M., Eyre, O., & Langley, K. (2013). What have we learnt about the causes of ADHD? *Journal of Child Psychology and Psychiatry, 54*(1), 3-16.

Thapar, A., Cooper, M., Jefferies, R., & Stergiakouli, E. (2012). What causes attention deficit hyperactivity disorder? *Archives Disease Child, 97*(3), 260-265.

The MTA Cooperative Group. (1999). Multimodal Treatment Study of Children with ADHD. *Archives General Psychiatry, 56*, 1073-1086.

Tranfaglia, M. R. (2011). The psychiatric presentation of fragile x: Evolution of the diagnosis and treatment of the psychiatric comorbidities of fragile X syndrome. *Developmental Neuroscience, 33*(5), 337-348.

Weiss, G., & Hechtman, L. T. (1993). *Hyperactive children grown up* (2nd ed.). New York: Guilford Press.

Wilens, T. E., Martelon, M., Fried, R., Petty, C., Bateman, C., & Biederman, J. (2011). Do executive function deficits predict later substance use disorders among adolescents and young adults? *Journal of American Academy of Child and Adolescent Psychiatry, 50*(2), 141-149.

Wilens, T. E., Martelon, M., Joshi, G., Bateman, C., Fried, R., Petty, C., & Biederman, J. (2011). Does ADHD predict substance-use disorders? A 10-year follow-up study of young adults with ADHD. *Journal of American Academy of Child and Adolescent Psychiatry*, *50*(6), 543-553.

Willcutt, E. G., Pennington, B., F. Duncan, L., Smith, S. D., Keenan, J. M., Wadsworth, S., et al. (2010). Understanding the complex etiologies of developmental disorders: Behavioral and molecular genetic approaches. *Journal Developmental Behavior Pediatrics*, *31*(7), 533-544.

Wolraich, M. L., Lindgren, S. D., Stumbo, P. J., Stegink, L. D., Appelbaum, M. I., & Kiritsy, M. C. (1994). Effects of diets high in sucrose or aspartame on the behavior and cognitive performance of children. *The New England Journal of Medicine*, *330*, 301-307.

Wozniak, J., Faraone, S. V., Mick, E., Monuteaux, M., Coville, A., & Biederman, J. (2010). A controlled family study of children with DSM-IV bipolar-I disorder and psychiatric co-morbidity. *Psychology Medicine*, *40*(7), 1079-1088.

Yoshimasu, K., Barbaresi, W. J., Colligan, R. C., Voigt, R. G., Killian, J. M., Weaver, A. L., & Katusic, S. K. (2012). Childhood ADHD is strongly associated with a broad range of psychiatric disorders during adolescence: a population-based birth cohort study. *Pediatrics*, *53*(10), 1036-1043.

2부

약물치료

ADHD 7

ADHD의 약물치료

1. 들어가는 글
2. 중추신경자극제
3. 비중추신경자극제 약물
4. ADHD 약물치료의 실제

ADHD 7

천근아

1. 들어가는 글

ADHD의 치료에 대해서 일반적인 사항은 이미 3장에서 살펴보았다. ADHD 아동의 치료에 있어 아동은 물론 부모 및 교사를 포함한 주 양육자를 대상으로 충분한 상담 및 교육적 대책, 인지행동치료를 포함한 사회심리적 치료 및 약물치료가 상호보완적으로 필요하다. 치료가 이루어지는 첫 단계는 우선 진단을 확실하게 한 다음, 이 진단이 뜻하는 바가 무엇인지, 앞으로 어떻게 해 나가야 할 것인지를 설명해 주고 치료에 대한 동의를 얻는 것이다. 특히 약물치료를 시행할 때는 부모와 아동이 이를 충분히 받아들일 수 있도록 설명하고, 장기간 사용해야 한다는 것도 미리 알려 준다. 그리고 정기적으로 치료 효과 및 약물의 부작용 여부를 평가한다.

부모나 교사에게 ADHD 아동에게 약을 투여하여 치료를 한다고 하면 의아해하거나 반대부터 하는 경우가 많다. 하지만 약물치료는 ADHD 아동의 약 70~80% 정도에서 매우 큰 효과가 있다. 그러다 보니 미국의 한 지역(볼티모어 카운티)이긴 하지만 그 지역 공립초등학교 전체 학생의 약 6%가 약물치료를 받고 있다는 놀라운 보고도 있다. 국내에서는 아직 정확한 통계가 없지만 점차 그 사용량이 늘고 있는 것은 분명하다. 치료 시작 전에 약물의 효과와 한계에 대해 설명해 주고, 반드시 적절한 교육 혹은 행동수정 프로그램이 배려된 후에 투여하도록 한다. 가장 많이 사용되는 MPH 제제를 예로 들면, 초기에 5mg 정도를 1일 1회 아침 식사 전후에 사용한다. 이렇게 사용하면서 1~2주 간격으로 대개 5mg씩 효과가 나타날 때까지 증량한다. 대개 2~4주가 지나면 효과가 나타나는데, 호전이 없으면 약물을 바꾸거나 가능하면 아동을 다시 평가 · 진단한다. 약물 투여는 대개 6개월~1년 정도 지속하고, 호전된 상태가 보이면 조심스럽게 약을 4~6주간 중단하고 약물치료가 다시 필요한지 여부를 재평가한다. 약물 투여 시 기초선 평가로서 체중, 신장, 혈압, 맥박 등을 측정하고 정기적으로 확인하지만, 특별히 병력에서 문제가 되지 않는 한 심전도(EKG)를 시행할 필요는 없다.

보통 치료 기간에 대해 매우 궁금해하고 많은 질문을 하지만, 아직 확실한 판정 기준은 없다. 대개 학교 재학 중 혹은 방학 중에 투약을 중단해 본다. 흔히 1~2년을 사용하고 앞서와 같은 평가를 통해 지속할지 여부를 결정한다. 경우에 따라서는 청소년기나 성인기까지 지속하는 경우도 있다.

ADHD의 약물치료에 사용되는 약물 중 전 세계적으로 널리 사용되는 약물은 중추신경자극제(psychostimulant)다. 중추신경자극제로는 D-AMP, MPH, 페몰린(pemoline, 이하 PEM)이 있다. 미국 식약청(Food and Drug Administration, 이하 FDA)은 Dexedrine(D-AMP)과 리탈린(MPH)을 기면증과 ADHD의 치료제로 허가하고, Cylert(PEM)를 ADHD의 치료제로서 인정해 왔다.

중추신경자극제 계열이 아닌 것으로 항우울제 약물인 Strattera(atomoxetine, 이하 ATX)가 6세 이상의 ADHD 환자에게 치료제로 승인받은 바 있고, 국내에서도 틱 및 뚜렛장애를 동반한 ADHD, 중증 불안장애를 동반한 ADHD에서 1차 선택제로 승인되어 처방되고 있다. 그 외에 삼환계항우울제(tricyclic antidepressants, 이하 TCAs; 이미프라민[imipramine], 데시프라민[desipramine]), 클로니딘(clonidine), 구안팍신(Guanfacine), 일부 항우울제 등이 2차 혹은 3차 선택약물로 사용된다. 이 약은 일반적으로 알려진 정신건강의학과에서 사용하는 것과 달리 졸림이나 습관성이 없고, 매우 안전한 것으로 알려져 있다.

임상에서 흔히 처방되던 D-AMP와 MPH는 반감기가 짧아(속방형) 하루에 2~4회 투여해야 하는 문제가 있었으나, 최근 서방형(slow release 또는 extended release type)의 약제들이 개발되어 사용되고 있다. 1996년 이후 FDA는 Adderall과 Adderall-XR을 3세 이상에서 ADHD의 치료제로 인정하였고, Ritalin LA, Metadate CD, Concerta(Methylphenidate OROS)을 6세 이상의 ADHD 환자에게 치료제로 승인하였으며, 이 외에도 미국에서는 Dextrostat와 Desoxyn 등의 AMP 제제, 그리고 Focalin과 Methylin 등의 MPH 제제가 ADHD의 치료제로 처방되고 있다. 중추신경자극제로서 국내에서는 MPH 제제(Penid와 Methylpen)와 PEM이 처방되어 왔으나 최근에는 Concerta와 Metadate CD, Medikinet이 처방되고 있다(〈표 7-1〉 참조). 한편, FDA에서 기면증의 치료제로 승인받은 modafinil이 이미 국내에 도입되었으나 ADHD의 치료제로서의 효능이 충분히 입증되지 않아 향후 연구가 필요하다.

〈표 7-1〉 중추신경자극제의 특성 비교

	약효 시작	최대 효과	효과 지속시간	분복 횟수	KFDA*
속방형 제제					
Methylphenidate (Ritalin, Penid)®	20분~1시간	1~2시간	3~6시간	2~3회	승인
Amphetamine	20분~1시간	1~2시간	4~6시간	2~3회	NA
D, L-amphetamine (Addreall)®	30분~1시간	1~2시간	3~6시간	2회	NA
서방형 제제					
OROS-MPH (Concerta)®	30분~2시간	bimodal pattern	12시간	1회	승인
MPH ER (Metadate CD)®	30분~2시간	bimodal pattern	6~8시간	1~2회	승인
MPH MR (Medikinet Retard)®	30분~2시간	bimodal pattern	7시간	1~2회	승인

* KFDA: 한국 식약처/
NA: 승인되지 않음(not approved) / ER: 서방제(extended release) / MR: 변형제형(modified release)

중추신경자극제가 아닌 약물로는 앞서 언급한 ATX 외에 클로니딘 서방형으로 Kapvay가 ADHD 치료제로 승인을 받아 처방되고 있으며, 그 외에 항우울제로 이미프라민, 웰부트린 등이 국내에서 식약처 승인을 받지는 않았지만 학술적인 뒷받침으로 허가 외 품목(off-label medications) 형태로 사용되고 있다. 그 외에도 비록 ADHD 자체는 아니지만, 공격성 등을 목표로 항정신병 약물과 같은 여러 약물이 사용되고, ADHD에 동반된 공존질병, 예컨대 틱장애, 품행장애, 우울 및 불안장애, 자폐스펙트럼장애, 수면장애 등에 대해 다양한 약물치료가 시행된다. 여기서는 주로 중추신경자극제, 그 가운데서도 특히 MPH를 중심으로 논의하고, 그 외에 국내에서 사용되고 있는 ATX 등에 대해 간략하게 논의한다.

ADHD를 포함하여 아동 · 청소년에게 약물치료를 시행함에 앞서 다음 사항을 염두에 두도록 한다.

① 약물치료와 관련된 정신병리는 물론 신체적인 상태를 평가한다.

② 약물을 투여하는 양육자가 안전하고 일관되게 약물을 투여할 수 있을지를 평가한다.

③ 약물 투여로 얻을 장단점을 모두 평가하고, 이를 환자 및 양육자에게 충분히 설명하여야 한다.
④ 약물을 투여하기 전에 치료 효과를 측정할 임상척도를 기초적으로 시행한다.
⑤ 투여 용량을 소량으로 시작하고 약물에 대한 반응과 부작용을 고려하면서 서서히 증량한다.
⑥ 부적절한 장기간의 약물 투여와 복합처방을 최소화한다.
⑦ 약물치료가 환자의 치료의 유일한 방법이 되어서는 안 된다.
⑧ 질환과 치료에 대하여 환자와 가족에게 설명할 때, 환자의 발달단계를 고려하여야 한다.
⑨ 약물 투여가 환자와 가족, 그리고 교사나 친구들에게 어떻게 이해되는지를 고려하여야 한다.

이러한 원칙을 염두에 두고 구체적으로 약물치료를 시행함에 있어 ① 포괄적인 평가와 치료동맹의 구축, ② 약물치료의 목표증상과 진단, ③ 약물의 선택, ④ 약물 간의 상호작용, ⑤ 초기 투여 용량의 설정과 증량, ⑥ 부작용, ⑦ 약물 및 그 대사물의 혈중 농도의 측정, ⑧ 지속적 투여 기간의 설정 등 실질적인 사항을 고려한다.

2. 중추신경자극제

1) 약동학

약동학(pharmacokinetics)이란 약물이 체내에 투여된 후 흡수, 분포, 대사, 배설되는 동안에 일어나는 생물학적 변화다. ADHD 약물치료에서 약물의 용량을 결정하는 가장 중요한 요인이 바로 약동학이다. 이는 약물의 효과가 얼마나 지속되는지를 결정하는 데 중요하며, 흡수와 분포는 약물 효과의 발현 속도와 관련이 있는 반면, 대사와 배설은 약물 효과의 소멸과 관련이 있다. 어떤 약물이든지 치료와 부작용 모두에서 조직 내 약물의 농도, 치료 농도에 도달하는 데 걸리는 시간, 그리고 치료 효과를 유지하는 데 필요한 기간이 약동학과 관련이 있다. 약물의 흡수, 분포, 대사, 배설되는 과정 중 흡수와 배설

기능에 있어서는 아동이 성인과 유사하여 큰 영향을 미치지 못하지만, 약물의 체내 분포와 대사 과정에 관해서는 아동의 발달학적 특성이 반드시 고려되어야 한다.

중추신경자극제는 위장관을 통하여 잘 흡수된다. AMP는 투약 후 1시간 안에 효과가 나타나고, 2~3시간 후에 최고 혈중 농도에 도달하며, 반감기는 6~8시간이므로 일일 2회 분복이 필수적이다. 대사는 간에서 이루어지고 일부는 신장을 통하여 대사되지 않은 형태로 배설된다. 하지만 우리나라의 식약처에서 승인하지 않아 도입되지 않았다.

MPH는 투약 후 30분 이내에 효과가 나타나고, 1~2시간 내에 최고 혈중 농도에 도달하며, 반감기는 2~3시간이기 때문에 역시 분복하여야 한다. 일부만 간과 혈장에서 대사되고, 80% 정도는 대사되지 않은 상태로 배설된다.

PEM은 2~4시간 내에 혈중 최고 농도에 도달하고, 반감기는 8~12시간이므로 하루에 한번 복용이 가능하며 간에서 대사되고 신장을 통하여 배설된다. 서방형의 새로운 중추신경자극제들은 반감기가 6~8시간 이상으로 약물의 지속시간이 12시간에 이르므로 대체로 1일 1회 복용이 가능하다(Martin et al., 2002).

2) 약력학

약동학이 약물의 투여 용량과 투여 방법에 대한 정보를 제공한다면, 약력학(pharmacodynamics)은 약물이 작용하는 조직이 어떻게 반응하고 변화하여 약물효과를 나타내는지를 결정한다. 즉, 혈중에 있는 약물이 치료 효과를 나타낼 신체조직에서 약리작용을 나타내는 생물학적 과정을 말한다. ADHD 치료약물은 대뇌의 여러 부위에서 활동하는 신경전달물질과 상호 반응하는데, 신경세포가 서로 접하고 있는 신경접합 부위에서 유리되거나 재흡수되는 신경전달물질과 약물이 상호작용하면서 그 효과를 나타낸다. ADHD 치료약물과 주로 작용하는 신경전달물질은 DA와 NE다.

D-AMP는 세포질 내에 저장된 DA의 유리를 자극하고, MPH는 신경세포의 소포(vesicle) 내에 저장되어 있는 DA의 유리를 자극한다. 또한 AMP와 MPH는 DA의 재흡수를 차단하고, 단기아민산화효소(monoamine oxidase: MAO)를 억제한다. 중추신경자극제는 ADHD의 병태생리와 연관된 것으로 알려진 상행성 망상 활성계(ascending reticular activating system), 선조체(striatum), 전대상회(anterior cingulate) 및 전전두엽(prefrontal cortex)에 이르는 신경회로에서 신경접합부위의 DA의 양과 활동을 증가시킨다(Martin et al., 2002).

3) 적응증

임상에서 중추신경자극제의 가장 주요한 적응증은 ADHD다. 중추신경자극제는 ADHD 환자의 75%에서 치료 효과가 나타난다. 이 약물은 주의폭(attention span)과 집중력을 증진시키는 한편, 과잉운동과 충동성 및 반항적 행동을 감소시킨다. 이러한 효과가 한때는 역설적 효과(paradoxical effect)라고 생각되었으나 여러 신경인지검사를 통한 연구를 거쳐 이 약물의 효능임이 입증되었으며, ADHD가 아닌 아동에서도 이 약물을 투여하면 운동량이 저하하고 인지기능의 수행능력이 향상됨이 관찰되었다. 또한 중추신경자극제는 학급 내에서의 행동이나 학업의 수행능력 및 대인관계를 증진시킨다.

MPH가 가장 흔히 사용되는 약물이나 최근 MPH의 서방형 제제인 Concerta와 Metadate CD의 사용이 크게 증가하고 있다. AMP도 MPH와 동등한 임상적 효과를 나타낸다. PEM은 MPH와 AMP에 비해 그 효과가 덜 확실한 것으로 알려져 있고, 효과가 나타나는 시기가 3~4주로 보다 늦는 점, 그리고 간 기능에 이상을 가져올 수 있는 점 등이 단점으로 그 사용이 거의 중단되었다.

중추신경자극제는 ADHD 치료뿐 아니라 기면증(narcolepsy), 우울장애, 비만 치료에 사용되는 경우도 있지만 기면증 외에는 그 사용이 권유되지 않는다.

4) 부작용

중추신경자극제와 연관된 흔한 부작용은 불안, 흥분성, 불면증, 두통, 불쾌감이다. 식욕을 감소시킬 수 있으며 심박수를 증가시키고 혈압을 상승시킬 수 있다. 또한 틱이 유발될 수 있으며, 틱 또는 뚜렛장애를 가진 경우 틱 증세가 악화될 수 있다. 지적장애나 발달장애 아동에게서는 과잉운동증이 오히려 악화될 수 있다(〈표 7-2〉 참조).

이전의 연구들에 따르면, ADHD 아동에게 중추신경자극제를 장기 투여할 경우 아동의 성장이 일시적으로 억제될 수 있으며 이 성장억제가 약물과 성장호르몬의 상호 연관성에 의한 것임이 보고되었으나, 최근 보고에 따르면 ADHD 아동에게서 성장억제는 유의하지 않을 뿐 아니라 성장호르몬과 이 약물들과의 상호 연관성 또한 유의하지 않음이 밝혀지고 있다. 중추신경자극제를 투여하면서 부작용을 최소화하기 위해 약물을 학교에 가는 날에만 투여하고 휴일과 방학에는 중단하는 방법을 시행하기도 한

〈표 7-2〉 중추신경자극제의 부작용

부작용 \ 제형	OROS MPH	MPH-IR	Amphetamine
식욕감퇴	++	++++	++++
복통	+	+	+
오심/구토	−	−	−
이자극성	+++	+	+
나른함/기운 없음	−	−	+
수면이상/불면증	+	+	+++
정서 불안	−	−	++
우울한 기분	++	−	++++

* −없음, + 약간 있음, ++++ 아주 심함

다. 그러나 부작용이 극심하지 않다면 약물 휴지기를 두지 않고 꾸준히 약물치료를 시행하여야 전두엽 및 실행기능 향상이 지속적으로 유지되고 두뇌 발달에 긍정적이라고 알려져 있다.

중추신경자극제는 녹내장, 고혈압, 심혈관계 질환, 갑상선기능항진증, 불안장애와 정신병 그리고 간질 등을 악화시킬 수 있다. 고용량을 투여할 경우 구갈, 동공산대, 이갈이, 의주감(formication), 정서 불안정, 고혈압, 빈맥, 고열, 독성 정신증, 섬망, 간질 등의 부작용이 초래될 수 있으며, 심한 경우에는 심부정맥으로 사망할 수도 있다. 고용량을 장기간 투여할 경우 편집형 정신분열병과 유사한 망상장애를 유발할 수 있으나, 보다 주요한 제한점은 약물의존성의 문제다. 한편, PEM을 장기간 투여할 경우 위험한 수준의 간부전(fatal hepatic failure) 가능성이 있으므로 6개월 간격으로 정기적인 간 기능 검사를 시행하여야 한다.

5) 약물 간 상호작용

중추신경자극제는 삼환계 항우울제, 항응고제(warfarin) 및 프리미돈(primidone), 페노바비탈(phenobarbital), 페니토인(phenytoin), 페닐부타존(phenylbutazone) 등의 대사를 감소시켜 이 약물들의 혈중 농도를 증가시킨다. 반면에 항고혈압제인 과네티딘(guanethidine)과 중추신경자극제를 병용 투여할 경우 과네티딘의 혈압 강하 효과를 감소시킨다. 중추신경자극제는 MAOI에 의해서 대사가 억제되므로 병용 투여할 경우 상당히 조심하여야 한다. 한편, 도파민성 신경전달(dopaminergic neurotransmission)을 강화시키므로 DA 수용체의 차단제(antagonists)나 세로토닌(serotonin antagonists)과 같은 약물에 의해 중추신경자극제의 효과가 차단될 수 있다.

6) 약물의 투여

약물을 투여하기 전이나 투여 용량을 증가시킬 때마다 아동의 심박동수, 혈압, 신장, 체중 등을 측정하여야 한다. 특히 신장과 체중은 3~4개월마다 정기적으로 측정하는 것이 좋다. 틱을 포함한 이상운동을 진찰하고, 틱의 가족력을 알아보아야 한다. 특히 지속적으로 약물을 투여할 경우 이상운동이 발생하는지를 수시로 확인하여야 한다. D-AMP와 MPH를 투약할 경우에는 투약 전에 기본적인 혈액검사와 뇨검사가 필요한 정도지만, PEM을 투약할 때에는 간 기능검사를 투약 전에 반드시 시행하고 그 후에는 6개월마다 정기적인 간 기능검사를 시행하여야 한다(Campbell & Cueva, 1995a, 1995b).

(1) 메틸페니데이트

MPH의 초기 일일 상용량은 0.3mg/kg이며, 아침과 점심 및 오후에 분복 투여한다. 3~5일 간격으로 아동의 임상적인 상태를 관찰하며 일일 5mg씩 증량한다. 투여 시간은 식사 전 또는 식사 후 어느 쪽이나 무방하다. 대개 상용 일일용량으로 0.3~1.0mg/kg을 유지하며 1mg/kg을 넘어서는 용량은 추천되지 않는다. 충분한 양에 도달한 후 약 2주 정도 복용시킨 후에 반응이 불량하다고 판단되는 경우에는 다른 약물을 고려한다.

장기간 복용하게 되는 경우, 과거에는 '약물 휴일'을 두어 주말 또는 방학 기간 등 학습에 영향이 적다고 생각되는 기간에는 약물 투여를 일시 중단하는 방법을 사용하였으나 최근에는 '약물 휴일'을 권장하지 않는다. 새로운 약물 중 국내에서 이미 처방 가능한 서방형 MPH의 경우 일일 1~2회 투여로 충분하다. MPH-OROS(Concerta)는 상용 일일용량이 18~54mg으로 아침 식사 직전 또는 직후에 1회 복용하고, Metadate CD는 표준형(immediate-release)과 서방형(extended-release)이 3:7로 혼합된 MPH 캡슐형으로 일일 1~2회 복용으로 충분하며 일일 상용량은 10~30mg이다. 메디키넷(Medikinet retard)은 역시 캡슐형으로 서방형과 속방형이 5:5로 분포되어 있으며 최고 농도에 빠르게 도달한다. 일일 1~2회 복용하며, 일일 상용량은 5~40mg이다(〈표 7-1〉 참조).

(2) 덱스트로암페타민

D-AMP의 치료 용량 범위는 일일 0.15~0.5mg/kg이나 국내에서 사용되지 않는다. D-AMP는 식욕부진을 초래할 수 있기 때문에 시작 용량은 아침과 점심 식사 후에 2.5mg을 복용한다. 30kg이 넘는 아동은 아침과 점심에 각각 5mg의 D-AMP가 투여된다.

(3) 페몰린

PEM은 하루에 1회 투약될 수 있다는 장점이 있다. 시작 용량으로 아침에 37.5mg을 투약하고 점진적으로 일일 0.5~3mg/kg까지 증량하여 일일 최대 용량은 112.5mg/kg을 넘지 않도록 한다. PEM은 다른 중추신경자극제와는 달리 혈압과 심박동수의 증가를 초래하지 않는다.

3. 비중추신경자극제 약물

1) 아토목세틴

아토목세틴은 D-AMP, MPH 등과 달리 선택적 NE 재흡수 억제제(SNRI)로서 중추신경자극제 약물들과 약력학적 특성이 다르다. 중추신경자극제 약이 사용에 규제를 받는 것과 달리 이것은 마약류 약물에서 제외된다. 이런 이유로 환자 자신 혹은 가족에게서 약물 남용의 가능성이 있는 경우, 틱이 있거나 중추신경자극제에 심한 부작용을 나타내는 경우에 효과적이다.

빠른 흡수율을 보여 음식물 없이 1시간 이내, 음식물을 동반하면 3시간 이내에 최고 혈중 농도에 도달한다. 혈중 반감기는 5시간 정도로 비교적 짧지만, 5~10%는 간 대사에서 CYP2D6 관련 유전자다형성의 차이 때문에 반감기가 24시간 이상도 가능하다고 알려져 있다. 임상 연구에서의 효과 지속시간은 약동학적으로 ADHD 증상에 대한 작용이 반감기보다 오래 지속되어 1일 1회 복용도 가능한 것으로 제시되었으며, 효과크기는 중등도(0.62) 정도인 것으로 알려져 있다. D-AMP, MPH 등과 달리 약물 작용 개시까지 1~4주 정도 걸리고, 효과가 충분히 나타나기 위해서 6~12주 정도가 필요하다. 체중이 70kg 이하인 아동 및 청소년은 0.5mg/kg의 용량을 적어도 3일 이상 투여하는 것으로 시작해서 점차 증량하여 보통 1.2mg/kg 정도를 하루 1~2회에 나누어 투여한다. 최대 100mg 혹은 1.4mg/kg을 넘지 않도록 한다.

부작용으로는 졸림, 오심, 식욕저하, 구토 등이 있으나 대부분 초기 용량 증가와 관련되고, 안정적으로 유지한다면 문제가 될 정도는 아니다. 매우 드물지만 심각한 부작용으로는 간 손상과 자살사고의 발생이 있다는 것으로 알려져 있다.

2) 항우울제

소아정신과에서 사용되는 항우울제로는 삼환계 약물(tricyclic antidepressants, 이하 TCAs), SSRIs, MAOI, bupropion 등이 있다.

삼환계 약물은 중추신경자극제에 반응이 없거나 중추신경 자극제를 복용하는 동안 우울증이 발병한 경우, 틱장애 혹은 뚜렛장애 환자에게서 ADHD 증상이 동반되었을 때, ADHD와 불안장애가 함께 나타날 경우에 투여될 수 있다. 인지장애 증상을 호전시키는 효과는 중추신경자극제만큼 현저하지 않다. 데시프라민(desipramine)은 항콜린성 부작용이 비교적 적어 지속적으로 투여할 수 있는 약제로 알려져 있으며, 노르트리프틸린(nortriptyline)은 주의폭을 증가시키고 충동성을 감소시키는 약제로 알려져 있다. 하지만 현재는 거의 사용하고 있지 않다.

SSRI계 항우울제는 플루옥세틴(fluoxetine), 플루복사민(fluvoxamine), 파록세틴(paroxetine), 서트랄린(sertraline), 시탈로프람(citalopram)/에스시탈로프람(escitalopram) 등이 있다. 이들은 항우울 및 항불안 효과가 강해 우울장애 및 불안장애, 강박장애 등 다양한 질병의 치료제로 사용된다. ADHD에 대해서 대체로 주의집중력과 과잉운동 증상의 치료에는 효과적이지 않지만 충동성 증상에는 비교적 효과적이라고 알려져 있다. 6주 동안 플루옥세틴을 ADHD 환아에게 투여한 결과 60%에서 환아의 행동증상이 호전되었다는 보고가 있다.

또 다른 항우울제 가운데 부프로피온(Bupropion)은 몇몇 임상 연구를 통하여 아동에서 ADHD, 우울증, 품행장애의 치료에 비교적 우수한 효과가 있음이 확인되었으며, 과잉활동증이나 공격적 행동증상을 완화시키는 효과가 있다. 특히 우울증이나 불안증상이 이차적으로 동반된 아동 환자에서 효과적이어서 불안과 우울증을 동반한 ADHD의 치료 또는 틱 증상과 불안증상을 동반한 우울증 환아의 치료에 사용될 수 있다. 그러나 틱을 동반한 ADHD의 치료의 경우에는 틱 증상이 악화된다. 투여 용량은 37.5~50mg을 일일 2회로 투여하기 시작하여 2주에 걸쳐 서서히 증량하면서 일일 250mg까지 투여한다. 주요한 부작용은 간질 역치의 저하이며, 피부의 발진, 입 주위의 부종, 오심과 구토, 식욕의 증가, 초조 또는 틱 증상의 악화 등이 나타날 수 있다.

단가아민산화억제제(MAOIs) 계열에 속하는 항우울제는 국내외적으로 널리 사용되지는 않는다. MAOIs는 삼환계 약물에 반응이 없는 우울증이나 ADHD의 치료에 효과적이라고 알려져 있으나 아동에게는 투여하는 데 제한점이 많다. 그 이유는 타이라민(tyramine)이 포함된 발효식품을 제한해야 하는데 아동이 발효식품을 많이 선호하여 MAOIs가 이들과 심각한 상호작용을 일으키기 때문이다. 따라서 MAOIs를 투여할 때 타이라민이 포함된 식품의 섭취에 대하여 환자와 부모에게 교육을 해야 하며, 다른 약물과의 상호작용도 많기 때문에 아동의 경우에는 피하는 것이 좋다. 그러나 국내에서 쓰이는 선택적 A형 MAOI인 모클로베마이드(moclobemide)는 비교적 안전하므로 ADHD나 불안장애를 가진 아동에게 처방할 수 있다.

3) 항정신병 약물

항정신병 약물은 ADHD의 일차적인 치료제는 아니다. 하지만 ADHD의 파괴적(disruptive) 행동에 항정신병 약물이 효과적이라는 증례가 보고되었고, 할로페리돌(haloperidol)을 소량 투여하여 과잉활동증과 집중력 장애를 호전시키는 효과가 MPH와 동등하다는 보고가 있으나 인지기능을 저하시키는 부작용이 흔하다. 아리피프라졸(Aripiprazole)의 경우, 여러 소규모 임상 연구 및 증례 보고를 통해 ADHD 환자의 과잉행동 및 부주의, 충동 증상에 효과적임이 보고되고 있으며, ADHD 환자에게 동반되어 나타나는 틱 증상에 대한 효과도 몇 차례 보고된 바 있다.

소아정신과 영역에서 사용되는 전형적 항정신병 약물은 할로페리돌, 클로르프로마진(chlorpromazine), 메소리다진(mesoridazine), 피모자이드(pimozide) 등이다. 비전형적 약물로는 리스페리돈(risperidone), 올란자핀(olanzapine), 클로자핀(clozapine), 아미설프라이드(amisulpride) 등이 국내에서 흔히 사용되는 약물이며, 최근 새로운 약물로서 아리피프라졸(aripiprazole), 쿼티아핀(quetiapine), 지프라시돈(ziprasidone) 등이 도입되었다.

4) 기분안정제

파괴적 행동장애(ADHD와 품행장애)에 기분장애가 동반하는 경우, 리튬(lithum)과 MPH를 병합 투여하면 효과적이라는 보고들이 있다. 또한 ADHD 환아의 부모가 양극성장애를 가진 경우 리튬이 환아의 ADHD 증상의 치료에 효과적이라고 알려진 반면, 효과가 없다는 상반된 보고도 있다. 그러나 과도한 충동적 공격성을 보이는 ADHD 환아의 경우 리튬이 공격성, 적대감, 분노발작을 감소시키는 데 항정신병 약물에 비하여 효과적이고 부작용도 적은 것으로 알려져 있으며, 근래에는 지적장애나 자폐스펙트럼 장애 환아의 공격성을 감소시키는 효과가 보고되고 있다.

그 외에 카바마제핀(carbamazepine)은 ADHD의 공격성, 충동성, 과잉운동 등의 행동 증상의 치료 또는 중추신경자극제나 항우울제에 의한 약물치료가 실패한 경우에 투여될 수 있다.

5) 클로니딘

아드레날린 수용체 항진제로서 위장관에서 잘 흡수되고 경구 투여 후 1~3시간이 지나면 최고 혈중 농도에 도달한다. 35%는 간에서 대사되고, 65%가 대사되지 않은 상태로 신장을 통해 배설된다. 반감기는 6~20시간이다. 시냅스전 $\alpha2$-아드레날린 수용체에 대한 항진효과로 인하여 시냅스전 신경말단에서 신경전달물질의 농도는 감소한다.

치료적응증으로는 뚜렛장애에서 할로페리돌과 피모자이드를 부작용 때문에 투여할 수 없을 경우 1차 치료약제로 선택될 수 있어 뚜렛장애에서 보이는 주관적인 불쾌감, 과잉활동성과 충동성을 감소시킨다. 초기 용량은 일일 0.05mg이고 0.3mg까지 증량할 수 있으며, 뚜렛장애의 경우 클로니딘이 치료 효과를 나타내기까지 3개월 정도 장기간 투여해야 한다는 점이 단점이다. 클로니딘은 ADHD의 치료에서 중추신경자극제나 항우울제를 투여한 후 효과가 없는 경우에 사용하는 제3의 약제다. 투여 용량은 뚜렛장애에서와 같아 일일 상용량이 0.05~0.3mg이다. 일부 임상 보고에 따르면 ADHD의 치료에서 클로니딘과 중추신경자극제를 병용 투여한 후 최소한 5명이 사망하였다는 점에 주의하여, 이 경우 중추신경 자극제의 용량을 40% 정도 감량 투여하고 심장 관측을 하는 등 철저한 주의를 요한다고 하였다. 그 외에 공황장애, 공포증, 강박장애, 외상후스트레스장애, 범불안장애 등에 투여될 수 있다. 수년 전 국내에서 클로니딘의 생산이 중단되었으나, 서방형(clonidine-XR) 제형(Kapvay)®이 최근에 생산되어 처방이 가능하다.

클로니딘의 흔한 부작용은 구강건조증 및 안구 건조, 피로, 신경질, 진정작용, 현훈, 오심, 저혈압, 변비 등이며, 불면증, 불안, 우울증, 선명한 꿈이나 악몽, 환각 등이 나타날 수 있다. 클로니딘은 아드레날린 수용체 $\alpha1$과 $\alpha2$ 모두에 작용하므로 임상적으로 부작용이 많고 치료 효과가 늦다는 단점이 있어 투여하는 데 어려움이 많았으나, 근래에는 $\alpha2$-아드레날린 수용체를 선택적으로 항진하는 구안파신을 많이 투여하고 있다. 국내에서는 구안파신이 도입되지 않았으나 조만간 사용될 가능성이 높다.

4. ADHD 약물치료의 실제

약물치료를 언제, 어떤 기준으로 시작할지 여부에 대한 구체적인 기준은 제시되고 있지 않다. 하지만 그 한 예를 보면, 영국 NICE 지침(2009), Taylor 등(2004)은 다소 보수적이고, 반면에 미국소아과학회 진료지침(AAP, 2011)은 비록 학령 전기 아동이라고 하더라도 중등도 이상의 역기능을 갖는 ADHD 아동에게는 제한적으로 약물치료를 시행할 것을 권고한다고 하였다(제3장 p. 82 참조).

구체적으로 특정 약물의 선택은 아동 및 가족에 대한 포괄적인 평가를 바탕으로 아동의 연령, 증상의 특성, 공존질병 여부 및 유형, 증상 및 지장의 심각도와 함께 여러 약물의 특성, 즉 효능(효과크기), 지속시간, 혈중 농도, 반감기 등(약역학 및 역동학 특성), 제형(속방형 및 서방형, 패치 등), 가격 등을 고려하여 결정한다. 약물치료를 포함한 치료에는 미국 소아청소년정신의학회(AACAP) 중추신경자극제사용지침(2002) 및 ADHD 진료지침(2007), 유럽에서의 HKD 진료지침(Taylor et al., 2004), HKD 약물진료지침(Banaschewski et al., 2006), 텍사스 약물알고리즘(Pliszka et al., 2006), 영국 NICE 진료지침(2009), AAP 진료지침(2011), 그리고 국내 대한소아청소년정신의학회의 한국형 ADHD 치료권고안(2007) 등이 있다. 이것들을 토대로 작성한 안동현(2014)의 약물치료의 원칙을 참고한다(제3장 p. 83 참조).

참고문헌

American Academy of Child and Adolescent Psychiatry Work Group on Quality Issues (1992). Practice parameters for the assessment and treatment of conduct disorders. *Journal of American Academy of Child and Adolescent Psychiatry, 31*, iv–vii.

American Academy of Child and Adolescent Psychiatry Work Group on Quality Issues (1993). Practice parameters for the assessment and treatment of anxiety disorders. *Journal of American Academy of Child and Adolescent Psychiatry, 32*, 1089–1098.

Campbell, M., & Cueva, J. E. (1995a). Psychopharmacology in child and adolescent psychiatry: A review of the past seven years, I. *Journal of American Academy of Child and Adolescent Psychiatry, 34*, 1124–1132.

Campbell, M., & Cueva, J. E. (1995b). Psychopharmcology in child and adolescent psychiatry: A review of the past seven years, II. *Journal of American Academy of Child and Adolescent Psychiatry, 34*, 1262–1272.

Martin, A., Oesterheld, J., Konradi, C., Clein, P., & Heckers, S. (2002). Pediatric Psychopharmacology I: Pharmacokinetic and pharmacodynamic principles. In M. Lewis (Ed.), *Child and Adolescent Psychiatry: A Comprehensive Textbook* (3rd ed., pp. 939–950). Philadelphia, PA: Lippincott Williams and Wilkins.

Sallee, F., Stiller, R. L., & Perep, J. M. (1992). Pharmacodynamics of pemoline in attention deficit disorder with hyperactivity. *Journal of American Academy of Child and Adolescent Psychiatry, 31*, 244–251.

Spencer, T. (1995). Biederman journal: Psychotropic medications for children and adolescents. *Child and Adolescent Psychiatric Clinics of North America, 4*, 97–121.

ADHD 8

ADHD 약물치료의 부작용에 대한 이해

1. 들어가는 글
2. ADHD 치료 약물의 부작용
3. 약물 부작용의 평가와 관리
4. 맺는 글

ADHD 8

이소영

1. 들어가는 글

1) 약물 부작용의 정의와 기본 개념

약물을 복용하는 데 있어 일차적으로 약물의 효과와 효능이 중요하지만, 환자 및 보호자의 관심이나 우려는 부작용에 더 초점을 두는 경향이 있다. 일부 사람은 약물 부작용이 아예 없거나 완벽하게 안전하다는 확신을 원한다. 심지어 그렇지 않은 경우에는 약물 복용 자체를 꺼리거나 거부하기까지 한다. 그러나 약물로 인한 부작용은 식품이나 공기 또는 그 외의 모든 생물이나 물리적 · 화학적 자극과 마찬가지로 그 종류와 관련없이 유해한 작용을 수반한다. 이는 부인할 수 없는 사실로 받아들여져야 하고 공개되어야 한다. 약물의 부작용이 불가피하다는 것을 이해하고 ADHD 약물의 세부적인 부작용과 치료 시 이득에 대한 균형 잡힌 판단을 바탕으로 약물치료를 실시하는 것이 바람직하다. 특히 ADHD는 만성질환이기 때문에 아동이 성장함에 따라 이러한 약물치료에 대한 위험과 이득의 균형이 상당 부분 달라지기도 한다는 것을 유념해야 한다.

우선 약물 부작용과 관련된 용어부터 정리할 필요가 있다. 약물 부작용(side effect)은 의약품을 정상적인 용량에 따라 투여했을 때 발생하는 모든 의도되지 않은 효과를 의미하는데, 여기에는 유해사례(adverse event), 실마리정보(signal), 약물유해반응(adverse drug reaction) 등이 포함된다. 유해사례는 의약품의 투여나 사용 중에 발생하는 바람직하지 않고 의도되지 않은 징후, 증상 또는 질병으로 해당 의약품과 반드시 인과관계를 갖는 것은 아니다. 실마리정보는 인과관계가 알려지지 않았거나 입증 자료가 불충분하지만 인과관계를 배제할 수 없어서 계속 관찰을 해야 하는 정보를 의미한다. 그리고 약물유해반응은 의약품을 정상적으로 투여하거나 사용했을 때 발생한 해롭고 의도하지 않은 반응으로 해당 의약품과의 인과관계를 배제할 수 없는 경우를 말한다. 이 장에서는 약물유해반응을 약물 부작용으로 기술하고자 한다.

필자는 환자나 보호자와 개별 약물의 부작용들에 대해 세부적으로 논의하기에 앞서 반드시 약물 부작용과 관련된 다음과 같은 기본적인 개념에 대해 먼저 상의하는 것을 권장한다. 첫 번째 개념으로, 해당 약제가 예상하지 못한 유해반응을 일으키는지 여부에 관해 이해하여야 한다. 즉, 기존에 알려진 정보와 비교해서 그 양상이나 정도에 있어 분명하게 차이가 나타나는 유해반응을 유발할 것인지를 알려 주어야 한다. 두 번째 개념으로, 해당 약제가 중대한 유해사례를 일으키는지 여부에 관해 이해하여야 한다. 즉, 치명적이거나 생명을 위협하거나, 지속적 또는 명백한 장애를 야기하거나, 선천적 기형이나 이상을 초래하는 유해반응을 유발하는지 알려 주어야 하는 것이다. 세 번째 개념으로, 해당 약제의 약물 부작용이 약물을 중단하거나 용량을 감량했을 때 회복이 가능한지 여부에 관해 이해하여야 한다. 마지막으로, 앞서 기술한 약물과 부작용의 관련성에 관해 이해하여야 한다. 즉, 반응이 해당 의약품의 투여나 사용과 전후관계가 타당하고 다른 의약품이나 화학물질 혹은 질환으로 설명되지 않아야 하며, 투여 중단 시 해당 유해사례가 소실되고 재투여 시 다시 나타나는 경우에 관련성이 확실한 것으로 간주한다. 실제로, 임상이나 연구에서도 약물과 부작용의 관련성을 정도에 따라 확실, 상당히 확실, 가능, 가능성 적음으로 구분하고 있으며 이는 면밀한 추적 관찰을 통해 확인이 가능하다.

2) 약물 복용 시 조심해야 하는 경우

개별 ADHD 치료제 복용을 신중하게 결정해야 하는 상황에 대해 세부적으로 논의하기에 앞서 약물 복용을 신중하게 결정해야 하는 일반적인 경우를 우선 짚고 넘어가는 것이 필요하다. 대부분의 다른 약물과 마찬가지로 모든 경우에 ADHD 치료제나 그 구성 성분에 대해 과민증을 나타내는 환자는 해당 약제를 복용하지 말아야 한다. 즉, 과거에 특정한 약물을 복용했을 때 알레르기 반응을 보였던 경우에는 해당 약물을 복용하지 말고 다른 성분의 약물을 복용하는 것이 바람직하다. 또한 대개의 다른 약물과 마찬가지로 모든 ADHD 치료제도 임신이나 수유를 하는 경우에 대해 아직까지 충분히 연구가 이루어지지 않았다. 미국 식약청(FDA)의 '임부투여안정성' 등급에 따르면 MPH, 아토목세틴과 클로니딘은 모두 C등급으로 분류되어 있다. 이 등급에는 해당 약물이 통제된 동물실험에서 태아에 대한 부정적인 작용을 한다는 것이 증명되었으나 사람에게서는 시험이 실시되지 않았거나 잘 통제된 동물실험 또는 임상시험이 없는 경우가 해당한다. 따라서 이들 약제는 임신이나 수유 중에 복용하지 않아야 한다.

각 ADHD 치료제의 금기나 신중하게 투여해야 할 상황을 세부적으로 살펴보면 다음과 같다. 우선 MPH의 경우 조현병을 포함한 정신증 환자나 중증의 불안·긴장 혹은 흥분한 사람에게의 투여는 금기다. 비록 일부 보고에서 항정신병 약물을 복용하며 안정적으로 유지되고 있는 정신증 환자에게 성공적으로 투여한 보고가 있기는 하지만, 아직까지는 금기에 해당한다. 녹내장, 뚜렛장애가 있거나 뚜렛장애의 가족력이 있는 경우, MAO 억제제(Monoamine oxidase inhibitor)를 투여 중이거나 MAO 억제제 투여 중단 후 14일 이내인 경우 금기에 해당한다. 그 외 고혈압, 협심증, 부정맥, 비후성 심근병증과 같이 심박수나 혈압이 상승될 수 있는 의학적 상태 또는 갑상선기능항진증과 같은 신체 질환이 있는 경우에는 MPH를 신중하게 투여하도록 되어 있다. 추가로 약물 의존성이 있거나 알코올중독 기왕력자, 발작 기왕력자인 경우에도 조심해서 사용해야 한다. 아토목세틴의 경우 녹내장, 중증 심혈관 질환 또는 갈색세포종이 있거나 MAO 억제제를 복용 중인 경우 금기에 해당한다. 그 외 심장에 심각한 구조적 이상이 있거나 혈압 또는 심박수 상승 및 저하에 의해 기존 심질환이 악화될 가능성이 있는 경우, 그리고 심전도에 긴 QT 또는 QT 연장 가족력이 있는 경우나 황달 또는 간 손상이 있는 경우에 신중하게 투여해야 한다. 정신증이나 조증이 발생 가능한 환자와 발작 기왕력자에게도 조심해서 사용해야 한다. 클로니딘의 경우 갈락토오스 불내성, Lapp 유당분해효소 결핍증 또는 포도당-갈락토오스 흡수장애 등의 유전 질환이 있는 경우 투여 금기다. 그 외 저혈압, 심차단, 서맥 또는 심혈관 질환 기왕력자, 실신 기왕력자, 저혈압, 기립성 저혈압, 서맥 또는 탈수와 같이 실신을 발생시키기 쉬운 상태, 고혈압 치료제 또는 혈압 및 심박수를 감소시키거나 실신 위험을 증가시킬 수 있는 다른 약물을 병용 중인 경우, 중증 관상동맥 부전증, 전도장애, 최근의 심근경색, 뇌혈관질환을 지니고 있는 경우 또는 만성 신부전 환자의 경우 조심해서 사용해야 한다.

여기서 약물을 금기하거나 조심해서 사용해야 한다는 말의 의미를 올바르게 이해하는 것이 중요하다. 우선 약제를 조심해서 사용해야 한다는 의미는 투여 금기에 해당하는 것은 아니나 이 환자들에게 해당 약제를 투여할 경우 환자와 사전에 충분히 상의하고 동의를 구해야 하며, 필요시 해당 의학 분야 전문가에게 의뢰하여 약물 투여 시작 전에 기본적으로 실시해야 할 검사가 무엇이고 그 후에 어떻게 모니터링해야 할 것인지 자문하는 것을 권장한다는 것이다. 그리고 앞서 기술한 약물을 금기하거나 조심해서 사용해야 한다는 권고 사항은 대개 해당 약물이 식약청으로부터 사용 승인을 받았을 당시 제출된 약품 설명서(insert sheet)에 기술된 것을 근거로 하고 있다. 그런데 약물이 허가를 얻은 후 활발히 연구가 진행되어 일부 금기나 조심해서 사용해야 한다는 권고에 대해 학계에서 의문을 갖거나 논란이 되는 경우가 있다. 뚜렛장애와 ADHD가 동반된 경우에서의 MPH 투여 금기와 같은 조치가 대표적인 사례로, 이는 실제 임상에서 자주 발생하는 상황인 만큼 '틱 문제' 부분에서 자세히 기술할 것이다.

2. ADHD 치료 약물의 부작용

1) 일반적인 부작용

일반적으로 ADHD 치료제의 부작용들은 경하게 나타나고 일시적이어서 시간이 지나면 줄어들거나 사라진다. 부작용이 지속되는 경우 약물을 감량하면 부작용이 줄어들거나 견딜 수 있는 정도로 되어 내약성이 비교적 높은 약으로 분류되고 있다. 소수에서 부작용으로 인하여 약물 복용을 중단하게 되는 경우가 있는데, 이 경우 약을 중단하면 대개 1~2주 내에 부작용이 사라지는 기본적으로 회복 가능한 반응들이어서 전체적으로 약물 부작용에 대한 우려는 크지 않은 편이다.

이 장에서는 우리나라 식약처에서 ADHD의 치료 목적으로 승인하고 있는 대표적인 치료제인 MPH, 아토목세틴 및 클로니딘에 국한해서 기술하고자 한다. 우선 MPH의 흔한 약물 부작용은 식욕 감퇴, 수면 장해, 두통, 복통, 어지러움증, 이자극성(irritability), 울음, 경도의 혈압이나 맥박수 증가 등이 있다. 매우 드물게 과도하게 민감해지거나 정신병적 증상을 나타내는 경우가 있다. 아토목세틴의 흔한 부작용에는 진정, 복통, 오심, 구토, 식욕 감퇴, 체중 감소, 어지러움증, 이자극성, 입마름이나 약간의 맥박수 증가 등이 있다. 매우 드물게 간독성이나 자살 사고가 나타날 수도 있다. 클로니딘의 흔한 약물 부작용은 진정효과, 피로감과 심박동수 감소이고 그 외 두통, 복통, 우울증 등이 나타날 수 있으며 성인의 경우 갑자기 끊었을 때 일시적으로 혈압이 오르거나 불안해질 수 있다.

2) 논란 중에 있는 부작용

ADHD 치료제는 내약성이 우수하고 심각한 부작용이 매우 드문 비교적 안전한 약물이지만 기본적으로 어린 나이의 아동이 장기적으로 약을 복용한다는 측면에서 대중이나 언론, 국가기관이 주의 사항 또는 부작용을 과도하게 강조하는 경향이 있다. 이러한 경향은 환자나 보호자에게 불필요한 불안을 야기하고 나아가 약물 복용을 포함한 올바른 치료를 받는 것을 제한할 수 있다. 따라서 이들 아동과 보호자를 개입하는 전문가는 현재 논란이 되고 있는 부작용 관련 내용을 명확하게 알고 있어야 한다. 따라서 여기서는 환자와 보호자의 관심의 대상이 되고 있는 ADHD 치료제 부작용과 관련된 최근 연구 결과를 간단히 요약하고자 한다. 최근 인터넷의 발달로 인해 발생하는 수많은 오해와 부정확한 정보의 홍수로부터 ADHD 환자와 보호자를 보호하고 올바른 치료 과정으로 이끌기 위해 전문가는 다음의 내용을 정확하게 숙지하고 요약할 수 있어야 한다.

3) 심혈관계 문제

MPH의 혈압 승압 및 심박수 증가 효과는 이미 알려져 있기 때문에 심혈관계 관련 우려가 있을 수 있다. 특히 한때 FDA에서 MPH의 심혈관계 부작용에 대해 환자와 의사, 약사에게 확실하게 알리기 위해 추가적으로 블랙박스 경고(blackbox warning)로 규정한 적이 있기 때문에 의사는 물론 일반인도 이에 대한 우려가 있을 수 있다.

그러나 여기서 중요한 것은 ADHD 치료제와 심혈관계 부작용에 대한 이해는 아동과 성인을 구분해서, 그리고 심혈관계 질환이 있는 경우와 아닌 경우를 구분해서 이해하는 것이 바람직하며 해당 분야에서 과거에 논란이 된 경우와 현 시점에서 결론지을 수 있는 경우를 구분해서 이해하는 것 또한 필요하다는 것이다.

(1) 고혈압

MPH와 아토목세틴 모두 혈압을 증가시키는데, 그 범위가 수축기 혈압 1~4mmHg과 이완기 혈압 1~2mmHg 정도로 매우 작아서 임상적으로는 대개 문제가 되지 않는다. 하지만 ADHD 치료제로 인하여 혈압이 상위 95번째 백분위수(percentile) 이상, 즉 아동기 고혈압 기준에 속하는 경우라면 문제가 될 수 있다. 특히 비만은 고혈압과 관련이 높기 때문에 비만 아동 · 청소년에게 ADHD 치료제를 처방할 경우 혈압에 대한 모니터링을 면밀히 해야 한다. 성인의 경우 일반 인구에서 고혈압이 흔하므로 약물 처방 시 반드시 사전에 혈압을 확인해야 한다. 클로니딘의 경우는 혈압을 떨어뜨리지만 임상적으로 의미가 있는 정도는 아니다.

(2) 심박동수

MPH와 아토목세틴 모두 심박수를 늘리는데, 그 범위는 분당 1~2회 정도로 매우 적어서 대개 문제가 되지 않는다. 하지만 극히 드물게 ADHD 치료제로 인하여 심박동수가 분당 50회 증가한 사례도 있었다. 클로니딘의 경우 심박수가 감소하면 전체적인 심박출량이 줄어들기 때문에 저혈압이나 실신 등 심혈관계 문제가 있는지를 사전에 확인하도록 한다.

(3) 심전도 변화

MPH와 아토목세틴 모두 심전도에 심각한 변화를 유발하지는 않는 것으로 되어 있다. 하지만 매우 드물게 약물 복용에 따른 QTc interval 증가가 보고된 바 있고, 이 경우 심실성 빈맥이 유발되어 위험해질 수 있다. 클로니딘의 경우 심전도에 변화를 일으키지 않거나 아주 경미한 영향을 미치는 것으로 알려져 있다.

(4) 급사

캐나다 식약청에서 ADHD 치료제와 급사의 관련성을 보고하여 한때 논란에 휩싸였던 적이 있으나, 이후 Faraone 등(2008)의 고찰에서 ADHD 치료제를 복용하는 아동의 급사 위험이 일반 인구에서의 위험보다 낮다고 보고하였고, 또한 FDA에서 재조사한 결과 전적으로 약물 복용에 의하거나 약물에 의해 직접적으로 급사한 경우는 한 명도 없었다고 결론지었다. 급사의 원인은 선천성 심장병, 탈수나 일사병, 심실 빈맥의 가족력 등 기저의 위험이 있었으나 개인이 이를 미리 알지 못한 상태에서 발생한 것으로 추정되었다.

이러한 과정에서 FDA는 ADHD 치료제를 복용하는 모든 환자에게 심혈관계 부작용과의 관련성에 대해 설명하도록 권고하였으나, 2006년에 이르러 정신자극제 사용과 관련된 심혈관계 위험에 대한 블랙박스 경고를 철회하였다.

권고 사항

심혈관계 질환이 없는 건강한 아동이나 청소년 그리고 성인의 경우 ADHD 치료제 사용에 있어 지나치게 걱정할 필요는 없고, 다만 탈수나 일사병과 같은 상태가 되지 않도록 주의하면 된다. 그러나 선천성 심질환이 있거나 실신, 부정맥, 고혈압 등 심혈관계 문제 또는 질환이 있는 경우에는 약물이 심혈관계에 영향을 줄 수 있으므로 약물 투여 전에 심장전문의와 협진하고 신중히 투여해야 한다.

4) 성장 문제

ADHD 치료제의 부작용 중 식욕 저하는 약 10~15% 정도에서 나타나는 흔한 부작용이다. 그렇다 보니 ADHD 약물치료가 성장에 영향을 미치는 것이 아닌지에 대한 우려가 있다. 아직까지 ADHD 치료제의 성장 둔화의 영향과 관련해서는 논란이 있고, 그 기전도 확실하게 알려져 있지 않으나 식욕 감퇴가 주원인일 수 있다. 그 외에도 성장호르몬(growth hormone)이나 프로락틴(prolactin)과 같은 성장 관련 호르몬이 관련되는 것으로 추정되기도 한다. 반면, ADHD 질환 자체도 일반 인구에 비해 체중이 덜 나가고 키가 작은 것으로 보고되고 있다. 최근 한 고찰에서 ADHD 아동의 일반 아동과의 성장의 차이는 약물 복용과는 관련이 없이 나타나는 현상이라는 결론이 내려지기도 하였다.

MPH 투여와 관련하여 다양한 연구 결과가 있는데, MTA 연구에서 약물 복용을 하지 않는 아동에 비해 체중이나 신장이 초기 3년간 각각 2.7kg 더 적고 2cm 더 작았다는 보고가 있다. 다른 연구들에서는 통계적으로 차이가 없었다는 보고도 있다. 치료 초기의 성장 둔화가 시간이 지나면서 점차 줄어든다는 보고도 있고, 약물 복용을 중단하면 성장 곡선이 다시 증가한다는 연구 결과도 제시되었다. 앞서 언급한 MTA 연구에서조차 3년 후에는 약을 먹은 아동과 먹지 않은 아동의 성장에 차이가 없었다. 그 외에 ADHD 약물치료를 받은 아동을 10년간 추적 관찰한 연구나 성인기의 신장을 조사한 연구에서 약물치료를 받은 경우와 받지 않은 경우를 비교했을 때 차이가 없었다고 조사되어 현재는 MPH 치료가 성인기의 신장에 영향을 미치지 않는다는 것이 어느 정도 받아들여지고 있다.

아토목세틴의 경우 약을 복용하지 않는 대조군에 비해 첫 2년 동안 신장이 2.7cm 더

작고 체중이 2.5kg 더 적은 것으로 나타났다. 그러나 5년 이상 장기 치료를 받은 대단위의 최근 연구에서 처음에는 신장과 체중의 성장이 둔화되었으나 신장은 2년 후에, 체중은 3년 후에 대조군을 따라잡은 것으로 발표되어 장기간 약물 투여가 성장에 영향을 미치지 않는 것으로 밝혀졌다.

클로니딘의 경우 식욕 감퇴와 성장에 미치는 영향에 대해서는 아직까지 충분한 연구가 없는 실정이다.

권고 사항

식욕 저하 부작용은 시간이 지나면서 점차 완화된다. 하지만 개개인의 환자에서 나타나는 식욕 저하로 인한 성장 둔화의 가능성은 염두에 두어야 한다. 따라서 약물치료를 시작하기 전에 성장과 관련한 충분한 고려와 함께 치료의 이득 또는 위험에 대해 환자 및 보호자와 논의하는 것이 바람직하다. 특히 신장이 매우 작은 아동의 경우 치료 시작 전에 보다 주의를 기울일 필요가 있다. 전체적으로 약물치료가 성장에 미치는 영향에 대해 지나치게 우려할 필요는 없으나 치료를 하는 동안 6개월마다 성장 곡선을 작성하여 신장과 체중을 모니터하는 것이 권장된다.

만약 성장이 둔화된다면 영양 섭취에 더 비중을 두어야 한다. 가령, 투약 시간을 아침 식사 후 또는 아침 식사와 함께로 하거나 저녁식사를 늦게 하는 식으로 조정하고, 고영양, 고칼로리 간식을 제공하거나 아침 일찍 혹은 약물효과가 떨어지는 늦은 시간에 간식을 추가하는 방법이 있다. 방학이나 주말에 약물치료를 쉬거나 약물 용량을 줄이는 방법도 도움이 될 수 있으나 그 효과에 대해서는 논란의 여지가 있으며 이로 인하여 ADHD 증상이 악화되는 것 또한 면밀히 살펴봐야 한다.

5) 수면 문제

ADHD 질환 자체가 수면 문제와 관련이 있다. ADHD 아동 · 청소년의 경우 수면 효율성이 떨어지고 수면이 분절된다. 여기서는 치료제의 부작용으로 나타나는 수면 장해에 대해 논하고자 하는데, MPH의 경우 약물 자체가 교감신경 항진 작용을 가져 수면에 직접적으로 영향을 미칠 수 있고, 또한 아침에 복용한 약물의 효과가 떨어지면서 나타나는 일명 반동효과(rebound effect)로 인한 안절부절과 관련이 있을 수 있다. MPH로 인한 수면 문제는 약 17% 정도에서 발생하는데, 아동이나 청소년의 수면 잠복기(잠들기까지의 시간)가 길어지거나 전체 수면 시간이 짧아지는 등 다양하게 나타난다. 반대로 밤에 덜 자주 깨는 등 약물치료에 의해 수면구조가 정상화되었다는 보고도 있어 개인에 따라 약물이 수면에 미치는 효과는 다양하게 나타난다. 아토목세틴을 치료제로 사용했을 때 ADHD 증상이 조절되면서 자다가 깨어나는 횟수가 줄어드는 장점도 있다. 반대로 부작용으로 잠들기가 어렵거나 아침에 일어나기가 어려운 등의 수면 문제가 발생하는 위험도 있는데, 이는 약 1.9% 정도로 낮다. 아토목세틴의 경우 복용하는 아동의 약 10% 정도에서 낮 시간에 졸림을 호소한다. 클로니딘 또한 위약과 비교해서 졸림을 더 유발하는 것으로 알려져 있다.

권고 사항

우선 약물을 복용하기 전에 수면 문제가 ADHD 증상과 관련이 있는 것인지 아니면 동시 이환 질환과 관련이 있는 것인지 살펴보아야 한다. 만약 약물 투여 전부터 수면 문제가 심하다면 아토목세틴을 일차적인 치료제로 선택하는 것이 바람직하다.

약물치료를 하기로 결정했다면 수면에 대해 자세히 기록해 두는 것이 좋은데, 아이가 잠을 안 자려고 하는지, 잠드는 데 어려움이 있는지, 밤에 깨는지, 아침에 일어나는 데 어려움이 있는지, 낮 시간에 졸린지 등을 알아보도록 한다.

실제로 약물 투여 후에 수면 문제가 발생했다면 기본적으로 수면 일지를 작성하도록 한다. 그리고 수면 위생을 잘 지키도록 하는데, 침실은 수면 목적으로만 사용하고, 잠이 오는 시간에 맞춰 침대에 눕고, 잠자리에 드는 시간을 규칙적으로 지키도록 노력한다. 카페인이 함유된 음료수를 제한하고 잠자기 전에 뭔가를 먹거나 과도하게 운동을 하지 않도록 하며 수면에 방해가 되는 텔레비전 시청이나 컴퓨터 게임 등을 제한한다. MPH 투여 후 수면 문제가 발생한 경우는 용량을 줄이거나 좀 더 빠른 시간에 투약을 하거나 작용 시간이 짧은 약으로 교체해 볼 수 있고, 점차 수면 문제가 호전되는 경우도 있으니 시간을 갖고 관찰하는 것도 가능하다. 그럼에도 잠드는 것이 계속 어렵다면 아토목세틴이나 클로니딘으로 교체할 수 있다. 또한 잠드는 문제가 지속되는 경우 저녁 때 멜라토닌(melatonin)이나 클로니딘을 추가할 수 있다.

6) 정신의학적 문제

(1) 정신 증세 관련

ADHD 치료제를 복용함에 따라 아주 드물게 초조증 또는 강박증이 나타나거나 의심증 또는 망상이 나타나며, 기분이 항진되거나 환청이 들리는 등의 정신의학적 문제가 나타날 수 있다. 여기서 환청과 같은 정신 증세의 경우, 나타나는 빈도를 조사했을 때 일반 인구에서 나타나는 비율을 초과했다는 증거는 없다. 그러므로 ADHD 치료제와 정신 증세와의 연관성은 매우 낮다고 볼 수 있다. 또한 정신 증세가 나타났다고 해서 정신장애가 발병하는 것을 의미하는 것은 아니다. 대개 ADHD 치료제 복용 중에 나타나는 정신 증세는 경하고 일시적이다.

> 권고 사항
>
> ADHD 치료제 복용에 따른 정신 증세의 발현은 매우 드물지만, FDA에서는 모든 ADHD 치료제를 복용하는 환자에게 정신병적 증세나 조증 증상의 가능성에 대해 설명하도록 권고하고 있다. 과거에 정신장애가 있었거나 정신장애의 가족력이 있는 아동의 경우 정신 증세 관련 부작용이 나타나는지 잘 살펴보도록 한다. 이들 환자들에서는 아토목세틴이 보다 유용하고 클로니딘을 추가하는 것이 도움이 된다.
>
> 실제로 ADHD 치료 중에 정신 증세가 나타날 경우에는 투약을 중단하면 되는데, 대개 일주일 이내 사라진다. 따라서 이런 경우 입원을 하거나 다른 치료를 요하지는 않고, 잘 관찰하면 되며, 기저에 양극성장애나 조현병의 위험이 없는지 살펴보아야 한다. 정신 증세가 없어진 후에는 다른 계열의 ADHD 치료제를 다시 투여할 수 있다.

(2) 자살 관련

자살 관련 사건이라 함은 자살 사고, 계획, 시도를 포함하는 자해 행동을 의미한다. 연구에 따르면, ADHD 자체가 자살 사고와 연관성이 있고, 우울장애나 품행장애가 동시 이환된 경우 자살 사고나 시도의 위험이 증가한다는 사실은 항상 염두에 두어야 한다.

아토목세틴을 복용하는 청소년의 경우 위약군보다 자살 사고가 증가한 연구가 발표된 적이 있었다. 그 후 연구들에서는 ADHD 치료제와 자살의 연관성을 뒷받침하는 근거가 없었으나 미국 식약청에서 아토목세틴 투여 시 이에 대해 주의 깊게 살펴보도록 하는 블랙박스 경고를 제시하고 있다. 클로니딘의 경우 자살 사고와 관련이 없다는 연구 결과가 보고된 바 있다.

> **권고 사항**
>
> ADHD 치료를 시작하기 전에 기본적으로 ADHD 외의 다른 정신과적 병력에 대해서도 충분히 파악해야 하며 여기에는 자살 위험성에 대한 질문도 포함되어야 한다. 보호자에게 ADHD 약물 복용에 따른 갑작스러운 감정이나 행동 변화 혹은 자살 관련 사건이 있을 수 있다고 설명해 주어야 하며, 약물 투여를 시작한 후에는 우울증, 이자극성, 그리고 자살 사고나 행동 등이 있는지 정기적으로 조사하도록 한다. 과거나 현재에 심각한 우울증이 있거나 자살 시도가 있었던 경우라면 특히 더 주의해야 한다.
>
> 만약 치료 중에 자살 사고가 나타나면, 즉각적인 정신과적 평가가 이루어져야 한다. 이러한 경우 무조건적으로 약물에 의한 반응으로 단정하는 것은 바람직하지 않고, 기저에 자살 관련 다른 문제나 질환이 있는지 살펴본 후 이에 대해 적절한 조치를 취해야 한다. 환자의 안전을 잘 모니터하면서 정신건강의학과 전문의에게 의뢰하는 것이 바람직하다.

7) 틱 문제

이론적으로 ADHD 치료제의 약물 기전이 DA의 활성도를 증가시키기 때문에 틱 증상을 악화시킬 수 있을 것으로 가정한다. 그간 학계에서 MPH와 틱의 관련성에 대한 보고가 자주 있었고, 여러 Physician's desk references에서 뚜렛장애에서의 정신자극제 사용을 금기하고 심지어 틱장애의 가족력이 있는 경우도 금기해 왔다. 하지만 이러한 금기는 현재 상당한 논란의 중심에 있는데, 한 연구에서 기저에 틱장애가 없던 ADHD 환자를 MPH를 복용한 군과 복용하지 않은 군으로 나누어 약물치료 이후 틱 증상의 출현 빈도를 조사했는데 차이가 없는 것으로 보고하였기 때문이다. 이후의 연구들에서도 MPH가 유발하는 틱은 새롭게 틱이 발생한 경우보다 기존에 있던 틱이 악화된 경우가 더 흔한 것으로 보고되었다. 여러 연구를 바탕으로 유럽 ADHD 치료 지침(Taylor et al., 2004)에서는 틱장애를 동반한 ADHD 환자에게 정신자극제를 더 이상 금기하지 않기로 결정하였다. 대신 병력 청취를 자세하게 하고 틱 증상을 모니터링하면서 사용하도록 권고하고 있다. 그 후에 발표된 메타분석(Bloch et al., 2009)에서도 틱장애가 동반이환된 ADHD

아동에게서 ADHD 치료제가 효과적이고 안전하다고 결론지었고, Cochrane 연구(Pringsheim & Steeves, 2011)에서도 틱장애와 ADHD가 동시에 있는 환자에게서 정신자극제가 틱 증상을 악화시키지 않고 안전하며 효과적으로 작용한다고 하였다. 하지만 일부의 경우 고용량의 정신자극제 투여 시 틱증상이 악화되기도 하므로 개별적인 모니터링이 필요하다고 보았다.

아토목세틴이 위약과 비교해서 틱 증상을 악화시키는 데에는 별 차이가 없거나 일부 환자에게서는 틱 증상을 줄여 준다는 여러 연구 결과가 제시되었다. 유럽 ADHD 치료 지침(2004)에서는 틱장애와 ADHD가 동시 이환된 경우 아토목세틴의 사용으로 인하여 틱 증상이 호전되므로 안전하게 사용 가능하다고 제시하였다. 하지만 이 역시 일부 환자에게서는 틱 증상이 악화될 수 있다는 점을 염두에 두어야 한다.

클로니딘은 뚜렛장애와 ADHD가 동시 이환된 경우에 적합한 치료제다. 그러나 이 또한 틱 증상이 오히려 심해지는 경우도 종종 있으므로 면밀히 살피면서 복용하는 것이 필요하다.

권고 사항

틱 증상은 아동기 때 흔히 나타나고 그 자체로서 악화와 완화 과정을 거친다. 틱은 불안증과 동반해서 나타나는 경우가 흔해 불안이 조절되면 틱이 호전되기도 한다. 틱의 이러한 특성 때문에 아동에게서 틱 증상이 나타나거나 약간 증가하는 것은 크게 문제가 되지 않는 경우가 많고, 따라서 인내심을 갖고 관찰하는 것이 바람직하다.

뚜렛장애가 있는 ADHD 환자의 경우 일부 지침에서 아직까지 정신자극제 투여를 금기하고 있으나, 최근 연구에 근거해서 현재는 더 이상 금기가 아닌 방향으로 바뀌고 있는 추세다. 그러나 국내 규정에는 이러한 변화가 아직까지 반영되지 않고 있어 수정을 요하는 상태다. 기저에 틱 증상이 있던 환자에게 정신자극제를 사용할 경우 약물을 서서히 증량해야 하는데, 임상에서 틱 문제가 ADHD 치료에 의해 유발되거나 악화되었는지 판단하기가 어려운 경우가 많으므로 약 투여와 관련하여 특정한 의사결정을 하기 위해서는 적어도 3개월 이상 틱 증상의 변화를 관찰하는 것이 바람직하다. 그런 과정을 거친 후에 정신자극제를 사용함에 따른 틱 증상의 악화로 판단하고, ADHD 증상이 잘 조절되지 않는 경우라면 아토목세틴이나 클로니딘으로 교체한다. ADHD 증상이 잘 조절되지만 틱 증상이 심한 경우라면, ADHD 약물을 감량하거나 틱 치료를 함께 하는 것이 권장된다. 결론적으로 ADHD 치료제 투여에 따른 틱 증상 악화의 위험에 비해 ADHD 증상으로 인한 기능 장해의 위험이 더 크다면 약물치료는 신중하게, 하지만 적극적으로 고려해야 한다.

8) 발작 문제

현재까지 발표된 연구들을 종합해 보면, 정신자극제를 복용하는 환자와 약물을 복용하지 않는 군에서 경련 발생의 위험은 차이가 없었다. 따라서 경련장애가 없는 아동의 경우 ADHD 치료제로 인해 경련이 유발될 위험은 없다.

반면, 경련장애 아동을 대상으로 한 약물치료는 더 조심해야 한다. 몇몇 동물연구에서 MPH가 경련을 증가시킨다고 보고한 이래 ADHD 치료제가 경련 역치에 영향을 미칠 것에 대한 우려가 있어 왔다. 하지만 경련장애와 ADHD가 동시에 있는 환자에게서 정신자극제가 경련의 빈도를 증가시키지 않고 뇌파에도 변화를 일으키지 않는 것으로 밝혀졌다. 약리학적으로도 MPH와 항경련제를 함께 복용했을 때 의미 있는 상호작용은 없었다. 따라서 경련이 잘 조절되고 있는 환자에게는 MPH를 사용할 수 있다. 다만 경련이 잘 조절되지 않거나 간질 관련 뇌파 이상이 계속 나타나는 환자의 경우에는 정신자극제 사용을 가급적 유보하거나 사용하더라도 매우 조심해야 한다. 아토목세틴이나 클로니딘에 대해서는 아직까지 그 효과나 위험이 충분히 입증되지 않은 상태다.

권고 사항

경련장애와 ADHD가 동시에 있는 환자의 치료는 전문 분야 간 긴밀한 협조하에 진행되어야 한다. 경련이 자주 나타날수록 ADHD 증상이 악화되기 때문에 일차적으로 경련을 잘 조절하는 것이 중요하다. 그리고 이 환자들의 경우 부작용에 대해 보다 주의 깊게 관찰해야 하며, 경련장애 환자에게서 흔히 우울증이나 이자극성 그리고 자살 사고 등이 나타날 수 있으므로 치료 과정을 잘 모니터링하는 것이 필수적이다. 특히 기저에 지적장애나 신경학적 결손, 선천적 기형이나 대사장애 등이 있으면서 경련이 동반된 아동의 경우에는 ADHD 치료제 사용 시 더욱 조심해야 한다.

9) 약물 오남용 문제

MPH를 비롯한 ADHD 치료제 사용과 관련하여 약물 오남용 문제가 거론되는 배경은 일차적으로 약제 사용량이 계속 증가하는 데서부터 비롯될 수 있다. 또한 오해로부터 비롯되기도 하는데, 우리나라가 모든 향정신성약물을 마약류와 함께 분류하여 「마약류관리에관한법률」 적용을 받도록 하기 때문에 언론이나 일반인들이 마약류로 잘못 기술하는 경우가 종종 있다. 그러나 ADHD 치료제는 의사의 처방을 필요로 하는 향정신성 전문의약품이지 마약과 같이 중독과 의존을 일으키는 약물이 아니다.

오남용 문제에 대한 우려가 발생하는 또 다른 배경에는 과거 AMP 중독 역사에 대한 기억을 들 수 있다. AMP계 약제는 ADHD 치료제로 개발 · 승인되어 일부 국가에서 사용되고 있는데, 이는 공식적으로 치료제로 사용되고 있음에도 오해를 받는 경우다. MPH와 같은 다른 ADHD 치료제들까지 한꺼번에 이러한 오해를 받기도 한다. 그러나 우리나라의 경우 아직까지 AMP계 ADHD 치료제는 수입이 되지 않고 있으며, 더욱이 외국에서 승인되어 사용되고 있는 치료 목적의 AMP계 ADHD 약제들 또한 중독이 되지 않도록 제조되어 판매되고 있다는 점을 주목해야 할 것이다.

다만 MPH를 ADHD 치료 목적이 아닌 학업이나 업무 성과를 향상시키기 위한 인지기능 개선이나 운동 능력의 향상 목적으로 일반인이 전환해서 사용하는 경우가 종종 있다. 집중력을 높이거나 공부를 잘하게 만드는 약으로 오인하여 약을 먹을 필요가 없는 사람이 약에 노출되고 부작용을 경험하게 되는 문제가 발생하는 것이다. 또한 MPH는 정맥 내로 주사하거나 비강으로 흡입했을 때 뇌 내 DA의 증가가 빠르게 일어나고 이로 인해 '기분항진(high)'이 나타날 수가 있는데, 이 때문에 중독자가 이 약제를 기분을 향상시키기 위한 목적으로 과량 복용하는 경우가 있다. 그러나 임상에서 처방되고 있는 경구용 약제들은 대개 서방형 제재로 남용이 일어나지 않는다. 또한 장기적으로 점차 효과가 떨어지는 내성도 없기 때문에 의존되지 않는다. 아토목세틴의 경우 기분 항진 효과가 없어 물질 오남용의 위험이 없고, 클로니딘의 경우 오남용과 관련하여 충분한 연구가 아직까지 이루어지지 않았다.

여기서 주목해야 할 것은 ADHD 청소년이나 성인의 경우 치료제 복용과 상관없이 일반인에 비해 담배, 알코올, 그 외 각종 불법 물질 남용이나 중독 문제를 일으킬 위험이 1.5배 더 높다는 점이다. 이는 ADHD와 물질중독장애 두 가지 질환이 모두 행동억제가 잘 안 되고 보상 회로에 이상이 있으며, DA 조절기능에 문제가 있는 등 원인 기전이 겹치기 때문이다. 다행히도 올바른 ADHD 약물치료를 통해 청소년기나 성인기 물질관련장애를 예방할 수가 있는데, 최근 연구에 따르면, 어릴 때 MPH를 복용한 경험으로 인해 성인이 된 후에 치료제를 남용하지 않았다고 한다. 오히려 ADHD 약물치료를 일찍 시작할수록 이후에 물질관련장애가 발생할 위험이 줄어든다.

권고 사항

물질관련장애와 ADHD를 동시에 갖고 있는 환자의 경우 약물치료를 통해 충동성이나 관련 품행 문제가 줄어들고 이에 따라 물질 남용 문제도 개선될 수 있기 때문에 이들 환자들에게 약물치료는 적극적으로 실시되어야 한다. 다만 기분항진이나 의존을 유발하지 않는 아토목세틴이 일차적인 치료제로 권장되며, MPH를 선택할 경우 서방형이 바람직하다.
국내에서 ADHD 치료제 오남용 비율은 매우 낮고(김효원 외, 2013), 충분한 임상 자료나 근거 없이 막연하게 우려를 제기하는 경향이 있는데 이는 각별히 조심해야 하는 부분이다. 왜냐하면 이러한 논란으로 인해 약물치료를 받아야 하는 많은 ADHD 아동과 청소년 그리고 부모에게 불필요한 불안과 혼란을 야기하고, 청소년기에 치료를 중단하게 만드는 등 치료를 저해하는 요인으로 작용할 수 있기 때문이다(나경세, 이소영, 2013).

3. 약물 부작용의 평가와 관리

1) 사전 평가

앞서 언급한 여러 문제를 종합해서, 약물치료를 시작하기 전에는 다음 항목을 확인하는 것이 좋다. 이는 환자의 안전은 물론, 체계적인 부작용 모니터링을 통해 환자와 보호자가 안심하고 치료를 받을 수 있게 하기 위함이다. 첫째, 정신상태검사를 제대로 실시하고 사회적 상황에 대해 평가한다. 둘째, 신체 상태에 대한 병력 청취와 이학적 검사를 실시한다. 이때 실신이나 호흡곤란 혹은 다른 심혈관계 증상에 대해 문진하고 심혈관계 질환에 대한 가족력을 함께 조사한다. 혈압이나 심박수 그리고 신장과 체중을 측정하여 연령과 성에 따른 성장 곡선 위에 표기해 둔다. 셋째, 과거력이나 가족력에 심각한 심장 질환의 병력이 있거나 젊은 나이에 급사한 가족원이 있는 경우에 심전도를 측정한다. 넷째, 약물 오남용의 위험에 대해 평가한다.

2) 모니터링

약물 부작용에 대한 평가는 정기적으로 실시해야 하며, 이에 대해 기록을 해 두어야 한다. 부작용에 대한 평가 시 환자와 부모 그리고 교사의 의견은 일치하지 않으므로 가급적 여러 정보원으로부터 정보를 수집하는 것이 좋다. 또한 부작용을 평가하는 데 있어 개방형 질문으로 문의하는 것과 신체 전체에 대해 체계적인 평가를 하는 것은 방법에 따라 결과가 다르기 때문에(Lee et al., 2013) 시간이 많이 소요되겠으나 약물 부작용 평가서를 이용하거나 전체 신체 체계에 대한 부작용 조사를 하는 것이 추천된다. 적어도 흔한 부작용인 복통, 두통, 수면 장해, 식욕 감퇴 그리고 감정 혹은 행동 관련 부작용들은 기본적으로 문진하도록 한다.

ADHD 치료제를 복용하는 모든 아동과 청소년의 경우 신장은 6개월마다, 체중은 아동은 3개월마다, 청소년은 6개월마다 측정해서 성장 곡선에 표기해 둔다. 성인에게서 약물치료에 따른 체중 감소가 나타나면 체질량지수(body mass index: BMI)를 계산하고, 이 문제가 지속되면 다른 약물로 바꾼다. 또한 혈압과 심박수에 대한 평가는 약물 용량이 변경될 때나 3개월마다 모니터링하고, 혈압 또는 심박수가 지속적으로 증가되어 있다면 더 자주 확인해야 한다. 한편, 혈액검사는 의무적으로 해야 하는 것은 아니다. 아토목세틴에 의한 간 손상에 대한 보고가 있지만 드물기 때문에 간 기능 검사를 기본적으로 실시할 필요는 없다. 더불어 약물 복용에 따라 갑작스러운 감정이나 행동 변화 혹은 우울증이나 자살 사고가 발생하는지 잘 관찰해야 한다.

3) 약물 휴일

ADHD 치료 중에 계획적으로 약물을 중단하는 기간을 '약물 휴일'이라고 하는데, 짧게는 주말 동안부터 길게는 1~2개월의 방학 동안 다양하게 실시할 수 있다. 이는 식욕 감퇴나 수면 장해와 같은 급성기 부작용 또는 성장 둔화와 같은 장기 부작용을 줄이기 위한 목적으로 사용되는데, 실제로 부작용을 줄이는지에 대한 근거는 아직 확실하지 않고, 약물 휴일 기간의 증상 출현으로 인해 발달 또는 예후에 미치는 영향을 전체적으로 함께 고려해서 실시하는 것이 바람직하다.

4) 부작용의 관리

기본적으로 ADHD 치료 중에 부작용이 나타났다고 해서 약을 반드시 중단해야 하는 것은 아니다. 대부분의 경우 부작용은 대처가 가능한 정도이기 때문이다. 여기서는 앞서 언급한 부작용 이외의 다른 부작용의 관리 방법에 대해 간단히 기술하고자 한다.

우선 부작용으로 두통이 나타났을 때 그 자체가 임상적인 위험을 내포하지는 않기 때문에 용량을 감량한다거나 다른 약제로 교체하는 방법으로 조절 가능하며, 두통의 심한 정도에 따라 일반적인 치료 방법을 적용하면 된다. 어지러움이 나타나는 경우도 마찬가지로 약물을 감량하면 대개 호전된다. 약물 복용에 따른 복통이나 오심의 경우 음식과 함께 약을 복용하는 방법도 추천된다.

약물 부작용으로 우울이나 불안증, 혹은 멍함이나 위축이 나타나거나 감정 기복이 나타나기도 하고, 예민해지는 경우도 있다. 이 경우 약을 감량하는 것만으로도 호전이 되는데, 호전이 되지 않으면 다른 치료제로 교체하거나 항우울제를 추가할 수 있다.

4. 맺는 글

MPH, 아토목세틴 및 클로니딘과 같은 ADHD 치료제는 현재까지의 연구 결과들을 종합했을 때 비교적 내약성이 좋고 안전한 약물이어서 안심하고 사용할 수 있다. 약물 투여 중 나타나는 대개의 부작용은 경하고 일시적이어서 용량을 감량하거나 다른 치료제로 바꾸거나 약을 중단하면 호전된다. 그러나 앞서 기술한 것과 같이 아직까지 논란이 되고 있는 항목들이 있으므로 ADHD 치료제를 사용할 경우 사전에 평가를 철저히 하고 부작용을 정기적으로 모니터링해야 한다. 환자나 보호자에게도 흔한 부작용은 물론, 드물지만 나타날 수 있는 부작용에 대해 알려 주어야 한다.

치료적인 관점에서 강조하고자 하는 것은, 실제로 임상에서 약물에 의한 부작용은 ADHD 자체의 문제나 증상, 그리고 발달 과정에서 발생하는, 또는 동시 이환되는 다른 문제나 증상과 감별이 상당히 어렵고 때로는 혼재되어 있다는 것이다. 더구나 이들 문제나 증상을 당사자인 아동·청소년, 그리고 관찰자인 보호자가 보고할 때 사용하는 언어와 방식이 다르고, 발달 수준이나 부모의 특성에 따라서도 다양하기 때문에 문제 및 증상에 대해 제대로 파악하기 위해서는 공을 들여 면밀한 평가를 해야 한다. 또한 이러한 과정은 단순히 약물의 효능과 부작용을 포함하는 약물치료적인 접근을 넘어서 아동의 발달과 정신병리, 부모와의 상호작용, 아동의 기능과 병리 전반에 대한 이해 및 관심,

그리고 치료사의 경험을 토대로 진행되어야 한다.

다른 측면에서 강조하고 싶은 것은 ADHD 아동 · 청소년의 약물치료는 부모 교육, 아동의 요구에 따른 다양한 비약물적 치료, 그리고 학교 개입 등과 함께 전체적인 맥락 속에서 이루어져야 하며, 이를 위해 치료사는 전체적인 치료를 계획 · 조정하고 지도 · 감독하는 역할을 담당해야 한다는 것이다.

마지막으로, 아직까지 우리나라에는 주변의 부작용에 대한 과도한 우려나 잘못된 상식, 그리고 약물에 대한 막연한 거부감이 있어서 ADHD 아동 및 성인이 적시에 그리고 제대로 치료받는 것을 방해하거나 약물 순응도를 떨어뜨리게 하는 경우가 흔히 목격된다. 그러나 어떤 행위를 시행하였을 때 그로 인해 발생하는 결과에 대해서는 쉽게 인식할 수 있지만, 어떤 행위를 하지 않았을 때 발생하는 결과는 제대로 인식하지 못하거나 놓치기 쉽다는 사실에 주목해야 한다. 다시 말해, 우리는 개입이나 치료를 하여 발생하는 일에 대한 책임도 있지만 개입이나 치료를 하지 않아서 발생하는 결과에 대한 책임도 함께 진다는 것이다. 우리는 ADHD라는 질환과 약물에 대해 논하고 있으나 이는 보다 근본적으로는 아동과 가족, 한 인간의 발달과 인생 전반에 걸친 예후에 영향을 미치는 중대한 논제에 해당한다는 것을 늘 간과해서는 안 된다.

결론적으로, ADHD 환자에게 개입하는 전문가는 앞서의 부작용과 그 대처법을 잘 숙지하여 약물의 부작용과 효과의 이점을 균형잡힌 시각으로 바라볼 수 있는 판단력을 가짐으로써 환자와 보호자가 올바른 치료를 받을 수 있도록 적합한 도움을 주어야 한다.

참 고 문 헌

김효원, 고복자, 박태원, 신윤오, 이정섭, 정운선, 조인희, 최태영, 반건호(2013). 주의력결핍 과잉행동장애에서 오로스 메틸페니데이트의 내약성과 안전성. 소아청소년정신의학, 23, S24-S45.

나경세, 이소영(2013). 정상인에서 메틸페니데이트가 학습에 미치는 영향. 소아청소년정신의학, 23(2), 49-56.

Bloch, M. H., Panza, K. E., Landeros-Weisenberger, A., & Leckman, J. F. (2009). Meta-analysis: Treatment of attention-deficit/hyperactivity disorder in children with comorbid tic disorders. *Journal of the American Academy of Child and Adolescent Psychiatry*, *48*(9), 884-893.

Cortese, S., Holtmann, M., Banaschewski, T., Buitelaar, J., Coghill, D., Danckaerts, M., Dittmann, R. W., Graham, J., Taylor, E., & Sergeant, J. (2013). European ADHD Guidelines Group. Practitioner review: Current best practice in the management of adverse events during treatment with ADHD medications in children and adolescents. *Journal of Child Psychology and Psychiatry, 54*(3), 227-246.

Faraone, S. V., Biederman, J., Morley, C. P., & Spencer, T. J. (2008). Effect of stimulants on height and weight: a review of the literature. *Journal of American Academy of Child and Adolescent Psychiatry, 47*, 994-1009.

Graham, J., Banaschewski, T., Buitelaar, J., Coghill, D., Danckaerts, M., Dittmann, R. W., Doepfner, M., Hamilton, R., Hollis, C., Holtmann, M., Hupke-Wette, M., Lecendreux, M., Rosenthal, E., Rothenberger, A., Santosh, P., Sergeant, J., Somonoff, E., Sonuga-Barke, E., Wong, I. C., Zuddas, A., Steinhausen, H. C., & Taylor, E. (2011). European Guidelines Group. European guidelines on managing adverse effects of medication for ADHD. *European Child and Adolescent Psychiatry, 20*(1), 17-37.

Kanner, A. M. (2008). The use of psychotropic drugs in epilepsy: What every neurologist should know. *Seminars in Neurology, 28*(3), 379-388.

Kooij, S. J. J., Bejerot, S., Blackwell, A., Caci, H., Casas-Brugué, M., Carpentier, P. J., Edvinsson, D., Fayyad, J., Foeken, K., Fitzgerald, M., Gaillac, V., Ginsberg, Y., Henry, C., Krause, J., Lensing, M. B., Manor, I., Niederhofer, H., Nunes-Filipe, C., Ohlmeier, M. D., Oswald, P., Pallanti, S., Pehlivanidis, A., Ramos-Quiroga, J. A., Rastam, M., Ryffel-Rawak, D., Stes, S., & Asherson, P. (2010). European consensus statement on diagnosis and treatment of adult ADHD: The European network adult ADHD. *BMC Psychiatry, 10*, 67.

Lee, M. S., Lee, S. I., Hong, S. D., Kim, J. H., Choi, J., & Joung, Y. S. (2013). Two different solocitation methods for obtaining information on adverse events associated with methylphenidate in adolescents: A 12-week multicenter, open-label study. *Journal of Child and Adolescent Psychopharmacology, 23*(1), 22-27.

National Institute for Health and Clinical Excellence (2008). *ADHD: Diagnosis and management of ADHD in children, young people and adults*. London: NICE.

Pringsheim, T., & Steeves, T. (2011). Pharmacological treatment for Attention Deficit Hyperactivity Disorder in children with comorbid tic disorders. *Cochrane Database of Systematic Review, 4*, CD007990.

Taylor, E., Dopfner, M., Sergeant, J., Asherson, P., Banaschewski, T., Buitelaar, J., Coghill, D.,

Danckaerts, M., Rothenberger, A., Sonuga-Barke, E., Steinhausen, H. C., & Zuddas, A. (2004). European clinical guidelines for hyperkinetic disorder?-first upgrade. *European Child and Adolescent Psychiatry*, *13*(Suppl 1), 17-30.

Wilens, T. E., Faraone, S. V., Biederman, J., & Gunawardene, S. (2003). Does stimulant therapy of attention-deficit/hyperactivity disorder beget later substance abuse? A meta-analytic review of the literature. *Pediatrics*, *111*(1), 179-185.

ADHD 9

ADHD의 치료유지

1. 들어가는 글
2. 정의
3. ADHD 약물치료 유지율
4. 치료유지에 영향을 주는 요인
5. 치료유지에 대한 이론적 설명
6. 치료유지를 향상시키는 방안
7. 맺는 글

ADHD 9

박태원

1. 들어가는 글

아동 · 청소년의 정신장애는 흔히 아동기 및 청소년기뿐만 아니라 성인기까지 지속되어 일상생활에 심각한 지장을 초래한다. 아동 · 청소년 정신장애의 대부분은 오랫동안 유지되는 치료를 필요로 하는데, ADHD는 가장 흔하고 만성적인 아동기 및 청소년기 신경발달학적 장애의 하나다. 다른 아동 및 청소년 문제와 마찬가지로 ADHD의 치료에 있어서도 장기적으로 효과적인 치료가 필요하며, 치료를 잘 유지했는지 여부에 따라 장기적인 예후가 결정된다. 그러나 이 분야에 대한 연구는 상대적으로 소홀한 편으로서, ADHD의 정신사회적 치료 방법이나 평가 방법에 대한 치료유지(adherence)를 다룬 연구는 거의 없으며, ADHD의 약물치료에 대한 치료유지를 다룬 연구도 드문 편이다.

약물치료는 ADHD의 가장 핵심적인 치료로 알려져 있다. 따라서 약물치료를 적절히 지속하는 것은 무엇보다 중요한데, 최근 약물치료에 대한 일반인의 인식이 많이 바뀌고는 있으나 환자 또는 보호자 임의로 치료적 권고를 무시하고 약물치료를 중단해 버리는 경우가 많다. 약물치료를 유지하고 지속하는 것에 영향을 미치는 요인이나 그 결과에 대해 이해하는 것은 무엇보다 중요할 것이다. 그러므로 이번 장에서는 ADHD에서 약물치료를 유지하고 지속하는 데 영향을 미치는 요인을 살펴보고, 약물치료 유지에 효과적인 방안을 살펴보고자 한다.

2. 정의

기존 연구에서 치료유지에 대한 정의는 연구마다 많은 차이를 보인다. 세계보건기구(World Health Organization, 이하 WHO)에서는 치료유지를 "건강보건 제공자의 치료 권고에 대해 어떤 사람이 이를 행동으로 따르는 정도"라고 정의하고 있다(2003). 예를 들면, 치료 권고에 따라 약을 먹거나 식사 조절을 하며 생활습관을 바꾸는 것 등이 이에 해당한다. 또한 치료유지는 치료의 지속성(persistence)의 의미도 포함하고 있다.

또한 치료유지는 흔히 순응도(compliance)와 비슷한 뜻으로 사용되지만, 사실 이 두 용어 사이에는 다소 차이가 있을 수 있다. 순응도는 "치료 권고를 따르는 정도"로 정의할 수 있는데, 치료유지가 치료 제공자와 환자 사이의 수평적인 협력 관계를 바탕으로 하는 데 비해 순응도는 치료자의 지시를 수동적으로 따른다는 의미가 더욱 강하다(Caisley & Müller, 2012). 아동·청소년 ADHD 약물치료에서 치료유지에 대한 이러한 정의를 적용할 때는 몇 가지 유의해야 할 점이 있다. 우선 아동·청소년을 단순히 환자 개인으로만 볼 것이 아니라 환자-부모라는 관점으로 이해해야 한다는 점이다. 약물치료를 결정하고 유지하는 데 아동·청소년뿐만 아니라 가족관계가 환자에게 미치는 영향까지 감안해야 하기 때문이다. 아울러 환자-부모 관계가 늘 일정하게 유지되는 것이 아니라 상황에 따라 역동적으로 변할 수 있다는 점도 잘 알고 있어야 할 것이다. 즉, 아동이 부모의 요구대로 약물을 복용했더라도 성장하여 청소년이 되면 문제는 달라진다. 아동이 청소년이 되면 많은 경우에 약물치료의 치료유지 비율이 떨어진다. 청소년은 이전과 달리 약물 복용에 대해 많은 의문점을 가지고, 자신의 방식대로 독립적으로 결정하려고 하며, 자신의 수행능력을 실제보다 높게 평가하는 경향이 있기 때문에 흔히 약물치료를 자신의 능력에 대한 도전으로 간주하고 약물치료의 필요성을 간과할 때가 많다.

앞서도 언급했듯이, 치료유지는 순응도와 달리 상호적인 의미가 강하다. 다시 말해, 약물치료에 대한 모든 정보를 환자나 보호자에게 제공해야 하고 적절한 동의를 구해야 한다는 뜻이다. WHO의 치료유지 개념에 따라 '동의를 얻지 못해 치료를 시작하지 못하거나 중단된 경우'는 치료유지의 개념으로 이해하기보다는 동의 실패의 문제로 이해할 수도 있다. 아울러 치료유지는 변하지 않고 동일하게 유지되는 것이 아니라 그 양상이 계속 변한다는 점에도 주목해야 할 것이다. 또한 치료유지를 단순히 치료를 유지하는지 여부로 따질 것이 아니라 얼마나 치료를 잘 유지하는지의 양적 개념으로 이해할 필요도 있다.

3. ADHD 약물치료 유지율

약물치료의 유지율(adherence rate)에 대한 이전의 연구는 주로 중추신경자극제(stimulant)에 대한 내용이 많았다. 또한 약물치료의 치료유지에 대한 기준이 연구에 따라 일관되지 않고, 연구 대상군의 특성도 서로 다르기 때문에 직접적으로 서로를 비교하는 것은 사실상 어렵다. 아동·청소년 ADHD에서 지역사회를 대상으로 중추신경자극제의 치료유지를 살펴본 연구는 엄격하게 통제되어 실시되는 임상연구 결과와는 사뭇 다르다. 지역사회 연구는 대체로 임상연구보다 치료유지율이 낮게 보고되었는데, 1/3~2/3 정도만이 치료를 지속했으며, 그 평균 지속시간도 4개월 정도로 짧았고, 그나마 치료 지침을 제대로 따른 기간이 2개월에 불과했다. 또한 20%의 대상자는 약물치료 처방을 받고는 아예 처음부터 약물치료를 시작하지도 않았다. 이에 비해 임상연구에서는 치료유지가 상대적으로 높게 보고되었는데, 약물치료를 시작하고 1년 동안의 평균 유지율이 50~80% 이상이었고 5년 유지율은 36~46%였던 것으로 알려져 있다. 이전 연구가 주로 속방형(immediate release: IR) 중추신경자극제에 대한 연구인 데 비해 최근에는 서방형(extended release: ER) 제제를 사용하는 연구가 많이 보고되고 있다. 서방형 제제와 속방형 제제 간 유지율을 비교한 연구에서는 대체로 서방형 제제의 유지율이 높았다.

한편, 성인 ADHD 연구에서는 평균 유지율이 52~87%로 아동·청소년의 경우와 비슷했다(Caisley & Müller, 2012). 성인의 속방형 제제와 서방형 제제 간 치료유지를 비교한 연구에서는 속방형 제제에 대한 비순응도가 16%인 데 비해 서방형의 경우에는 0%로 나타났다.

국내 연구로는 아동·청소년 ADHD를 대상으로 속방형 제제를 사용한 전향적·임상적 연구(황준원, 김붕년, 조수철, 2004)와 서방형 제제를 사용한 후향적·지역사회 연구(김윤정 외, 2010)가 있었는데, 전자의 경우에서 1년간 사용 순응도는 62%, 후자의 경우에는 6개월간 유지율이 62.3%로 나타나, 해외 연구 결과와 유사한 소견을 보였다.

4. 치료유지에 영향을 주는 요인

WHO는 약물치료의 치료유지와 관련된 요인을 크게 다섯 가지로 구분하는데, 보건의료체계나 치료진 요인, 증상 요인, 환자 요인, 치료 관련 요인, 사회경제적 요인 등으로 나누고 있다(Chacko et al., 2010). 약물 유지에 영향을 미치는 요인에 대한 기존의 연구를 살펴보면, 주로 아동 · 청소년 ADHD에 대한 연구가 많았고 성인의 경우에는 상대적

〈표 9-1〉 아동 · 청소년 ADHD의 약물치료 유지를 증가시키거나 감소시키는 요인

	감소시키는 요인	증가시키는 요인
부모 및 가족 요인	• 부모의 연령(높을수록 감소) • 부모-자녀 관계 문제 • 증상이 일시적이라는 믿음 • 증상이 스트레스 때문이라는 믿음 • 의료체계에 대한 불신 • 사회적 낙인 • 약물 안전에 대한 불신	• 부모 모두와 함께 생활 • 높은 사회경제적 수준 • 약물이 안전하다는 믿음 • 증상이 신경-생물학적 원인 때문이라는 믿음
환자 요인	• 연령(높을수록 감소) • 이전의 약물 사용 경험 결여 • 낮은 증상 심각도 • 공존질병이 없거나 적음 • 치료 의도의 결여 • 가정에서의 심한 행동 문제	• 낮은 연령 • 이전 약물치료 경험 • 심한 증상과 혼재형 아형 • 공존질병의 존재 • 학업 면에서 효과를 발휘
보건의료체계 및 치료자 요인	• 지역사회에서 적절한 의료체계나 전문가(specialty)의 부재 • 접근이 불편 • 치료 관련 보험이 없음 • 전문적이지 않은 치료 기관	• 적절한 의료체계와 전문가가 존재 • 치료 관련 보험에 가입
약물 요인	• 낮은 효과 • 부작용 • 하루에 여러 번 복용 • 학교에서 복용 • 높은 약물치료 비용 • 복잡한 복용 방법	• 서방형 약물

〈표 9-2〉 성인 ADHD의 약물치료 유지를 감소시키는 요인

환자 요인	• 증상 양상(예: 주의력이나 실행기능의 장애를 동반) • 적대적/반항적 행동 문제를 동반
약물 요인	• 하루에 여러 번 복용 • 약물 복용과 관련된 비밀보장의 어려움, 낙인 • 부작용이나 부작용 및 안정성에 대한 관심 • 동반된 정서문제(불안, 우울)에 대한 효과 결여
치료자 요인	• 효과적인 환자-치료자 치료 관계의 부재

으로 드문 편이었다. 〈표 9-1〉은 아동 · 청소년 ADHD 환자의 약물치료(중추신경자극제 위주) 치료유지를 증가시키거나 감소시키는 요인을, 〈표 9-2〉는 성인 ADHD 환자의 치료유지를 감소시키는 요인을 제시하고 있다.

1) 보건의료체계 및 치료진 요인

특정한 보건의료 체계를 이용했을 때 부정적인 느낌을 받았다면 환자는 향후에 이런 보건의료체계를 이용하는 데 편견을 가지게 될 것이다. 또한 보호자나 치료진이 ADHD 치료에 대해 어느 정도의 지식과 경험을 갖고 있고 제대로 훈련을 받았는지도 직간접적으로 치료유지에 많은 영향을 미친다. 보건의료체계가 약물치료에 대한 효과, 부작용 등을 지속적으로 관찰할 수 있는 시스템을 갖췄는지 여부도 중요한데, 많은 경우에 부작용이나 효과 부족으로 약물치료를 중단해 버리기 때문이다. 따라서 효과나 부작용에 대해 단순히 물어보거나 짐작할 것이 아니라 객관적인 도구를 이용해 이를 체계적으로 평가하는 것이 필요하다. 아울러 환자와 보호자를 충분히 교육하면서 환자-치료자 간 신뢰를 바탕으로 적절한 치료 기대치를 수립할 수 있게 도와주는 보건의료 모델이 갖춰져 있는지도 중요하다. 한편, 치료자의 형태에 따라 처방 패턴과 관찰 방식이 서로 다를 수 있는데, 정신건강의학과 전문의인 경우에는 일반 의사가 처방하는 경우보다 초기 용량이 적고 최고 용량은 더 많았으며 환자로 하여금 더 자주 병원을 방문하게 함으로써 환자를 보다 세밀히 관찰하는 것으로 알려져 있다(Olfson, Marcus, & Wan, 2009).

2) 증상(질환) 관련 요인

아동·청소년의 경우, 치료 전에 ADHD 증상이 심할수록 중추신경자극제를 보다 오래 사용하는 것으로 알려져 있다. 증상이 심하면 약물치료 효과가 더 크게 느껴질 수 있으므로 높은 약물치료 순응도로 이어지기 때문이다. ADHD의 아형에 따라서도 약물치료 지속 정도가 달라질 수 있는데, 혼재형(combined type)인 경우에 다른 아형에 비해 높은 약물 순응도를 보였다. 공존질병이 많거나 심할수록 약물치료 순응도가 높아지지만, 적대적반항장애(oppositional defiant disorder)가 동반된 경우에는 반대로 약물치료 유지가 떨어진다고 알려져 있다. 성인의 경우에는 연구가 많지는 않았으나 아동·청소년과 반대로 증상이 심할수록 치료유지가 떨어진다는 보고가 있었다. 이는 증상이 치료유지에 영향을 준다는 것으로 해석할 수도 있지만, 반대로 심한 증상을 보이는 환자의 경우 약물치료의 반응이 불충분할 수 있으므로 결과적으로 '효과가 떨어진다'는 환자의 자각이 치료유지를 떨어뜨리는 것으로 볼 수도 있다.

3) 환자 관련 요인

환자 관련 요인을 다룬 연구는 비교적 많이 진행되었다. 환자의 연령, 성별, 가족관계, 가족력, 부모의 질병 인식 등 다양한 요인이 거론되었는데, 진단 당시 환자의 연령이나 부모의 연령이 높을수록 약물치료의 치료유지는 낮았다. 약물치료 지속에 대한 부모의 영향은 환자의 연령이 높을수록 낮아졌는데, 특히 환자가 중학생이 되면서 많은 경우에 약물을 중단했다. 앞서 설명했듯이, 청소년의 경우에는 이러한 병에 대한 인식이나 주변의 시선을 의식하는 경향이 두드러지며, 치료에 대한 결정 과정에서 이전보다 훨씬 많은 역할을 수행하려는 태도를 보인다. 또한 가족력이나 가족 특성도 치료유지에 영향을 미쳐서 부모-자녀 관계가 좋지 않고 어머니가 받는 스트레스가 클수록 약물치료유지가 떨어졌다. 또한 부모 모두와 함께 살고 있고 사회적 지지체계가 좋은 가정환경, 약물치료 가족력이 있는 경우 등에서는 약물치료 순응도가 높았다.

남녀의 성별이나 인종적 차이도 영향을 줬는데, 백인 남아의 경우에 흑인 아동이나 백인 여아보다 순응도가 높았다. 또한 ADHD 병태생리에 대한 부모의 인식도 중요하다. ADHD가 생물학적 원인으로 발병한다고 생각하여 약물치료를 더 중시하는 부모의 경우에는 그렇지 않은 경우보다 약물치료의 치료유지가 높았다. 또한 약물치료가 안전하고 부작용이 적다는 인식을 부모가 가진 경우에 치료유지가 높았고 ADHD에 대한 지식이 많은 경우에도 초기 순응도가 높았다.

국내 연구로는 속방형 제제의 경우(황준원, 김붕년, 조수철, 2004), 약물치료 탈락군(비순응군)과 지속적인 치료를 받고 있는 군(순응군) 사이의 임상적 특성을 비교하였을 때 부모의 학력, 사회경제적 수준, 아동의 나이 및 성별, 아동의 발달력, 출산 및 주산기 문제, 의학적 문제, ADHD의 공존질병 등에서 차이가 발견되지 않았는데, 높은 순응도를 보였던 집단에서 전체 지능지수, 언어 및 동작성 지능지수가 유의하게 높았다. 한편, 서방형 제제의 경우(김윤정 외, 2010)에는 환아의 연령이 어릴수록, 또한 부모의 교육 수준이 높을수록 치료 지속에 부정적 영향을 줬으며, 지능이 높고 ADHD 증상이 심하며, 공존질병이 많은 경우에는 높은 치료유지를 보였다.

4) 치료 관련 요인

약물의 종류에 따라서도 치료유지에 차이가 있다. 중추신경자극제는 아토목세틴에 비해 치료유지율이 높다고 알려져 있다. 이러한 치료유지의 차이에는 효과나 부작용이 영향을 주는데, 그 정도에 있어서 개인차가 크다. 하루에 여러 번 약물을 복용하는 것보다는 하루 한 번 복용하는 것이 유리하고, 제형에 따른 차이(예: 알약을 삼키기 힘든 아동) 혹은 약물 복용에 대한 주변 시선이나 편견 등도 영향을 미친다. 청소년의 경우에는 약물이 그들의 성격을 변화시킨다는 생각으로 약을 중단하는 경우도 있다. 부모 또한 자녀의 심리적 변화에 대해 걱정하면서 약을 중단하는 경우가 있었는데, 특히 자녀가 이전보다 감정적 반응이 줄어들었다는(정서적 둔마) 생각으로 약을 중단하는 경우가 의외로 흔했다.

5) 사회경제적 요인

약물치료의 치료유지에 영향을 주는 사회경제적 요인에 대한 연구는 특정한 결론을 내리기에 아직 불충분하다. 일부 연구에서는 사회경제적 수준이 높을수록 치료유지가 높다고 하였으나 다른 연구는 이를 뒷받침해 주지 못했다.

5. 치료유지에 대한 이론적 설명

앞서 기술한 여러 요인이 어떻게 치료유지에 영향을 주는지를 직접적으로 설명하려는 시도는 드물었는데, 일부에서는 기존의 건강관련 모델을 통해서 약물치료의 순응도나 치료유지를 이해하려는 시도가 있었다(Charach & Fernandez, 2013; Chacko et al., 2010). Chacko 등(2010)은 행동변화의 단일화 이론(Fishbein et al., 2001)을 근거로 해서 약물치료 행동을 분석했다. 행동 관련 요인은 두 가지 요인군으로 구분할 수 있는데, 즉각적으로 행동에 영향을 주는 직접 요인과 개인의 의지, 의도, 결정 과정에 영향을 주는 간접 요인으로 나뉜다. 즉각적으로 영향을 주는 요인으로는 특정 행동을 실행하려는 의도, 행동에 필요한 지식과 기술, 환경적 제한 요인 유무, 행동의 개인적 중요성, 습관화되고 자동적인 과정 등을 들 수 있다. 약물 복용 과정을 예로 든다면, 약을 먹으려는 의도를 가지고, 약을 삼킬 수 있는 능력처럼 약을 먹을 수 있는 기술이 이미 존재해야 하며, 사회적 낙인이나 긍정적 부모-자녀 관계처럼 환경적 제한 요인이 없어야 하고, 일정한 시간에 약을 지속적으로 복용하는 습관화된 과정 등이 약물치료의 유지에 필요하다. 개인의 의지, 의도, 결정 과정에 영향을 주는 요인은 개인의 심리적인 요인과 관련되는 요인으로서, 약물 복용에 대한 태도, 사회 보편적인 관점, 과거 경험, 자기개념, 특정 행동과 관련된 부정적 혹은 긍정적 감정이나 그 정도, 자기효능감 등을 들 수 있다.

이러한 요인 외에도 성격 요인, 인구의학적 요인, 가족 요인, 방송매체 요인 등이 직간접적으로 영향을 줄 수 있다. 이러한 요인이 어떻게 약물 복용에 영향을 주는지는 집단에 따라, 또 개인에 따라 다양할 것이다.

6. 치료유지를 향상시키는 방안

특정한 방법이 약물치료의 치료유지에 어떤 영향을 주는지에 대한 이전 연구는 거의 없는 실정이다. ADHD 약물치료 치료유지에 영향을 주는 중재 방법으로는 크게 사회교육 또는 심리교육(psychoeducation), 개인적으로 적합한 약물치료의 선택, 행동적 접근, 비슷한 상황에 처한 사람들이 도와주는 전략 등을 들 수 있다.

1) 교육

사회교육 또는 심리교육(psychoeducation)은 장기적인 약물치료유지에 중요하다. ADHD의 원인, 약물치료의 심각한 부작용(성장문제, 심혈관계 영향, 약물 남용 문제, 중추신경발달에 대한 장기적 영향 등)에 대한 정보 제공 등이 약물치료를 시작하고 유지하는 데 중요한 교육 요소일 것이다. 잘못 전달되거나 부족한 정보는 약물치료 유지 실패에 결정적인 역할을 할 수 있다. 우선 약물에 대한 정보, 약물치료를 하는 이유, 약물치료의 진행 과정, 약물 복용 시간과 적절한 시기, 부작용과 그 대처 요령, 정기적인 평가 등에 대해 적절한 정보를 제공해야 한다. 아동 환자라고 할지라도 치료에 대한 아동의 생각을 이해하고 아동의 기대에 적절히 반응하면서 아동을 치료 결정 과정에 적극적으로 참여시킨다면, 윤리적으로도 옳은 결정이고 환자가 보다 열심히 치료에 참여하도록 돕는 계기가 될 것이다(Charach & Fernandez, 2013). 최근 인터넷 등에서 제공되는 정보는 다양하고 쉽게 접할 수 있는 장점이 있으나 많은 경우에 허위 정보일 수 있다. 따라서 치료자가 적절하고 왜곡되지 않은 정보를 제공해야 하며 때로는 적합한 인터넷 사이트도 알려줄 필요가 있다. 이러한 정보를 제공할 때는 지속적으로 환자-의사 간 의사소통도 중요하지만, 때로는 문서화된 자료를 이용하는 것이 도움이 될 수 있다.

2) 개인에 초점을 둔 맞춤형 약물치료

환자나 가족을 고려한 적절한 약물치료 방안을 제시하는 것이 필요한데, 예컨대 환경적 제한 요인을 줄이고(약물 복용을 지도하는 성인 가족원의 수가 너무 많지 않도록 이를 적절히 조절), 습관화되고 자동화된 약물 복용 과정을 극대화하는 것 등이다. 또한 약물 효과를 최대화하고 부작용은 최소화시키는 방안을 제시해야 한다. 약물의 종류나 복용량이 환자의 다양한 환경 상황(가정, 학교, 방과 후 수업, 여가 활동 등)에서 어떤 효과를 발휘하는지를 평가하고 부작용을 체계적으로 평가하는 과정이 필요하다. 약물 효과와 부작용 간의 적절한 균형이 필요한데, 이는 환자나 가족에 따라 다를 수 있다. 약물치료 효과를 더 중요시하는 가족에서는 즉각적으로 뚜렷한 효과를 발휘하는 약물치료 방안이 보다 중요하고, 반대로 부작용에 민감한 환자가 있는 가족의 경우에는 점진적으로 세심하게 약물치료를 시행해야 할 것이다.

약물 복용 방법을 가능한 한 간단하게 하는 것도 필요하다. 여러 번 복용하거나 복용 방법이 복잡하다면 약물 복용 시간을 잊어버리거나 주변 시선 때문에 약물치료의 치료유지가 떨어지게 된다. 일단 간단한 복용 방법으로 시작하고 점진적으로 약물을 교체하거나 약물을 추가(예: 속방형 제제를 오후에 추가)하는 방안을 고려할 수 있다.

약물을 중단하는 가장 흔한 이유 중 하나는 부모가 느끼는 자녀의 정서 변화다. 즉, 앞서 언급했듯이 약물 복용 후에 아동·청소년의 정서적인 둔감을 보고하는 부모들은 약물이 자녀의 성격을 변화시킨다는 불안감에 약물을 중단하곤 한다. 따라서 임상가는 약물의 신체적 부작용뿐만 아니라 정신적 부작용에도 많은 관심을 가지고 이를 적절히 평가하고 치료적으로 개입해야 할 것이다.

3) 행동적 접근

우선, 약물치료의 치료유지를 방해하는 환경적 제한 요인을 제거하는 것이 필요하다. 아울러 약물치료의 중요성을 높이고 약물치료 수행에 대한 자기효능감을 늘려, 약물치료를 자동화되고 습관화된 과정으로 만들 필요가 있다. 약물치료나 환자의 행동 문제에서 유래하는 가족 갈등 등을 해결하기 위해서는 단순히 교육만 시행해서는 부족할 것이다.

약물 복용 시간을 알려 주는 각종 알람이나 메시지 등을 활용하는 것도 치료의 지속에 도움이 되는데, 특히 ADHD 환자가 여러 명인 가족의 경우에는 적절히 환자를 통제하고 과제를 체계적으로 수행하는 것이 어렵기 때문에 이러한 방법이 도움이 된다.

행동 문제를 다룰 수 있는 부모훈련은 약물치료의 지속에도 도움이 되는데, 나이 어린 아동의 약물 복용을 돕는 방법부터 시작해서 다양한 행동 문제에 이르기까지 적절한 강화와 소거 방법을 사용해서 문제를 풀어 나가는 것이다. 특히 ADHD 아동의 상당수에서 적대적 반항장애가 동반된다는 점을 감안한다면, 이러한 행동 문제에 적절히 대처하는 것이 약물치료의 지속에도 도움이 된다.

4) 타인의 약물치료 경험

ADHD 치료 경험이 있는 주변 인물의 경험(peer support)이 약물치료의 유지에 도움이 될 수 있다. 이런 과정을 통해 흔히 환자가 경험하는 고립감이나 사회적 낙인에 대한 불안감 등이 줄어들면서 환자는 보다 적극적으로 치료를 시작하고 유지하려 할 것이다.

7. 맺는 글

ADHD는 장기적으로 개인에게 많은 영향을 미치는 만성적인 장애라고 할 수 있으며, 약물치료를 비롯한 증거기반적 접근이 필요하다. 특히 약물치료는 ADHD 치료에 핵심적인 치료 기법이라고 할 수 있는데, 다양한 요인이 약물치료의 유지와 지속을 촉진시키거나 저해하는 요인으로 작용한다. 약물치료의 치료유지에 대한 연구는 이를 정의하는 방법이나 대상군 특성 등에 따라 서로 다르기 때문에 이전 연구를 직접적으로 서로 비교하기가 매우 어렵다. 특히 인간이 성장하고 발달함에 따라서 발달 시기별로 서로 다른 요인과 개인 및 가족 특성이 약물치료의 치료유지에 영향을 주고 있다. 그러므로 약물치료의 치료유지를 높이기 위해서는 환자를 둘러싼 다양한 생물학적 · 심리사회적 요인을 체계적으로 분석하는 것이 필요하며, 일반적인 접근법이 아닌 특정 환자에게 맞는 치료유지 향상 방안을 제시하는 것이 무엇보다 효과적일 것이다.

참고문헌

김윤정, 오소영, 이지아, 문수진, 이원혜, 반건호(2010). 주의력결핍과잉행동장애 아동의 약물치료 순응도에 영향을 미치는 요인: 후향적 연구. **소아청소년정신의학**, 21, 174-181.

황준원, 김붕년, 조수철(2004). 주의력결핍과잉행동장애 치료 약물 Methylphenidate IR의 순응도 연구. **소아청소년정신의학**, 15, 160-167.

Caisley, H., & Müller, U. (2012). Adherence to medication in adults with attention deficit hyperactivity disorder and pro re nata dosing of psychostimulants: A systematic review. *European Psychiatry*, *27*, 343-349.

Chacko, A., Newcorn, J, H., Feirsen, N., et al. (2010). Improving medication adherence in chronic pediatric health conditions: A focus on ADHD in youth. *Current Pharmaceutical Design*, *16*, 2416-2423.

Charach, A., & Fernandez, R. (2013). Enhancing ADHD medication adherence: Challenges and opportunities. *Current Psychiatry Reports, 15*, 371.

Fishbein, M., Triandis, H., Kanfer, F., et al. (2001). Factors influencing behavior and behavior change. In A. Baum, T. Revenson, & J. Singer (Eds.), *Handbook of health psychology*. Mahwah, NJ: Erlbaum.

Olfson, M., Marcus, S., & Wan, G. (2009). Stimulant dosing for children with ADHD: A medical claims analysis. *Journal of American Academy of Child and Adolescent Psychiatry, 48*, 51-59.

World Health Organization (2003). *Adherence to long term therapies: A call to action*. Geneva: Author.

3부 비약물치료

ADHD 10

ADHD 아동 및 부모

1. 들어가는 글
2. 일반적 부모양육의 지침
3. '말 안 듣는 아이' 부모훈련 프로그램
4. 맺는 글

ADHD 10

안동현

1. 들어가는 글

이미 3장에서 논의하였지만, 현재 ADHD의 치료 방법으로 가장 보편화되어 있는 약물치료는 ADHD의 핵심 증상에 영향을 미쳐 주의집중력을 향상시키고, 충동성, 과다활동, 공격성을 감소시키며, 학교에서의 문제행동을 크게 개선시켜 주는 것으로 알려져 있다(Weiss & Hechtman, 1979). 하지만 이러한 긍정적인 효과에도 불구하고, 약물로도 개선되지 않는 이차적 증상, 즉 대인관계, 자아개념, 사회적 적응과 같은 영역에서의 문제점이 여전히 개선되지 않은 채 남아 있고(Horn et al., 1991), 약물치료를 받는 동안에도 부모의 만족감은 상대적으로 적으며 여전히 심각한 가족갈등이 존재하게 된다. 그뿐 아니라 약물치료를 시행하기에는 증상의 심각도가 적거나 제한적일 경우 등의 여러 이유로 인해 부모훈련 혹은 부모상담 및 부모교육은 매우 필요하다. Seixas 등(2012)의 개관에서도 심리교육(psychoeducation)은 거의 모든 진료지침에서 필수적으로 권고하고 있으며, 그 외에 양육자 지원(carer support) 혹은 행동치료적 부모훈련(behavioral parent training), 가족기반 개입 등을 많은 지침에서 권고한다.

대부분의 부모훈련 지침서는 아동의 비순종적이고 반항적인 행동이나 공격적인 행동을 감소시키기 위하여 고안되었고, ADHD 아동의 부모를 대상으로 적용되어 왔으며, 이와 함께 ADHD 아동 치료에 있어서 기능상의 여러 가지 문제에 대한 다면적 접근으로 관심의 방향이 모이고 있다. 흔히 사용되는 부모훈련 프로그램(안동현, 김세실 역, 1997)의 개요를 살펴보면, 우선 그 목적은 다음과 같다. 첫째, 부모의 양육 기술과 아동의 문제행동을 다루는 능력을 향상시킨다. 둘째, 아동기 반항행동의 원인과 그러한 행동의 사회학습 기저에 있는 원리 및 개념에 관한 부모의 지식을 증가시킨다. 셋째, 부모의 지시와 명령, 규칙에 대한 자녀의 순종을 향상시킨다. 넷째, 부모가 자녀에게 더 많은 긍정적인 관심을 보이고 적절한 행동 결과를 제시함으로써 가족 간의 조화를 증대시킨다. 그리고 간략하게 그 원리를 보면, Barkley의 부모훈련(안동현, 김세실 역, 1997)은 현재 가장 널리 사용되고 있는 프로그램 중의 하나로서 그 구성 면에선 Hanf의 2단계 프로그램(Two-Stage Program)의 원형을 따르고 있다.

유사한 프로그램으로 널리 알려진 것으로 비순종 아동 돕기, 엄청난 아이들, 트리플 P, Eyberg의 부모-자녀 상호작용 치료 등이 있다. 훈련의 주요 내용은 다른 부모훈련 프로그램들과 마찬가지로 근본적으로 행동주의적 요소로 이루어져 있어 행동치료에서 사용하는 것과 같은 행동수정 기법(관심 보이기, 칭찬하기, 지시하기, 무시하기, 행동조형, 토큰경제, 반응대가, 타임아웃)이 위주가 된다. 그리고 훈련 대상은 만 2~11세 ADHD 아동의 부모이며, 대개 6~7명 정도가 집단을 이루어 매회 1시간 30분씩 총 9주간 실시한다. 프로그램의 매 단계는 이전 단계의 과제물을 점검하고, 지침서를 통해서 부모에게 행동수정기법을 강의한 다음, 질문을 위주로 토론을 진행하고, 다시 과제물을 나눠 주는 방식으로 이어진다.

개별 프로그램을 간략히 보면, 트리플 P(Triple P)는 긍정적인 양육 프로그램(Positive Parenting Program)으로 오스트레일리아 브리즈번의 퀸즐랜드 대학교에서 Sanders(1999)가 개발하였다. 이 프로그램은 ADHD 아동에게 특화되어 개발된 것은 아니고, 양육지원을 위한 공공보건 측면에서 접근하고 있다. 이 트리플 P에서 강조하는 긍정양육의 5대 원칙은, ① 안전하고 매력적인 환경, ② 긍정적인 배움의 환경, ③ 적극적인 훈육, ④ 현실적인 기대, ⑤ 부모 자신 돌보기다. 훈련 단계는 모두 1~5단계로 나뉘어 있다.

두 번째로 엄청난 아이들(Incredible Years) 프로그램은 미국 워싱턴 대학교에서 Webster-Stratton(1994)이 개발한 것으로 주 대상은 반항장애 및 품행장애, 그리고 내재화 문제를 갖는 아동의 부모를 대상으로 하는 프로그램이다. 구체적으로 기초반(BASIC) 부모 프로그램은 10~14명의 부모집단으로 2시간씩 12~14회기를 진행하고, 다음으로 심화반(ADVANCE), 학교, 읽기 및 학습준비 프로그램 등이 있다. 그 외에 아동을 대상으로 하는 소규모 아동 집단치료 프로그램(Child Dinosaur Small Group Treatment Program) 등이 있다.

McMahon과 Forehand(1981, 2003)의 비순종 아동 돕기(Helping the Noncompliant Children: HNC)는 미국 조지아 대학교에서 개발한 것으로 구성은 총 3단계로 이루어진다. 먼저 초기 평가 및 되먹임 회기, 다음 1단계(다르게 집중하는 기술)에서 지시하기, 긍정강화기술(참여, 보상), 소거법(무시하기), 1단계 기술 결합(다르게 집중하기)을 훈련한다. 2단계는 순종기술의 훈련단계로서, 선행단계로 명확하게 지시하기, 결과 단계로 순종에 대한 보상(rewards), 비순응에 대한 타임아웃의 적용, 그리고 2단계의 확대 기술로 규칙 지키기가 구성 요소로 포함된다.

미국 예일 대학교 아동연구센터의 Alan Kazdin(2005) 집단의 부모관리훈련(Parent Management Training: PMT) 프로그램은 행동 문제를 갖는 7~14세 아동 · 청소년의 부모를 대상으로 한다. 프로그램은 치료 전 소개, 행동의 규정 · 관찰 · 기록, 긍정적 강화, 강화로부터의 타임아웃, 보살핌과 계획된 무시(attending & planned ignoring), 조성(shaping) 및 학교 프로그램, 검토 및 문제해결, 가족 모임, 낮은 빈도의 행동, 징계(reprimands), 타협(compromising 1, 2), 기술 검토 · 실행 · 종결로 구성된다.

Eyberg의 부모-자녀 상호작용 치료(Parent-child interaction therapy: PCIT; Hembree-Kigin & McNeil, 1995, 2010)는 처음에는 반항장애 및 품행장애를 갖는 2~7세 학령 전기 아동의 부모를 위한 프로그램으로 개발되었다. 이후 ADHD 아동에게도 적용되었고, 부모와 아동이 직접 함께 참여하는 점, 부모-자녀 간 상호작용을 직접 치료사가 관찰한다는 점, 실시간 코칭을 통해 부모에게 즉각적인 현장에서의 피드백을 주어 부모가 직접적인 기술을 습득한다는 점에서 그 고유의 특성을 갖는다(이에 대한 자세한 내용은 11장 참조).

2. 일반적 부모양육의 지침

다음 장에서는 구체적으로 매뉴얼화된 구조화 부모훈련 프로그램 중 한 가지를 소개할 것이다. 여기서는 이러한 구조화된 프로그램을 시행하기 전에 일반적인 부모양육의 지침으로서 미국소아과학회에서 마련한 지침서(Reiff & Tippins, 2004)의 내용을 중심으로 간략히 논의한다.

- 아동이 가진 강점(strength)에 초점 맞추기: 아동의 ADHD나 ADHD에 동반한 문제에만 집중하기보다 아동의 관심사나 개별적인 특성을 포함한 아동 전체를 보는 것이 필요하다. 또한 아동이 할 수 없는 것보다는 할 수 있는 것에 초점을 맞춘다. 가장 좋은 방법은 현실적인 성공을 가능한 한 많이 경험하도록 도와주는 것이다.

- 집 안 환경을 단순화 · 조직화 및 구조화하기: 구체적인 방법으로 하루 계획표를 지키게 한다. 주의를 산만하게 하는 것들을 차단하거나 제한한다. 집을 정돈한다. 도표 및 점검표를 사용한다. 선택의 폭을 줄여 준다. 작고 도달하기 쉬운 목표를 정하게 한다.
- 하루의 일과와 리듬을 조정하기: 규칙적인 생활 리듬을 지키도록 하는 것은 앞에서도 제안하였다. 특히 약을 복용하고 있는 경우라면, 약의 효과를 고려하여 일과나 리듬을 조정하는 것이 좋다. 예를 들어, 약 효과가 있는 시간에 어려운 과제를 하고, 효과가 적은 늦은 시간대에 아동이 좋아하고 다소 쉬운 일과를 갖는다.
- 대화를 최적화하고 촉진하기: 일을 시키기 전에 이름을 먼저 부르거나 반드시 눈을 마주치고 이야기하거나, 이미 한 말을 따라하게 하거나 설명해 보도록 하는 방법 등으로 대화를 최적화한다. 그 밖에 아이가 집중을 못한다면 약간의 신체 접촉으로 주의를 환기하거나 너무 길게 이야기하지 않고 끊어서 이야기하거나, 명확하고 단호한 지시를 내리는 등 효과적인 대화 방법을 사용하도록 노력한다.
- 교육, 재구성, 미심쩍은 부분을 없애 주기: 특히 약을 복용하고 있는 경우, 종종 아동은 '내가 이상한 아이인가?' '나는 왜 치료를 받는거지?' 등의 의문을 갖거나 미심쩍어한다. 많은 부모가 아이에게 약을 먹이면서 '뇌에 좋은 영양제' '비타민' 등으로 포장하여 투여하는 경우가 적지 않다. 하지만 이런 태도는 시간이 지나 아이가 초등학교 고학년 이후가 되면 통하지 않게 되고, 부모의 말에 대해 신뢰하지 않게 되어 더는 약물 복용이나 치료가 어려워지기도 한다. 따라서 아주 자세하게는 아니더라도 '네가 자제를 잘 하지 못하기 때문에' 혹은 '과제를 수행하면서 집중이 되지 않으니까 너무 시간이 오래 걸리고 어려움을 겪기 때문에' 등으로 설명하고 도움이 필요하다는 것을 이해시킨다. 흔히 눈이 나빠 칠판 글씨를 보기가 어려운 아동이 안경을 쓰듯이 집중력이 떨어지면 치료를 받는다고 이해시킨다.
- ADHD 관리를 가정생활에 통합하기: 대개 가정에서 ADHD 아동을 돌보는 것을 어머니 혼자 감당하는 경우가 많다. 아버지는 자녀와 접촉하는 시간이 적다 보니 아동이 겪는 어려움 또는 문제점을 잘 이해하지 못하거나 받아들이지 못하는 경우가 많다. 혹은 ADHD 아동에게 쏟는 노력이나 시간으로 인해 다른 형제 또는 배우자가 소외감을 느끼는 경우도 있다. 따라서 이 문제를 잘 해결하고 대처하기 위해

서는 전 가족이 함께 겪어 나가야 하는 가정생활의 하나로 통합하여 접근하는 것이 필요하다.

• 부모관리

- 자녀 문제에 대한 관리 책임자가 되기: ADHD에는 물론 전문가가 개입해야 하지만, 이들의 조언이나 치료 방법 모두를 전달하고, 조절하고, 우선순위를 결정하는 것은 결국 부모의 역할이고 책임이다. 따라서 각종 검사기록, 보고서를 모아 두는 것은 물론 치료 계획이나 진행 과정에 적극 참여해야 한다.
- 가족교육: 치료사는 부모를 치료 팀의 일원으로 간주하여 적극적으로 소통해야 한다. 마찬가지로 부모도 함께 아이를 치료해 나간다는 자세로 적극적으로 의견을 개진하고 소통해야 한다.
- 부모 자신 돌보기: ADHD 아동의 초기 진료 과정에서 보면 부모는 흔히 '내가 양육을 잘하지 못해서 이런 문제가 생긴 것이다.'라고 생각하는 경우가 많다. 따라서 아이에 대해 적지 않은 죄책감을 갖게 된다. 그뿐 아니라 이 아이를 양육하는 과정에서 많은 혼란을 겪거나 주변 사람들(예: 교사, 다른 아이의 부모, 학원 강사 등)로부터도 많은 질책을 받거나 갈등을 겪는다. 부모는 온 힘을 쏟아서 이런 문제를 해결해 보려고 노력하지만 뜻대로 잘 풀리지 않아 많은 실패나 좌절을 겪는다. 이들의 문제는 단기간에 해결하기 어렵기 때문에 부모는 심한 스트레스를 겪으며 갈등과 좌절에 빠지는데, 이런 부모에게는 ADHD 문제나 아동에게 너무 몰입할 것이 아니라 부모 자신을 돌보는 것이 필요하다. 이들 중 심지어는 우울증을 겪으며 전문적인 상담이나 치료가 필요한 경우도 있다.
- 또래관계: ADHD 아동 가운데 적지 않은 수가 또래와의 관계에서 어려움을 겪는다. 예를 들어, '생일파티에 초대하고 싶은 친구 3명씩을 적어 보세요.'라는 설문에서 단 한 명으로부터도 초대받지 못하는 아동도 있다. 따라서 다른 아이들과 잘 지내도록 돕는 것이 필요하다. 우선 형제가 있을 경우, 가정에서 형제와 사이좋게 지내는 방법을 익히는 것이 가장 좋다. 만일 그렇지 못할 경우, 우선 1~2명 정도의 가까운 친구를 초대하거나 함께 놀 기회를 마련해 주는 방법을 시도해 본다. 그리고 아이가 자신 있거나 흥미 있어 하는 방과 후 활동 혹은 과외 활동에 참여시켜 보는 것도 좋다. 그리고 믿을 수 있는 전문 기관에서 시행하는 SST 프로그램 등에도 참여시킨다.

- 다른 긍정적인 관계 찾기: ADHD 아동이 좋은 또래 관계를 갖는 것이 어려울 수도 있다. 이런 경우 이들이 또래 이외의 긍정적인 관계를 경험하도록 돕는다. 초등학생이지만 10대 후반의 고등학생 및 대학생, 또는 성인과 함께 일종의 멘토(mentor)–멘티(mentee) 같은 관계를 맺도록 해 주는 것이다. 현실적으로 이런 관계를 맺는 것이 쉽지는 않지만, 청소년 관련 기관, 종교단체, 지역봉사 단체, 심지어 아르바이트로서 취업활동에서 이런 관계를 찾을 수도 있다. 여기서 아동이 긍정적인 관계를 경험하고 격려받으며 관계를 유지할 수 있다면 자신감을 얻게 되고 훨씬 발전할 수 있게 될 것이다.
- 아동의 훌륭한 대변인 되기: ADHD 아동이 겪는 어려움에 대해 부모만큼 구체적이며 현실적으로 이해하고 경험한 사람은 매우 적다. 만일 이러한 어려움을 훌륭하게 극복했다면 그 경험을 아이와 접촉하는 교사, 아이의 또래 친구, 이웃 부모들에게 나누어 줄 수도 있다. 그리고 아직도 ADHD에 대한 이해의 부족으로 ADHD 아동을 '나쁜 아이'로 간주하는 사람이 적지 않다. 그럴 경우, '도움이 필요한 아이' 혹은 '치료를 받아야 하는 아이'로 이해시키는 것이 필요하다. ADHD 아동을 돕는 것에 물론 전문가(의사, 교사, 치료사 등)도 앞장서겠지만, 당사자나 부모, 형제가 나선다면 더 큰 힘을 발휘할 수도 있다. 가장 대표적인 것이 미국의 CHADD(Children and Adults With Attention Deficit Disorders)라고 할 수 있다. 미국의 CHADD는 부모, 교사, 의료전문가가 모여 결성한 단체로 ADHD에 대한 이해를 돕고, 이들의 권익옹호에 앞장 서는 가장 대표적인 비영리 단체로서 오랫동안 많은 활동을 해 오면서 상당한 영향력을 행사하고 있다. 아직 국내에는 이러한 단체가 결성되어 있지 않다.

3. '말 안 듣는 아이' 부모훈련 프로그램

이 프로그램은 미국 메사추세츠 대학병원 정신과 교수인 Barkley가 개발한 ADHD 아동의 부모를 대상으로 하는 부모훈련 프로그램을 기본으로 안동현과 김세실이 번역한 『말 안 듣는 아이(*Defiant Children*)』(1997)에서 발췌한 것이다. 물론 그 내용을 바탕으로 상당 부분이 재구성되었고 설명이나 해설이 덧붙여졌다. 원래 이 책은 부모훈련 프로그램을 수행하는 전문가를 위해 쓰였는데, 이 책을 바탕으로 부모가 그 원리를 간략하게나마 이해하여 시행해 볼 수 있도록 필자가 다시 쓴 것이다. 여기서는 간단하게 ADHD 아동에 대한 치료 방법으로 부모훈련 프로그램이 사용되는 근거와 구체적인 부모훈련 프로그램의 목적 및 단계, 치료 효과에 대해 논의하고, 구체적으로 부모가 어떻게 하는 것이 좋은지 실제 예를 들어 단계별로 제시한다.

1) 부모훈련의 필요성

현재 ADHD의 치료 방법으로 가장 중요하고 보편화되어 있는 것은 약물치료로서, 미국의 경우 ADHD 아동의 약 60~90%가 학령기 동안 약물치료를 받고 있는 것으로 알려져 있다. 그리고 그 사용량이 미국뿐 아니라 국내에서도 급속도로 증가하고 있다는 것은 약물치료를 설명하는 7장과 8장에서 자세히 설명하였다. 약물치료는 ADHD의 핵심 증상에 영향을 미쳐 주의집중력을 향상시키고, 충동성 · 과다활동 · 공격성을 감소시키며, 학교에서의 문제행동을 크게 개선시켜 주는 것으로 알려져 있다.

하지만 이런 긍정적인 효과에도 불구하고, 약물치료 자체에 대한, 혹은 전적으로 약물치료에만 의존하는 것에 대한 우려가 제기된다. 우선, 약물로도 개선되지 않는 이차적 증상, 즉 대인관계 · 자아개념 · 사회적 적응과 같은 영역에서의 문제점이 여전히 개선되지 않은 채 남아 있다. 그리고 더욱 중요한 것으로, 약물치료를 받는 동안에도 부모의 만족감은 상대적으로 적고 여전히 심각한 가족 갈등이 존재하게 된다. 이는 부모의 역기능과 부적절한 양육이 지속되는 상태에서 일방적으로 ADHD 아동만이 치료의 대상이 되는 것은 제한적 효과만을 낳을 뿐이라는 점을 분명하게 보여 준다. 특히 최근 들어 ADHD가 전적으로 주의집중의 장애라기보다는 자기조절 혹은 자기통제의 결함에 따른 것이라는 새로운 관점이 대두됨에 따라 부모에 의한 지속적인 외적 동기 부여의 필요성이 더욱 강조되고 있다. 결국 ADHD에 있어서 약물치료의 문제점을 보완해 주고 치료 효과를 높여 줄 수 있는 방안으로서 부모훈련은 매우 필요한 치료라고 할 수 있다.

2) ADHD 아동에게서 흔한 '말 안 듣기(비순종)'

흔히 ADHD 아동은 어머니와의 상호작용 과정에 어려움을 가지고 있는데, 일대일 관계에서 어머니에게 요구적 · 부정적 · 비순종적으로 반응하고, 어머니 역시 아동에게 지시적 · 통제적 · 요구적 · 부정적으로 반응한다. ADHD 아동과 어머니의 이러한 부정적인 상호작용의 모습은 '양방향성 상호작용의 원리'에 따라 아동과 어머니 양자 모두에게 여러 가지 역기능적 문제를 파생시킬 수 있다. 우선 어머니의 경우, 양육 스트레스가 심해지고 우울감, 고립감, 무력감을 보이며, 장기적으로는 부모로서의 자신감이 저하되고 아동에 대해 바람직하지 못한 양육 태도를 갖게 된다. 그리고 ADHD 아동은 품행문제(비행행동)나 비순종(noncompliance), 반항적 행동 등을 흔히 갖게 된다. 이러한 행동은 이후 가족 내 많은 부정적 상호작용과 갈등의 원인이 되며, 학교 및 다른 사회적 영역으로까지 확대되기 쉽고, 청소년기와 성인기 예후에도 심각한 영향을 미치는 것으로 알려져 있다. 따라서 ADHD 아동과 부모에게서 말 안 듣는 행동, 즉 비순종은 피하기 어려운 문제이고, 상당히 중요한 문제가 됨에도 불구하고 부모가 적절하게 처리하지 못하는 경우가 많다. 이 프로그램은 바로 ADHD 아동에게서 흔한 비순종의 문제를 해결하기 위한 것이다.

3) 부모훈련 프로그램의 목적

부모훈련 프로그램의 구체적인 목적은 다음과 같다. 첫째, 부모의 양육 기술과 아동의 문제행동을 다루는 능력을 향상시킨다. 둘째, 아동기 반항 행동의 원인과 그러한 행동의 밑바탕에 깔려 있는 원리 및 개념을 부모가 이해한다. 셋째, 부모의 지시와 명령, 규칙에 대한 자녀의 순종을 향상시킨다. 넷째, 부모가 자녀에게 더 많은 긍정적인 관심을 보이고 적절한 행동 결과를 제시함으로써 가족 간의 조화를 증대시킨다.

4) 부모훈련 프로그램의 구성

이 프로그램은 전 세계적으로, 그리고 국내에서도 현재 가장 널리 사용되고 있는 프로그램이다. 훈련의 주요 내용은 다른 부모훈련 프로그램과 마찬가지로 근본적으로 행동주의적 요소로 이루어져 있어 행동치료에서 사용하는 것과 같은 행동수정 기법(관심 보이기, 칭찬하기, 지시하기, 무시하기, 행동조형, 토큰경제, 반응대가, 타임아웃)이 위주가 된다. 그리고 훈련 대상은 만 2~11세 ADHD 아동의 부모이며, 대개 6~7명 정도의 집단을 이루어 매회 1시간 30분씩 총 10주간 실시된다. 프로그램의 매 단계는 이전 단계의 과제물을 점검하고, 지침서를 통해서 부모에게 행동수정 기법을 강의한 다음, 질문을 위주로 토론을 진행하고, 다시 과제물을 나눠 주는 방식으로 이어진다. 원래는 이와 같이 전문가의 지도하에 집단으로 시행하는 것이 가장 흔한 방법이지만, 이 원리와 단계를 부모가 습득하고 연습한다면 어느 정도 만족스러운 결과를 얻을 수도 있다.

5) 부모훈련의 치료적 효과와 제한점

부모훈련의 효과를 보면, 먼저 아동 측면에서는 과다활동을 비롯한 ADHD의 주요 행동 증상이 감소되었고 순종 행동이 크게 증가하였으며, 반항이나 공격성, 비행이 감소하는 등의 긍정적 변화가 일어났다. 부모의 측면에서 보면, ADHD에 대한 전반적인 지식과 이해, 긍정적 · 애정적 양육 태도가 증가하였고, 양육 스트레스와 우울감이 크게 감소하였다. 이와 관련하여 〈표 10-1〉에서 제시한 것과 같이 유의미한 효과는 부모 측면에서 두드러졌다. 그리고 이러한 효과는 6개월이 지난 이후의 추적 기간까지 상당히 유지되었다(김세실 외, 1998).

하지만 현실적으로 병원을 가야 할 정도로 정도가 심한 ADHD 아동에게 약물치료를 시행하지 않고 부모훈련만을 단독으로 실시했을 때 그 효과가 ADHD의 문제행동을 정상화시킬 수 있을지 여부는 여전히 불투명하다. 또한 부모훈련 치료 후에도 주의집중, 학업 문제, 또래 상호작용 영역에서의 부적응이 지속된다는 점을 감안할 때, 이와 같은 치료 효과는 부모훈련 단독 치료보다는 약물이나 사회기술 훈련과 같은 다른 치료 방법과 병합하여 제공하였을 때 더욱 광범위하며 지속적인 효과를 발휘할 수 있다.

〈표 10-1〉 약물 단독 치료군과 병합치료(약물+부모훈련)군의 치료 전후의 효과 비교(김세실 외, 1998)

	병합치료			약물 단독 치료		
	치료전	치료후	t	치료전	치료후	t
CBCL(Child Behavior Checklists, 아동행동조사표)						
과잉행동	14.17(3.04)	8.58(3.42)	5.98*	12.42(3.53)	9.25(3.44)	6.09*
공격성	13.42(5.13)	14.08(7.13)	−.38	10.33(4.71)	11.25(6.51)	−1.01
전체	67.25(18.57)	47.58(21.07)	3.99*	53.58(24.56)	40.75(22.03)	7.75*
CPRS(Conners' Parenting Scale, 코너스 부모평가척도)						
품행문제	12.92(6.35)	9.42(4.91)	2.92*	8.17(5.54)	8.75(4.33)	.37
학습문제	7.92(2.75)	5.50(2.58)	2.91*	8.17(2.92)	7.58(2.31)	.74
신체증상	3.00(2.76)	2.00(2.04)	3.32*	2.25(1.82)	1.92(1.38)	.65
충동-과잉행동	7.00(2.22)	5.17(2.04)	2.77*	6.67(2.95)	6.17(2.69)	.52
불안	2.33(1.72)	2.00(1.35)	.84	2.42(1.73)	2.17(1.70)	.56
과잉행동지표(HI)**	16.00(4.92)	11.75(4.05)	4.12*	16.08(6.14)	14.75(4.56)	.76
MBRI(Maternal Behavior Research Instrument, 모성행동 연구도구)						
문제상황 수	9.75(3.42)	8.08(3.99)	3.71*	8.00(3.49)	8.58(3.40)	−.84
심각도	52.17(25.94)	28.58(20.85)	6.83*	42.92(25.94)	36.42(24.02)	.94
HSQ(Home Situation Questionnaire, 가정상황질문지)						
사랑/증오	88.42(10.70)	95.50(6.80)	−2.69*	88.83(10.68)	87.83(9.27)	.56
수용/거부	69.00(8.60)	80.00(2.76)	−4.52*	70.58(9.01)	72.58(8.84)	−1.35
외향/내향	96.83(12.35)	100.17(7.81)	−1.21*	101.00(6.28)	97.42(4.91)	2.72*
독립/의존	63.33(9.85)	64.42(6.20)	−0.5	63.33(6.87)	62.83(7.63)	.59
자율/조정	61.17(12.10)	75.00(6.35)	−3.53*	62.50(12.92)	69.50(12.28)	−2.73*
부모 양육	378.75(38.99)	415.08(12.40)	−3.81*	386.25(23.60)	390.17(24.79)	−.84
PSI(Parenting Stress Index, 양육스트레스지표)						
아동 영역	142.25(10.31)	120.00(16.03)	7.69*	137.92(10.00)	130.25(13.70)	2.12
부모 영역	152.83(18.38)	139.83(17.88)	3.40*	145.92(15.61)	146.33(17.88)	−.15
전체	298.00(25.40)	261.08(32.18)	7.33*	287.08(19.78)	281.00(26.88)	1.55

* =$p<.05$
** HI: 과잉행동지표(Hyperactivity Index)

6) 부모훈련 프로그램의 단계별 실제

(1) 1단계: 문제행동과 상호작용의 원리 이해

1단계에서는 아동기 문제행동의 원인을 배운다. 먼저 부모는 아동의 문제행동 원인에 대한 부모의 관점을 토론한다. 이때는 생각을 터놓고 이야기하도록 하는데, 부모는 흔히 그 원인으로 부모의 관심을 끌려는 것, 부적절한 양육, 선천적인 것 등을 이야기하게 된다. 부모는 이 과정을 통해 가족 내에 존재할 수 있는 문제행동의 원인을 찾아보는 한편, 그것을 개선해 나갈 방법을 강구해야 한다. 여기서는 아동기 문제행동의 여러 가지 원인(아동의 특성, 부모의 특성, 상황적 결과, 가족 스트레스 등)에 대한 분석 및 이해가 시행된다. 구체적으로 보면 아동의 심리적 특성으로 파탄적 행동, 정신병리에 대한 유전적 소인, 까다로운 기질 등이 있을 수 있고, 부모의 특성으로는 자녀의 행동 문제 발생에 영향을 미친다고 생각되는 특성이 있다. 상황적인 결과로는 아동은 원인이나 이유 없이 행동하지 않는다는 것을 이해할 필요가 있고, 가족의 스트레스 사건으로 부모의 정서적

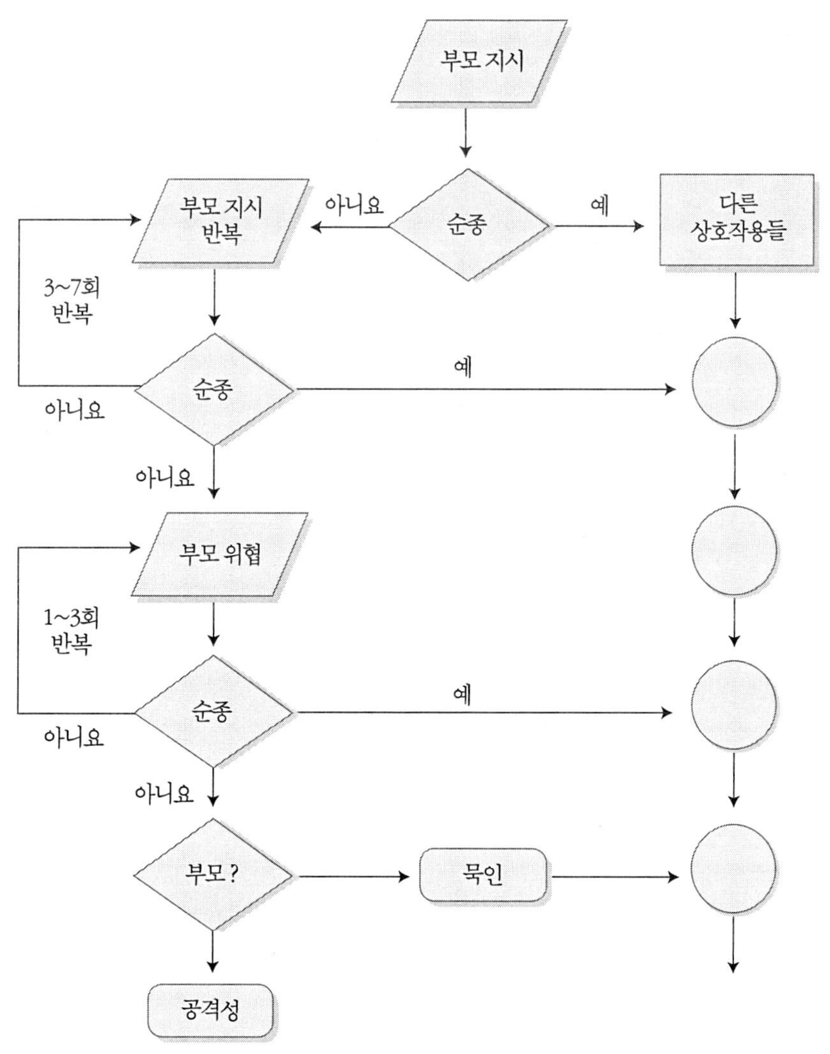

[그림 10-1] 적대적 반항 상호작용의 도식

행복감, 아동에 대한 부모의 지각 변화, 아동의 정서적 행복감 등이 아동의 문제행동에 영향을 미치는 것을 알게 된다. 이러한 것을 구체적으로 작성해 보도록 하고 가족문제 조사 목록을 작성하는 것이 1단계의 과제물이다. 부모는 각 범주마다 발생한 스트레스 사건을 간단히 기록한 다음 가능한 해결책을 생각해 보고, 구체적으로 그 실행 계획도 세워 본다. 이것을 통해 부모는 가족 내의 스트레스가 자녀의 행동 문제에 영향을 줄 수 있는 한 근원이라는 것을 알게 된다. 목록 항목으로는 흔히 ① 가족 건강 문제, ② 부부 간의 문제, ③ 경제적 문제, ④ 가족 내 다른 자녀의 행동 문제, ⑤ 직장 문제, ⑥ 친척 및 시댁 문제, ⑦ 친구 문제, ⑧ 다른 스트레스 요인(예: 종교, 가족의 여가활동에 대한 갈등, 약물이나 알코올 남용 등) 등이 있다.

이런 과정을 통해 부모훈련 프로그램의 목적과 함께 부모와 아동의 '최선의 조화(best fit)' 만들기를 이해하도록 한다. 특히 부모와 아동의 상호성(reciprocal)에 대한 이해와 조화(fit)의 개념 및 이러한 상호성을 통해 반항행동의 악순환 도식([그림 10-1] 참조)을 이해하여야 한다.

(2) 2단계: 관심 보이기

2단계의 주제는 '아동에게 관심 보이기'다. 우선 실제 단계로 들어가기 이전에 먼저 부모가 관심의 질, 그리고 그것이 사람의 행동에 미치는 영향에 관해 이해하는 것이 필요하다. 부모는 잠시 자녀에 대한 걱정은 접어 두고, 대신 과거에 함께 살았거나 일해 본 적이 있는 사람에 대해 생각해 본다. 좀 더 구체적으로 그 사람들 중에서 가장 나빴던 사람, 그 가운데는 부모 중 한 사람일 수도 있고, 교사 혹은 과거의 상관일 수도 있는데, 그 사람을 떠올리고 그런 나쁜 감정을 가지게 만든 그 사람의 특성이 과연 무엇이었는지를 종이에 써 본다. 이때 부모는 종이 한 장을 좌우로 나누어, 왼쪽에는 '가장 나빴던 사람', 오른쪽에는 '가장 좋았던 사람'이라는 제목을 쓰고, 함께 살았던 혹은 일해 본 가장 좋은 사람을 떠올려 본다. 그리고 부모는 그 사람을 함께 일하기 나빴던 혹은 좋았던 사람으로 기억하게 만든 적어도 다섯 가지의 특성을 적어 본다. 이렇게 해 봄으로써 부모는 이런 식의 인물 묘사가 훈련 프로그램의 목적과 어떤 관련이 있는지를 어렴풋이 이해할 수 있다. 이렇게 적은 종이를 보고 자녀의 입장에서 현재 자신은 어느 쪽에 속할 것인지를 생각해 본다. 이유가 어디에 있든지 관계없이 대부분의 부모는 자신이 '가장 좋았던' 사람보다는 '가장 나빴던' 사람처럼 아이에게 행동하고 있음을 알게 될 것이다.

물론 부모는 아이가 잘못하기 때문에 어쩔 수 없다고 생각할 수 있지만 결과는 '가장 나쁜 부모'로 아이의 기억에 남게 될 운명에 처한다. 이것이 바로 아이에게 부모가 관심을 쏟기 위한 준비 단계다.

이와 함께 이번 단계에서 '특별한 놀이 시간'에 대해 배우게 된다. 여기서는 아이와의 놀이 시간 동안 바람직한 행동에 관심을 갖는 방법을 배운다. 이를 배우기 위해서는 먼저 '관심 쏟기'라고 불리는 기술을 연습할 필요가 있다. 이후에는 요구와 지시에 대한 아이의 순종 행동을 증가시키는 데 이 '관심 쏟기' 기술을 어떻게 사용할 수 있는지 알려 준다. 이것을 수행하기 위해 부모는 하루에 20분씩 아이와의 특별한 놀이 시간을 보내야 한다. 첫 주 동안에는 매일, 그게 여의치 않을 때에는 적어도 주당 다섯 번은 이 시

〈표 10-2〉 부모 기록 예 1

날짜	1996년 1월 7일(일요일) 오후 2시~2시 30분
상황 및 아이의 반응	마당에서 작은 고무공으로 축구를 했다. 승부욕이 강한 훈이는 공을 빼앗길까 봐 걱정되는지 공을 발로 차지 않고 안고 다녔다. 처음엔 별로 흥미가 없는 것처럼 보였던 훈이는 내가 즐거운 듯이 웃고, 박수쳐 주고, 격려(예: "어쩜 그렇게 공을 잘 차니." 등)도 해 주었더니 차츰 신나했다. 놀이 시간을 끝낼 때가 되자 매우 아쉬워하며 내일 또 하자고 했다. 훈이는 집 안에 들어와서도 계속 기분 좋아했다. 잠자리에 들기 전에도 평소와 다르게 "안녕히 주무세요." 하며 큰 소리로 기분 좋게 인사했다.
어머니 소감	전에도 훈이와 함께 놀아보지 않은 것은 아니지만, 이번처럼 잔소리나 간섭 없이 칭찬과 격려 위주로 놀아 본 적은 없었다. 놀이 시간이 끝나고 생기가 도는 훈이의 얼굴을 보니 안쓰럽고 미안한 마음이 들었다. 아이는 부모의 따뜻한 사랑과 관심 속에서 자라야 하는 법인데…. 그동안 훈이를 무조건 억누르려 하기만 하고 아이가 진정 원하는 것이 무엇인지 알려고조차 하지 않은 나 자신이 부끄러울 따름이다. 쉽진 않겠지만, 지금부터라도 우리 훈이를 진정한 사랑의 마음으로 보듬어 안기 위해 노력해 보겠다.
문제점	막상 놀이를 하려고 하니 무슨 놀이를 해야 할지 생각이 나지 않아 그냥 축구를 선택했는데, 훈이가 지나치게 승부욕이 강한지라 반칙을 계속 해서 자칫 좋지 않은 결과가 생길 뻔했다.
개선 방안	훈이에게는 경쟁적인 놀이보다는 찰흙 빚기, 블록 쌓기, 공작 놀이 같은 협동 놀이가 더 적합할 것 같다(훈이와 내가 놀이 시간 동안 함께 만든 것을 거실에 전시해 놓을 생각이다). 그리고 되도록이면 남편도 놀이에 참여시켜 훈이와 좋은 시간을 갖도록 해야겠다.
평가	매우 불만족 — 다소 불만족 — 그저 그렇다 — 다소 만족 — 매우 만족 ∨

간을 갖기 위해 노력해야 하고, 첫 주 이후부터는 주당 적어도 서너 번은 특별한 시간을 갖도록 노력해야 한다. 그리고 이런 특별한 놀이 시간은 이후로도 계속해야 한다. 이 단계를 이해하는 것은 아주 쉽다. 하지만 실행하기는 쉽지 않다!

〈표 10-2〉는 실제 치료에 참여했던 부모가 기록한 예다. 기록 용지는 필자가 프로그램을 실행하면서 고안한 것이다. 이런 식으로 부모는 매일 아이와 특별한 놀이 시간을 가지면서 관심 보이기를 연습해 본다.

(3) 3단계: 효과적으로 지시하기와 순종에 대해 관심 쏟기

비록 앞 시간인 특별한 놀이 시간 동안 아이의 놀이에 어떻게 관심을 쏟아야 하는지를 배웠다 할지라도, 이제는 아이가 부모의 지시나 요구에 따를 때 그 순종 행동을 인정해 주기 위하여 다음과 같은 관심 쏟기 기술을 사용할 수 있어야 한다. 즉, 순종에 대해 관심 쏟기로, 지시를 할 때 부모는 아이가 얼마나 잘했는지에 대해 즉시 칭찬을 해 줄 필요가 있다. 다른 데로 가지 않고, 아이 곁에서 관심을 보여 주며, 아이의 순종에 대해 긍정적인 평(혹은 칭찬)을 해 준다. 예를 들어, 지시나 요구를 하고 아이가 그것에 따르기 시작하자마자 그 순종 행동에 대해 "내 말대로 해 주니 참 기쁘구나." "네가 ~하는 것이 얼마나 멋있는지 좀 봐라." "~을 하다니 참 착하다." 등과 같이 아이를 칭찬해 준다.

이것을 위해 이번 주 동안 특별히 시간을 내어서 아이에게 일부러 순종 훈련을 시키는 것이 매우 중요하다. 아이가 다른 일에 정신이 팔려 있지 않은 시간을 골라 "휴지(수저, 수건, 잡지) 좀 주렴." "~을 이리 가져와라." 와 같은 간단한 일을 하도록 요구한다. 그리고 이러한 과제를 매일 몇 번씩 하도록 노력한다.

이러한 활동을 통해 부모가 자녀에게 하는 지시 방법을 바꿀 수만 있어도 아이의 순종을 상당히 증진시킬 수 있다는 것을 깨닫게 된다. 그러기 위해 '효과적으로 지시하기'를 습득한다. 여기에는 ① 부모가 뜻하는 바를 확실히 한다, ② 질문이나 부탁처럼 지시하지 않는다, ③ 한꺼번에 너무 많은 지시를 하지 않는다, ④ 아이가 부모에게 주의집중을 하도록 만든다, ⑤ 지시를 하기 전에 모든 잡음이나 방해물을 줄인다, ⑥ 아이에게 지시를 반복해 보라고 한다, 그리고 ⑦ 잔심부름 카드를 만들어 본다와 같은 원칙을 지키는 것이 포함된다. 부모가 이와 같은 일곱 단계를 따른다면, 부모의 지시에 아이가 응하는 태도가 좋아지는 것을 발견할 수 있을 것이다.

(4) 4단계: 아이가 귀찮게 하지 않을 때 관심 보이기, 독립놀이

행동 문제를 지니는 아이의 부모는 대부분 아이의 방해 때문에 전화를 하거나 저녁을 짓거나, 이웃집을 방문하는 것과 같은 일을 하기 어렵다고 하소연한다. 따라서 이번 단계는 부모가 다른 일을 하느라 바쁠 때 아이가 따로 떨어져 혼자서 놀 수 있게끔 가르치는 데 도움을 주기 위해 만들어진 것이다. 이것은 아이가 저만치 떨어져서 부모를 방해하지 않고 있을 때에 아이에게 관심을 보여 주고, 칭찬해 주기만 하면 되는 매우 간단한 절차다. 많은 경우 부모는 아이가 방해할 때에는 관심을 보이지만, 부모에게서 떨어져 독립적으로 놀고 방해하지 않는 것에는 거의 관심을 기울이지 않는다. 즉, 아이가 부모를 방해하는 것도 이상한 일이 아니다.

부모가 바쁠 때 아이가 혼자서 놀 수 있도록 가르치는 시도를 해 볼 수 있는 일의 몇 가지 예는 다음과 같다. 즉, 식사 준비, 어른끼리의 대화, 편지(가계부) 쓰기, 식사 시간 중의 대화, 특별한 일하기, 전화하기, 신문을 읽거나 TV 보기, 남의 집 방문, 집안 청소 등이다. 부모는 한 주 동안 이 방법을 연습하기 위해서 이 중 한두 가지 일을 골라야 한다. 만일 부모가 전화하기를 골랐다면, 부모는 배우자나 친구에게 단순히 이 방법을 연습할 목적으로 하루에 한두 번 전화를 걸어 달라고 할 수도 있다. 그렇게 하면 중요한 전화가 올 때에는 아이가 이미 부모로부터 멀리 떨어져 있도록 훈련이 되어 있어 거의 방해를 받지 않고 통화할 수 있게 될 것이다.

(5) 5단계: 가정 내 포커 칩 및 점수 제도

행동 문제를 가진 아이를 다루려고 할 때는 아이가 심부름을 하고, 규칙을 지키고, 지시에 복종하도록 동기를 부여하는데, 칭찬만으로는 충분하지 못한 경우가 흔하다. 결과적으로, 아이에게 동기를 부여하기 위해서는 좀 더 강력한 프로그램을 시행할 필요가 있다. 그런 성공적인 프로그램의 하나가 바로 가정에서 실시하는 포커 칩 프로그램으로, 절차는 다음과 같다.

① 플라스틱 포커 칩(단위별로 색깔이 다른 동전과 같은 모양)을 구입한다. 만일 아이가 만 4~5세이면 색깔에 관계없이 모두 같은 점수로 정한다. 그러나 6~8세 정도 되면 색깔에 따라 단위를 달리해서 흰색은 1점, 파란색은 5점, 빨간 색은 10점으로 계산한다. 이런 식으로 색깔에 따라 점수를 달리 할 때에는 각 포커 칩을 하나씩 메모

판에 붙여 놓고, 그 옆에 점수를 써서 아이가 쉽게 볼 수 있도록 하는 것이 좋다.

② 아이를 데리고 앉아서 여태껏 집에서 착한 일을 했을 때 충분히 상을 주지 못했음을 설명하고, 앞으로는 그렇지 않을 것이라고 이야기한다. 이제 새롭게 상 주는 방법을 정해서 착한 행동을 하면 칩을 받고 좋은 일이 있을 것임을 가르쳐 준다.

③ 아이와 함께 칩을 보관할 수 있는 저금통을 만든다. 구두 상자, 빈 커피 캔, 플라스틱 병 등을 저금통으로 사용할 수 있다. 아이와 함께 저금통을 재미있게 장식해 본다.

④ 포커 칩으로 얻을 수 있는 특권의 목록을 만든다. 이 특권에는 가끔의 특별한 활동(예: 영화 관람, 롤러스케이트 타기, 장난감 사기 등)뿐 아니라 아이가 당연한 것으로 여기고 있는 일상적인 것(예: TV 시청, 오락 게임, 집에 있는 특별한 장난감 가지고 놀기, 자전거 타기, 친구 집에 가기 등)도 포함한다. 적어도 10개 이상, 대략 15개 정도가 적당하다.

⑤ 다음으로 아이가 실행해야 하는 일이나 잔심부름의 목록을 작성한다. 여기에 포함되는 것은 저녁 식탁 차리는 것 돕기, 식사 후 식탁 치우기, 방 청소, 정리 정돈, 쓰레기 버리기와 같은 전형적인 가사의 잔심부름일 수 있고, 학교에 입고 갈 옷 준비하기, 잠자리 준비하기, 세수하기, 목욕하기, 양치하기와 같은 자조 임무를 덧붙일 수 있다.

⑥ 각각의 일이 몇 점의 가치가 있는지 점수를 매긴다. 대략 4~5세 아이에게는 대개 1~3점의 점수를 주고, 아주 큰 일을 하였을 때는 5점을 준다. 6~8세의 아이에겐 1~10점을 사용하고, 아주 큰 일에 대해서는 더 많은 점수를 줄 수도 있다. 기억해야 할 것은, 어려운 일일수록 점수가 많아진다는 것이다.

⑦ 아이가 보통 때 할 일을 다 하면 대략 몇 점이나 벌 수 있는지를 계산해 본다. 그런 후에 이 숫자를 기억하고 보상을 얻기 위해 아이가 지불해야만 하는 칩이 몇 개씩인지를 결정해야 한다. 대개 아이가 매일 획득하는 칩의 2/3는 흔한 일상적인 권리를 누리는 데 사용하도록 해야 한다. 이로써 아이는 매우 특별한 보상인 어떤 것을 얻기 위해 매일 버는 칩의 1/3을 저축하게 된다. 각각의 보상에 몇 점을 매겨야 하며 그것이 정당한지는 부모 스스로 판단해 보고, 특별한 보상엔 더 많은 칩을, 일상적인 것엔 더 적은 칩을 요구해야 한다는 것만 염두에 둔다.

⑧ 아이에게 심부름을 빨리, 기분 좋게 하면 보너스 점수를 얻을 수도 있다고 말한다. 이런 보너스 점수는 항상 주는 것이 아니라 아이가 아주 특별히, 기분 좋게, 신속

히 일을 했을 때에만 준다.

⑨ 칩은 한 번 요구해서 그 일을 할 때에만 주는 것이다. 만일 지시를 반복하였다면 아이는 그 지시에 따르고도 칩을 받지 못할 것이다.

⑩ '이번 주'에는 어떤 작은 행동에 대해서도 칩을 줄 수 있도록 비상한 노력을 기울여야 한다. 특히 비록 목록에 없는 일이라도 착한 행동에 대해서는 보상을 할 수 있다. 아이에게 상을 줄 기회를 노리도록 한다! (주의 사항: '이번 주'에는 아이가 잘못하더라도 칩을 빼앗지 않는다! '이번 주' 동안에는 칩은 벌로서 빼앗는 것이 아니라, 오로지 상으로만 쓰도록 한다.)

(6) 6단계: 타임아웃!

이번 단계는 이 프로그램의 가장 중요한 부분이다. 아이가 지시에 순종하지 않았거나 잘못된 행동을 했을 때 타임아웃(time out) 방법을 사용하기 위해서는 특별한 기술이 필요하고 매우 신중해야 한다. 먼저, 타임아웃은 다음과 같이 시행한다.

① 아이에게 첫 번째 명령을 할 때에는 언제나 단호하지만 좋은 목소리로 한다. 고함을 치지 말고, 그렇다고 너무 부탁의 어조로 요구하지도 않는다. 효과적으로 명령하기 위해선 3단계에서 설명했던 그대로 하는데, 아이에게 사무적인 목소리로 간단하게, 직접적으로 지시한다.

② 아이에게 지시를 한 후 속으로 다섯을 세는데, 아이가 눈치 채지 않도록 작은 소리로 센다.

③ 만일 아이가 5초 내에 순종하기 위해 움직이지 않는다면, 아이의 눈을 똑바로 쳐다보면서 더 큰 목소리로 단호한 자세를 취하면서 말한다(예: 손가락으로 의자를 가리키면서 "내 말대로 안 하면 저 의자에 앉힐 거야."라고 말하기).

④ 일단 경고를 하고 나서 다시 5까지 센다(이때는 큰 소리로 "하나, 둘" 하고 센다).

⑤ 만일 아이가 5초 내에 응하지 않는다면, 아이의 팔이나 손목을 단단히 붙잡고 "너 내가 시킨 대로 안 했으니까 저 의자에 좀 앉아 있어야겠다!"라고 말한다. 이렇게 크고 단호하게 이야기하고, 타임아웃 의자에 아이를 데리고 간다. 아이가 어떤 약속(혹은 변명)을 하더라도 상관하지 말고, 즉각 의자로 데리고 간다. 만일 아이가 저항한다면, 필요한 경우 약간의 신체적 힘을 사용할 수도 있다. 이때 아이는 화장

실에 가서도 안 되고, 물을 마셔도 안 되고, 부모에게 따져서도 안 되고, 무조건 즉시 타임아웃 의자에 앉아야 한다.

⑥ 아이를 의자에 앉혀 놓고, "내가 일어나라고 할 때까지 거기 앉아 있어!" 하고 엄하게 말한다. 그런 후에 아이가 조용해질 때까지 아이 곁에 오지 않겠다고 이야기할 수 있지만, 한 번 이상은 하지 않는다.

⑦ 타임아웃에 있는 동안에는 절대로 아이와 언쟁하지 않는다. 또한 이 시간 동안 어느 누구도 아이에게 말을 걸어선 안 된다. 그리고 부모는 아까 하던 일을 마저 하기 위해 돌아가도 좋지만, 대신에 아이가 의자에서 무엇을 하는지 지켜보기 위해 계속 눈을 떼지 않는다. 적당히 시간이 흘렀다고 판단되면(다음에서 설명함), 아이에게로 가서 "이제 시킨 대로 하겠니?"라고 말한다. 아이가 욕설이나 주먹질과 같이 정정할 수 없는 행동을 했다면 다시는 그러지 않겠다는 약속을 받아야 한다.

⑧ 이제 아이는 타임아웃을 받기 전에 하도록 지시받았던 것을 하러 간다. 그다음에 부모는 중립적인 목소리로 "내 말대로 해 주니 기쁘구나."라고 말해야 한다.

⑨ 아이가 이후 적절한 행동을 하는지 지켜보고, 그것에 대해 칭찬해 준다. 이를 통해 아이가 이 프로그램에서는 벌만이 아니라 상도 주어진다는 것과, 부모가 아이에게 화를 내고 있는 것이 아니라 아이의 행위에 대해 화를 내고 있는 것이라는 사실을 알게 해 준다.

이것을 시행하는 데 있어 '타임아웃은 얼마나 오래 해야 하는가?'라는 질문에 대한 답은, 다음 세 가지 조건이 성립될 때까지 아이의 타임아웃은 계속된다는 것이다. 첫째, 타임아웃에 보내질 때는 항상 '최소한의 벌'이 주어진다. 이 최소한의 벌이란 아이의 연령의 1~2배 정도의 시간이다(즉, 4세 아동의 경우 4~8분). 가벼운 잘못이나 약간 잘못된 행동에는 1분, 심하게 잘못된 행동에는 2분이 적당하다. 둘째, 일단 '최소한의 벌'이 끝나면, 아이가 조용해질 때까지 기다린다. 타임아웃을 처음 실시할 때엔 몇 분에서 한 시간 이상이 걸릴 수도 있다. 잠깐이라도(적어도 30초 이상) 아이가 조용해지기 전까지는 아이에게 가지 않는다. 아이가 심하게 따지고 떼를 쓰고, 소리 지르고, 큰 소리로 울어서 1~2시간이 넘더라도 그대로 지속해야 한다. 아이에게 가지도, 관심을 보이지도 않는다. 셋째, 아이가 잠깐이라도 조용해지고 나면, 이제 아이는 지시받은 것을 하겠다고 동의해야 한다. 만일 그것이 심부름이라면, 아이는 그 심부름을 하겠다고 동의해야 하고,

만일 욕설이나 거짓말 같이 아이가 이미 저지른 일이라면, 다시는 그런 행동을 하지 않겠다고 약속해야 한다. 그러나 아이가 동의하지 않는다면, 즉 "싫어!" 라고 한다면, 부모는 일어나는 것을 허락하기 전까지 계속 의자에 앉아 있으라고 한다. 그러고 나서 아이는 또 다른 최소한의 벌을 받고, 의자에 앉아 조용히 해야 하며, 지시에 따르겠다고 동의해야 한다. 그러지 않으면 절대로 의자에서 일어날 수 없다. 부모는 아이와의 이 자존심 대결에서 반드시 승리를 거두어야만 한다!

다른 질문으로, '만일 아이가 허락 없이 의자에서 떠난다면 어떻게 해야 하는가?' 가 있다. 타임아웃을 처음 사용할 때 대부분의 아동은 부모의 권위를 시험해 본다. 그들은 시간이 되기 전에 의자에서 탈출을 시도할 것이다. 아이가 의자를 떠날 때, 흔히 맨 처음 아이가 의자에서 일어났을 때에는 의자에 다시 밀어 앉히면서 화가 난 모습을 하고 큰 소리로 "이 의자에서 한 번만 더 일어나면 맞을 줄 알아!" 라고 경고한다. 만일 아이가 또다시 의자를 떠난다면 손이나 준비된 회초리로 1~2대 엉덩이를 가볍게 때리면서 아이를 의자에 앉히고 "너, 내가 일어나라고 할 때까지 다시 여기 앉아 있어." 라고 다시 한 번 명확하고 단호하게 경고한다. 만일 부모가 체벌에 동의하지 않는다면, 때리는 것 대신에 사용할 수 있는 대안적인 방법을 찾아보도록 한다. 예를 들어, 아이를 물리적으로 제재하는 다른 방법(예: 욕실에 가두는 방법, 손 들고 서 있게 하는 방법, 무릎을 꿇리는 방법 등)이 있다.

마지막으로, '타임아웃에서 어떤 것을 기대하면 좋은가?' 다. 만일 아이가 행동 문제를 보이는 아동의 전형적인 유형에 속한다면, 아이가 처음 타임아웃에 보내질 때 상당히 화를 낼 것이라는 점을 예상할 수 있다. 아이는 타임아웃 동안 화를 내고, 소리를 지르거나 기분이 상했으므로 울기도 할 것이다. 대부분의 아동은 조용히 하지 않고 이와 같이 계속해서 떼쓰고 울다가 결국 '최소한의 벌' 을 지나서 타임아웃이 연장된다. 그러므로 첫 타임아웃 동안에 얌전해지고 부모가 요구한 것에 동의하기까지 30분에서 한두 시간 정도도 보낼 수 있다. 일단 이 시기가 지나고 나면, 다음의 타임아웃부터 아이는 더 금방 조용해진다. 결국 아이는 최소한의 벌에서 얌전해지고, 그후 즉시 요구한 것에 동의하게 될 것이다. 또한 아이는 부모의 첫 번째 명령 혹은 적어도 타임아웃에 대한 경고에 복종하게 될 것이다. 그래서 점차 타임아웃은 줄어든다. 그러나 그렇게 되기까지는 몇 주가 걸릴 것이다. 타임아웃의 첫 주 동안에 부모가 기억할 것은, 타임아웃이 절대로 아이를 괴롭히는 것이 아니라 단지 아이에게 자제력을 키워 주고, 부모의 권위에 복종하도록 하며, 규칙을 지키는 능력을 갖도록 가르치기 위한 것이라는 점이다. 물론 아이의 입장에선 이 방법을 썩 좋아하지 않겠지만, 가정이나 사회의 어떤 규칙을 배우려면 가끔은 불행이나 고통도 경험해야만 할 것이다.

이와 함께 기억해 둘 사항으로, 아이는 타임아웃 시간이 끝나고 부모가 요구한 것에 동의하기 전까지는 화장실에 가거나 물을 마시러 의자에서 떠나서는 안 된다. 만일 그것을 허용한다면, 의자에 앉아 있게 될 때마다 타임아웃을 피하기 위해서 이를 이용할 것이다. 추가로, 만일 식사 시간 중에 타임아웃에 걸리면 의자에 앉아 있는 시간만큼 식사 시간을 줄이거나 식사를 거르게 할 수밖에 없다. 절대로 식사를 거른 것에 대해 나중에 특별히 먹을 것(간식, 군것질 포함)을 주어서는 안 된다. 타임아웃을 효과적으로 하기 위해서는 의자에 앉아 있는 동안에 아이를 모든 것으로부터 제외시켜야 한다. 그러므로 타임아웃 시간 동안에 아이가 잃어버린 것에 대해서 보충해 주지 않아야 한다. 부모는 아이가 타임아웃이 끝나기 전에 의자에서 빠져나가려고 이용하는 온갖 잔꾀에 대해 충분히 각오해서 절대로 넘어가서는 안 된다. 처음에는 말 안 듣는 행동 한두 가지에 대해서만 타임아웃 방법을 사용한다. 그렇게 해야 이 프로그램의 시작부터 아이를 지나치게 벌주는 일을 피할 수 있다. 그리고 주의할 것이 아직은 집 밖에서 타임아웃을 실시하지 않는다. 우선은 집 안에서 성공하여야 밖에 나가서도 성공할 수 있기 때문이다.

(7) 7단계: 다른 행동에도 타임아웃 확대 적용하기

이번 단계에서는 부모에게 새 지침서를 제시하지는 않는다. 그러므로 타임아웃을 성공적으로 사용한 부모에게 이번 단계는 매우 간단할 것이다. 하지만 그렇지 못한 가족에겐 타임아웃을 사용하면서 부모가 경험한 문제와 그것을 해결한 방법에 관해 다시 한 번 잘 생각해 보도록 한다. 부모는 이번 단계에서 타임아웃을 사용해 볼 두 가지의 새로운 비순종 행동에 관해 생각해 보도록 한다. 부모는 지난 주처럼 기록도 계속 해야 한다. 몇몇 가족에겐 더 이상 관심을 기울여야 할 아동의 비순종 행동이 없을 수도 있다. 그럴 경우, 부모는 특정 행동을 정해 놓기보다는 상황에 따라 타임아웃을 실시하는 것이 적절하다고 보이는 행동에 타임아웃을 사용해 볼 수 있고, 그런 가족은 기록을 계속할 필요도 없다.

(8) 8단계: 공공장소에서 아이 다루기

아이를 집에서 지시에 따르도록 훈련시킨 이후에 상점이나 식당, 백화점, 교회 등과 같은 공공장소에서도 그렇게 하도록 가르치는 것이 더 쉬울 것이다. 공공장소에서 아이를 성공적으로 다루는 방법의 열쇠는, 부모가 미리 아이 다룰 계획을 세워 두고 공공장소 안에 들어가기 전에 그 계획을 아이에게 확실히 알려 주는 것이다. 부모가 공공장소에 들어가기 전에 따라야 하는 세 가지 쉬운 규칙은 다음과 같다.

① 공공장소에 들어가기 전에 규칙을 세운다. 공공장소에 들어가기 바로 직전에 멈춰 선다. 다른 사람들이 들어갈 수 있도록 옆에 비켜 선 다음, 아이에게 중요한 행동 규칙을 말해 주고 들어간다. 예를 들면, 어린 아이에게 상점에서의 규칙은 "엄마 옆에 꼭 붙어 있어. 만지지 말고, 사 달라고 하지 마." 등이다. 좀 더 연령이 높은 아이를 위한 규칙은 "엄마 옆에 있어. 사 달라고 하지 마. 그리고 엄마가 말한 대로 해." 등이다. 아이에게 세 가지 정도의 지켜야 하는 규칙을 말해 준다. 이 규칙은 아이가 그 장소에서 자주 위반해 온 것들이다. 아이에게 규칙을 말한 후에 다시 한 번 반복해 보라고 시킨다. 아이가 규칙을 반복해 말하기 전까지는 공공장소에 들어가선 안 된다. 만약 아이가 규칙을 말하지 않으면, 차 안에서 혹은 공공장소 밖에서 타임아웃 당할 것임을 경고하고, 그래도 여전히 거부하면 지시에 따르지 않았으므로 타임아웃을 시행한다.

② 규칙에 따르면 줄 상을 정한다. 공공장소 앞에 서 있는 동안 규칙을 지키고 적절하게 행동한다면 그 대가로 얻을 수 있는 것을 아이에게 분명히 말해 준다. 아이가 토큰 제도를 시행 중에 있다면 그것을 이용할 수 있다. 아이가 너무 어려서 그런 방법이 불가능하다면, 작은 과자 봉지(예: 땅콩, 건포도, 비스킷 등)를 가지고 가서 공공장소에서 돌아다니는 동안 아이가 좋은 행동을 할 때마다 과자를 조금씩 꺼내 준다. 때때로 그 장소에서의 일을 다 마칠 때 무엇인가 물건을 사 주겠다고 아이에게 약속하고 싶겠지만, 이것은 아주 예외적인 일로 특별히 좋은 행동에 한해서 적용한다. 그래야 아이가 집을 벗어난 어떤 장소에 가든지 으레 무엇인가를 사 주겠지 하는 기대를 가지지 않게 된다. 또 어떤 부모는 공공장소에서 일을 다 본 후에 집에 가서 특별한 특권을 아이에게 주겠다고 약속하기도 하는데, 그런 것도 좋긴 하지만 가능하면 토큰 제도를 이용하도록 한다. 왜냐하면 외출 동안 아이의 좋은

행동에 대해 칩으로 즉시 보상할 수 있기 때문이다.

③ 말을 안 들으면 줄 벌을 정한다. 공공장소 밖에 있는 동안에 규칙을 따르지 않거나 잘못된 행동을 했을 때의 벌에 대해서도 아이에게 이야기한다. 대부분의 경우에는 규칙 위반 시 칩을 빼앗고, 아주 중대한 잘못이나 비순종에 대해서는 타임아웃을 사용한다. 공공장소에서 타임아웃 방법을 사용하는 것을 꺼려하지 않도록 한다. 타임아웃은 아이에게 그런 장소에서도 규칙을 지켜야 한다는 것을 가르칠 수 있는 가장 효과적인 방법이기 때문이다. 아이에게 벌에 대해 설명한 후에는 공공장소에 들어가도 좋다. 공공장소에 들어가자마자 즉시 해야 할 일이 두 가지 있다. 먼저, 필요할 경우 그 공공장소에서 타임아웃 장소로 쓸 수 있는 곳을 찾는 것이고, 두 번째로 아이가 규칙을 잘 따를 때 관심을 기울여 주고 칭찬하는 것이다.

만일 앞에서 시행한 토큰 제도를 아직까지 계속 시행 중에 있다면, 끝에 가서 계산할 것이 아니라 돌아다니는 동안 주기적으로 아이에게 보상을 해 주기 위해 칩을 주어야만 한다. 덧붙여서, 아이가 규칙에 순종하는 것에 대해 자주 칭찬해 주고 관심을 기울이도록 한다. 아이가 잘못된 행동을 하기 시작하면 즉각적으로 칩을 빼앗거나 타임아웃을 시킨다. 아이는 잘못 행동하면 일어나게 될 일을 미리 경고받았으므로, 지시나 경고를 재차 되풀이하지는 않는다.

공공장소에서 타임아웃을 사용할 수 없을 때에만 사용해야 하는 몇 가지 대안이 있다. 첫째, 아이를 건물 밖으로 데리고 나와서 그 건물 벽을 마주보고 서 있게 한다. 둘째, 아이를 차로 데려가서 차의 뒷좌석 바닥에 앉아 있게 하고, 부모는 이때 앞좌석에 앉거나 옆에 서 있는다. 셋째, 공공장소에 가기 전에 메모장을 들고 가서 아이가 잘못하면 언제든지 적어 놓았다가 집에 도착하자마자 타임아웃을 한다는 것을 이야기해 준다. 집에서 아이가 타임아웃을 당하는 모습을 사진으로 찍어 스마트폰에 저장해 놓거나 메모장에 붙여 놓았다가 공공장소 앞에서 아이에게 보여 주고, 만일 잘못하면 집에 돌아가서 이렇게 타임아웃 당할 것이라고 말하는 것도 도움이 될 수 있다. 마지막으로, 볼펜이나 필기구를 가지고 다니다가 아이가 행동을 잘못했을 경우에 아이의 손등에 표시를 해 놓겠다는 것을 공공장소 앞에서 아이에게 이야기한다. 그러면 아이는 집에 돌아가서 그려진 표시의 개수에 따라 타임아웃의 벌을 받게 될 것이다. 이때 기억해야 할 중요한 점은 아이와 함께 외출할 때마다 잘못된 행동을 다루려면 반드시 재빨리 행동해야만 한다는 것이다. 그래야 아이와 크게 다툼을 벌이거나 아이가 떼쓰는 것으로 발전하지 않는다. 또한 외출 동안 아이의 좋은 행동을 강화하기 위해서 칭찬이나 보상을 자주 해 주어야만 한다.

(9) 9단계: 학교 교사와의 협력

학교 담임교사와의 협력을 위한 구체적인 방법으로 학교행동 일일보고카드(daily report card, 이하 DRC)를 이용한다. DRC는 담임교사로 하여금 그날 학교에서 아이가 한 행동에 대한 평가를 가정으로 보내게끔 하는 것으로, 부모는 그 평가를 가정에서 아이에게 보상을 해 주거나 박탈하는 데 이용할 수 있다. 이런 카드(국내에서는 알림장)는 학교에서 아이가 보이는 광범한 문제를 개선하는 데 매우 효과적이라고 알려져 있다. 편리하고 비용 절감적이며, 교사와 부모가 모두 동참한다는 사실 때문에 만일 자녀가 학교에서의 행동 문제를 가지고 있다면 DRC는 종종 부모가 시도해 볼 수 있는 첫 번째 중재 방안 중 하나가 된다. DRC의 왼쪽에는 프로그램의 초점이 되는 '목표' 행동들을 적고, 맨 윗칸에는 학교생활에서 아이가 얼마나 잘 행동했는지를 나타내는 평정을 한다.

이 방법을 이용해서 담임교사의 보고를 매일 가정으로 보낼 수 있는데, 아이의 행동이 개선되어 감에 따라 일일보고는 주당 2회(예: 수요일과 금요일), 주당 1회로 감소할 수 있으며, 마침내는 완전히 중단할 수 있게 될 것이다. 여러 유형의 DRC를 아이에 맞게 만들 수 있다. 프로그램의 목표가 되는 행동에는 사회적 품행(예: 공유 행동, 또래 친구와 사이좋게 놀기, 규칙 준수)과 학업 수행(예: 산수나 읽기 과제를 끝마치기)이 모두 포함된다. 특히 저조한 학업 수행(낮은 학업 생산성)을 목표로 하는 것이 효과적일 수 있다. 목표가 되는 행동의 예로는 할당된 과제의 전부(혹은 특정한 분량)를 끝마치기, 지정된 자리에 앉아 있기, 교사의 지시에 따르기, 다른 친구들과 협동하여 놀기 등을 들 수 있다. 부정적인 행동(예: 공격성, 파괴적 행동, 소리 지르기) 또한 이 프로그램을 통해 감소시킬 목표 행동에 포함할 수 있다. 그리고 교실 내 수행에 덧붙여서 과제물도 목표 행동이 될 수 있다. 이따금 아동은 과제물을 집에 가져가는 일을 잊어버리거나 과제물을 다 하고도 다음 날 학교에 가져오는 일을 잊어버리기도 한다. 이런 영역 각각이 DRC 프로그램에서 목표가 될 수 있다. 목표 행동의 수는 대략 네댓 가지 정도가 적당하다. 프로그램에서 아이가 성공할 가능성을 극대화하기 위해서는 변화시키고 싶은 몇 가지 행동에만 초점을 맞추어 시작한다. 그 행동들이 개선되어 감에 따라 몇 가지 문제행동을 더 목표로 첨가할 수 있다. 아이가 현재 잘하고 있는 긍정적인 행동을 적어도 한두 가지 정도 포함해서 프로그램의 초반 동안 어느 정도의 점수를 얻을 수 있게 해 주는 것이 좋다.

대개는 아동이 학교 일과를 하는 동안 내내 주시 · 관찰을 하게 되지만, 매우 빈번히 발생하는 문제행동에서 성공을 거두기 위해서는 처음에 한두 과목에 대해서만 또는 수업 시간에만 등 학교 일과의 일부에 대해서만 평정을 하도록 할 수 있다. 아이의 행동이 향상되어 감에 따라 학교 일과 전부가 주시 · 관찰될 수 있도록 점차 더 많은 시간 및 과목을 포함하는 방향으로 카드를 확장할 수 있다. 만일 여러 명의 교사가 각기 다른 수업을 맡아 가르치는 경우엔, 각 수업마다 도움이 필요한 정도에 따라 교사의 일부 혹은 전부가 프로그램에 참여할 수도 있다.

프로그램의 성공 여부는 교사의 보고를 분명하고 일관된 방법을 통해 가정에서의 결과로 이행하는 것에 달려 있다. DRC의 한 가지 이점은 매우 다양한 결과가 사용될 수 있다는 것이다. 가장 흔한 결과로서, 아이가 그날 학교에서 잘 지냈음이 DRC에서 드러날 때마다 가정에서 칭찬과 긍정적인 관심을 보여 주어야 한다. 그러나 많은 아동에겐 종종 눈에 보이는 보상이나 토큰 프로그램이 필요하다. 예를 들어, DRC에 적힌 긍정적인 기록은 가정에서 TV 시청 시간 제공, 특별한 간식 시간 제공 또는 취침 시간 지연과 같은 특권으로 보상해 줄 수 있다. 토큰 제도는 아이가 긍정적인 행동 평정으로 점수를 얻을 때와 부정적인 평정으로 점수를 잃을 때 모두의 경우에도 사용될 수 있다.

DRC의 이점은, 전반적으로 교실 내 행동수정 프로그램 이상으로 효과적이며 교실 내 프로그램과 병행했을 때 그 효과가 더욱 증가한다는 것이다. 아동은 학교에서 제공되는 것보다 더욱 빈번한 피드백을 통해 종종 이득을 얻기 때문에 일일보고는 특히 아동에게 매우 적합한 것으로 보인다. 그리고 이런 프로그램으로 부모는 아동이 정상적으로 제공하는 것보다 더욱 빈번한 피드백을 제공받게 된다. 부모의 경우, 학교에서 어땠는지 질문하면 대부분의 아동은 한마디로 딱 잘라서 "좋았어." 라는 대답만을 할 뿐이고, 이 대답은 정확하지 않을 수 있다. 이 DRC 프로그램은 또한 부모에게 언제 아이의 행동에 보상을 해 줘야 하는지를 상기시켜 주며, 어떤 행동이 학교에서 문제가 되기 시작하는지를 경고해 줌으로써 더욱 집중적인 주시 · 감독을 하게도 해 준다. 게다가 가정에서 사용할 수 있는 보상의 유형과 질은 대개 교실에서 사용할 수 있는 것보다 훨씬 더 광범위한데, 이는 더욱 강력한 보상을 필요로 하는 아동에게는 매우 중요한 요인이다. 이런 이점은 차치하더라도, DRC는 일반적으로 교실 내 프로그램보다 담임교사의 훨씬 더 적은 시간과 노력을 요한다. 따라서 교실 내 행동 관리 프로그램을 실시할 수 없는 교사가 가정에서 보내오는 DRC에 협조할 가능성은 더욱 높다.

DRC 프로그램의 유용성에도 불구하고, 그 효과는 교사가 아이의 행동을 얼마나 정확히 평가하는지에 달려 있다. 또한 가정에서 얼마나 공정하고 일관되게 결과를 사용하는지의 여부에도 달려 있다. 어떤 경우, 아동은 보고 카드를 집에 가져오지 않음으로써 프로그램을 중단시키려고 할 수도 있다. 교사의 서명을 위조하거나 아예 서명을 받아오지 않을 수도 있다. 이런 시도를 막기 위해서는 보고 카드를 잃어버리는 것이나 서명을 안 받아 오는 것을 '나쁜' 보고와 동일한 방식(즉, 아이는 점수를 얻지 못하거나 특권 혹은 점수를 잃는 벌에 처해진다)으로 다루어야만 한다. 아이는 카드를 집에 가져오지 않은 것에 대한 벌로 그날 하루 동안 외출 금지(특권도 박탈)를 당할 수도 있다.

DRC에는 두 가지 종류가 있는데, 하나는 교실 내 행동에 대한 것이고, 다른 하나는 쉬는 시간 동안의 행동에 대한 것이다. 자녀가 학교에서 가지고 있는 문제에 적합하다고 생각되는 카드를 골라 사용하도록 한다. 하지만 국내 사정을 감안할 때 별도로보다는 한 개로 통합하여 작성하는 것이 나을 수도 있다. 각 카드에는 아동이 겪을 수 있는 다섯 가지 영역의 잠재적인 문제행동이 적혀 있다. 교실 내 DRC에는 이 행동 영역에서 교사가 수업 시간마다 평정을 할 수 있도록 칸이 나뉘어 있다. 평정의 횟수가 더 빈번할수록 아동에 대한 피드백은 더욱 효과적이며, 부모에게 더욱 많은 정보를 줄 수 있다. 교사는 아동이 카드를 위조하지 못하도록 해당 수업 시간 동안의 아동의 행동을 평정한 다음, 그 칸의 제일 밑에 서명을 해야 한다. 정확한 과제물을 집에 가져가는 것이 문제가 되는 아동이 있다면, 교사는 해당 수업 시간에 대한 평정을 하기 전에 아동에게 카드의 뒷면에 과제물을 받아 적게 한다. 이런 식으로 해서 교사는 카드의 뒷면을 보고 아동이 과제물을 정확히 받아 적었는지 확인한 후 카드의 앞면에 평정을 한다. 특별히 부정적인 평정에 대해서는, 교사가 그런 부정적인 결과가 나온 경위에 대해 간단한 설명을 써서 가정으로 보내 주는 것이 좋다. 교사는 5점 척도(1 = 매우 잘했다, 2 = 잘했다, 3 = 그저 그렇다, 4 = 못했다, 5 = 매우 못했다)를 사용해 아동을 평정한다. 아동이 매일 새 카드를 가지고 학교에 갈 수도 있고, 여러 장의 카드를 담임교사가 가지고 있다가 아침마다 아동에게 새 카드를 꺼내 쓸 수도 있으며, 아이가 등교를 할 때에 교사가 새 카드를 주어서 보낼 수도 있는데 어떤 방법이든 일관되게 하는 것이 가장 좋다. 부모는 아동이 집에 돌아오자마자 즉시 카드를 살펴보고, 먼저 긍정적인 평정에 대해 이야기를 나눈 다음, 부정적인 평정과 그 이유에 대해서는 중립적이고 사무적인 목소리(화난 목소리는 안 된다!)

〈표 10-3〉 일일보고카드(DRC)

• 학교 행동 일일보고카드

아동의 이름: ______________ 날짜: ______________

교사의 이름: ______________

오늘 다음의 영역에서 아동이 보인 행동을 평정해 주십시오. 과목이나 수업 시간에 따라 다른 칸을 사용해 주십시오. 다음의 평정을 사용해 주십시오.

1 = 매우 잘했다, 2 = 잘했다, 3 = 그저 그렇다, 4 = 못했다, 5 = 매우 못했다

그다음 해당 칸의 맨 끝에 서명해 주십시오. 이 카드의 뒷면에는 오늘 아동의 행동에 대해 하고 싶은 말씀을 적어 주십시오.

	수업 시간 / 과목						
평정될 행동들	1	2	3	4	5	6	7
수업 참여							
학업 수행							
교실 내 규칙 준수							
친구들과 사이좋게 지내기							
과제를 냈다면, 과제의 질							
교사 서명							
카드의 뒷면에 소견을 적어 주십시오.							

• 쉬는 시간과 자유 시간의 행동 일일보고카드

아동의 이름: ______________ 날짜: ______________

교사의 이름: ______________

오늘 쉬는 시간이나 자유 시간 동안 다음의 영역에서 아동이 보인 행동을 평정해 주십시오. 쉬는 시간 및 자유 시간에 따라 다른 칸을 사용해 주십시오. 다음의 평정을 사용해 주십시오.

1 = 매우 잘했다, 2 = 잘했다, 3 = 그저 그렇다, 4 = 못했다, 5 = 매우 못했다

그다음 해당 칸의 맨 끝에 서명해 주십시오. 이 카드의 뒷면에는 오늘 아동의 행동에 대해 하고 싶은 말씀을 적어 주십시오.

	수업 시간 / 과목						
평정될 행동들	1	2	3	4	5	6	7
다른 아이들을 밀치거나 떠밀지 않기							
다른 아이들을 놀리지 않기							
쉬는 시간/자유 시간의 규칙 준수							
친구들과 사이좋게 지내기							
싸우거나 때리지 않기							
교사 서명							
카드의 뒷면에 소견을 적어 주십시오.							

로 이야기를 나누어야 한다. 그러고 나서 자녀에게 내일 부정적인 평가를 받지 않기 위해 어떤 계획을 세워 두고 있는지 물어보아야 한다. 그리고 부모는 다음날 아침 아동이 등교하기 전에 이 계획을 다시 한 번 상기시켜 주어야 한다. 아동이 계획을 말한 후에는 카드에 나타난 각 평정에 대한 보상으로 점수를 주거나 부정적인 평정에 대해서는 점수를 박탈해야 한다. 예를 들어, 초등학교 저학년 아동의 경우 카드에 적힌 평정 1에 대해선 5개의 칩을, 2에 대해선 3개의 칩을, 3에 대해선 1개의 칩을 받는 반면, 4에 대해선 3개의 칩을, 5에 대해선 5개의 칩을 벌금으로 내게 된다. 더 나이가 많은 아동의 경우엔 카드에 적힌 평정 1~5에 대해서 각각 25, 15, 5, −15, −25점의 점수가 부과된다. 그런 다음, 칩이나 점수를 합산하고 벌금을 빼고 나서 아동이 남은 칩이나 점수를 가정에서의 보상 메뉴에 있는 여러 가지 특권에 쓰도록 할 수 있다. 또 다른 DRC 프로그램은 매일 학교의 쉬는 시간이나 자유 시간 동안의 행동 문제를 다루고 다른 아동과 사이좋게 지내게 하기 위한 목적으로 사용되는 것이다.

(10) 10단계: 예상되는 행동 문제 다루기

지금까지 부모는 아동의 행동에 대해 상을 주거나 벌을 주는 매우 다양한 방법을 배웠다. 그렇지만 모든 아동이 때때로 문제행동을 일으키게 되며, 또 아동이 성장하면서 다른 새로운 문제행동을 보이지 않을 것이라고 장담할 수도 없다. 만약 그 문제에 대해 부모가 조금만 생각할 시간을 갖고 스스로의 프로그램을 정해 둔다면, 부모는 그런 문제를 다룰 수 있는 기술을 갖게 될 것이다. 앞으로 새로운 문제가 발생하거나 예전의 문제가 다시 발생할 경우에, 부모가 따를 만한 몇 가지 제안이 있다.

첫째, 노트를 꺼내서 문제행동을 기록한다. 아이가 어떤 잘못된 행동을 하고 있는지 구체적으로 기록한다. 지키라고 했는데도 아이가 지키지 않는 규칙을 기록하고, 정확히 아이가 잘못 행한 것이 무엇인지, 그리고 부모는 그 문제를 지금 어떻게 다루고 있는지를 기록한다.

둘째, 이런 기록을 적어도 일주일 정도 계속한다. 그러고 나서 문제를 다루는 방법을 찾을 때 그 기록이 특정한 힌트를 줄 수도 있으므로 면밀히 검토해 본다. 많은 부모가 자신이 예전의 비효과적인 습관으로 다시 아이를 다루고 있다는 것을 발견하고, 바로 그런 것이 문제를 일으켰다는 것을 알게 된다. 사태를 다시 반복하게 만드는 부모의 몇 가지 흔한 실수는 바로 다음과 같은 것이다. 즉, 너무나 자주 명령을 되풀이하는 것, 명령을 할 때 비효과적인 방법을 사용하는 것, 정확하게 규칙을 지킨 아이에게 관심 · 칭찬 · 보상 등을 불충분하게 주는 것, 즉 너무나 일찍 토큰 제도를 그만둔 것, 규칙 위반 시 즉각적으로 훈육을 하지 않은 것, 아이와의 특별한 놀이 시간을 갖는 것을 그만둔 것 등이다. 만약 부모가 이런 예전의 습관으로 되돌아갔다면 그것을 고쳐야 한다.

셋째, 필요하다면 문제를 해결할 특별한 프로그램을 만든다. 예를 들면 다음과 같다. ① 문제 상황에서 아동이 어떻게 해야만 하는지를 아동에게 정확하게 설명한다. ② 아동이 규칙을 지킬 때 보상을 해 주기 위한 토큰 제도를 정한다. ③ 문제행동이 발생할 때마다 즉각 타임아웃을 시행한다. ④ 부모의 노트에 "그 문제는 어느 특정한 장소나 상황에서 일어나는 것 같다."라고 되어 있다면, 공공장소에서 아동에게 사용하도록 배운 단계를 따른다(문제의 예측, 문제가 일어나기 전의 규칙 검토, 좋은 행동에 대한 보상, 잘못하는 행동에 대한 벌). ⑤ 노트에 문제행동을 계속 기록해 언제부터 그 행동이 개선되기 시작했는지도 알 수 있도록 한다.

4. 맺는 글

현재도 일부 그런 오해가 있지만, 오랫동안 ADHD는 부모의 잘못된 양육에 따른 것으로 간주되었다. 하지만 최근에 ADHD의 원인이 유전적인 소인과 함께 태내외 성장 과정의 신경생물학적 요인에 의한 것이 주된 것임이 밝혀지고 있음으로써 부모의 양육이 ADHD의 직접적인 원인은 아니라고 하더라도, 병의 경과 및 예후에는 아주 중요한 영향을 미치고 있음을 유념해야 한다. 이런 점으로 인해 ADHD 치료에서 약물치료 시행 여부와 관계없이 부모 교육 · 상담 혹은 부모훈련은 필수적이다. 특히 ADHD의 경과에서 발생하는 공존질병 가운데 가장 흔한 반항장애 혹은 품행장애는 부모의 양육과 아주 밀접한 연관을 갖는다.

전 세계적으로 ADHD가 아주 중요한 아동기 질환으로 대두되면서 여러 진료지침이 제안되었는데, 거의 모든 진료지침에서 부모교육(혹은 상담, 훈련)은 이들의 진료에서 가장 기본적이고 핵심적인 사항으로 제안되고 있다. 하지만 ADHD 자체에 대한 치료적 접근이라기보다는 ADHD를 지닌 아동에 대한 접근으로 이해하는 것이 필요하다. 따라서 ADHD 자체의 치료 혹은 증상 완화라기보다는 'ADHD를 지닌 아동(Children with ADHD)'의 어려움을 덜어 주고, 아이가 자신의 강점을 잘 발휘하고 또래나 주변 사람들과 좋은 관계를 맺고 자신의 발달과정을 순탄하게 나아갈 수 있도록 부모를 이해시키거나 도와주는 역할이 필요하다는 것이다. 그런 목표를 가지고 체계적으로 매뉴얼화하여 개발된 몇 가지 프로그램이 있는데, 대부분의 프로그램이 기본적인 골격은 매우 유사하다. 따라서 어느 한 프로그램이라도 확실하게 기본 원리와 구체적인 시행에 대해 이해한다면 충분하다. 그런 점에서 필자가 국내에 소개한 『말 안 듣는 아이: 임상가를 위한 평가 및 부모훈련교재(*Barkley's Defiant Children: A clinician's manual for assessment and parent training*, 2nd ed.)』(1997)는 다소 오래되기는 했지만 이 장에서 충분히 자세하게 논의하였다. 하지만 이렇게 체계화된 프로그램이 아니라도 부모를 교육하기 위해서는 융통성 있고 보다 세심한 조언이 필요하다.

전문가는 부모와 협력하는 방안에 대해 보다 성숙하고 실질적인 경험 및 지침을 숙지해야 할 것이다. 그러기 위해서는 앞서 소개한 매뉴얼화된 프로그램 등을 통해 임상적 경험을 쌓아 가면서 부모 및 교사, 그 외 관련된 인물들과 의사소통함으로써 보다 나은 전략을 수립하고 시행하도록 해야 한다. 그리고 더 나아가서 미국 CHADD와 같은 자조 집단에 참여하거나 ADHD 아동과 부모를 위한 대변인 혹은 옹호자가 되어야 한다.

참고문헌

김세실, 안동현, 이양희(1998). 주의력결핍/과다활동장애(ADHD) 아동에 대한 약물-부모훈련 병합치료의 효과. 신경정신의학, 37(4), 683-699.

박현진, 배주미, 허자영, 김영화, 송현주, 이수림, 허지은(2010). ADHD 아동-부모 프로그램 개발. 2010 청소년상담연구, 153권. 서울: 한국청소년상담원.

안동현, 김세실 역(1997). 말 안 듣는 아이: 임상가를 위한 평가 및 부모훈련교재[*Barkley's defiant children: A clinician's manual for assessment and parent training* (2nd ed.)]. R. A. Barkley 저. 서울: 하나의학사. (원저는 1판 1987년, 2판 1997년에 출판).

American Academy of Child and Adolescent Psychiatry (1997). Assessment and treatment of children, adolescents, and adults with attention-deficit/hyperactivity disorder. *Journal of American Academy of Child and Adolescent Psychiatry, 36*(10 Suppl), 85S-121S.

American Academy of Child and Adolescent Psychiatry (2007). Practice parameters for the assessment and treatment of children and adolescents with attention-deficit/hyperactivity disorder. *Journal of American Academy of Child and Adolescent Psychiatry, 46*(7), 894-921.

American Academy of Pediatrics (2000). Clinical practice guideline: Diagnosis and evaluation of the child with attention-deficit/hyperactivity disorder. *Pediatrics, 105*(5), 1158-1170.

American Academy of Pediatrics (2001). Clinical practice guideline: Treatment of the school-aged child with attention-deficit/hyperactivity disorder. *Pediatrics, 108*(4), 1033-1044.

Hembree-Kigin, T. L., & McNeil, C. B. (1995). *Parent-Child Interaction Therapy*. New York: Plenum Press.

Horn, W. F., Ialongo, N. S., Pascoe, J. M., Greenberg, G., Packard, T., Lopez, M., Wagner, A., & Puttler, L. (1991). Additive effects of psychostimulants, parent training, and self-control therapy with ADHD children. *Journal of the American Academy of Child and Adolescent Psychiatry, 30*(2), 233-240.

Kazdin, A. E. (2005). *Parent Management Training*. Oxford: Oxford University Press.

McLeod, J. D., Fettes, D. L., Jensen, P. S., Pescosolido, B. A., & Martin, J. K. (2007). Public knowledge, beliefs, and treatment preferences concerning attention-deficit hyperactivity disorder. *Psychiatric Service, 58*(5), 626-631.

McMahon, R. J., & Forehand, R. L. (2003). *Helping the Noncompliant Child* (2nd ed.). New York: Guilford Press.

McNeil, C. B., & Hembree-Kigin, T. L. (2010). *Parent-Child Interaction Therapy* (2nd ed.). New York: Springer Science+Business Media.

Miguel, S., Margaret, W., & Ulrich, M. (2012). Systematic review of national and international guidelines on attention-deficit hyperactivity disorder. *Journal of Psychopharmacology, 26*(6), 753-765.

Reiff, M. I., & Tippins, S. (Eds.). (2004). *ADHD: A complete and authoritative guide*. Elk Grove Village, IL: American Academy of Pediatrics.

Sanders, M. R. (1999). Triple P-positive parenting program: Towards an empirically validated multilevel parenting and family support strategy for the prevention of behavior and emotional problems in children. *Clinical Child and Family Psychology Review, 2*(2), 71-90.

Seixas, M., Weiss, M., & Müller, U. (2012). Systematic review of national and international guidelines on attention-deficit hyperactivity disorder. *Journal of Psychopharmacology, 26*, 753-765.

Webster-Stratton, C. (1994). Advancing videotape parent training: A comparison study. *Journal of*

Consulting and Clinical Psychology, 62(3), 583–593.

Weiss, G., & Hechtman, L. (1979). The hyperactive child syndrome. *Science. 205*, 1348–1354.

Zwi, M., Jones, H., Thorgaard, C., York, A., & Dennis, J. A. (2011). Parent training interventions for attention-deficit hyperactivity disorder (ADHD) in children aged 5 to 18 years. *Cochrane Database of Systematic Reviews*, 7(12), CD003018. doi:10.1002/14651858.CD003018.pub3

ADHD 11

부모-자녀 상호작용 치료

1. 들어가는 글
2. PCIT의 이론적 기초
3. 치료회기의 내용
4. PCIT에서 평가의 역할
5. PCIT 효과에 대한 증거
6. 미래연구를 위한 방향
7. 맺는 글

ADHD 11

두정일

1. 들어가는 글

부모-자녀 상호작용 치료(Parent-Child Interaction Therapy, 이하 PCIT)는 행동이나 정서에 문제가 있는 2~7세 학령 전기 아동을 둔 가족을 위해 설계되었으며, 경험적으로 검증된 단기 부모훈련 프로그램이다(Eyberg, 1979). PCIT는 처음에는 파괴적인 행동장애, 특히 반항장애, 품행장애의 치료에 사용되었으나 최근에는 ADHD를 치료하는 데에도 사용되고 있고, ADHD를 위한 대중적인 치료법이 되고 있다. PCIT를 개발하게 된 배경은 Eyberg가 임상심리학자로서 1960년대 말 아동의 문제행동을 다루기 위해 행동수정 방법을 사용한 후 놀이치료적 접근을 통해 아동의 행동 문제를 다루면서 두 가지 상이한 치료적 접근이 아동의 행동 변화를 가져오는 공통의 목표를 가지고 있다는 데 관심을 가졌던 것에 바탕을 둔다. 그는 경청, 공감, 무조건적인 수용과 같은 놀이치료의 원리, 아동과 치료사의 치료적 동맹관계를 바탕으로 아동주도적인 놀이를 진행하면서 아동의 행동이나 놀이를 부모가 언어로 표현하는 것이 부모-자녀 상호작용에 적용될 수 있도록 발전시켰다.

Eyberg의 동료였던 Hanf(1969)는 불순종하는 아동의 행동을 수정하기 위해 두 단계 모형을 만들었는데, 그것은 조작적(operant) 모형으로, PCIT의 2단계 모형의 기초가 되었다. 첫 번째 단계에서는 부모에게 아동이 놀이를 주도하게 하도록 가르치고, 아동의 긍정적 행동에 주의를 집중해 주고 부정적인 행동을 무시하게 한다. 두 번째 단계에서는 아동에게 효과적인 지시를 하고 순종하도록 독려하며, 순종하지 않을 경우 타임아웃을 한다(이경숙, 1991). Hanf의 모형은 부모와 자녀가 함께 참여하고 부모에게 직접 코칭을 사용하기 때문에 PCIT의 개발에 활용되었다.

2. PCIT의 이론적 기초

PCIT는 양육 방식과 아동의 결과 사이의 관계를 설명하는 Baumrind(1967)의 발달 연구에 기초를 두고 있다. Baumrind는 애정과 통제 차원이 모두 높은 권위적인(authoritative) 부모의 중요성을 증명하였고, 책임감, 자신감 및 사회성이 높은 아동으로 성장시키기 위해서는 최상의 양육 방식과 부모-자녀 상호작용에 중점을 두어야 한다는 것을 강조하였다(두정일, 2014). PCIT는 권위적인 양육 방식을 획득하기 위해서 애착이론과 사회학습이론에 기반을 두고 있다(Foote, Eyberg, & Schuhmann, 1998). 애착이론에 따르면, 영유아기 동안 부모가 아동의 신호에 민감하고 반응적으로 대해 줄 경우 아동은 자신의 욕구가 부모에 의해서 충족될 것이라는 기대를 갖는 인지-정서 작동 모형을 발달시키게 된다. 이러한 아동은 타인과의 관계에서 안정된 작동 모형에 따라 행동하고 더 효과적으로 정서를 조절한다(Ainsworth, Blehar, Waters, & Wall, 1978). 그에 비해 외현화 행동으로 인해 클리닉에 의뢰된 학령 전기 아동은 일반 아동보다 부모와 분리되었을 때 더 고통스러워했고 불안정한 애착의 행동 지표를 더 많이 나타냈다(Greenberg & Speltz, 1988).

애착 이론에 근거한 아동 주도적 상호작용(child-directed interaction, 이하 CDI)은 부모-자녀 간의 관계를 재구조화(restructure)하고 아동에게 안정된 애착을 제공하는 데 목표를 둔다. 부모는 긍정적이고 양육적인 상호작용 패턴을 촉진시키는 기술들을 배운다. PCIT는 학령 전기 아동이 그 이후 시기의 아동보다 부모의 관심에 좀 더 반응적이고 또래, 교사의 영향을 덜 받기 때문에 이 시기에 부모-자녀의 상호작용 변화가 아동의 행동에 큰 영향을 미칠 수 있다는 사실에 기초를 두고 있다(Eyberg, Schuhmann, & Rey, 1998). 이러한 이유로 PCIT는 긍정적인 양육 기술을 가르치고 부모-자녀 관계의 질을 개선시키는 데 중점을 두고 있는 CDI부터 실시한다(Brinkmeyer & Eyberg, 2003; Querido, Bearss, & Eyberg, 2002). 부모는 자녀와 놀면서 사용할 특별한 놀이치료 기술들(칭찬하기, 아동이 하고 있는 것을 묘사하기, 아동이 말한 것을 반영해 주기 등을 통해 긍정적인 관심을 쏟는 방법)을 배운다(Brinkmeyer & Eyberg, 2003; Hembree-Kigin & McNeil, 1995). 이러한 기술들은 아동이 적절한 행동을 하는 것을 강화시켜 주고 부모가 철저하게 관심을 두고 있다는 것을 아동에게 전달해 준다(이정숙, 두정일, 2008).

사회학습이론에서는 아동의 행동 문제가 역기능적인 부모-자녀 상호작용에 의해서 형성되고 지속된다는 것을 강조한다. 역기능적인 관계를 형성한 가족 구성원들은 습관적으로 혐오스러운 행동을 통해서 타인의 행동을 조정하려고 하기 때문에 강압적인 상호작용이 형성되며(Patterson, 1982; Patterson, DeBaryshe, & Ramsey, 1989), 강압적인 상호작용은 부적 강화에 의해서 지속된다. 즉, 아동의 외현화 행동(예: 논쟁하기, 공격성)은 부모의 행동(예: 요구를 철회하기)에 의해서 강화되고, 다시 부모의 부정적 행동(예: 소리지르기)은 아동의 행동(예: 순간적으로만 순종하기)에 의해서 강화된다. 외현화 행동을 보이는 아동의 부모는 독재적으로 힘을 휘두르는 훈육방식을 사용하거나 어떤 경우에는 애매하고 방임적인 훈육방식을 사용하는 경향이 있다. 이러한 부모의 일관적이지 못한 훈육방식은 자녀의 외현화 행동 레퍼토리를 증가시키는 결과를 가져온다(Sansbury & Wahler, 1992). 그리하여 PCIT의 두 번째 단계에서 부모는 부모 주도적인 상호작용(parent-directed interaction, 이하 PDI)을 하면서 치료사가 제공하는 실시간 코칭을 통해 자녀에게 효과적으로 지시하는 방법을 배우고 칭찬(순종의 경우)이나 처벌(불순종에 대한 타임아웃)로 일관성 있게 아동을 대하는 방법을 학습한다(Brinkmeyer & Eyberg, 2003; Hembree-Kigin & McNeil, 1995; Querido & Eyberg, 2003).

ADHD, 반항장애, 품행장애의 치료에 관해 광범위하게 고찰한 연구 결과(Loeber, Burke, & Pardini, 2009)에 따르면, 가장 효과적인 치료 전략은 인지행동 전략과 부모 관리훈련(parent management training, 이하 PMT)이었고, 부모의 참여가 치료 효과와 유지에서 중요하였다. Loeber 등(2009)은 ADHD, 반항장애, 품행장애가 있는 아동 · 청소년을 위한 다양한 치료 프로그램 중에서 학령 전기 아동을 대상으로 PMT 전략을 사용하여 효과가 검증된 치료로서 PCIT(Eyberg, Boggs, & Algina, 1995)와 Webster-Stratton(1996)의 엄청난 아이들(Incredible Years, 이하 IY)을 제안하였다. 그리고 Thomas와 Zimmer-Gembeck(2007)은 메타분석을 통해 미국과 오스트레일리아에서 가장 널리 보급되었고 효과가 잘 검증된 개입 프로그램으로 PCIT와 트리플 P(Positive Parenting Program: Triple P; Sanders, 1999)를 소개하였다. PCIT는 IY나 트리플 P와 달리 부모와 아동이 반드시 함께 참여한다는 점, 부모-자녀의 상호작용 장면을 직접 관찰한다는 점, 실시간 코칭을 통해 부모에게 즉각적인 피드백을 줌으로써 부모-자녀 상호작용에 도움이 되는 기술을 익히게 한다는 점에서 고유한 장점을 지닌다(두정일, 2014).

3. 치료회기의 내용

1) 아동 주도적인 상호작용

CDI에서 부모는 아동과 함께 놀며 아동의 긍정적인 행동에 긍정적인 관심을 보여 주는 데 필요한 구체적인 의사소통 기술을 배운다. 그 기술을 PRIDE(praise, reflect, imitate, describe, enthusiastic의 앞 글자) 기술이라고 부른다. CDI에서 부모가 지켜야 할 기본적인 규칙은 아동 중심 놀이치료 회기에서의 치료사처럼 아동이 이끄는 대로 따라야 한다는 것이다. PRIDE 기술의 내용은 아동의 행동에 대해 칭찬하기, 아동이 말한 것을 반영하기, 아동이 노는 것을 묘사해 주고 모방하기 그리고 열정적으로 하기다.

치료사는 각 코칭 회기의 초반에 부모가 아동과 상호작용하는 것을 5분 동안 코딩하고, CDI에서 PDI 단계로 넘어가기 위해 필요한 최소한의 기준을 충족시킬 때까지 PRIDE 기술을 부모가 사용하도록 안내해 주고 코칭한다. CDI의 마스터 기준은 코딩하는 5분 동안 부모가 아동과 놀면서 행동 묘사, 반영 및 구체적인 칭찬을 각각 10개 이상 하고 질문, 지시나 비판적인 말을 각각 3개 미만으로 하는 것이다. 일단 부모가 이러한

〈표 11-1〉 아동 주도적인 상호작용(CDI) 기술의 예시

CDI 기술	이유(reason)	예시
1. 아동의 적절한 행동을 구체적으로 칭찬하기 (Praise)	• 아동의 좋은 행동을 증가시킨다. • 아동에게 부모가 좋아하는 것을 알게 한다. • 아동의 자아존중감을 높여 준다. • 부모와 아동의 기분을 좋게 한다.	• 장난감을 참 잘 치웠구나. • 나는 네가 장난감을 가지고 그렇게 점잖게 노는 게 좋아. • 말(horse)을 위해 담장을 만들다니 정말 좋은 생각이다.
2. 적당한 말로 반영하기 (Reflect)	• 아동이 대화를 이끌도록 한다. • 부모가 경청하고 있음을 보여 준다. • 아동을 수용하고 이해한다는 것을 증명해 준다. • 아동의 말을 촉진시킨다. • 부모와 아동 사이의 언어적 대화를 증가시킨다.	아동: 내가 나무를 그렸어요. 부모: 그래, 네가 나무를 그렸구나. 아동: 개 코가 까만색이에요. 부모: 그래, 개 코가 까맣구나.
3. 행동 모방하기 (Imitate)	• 아동이 주도하도록 해 준다. • 아동이 하는 활동을 인정하고 있음을 보여 준다. • 부모의 행동을 아동이 더 잘 따라 하게 해 준다. • 다른 사람들과 노는 방법 및 차례 지키기를 가르친다.	아동: 감자 아저씨에게 코를 꽂았어. 부모: 엄마도 감자 아저씨에게 코를 꽂고 있어. 아동: (종이에 원을 그리고 있다.) 부모: 엄마도 너랑 똑같이 엄마 종이에 동그라미를 그리는 중이야.

4. 아동이 하고 있는 것을 묘사해 주기 (Describe)	• 아동이 놀이를 이끌게 한다. • 관심을 보여 준다. • 개념(concepts)을 가르쳐 준다. • 좋은 말과 어휘를 모델링해 준다. • 아동이 계속해서 과제에 집중하게 한다. • 활동에 관한 아동의 생각을 조직화(organize)해 준다.	• 네가 탑을 만들고 있구나. • 사각형을 그렸네! • 여자를 소방트럭 안에 넣었구나. • 인형에 옷을 입히고 있구나.
5. 열정적으로 하기 (Enthusiastic)	• 함께 보내는 시간을 부모도 즐기고 있다는 것을 자녀에게 알게 해 준다. • 놀이의 흥분을 증가시킨다.	아동: (조심스럽게 파란색 레고를 탑 위에 올리고 있다.) 부모: (아동의 등을 부드럽게 만지면서) 너 정말 차분히 놀고 있구나.
6. 지시하지 않기	• 아동이 놀이를 이끌어 가는 것을 빼앗는다. • 다툼의 원인이 될 수 있다.	• 직접지시 –돼지를 나한테 건네 줘. –내 옆에 앉아. –이거 봐. • 간접지시 –그 농장은 다음에 갖고 놀자! –이 동물이 뭔지 말해 줄래?
7. 질문하지 않기	• 부모가 대화를 이끈다. • 어떤 질문은 지시가 된다. 그리고 질문은 답을 필요로 한다. • 아동에게 경청하지 않거나 동의하지 않는 것 같다.	• 우리는 커다란 탑을 쌓고 있다, 그렇지? • 소는 어떤 소리를 내니? • 너는 무엇을 만들고 있니? • 너 그 기차 가지고 놀래? • 그 여자를 빨간 차에 태우고 있니?
8. 비판적인 말을 하지 않기	• 흔히 비판받은 행동이 증가한다. • 자녀의 자아존중감을 떨어뜨린다. • 불쾌한 상호작용을 하게 한다.	• 그것은 옳지 않아. • 그런 표정 짓는 거 나 싫어해. • 그런 식으로 놀지 마. • 그 동물을 거기다 놓으면 안 되지. • 안돼, 네가 그렇게 하면 안돼!
9. 부정적인 행동은 무시하기(만약 위험하거나 파괴적이지 않다면)	• 좋은 행동과 나쁜 행동에 부모가 다르게 반응하는 그 차이를 아동이 알도록 한다. • 무시된 행동은 처음에는 증가할지 모르지만 일관된 무시하기는 그 행동을 감소시킨다.	아동: (부모에게 건방지게 하면서 장난감을 집는다.) 부모: (건방지게 하는 것은 무시하고 장난감을 잡은 것을 칭찬한다.)
10. 공격적이고 파괴적인 행동(예: 때리기, 물기, 장난감 짓밟기) 때문에 놀이 시간 중단하기	• 특별놀이 시간에 좋은 행동이 요구된다는 것을 자녀에게 가르친다. • 자녀에게 제한 설정을 시작하고 있음을 보여 준다.	아동: (부모를 친다.) 부모: (이것은 무시될 수 없다. CDI를 끝낸다.) 아동: 아니, 엄마, 비안해요. 제발, 제가 잘 할게요. 부모: 특별놀이 시간은 이제 끝났어. 다음 놀이 시간에는 기분 좋게 놀 수 있을 거야.

출처: Butler & Eyberg (2006), p. 249.

기준을 충족시키면, 두 번째 단계인 PDI 단계로 옮겨 간다.

2) 부모 주도적인 상호작용

부모 주도적인 상호작용(PDI)의 주된 목표는 순종을 증가시키고 너무 심각해서 무시할 수 없는 부적절한 행동(예: 장난감 부수기, 때리기)을 감소시키는 것이다. PDI 동안에 부모는 적절한 행동에 계속해서 긍정적인 관심을 주고 비판(예: "방을 그만 뛰어다녀.")이나 간접지시(예: "이제 그 블록을 치우지 않을래?")를 하기보다는 분명한 직접지시를 하도록 배운다.

치료사는 일단 부모가 지시를 한 후에 따라야 할 간단한 단계를 가르친다. 만약에 아동이 순종하면 부모는 구체적인 칭찬을 한다(예: "내 말을 들어줘서 고마워."). 그러고 나서 다음 지시를 할 때까지 CDI로 되돌아간다. 만약 아동이 순종하지 않으면 부모는 타

〈표 11-2〉 부모 주도적인 상호작용(PDI) 기술의 예시

규칙	이유	예시
1. 간접지시가 아닌 직접 지시를 하기	• 아동이 뭔가 해야 하는 것에 대한 의문의 여지를 남기지 않는다. • 부모가 아동에게 과제를 할 것을 제안하거나 선택의 여지를 주지 않는다. • 어린 아동에게 혼동을 주지 않는다.	• 직접지시 –내게 블록을 건네 줘. –그 기차를 상자 속에 넣어. –동그라미를 그려. • 간접지시 –내게 그 블록을 건네 주겠니? –그 기차를 상자 속에 넣자! –동그라미를 그려 볼래?
2. 긍정적으로 지시하기	• 뭔가를 하지 말라고 하기보다는 뭔가를 하라고 말한다. • 아동의 행동에 대한 비판을 피한다. • 아동이 할 수 있는 것과 해야만 하는 것을 분명한 말로 전한다.	• 방을 뛰어다니지마! 대신에 내 옆에 앉아! • 그 크리스탈을 만지지마! 대신에 손을 주머니 속에 넣어!
3. 지시는 한 번에 1개씩 하기	• 아동이 전체 지시를 기억하는 데 도움을 준다. • 아동이 전체 지시를 완수했는지를 부모가 결정하는 데 도움을 준다.	• 네 신발을 신발장에 넣고, 목욕하고, 양치를 해. → 네 신발을 신발장에 넣어.
4. 애매하지 않게 구체적인 지시를 하기	• 아동이 해야 하는 것을 정확히 알도록 해 준다.	• 조심해. → 의자에서 내려와. • 예의 바르게 행동해. → 조용한 목소리로 말해.

5. 연령에 적절한 지시를 하기	• 아동이 그 지시를 이해할 수 있고 행할 수 있도록 한다.	• 담청색 플라스틱 블록의 위치를 바닥에서 그릇으로 옮겨! → 파란색 레고를 상자 속에 넣어!
6. 예의를 갖춰 공손하게 지시하기	• 아동이 더 잘 경청할 가능성을 높인다. • 아동이 예의를 갖춘 정중한 지시에 순종하도록 가르친다. • 소리칠 때만 아동이 순종하는 것을 배우지 않게 한다. • 아동에게 학교 갈 준비를 시켜 준다.	아동: (테이블 위에서 블록을 치고 있다.) 부모: (소리치며) 당장 그 블록을 나한테 줘! → (평상시의 어조로) 내게 그 블록을 주렴.
7. 지시를 하기 전 또는 아동이 그 지시에 순종한 후에 설명하기	• 지시 후에 아동이 미루려는 의도로 "왜요?"라고 질문하지 않도록 해 준다. • 순종하지 않는 것에 대해 아동에게 관심을 보여 주지 않는다.	부모: 가서 손을 씻어라. 아동: 왜요? 부모: (무시하거나, 아동이 불순종한다면 타임아웃 경고를 한다.) 아동: (순종한다.) 부모: 이제 네 손이 깨끗해 보인다! 학교 갈 때 다 깨끗한 것이 좋아!
8. 필요할 때만 지시를 사용하기	• 아동의 좌절을 줄인다. (그리고 타임아웃 의자에서 보내는 시간의 양을 줄인다.)	아동: (뛰어다닌다.) 부모: (지시하기에 좋은 시간이다.) 이 의자에 앉아.

출처: Patterson & Kaslow (2001).

임아웃 절차를 시작한다. 타임아웃 절차는 부모가 지시를 한 후에 따라야 할 표준화된 구체적인 단계로서 경고 단계, 타임아웃 단계, 타임아웃 방(room)과 같은 3단계가 있다. 각 단계에서 아동이 부모에게 순종하면 타임아웃이 끝난다.

(1) 경고

경고는 부모가 지시한 것을 아동이 따르지 않을 때 사용한다. 경고를 주기 전에 그 지시를 수행하기까지 5초 동안 시간을 줄 수 있는데, 이 '5초 규칙'은 아동이 지시에 분명하게 순종하지 않을 때(예: "싫어요."라고 말함) 적용하는 것이 아니라 지시에 따를지 어떨지 분명하지 않을 때 적용하는 것이다. 만약 경고를 따르면 부모는 아동에게 구체적인 칭찬을 하고 놀이를 계속한다.

(2) 타임아웃 의자

경고 후에 부모는 5초 규칙 적용 여부를 선택한다. 일단 아동이 경고에 순종하지 않은 것이 분명하면 부모는 "네가 ~(원래 지시)를 하지 않았어. 그래서 의자에 앉아야 돼." 라고 말하면서 침착하고 빠르게 아동을 의자로 데려간다. 부모는 아동을 가볍게 만지면서 의자에 데려갈 수도 있고, 필요하다면 아동의 뒤에서 겨드랑이나 가슴을 감싸 안고 데려갈 수도 있다. 아동이 의자에 앉으면 "내가 일어나도 된다고 말할 때까지 앉아 있어."라고만 말을 한다. 이 말은 "네가 지시를 수행할 준비가 될 때까지 여기 앉아 있어." 와는 다른 의미를 지닌다. 부모가 아동이 앉아 있는 시간의 통제를 확고히 하는 것은 중요하다. 아동이 원할 때마다 의자에서 일어날 수 있다면 타임아웃은 덜 효과적인 처벌이 될 것이다.

치료사는 아동이 의자에 앉아 있는 한 어떤 부정적인 행동을 하더라도 부모가 무시하도록 가르친다. 이 기술은 아동이 자주 다양한 형태의 교묘한 정서적인 조작(예: "나는 이제 더 이상 엄마를 안 사랑해요." "나는 아빠가 좋아요." "배가 아파요." "죄송해요, 죄송해요!")을 하거나 드물지만 부정적인 신체적 행동(예: 옷 벗기, 소변 보기)을 하기 때문에 부모에게 어려운 기술이 될 수 있다. 아동은 3분 동안 의자에 앉아 있어야 하고 마지막 5초 동안은 조용해야 한다. 5초 동안 조용해야 하는 것은 아동이 어떤 말을 하건 타임아웃이 끝나기 전에 앉아 있기만 하면 부모가 타임아웃을 끝낸다는 것을 배우지 않도록 하기 위해서다.

일단 아동의 타임아웃이 끝나면, 부모는 아동에게 가서 질문을 한다. "~(원래 지시)를 따를 준비가 되었니?" 만약 아동이 "아니요."라고 말하면서 논쟁을 시작하거나 부모를 외면하는 태도를 취하면, 부모는 "좋아, 그러면 내가 일어나도 된다고 말할 때까지 의자에 앉아 있어."라고 말한다. 그러고 나서 부모는 바로 의자를 떠나서 다시 3분을 재기 시작한다. 만약 질문을 했을 때 아동이 "예."라고 답하거나 순응적인 태도로 의자에서 일어나면, 과제를 수행하기 위해 아동을 데려온다. 그리고 부모는 아동이 따라야 하는 지시를 손으로 가리킨다(예: 상자 속에 넣으라고 지시했던 블록을 손으로 가리킴). 드문 일이지만, 어떤 아동은 이 시점에서 순종을 거절한다. 아동이 불순종한다면 부모는 다시 "네가 ~(원래 지시)를 하지 않았어. 그래서 너는 의자에 앉아 있어야 돼."라고 말하며 이전의 절차대로 행한다.

아동이 원래의 지시를 따랐을 때, 부모는 "좋아."와 같은 간단한 인정의 말만 한다. 즉, 아동이 처벌받을 때까지 순종하지 않았기 때문에 그 시점에서 부모는 구체적인 칭찬을 주지는 않는다. 대신에 그 즉시 부모가 아동에게 유사하지만 간단한 다른 지시를 하나 한다. 아동이 그 지시에 순종한다면, 이 시점에서 열정적인 구체적인 칭찬을 하고 CDI로 되돌아간다.

(3) 타임아웃 방

타임아웃은 불순종 시 부모가 아동에게 사용하도록 치료사가 가르치는 처벌이다. 그러나 부모가 일어나도 좋다고 허락하기 전에 아동이 의자에서 일어나면 타임아웃 의자만으로는 충분하지 않다. 아동이 의도적으로 타임아웃 의자에서 일어나고 부모는 점점 화가 나서 아동을 뒤쫓게(chase) 된다면 타임아웃이 긍정적인 강화사건이 될 수 있다. 이 때문에 치료사는 부모로 하여금 아동에게 의자에 앉아 있도록 가르치기 위한 백업 도구(backup tool)로서 타임아웃 방을 사용하는 방법을 가르친다. 일단 아동이 의자에서 일어날 때마다 즉시 타임아웃 방에 가게 된다는 것을 깨닫기만 하면 타임아웃 의자에 앉아 있는 것을 빠르게 배우기 때문에 부모는 PDI를 하고 2~3주 후에는 거의 타임아웃 방을 사용할 필요가 없다.

아동이 타임아웃 의자에서 일어나면 부모는 아동을 타임아웃 방에 데려간다. 아동을 타임아웃 방에 데려가면서 부모는 아동에게 "내가 일어나도 된다고 말하기 전에 네가 의자에서 일어났어. 그래서 타임아웃 방에 가야 돼."라고 말한다. 아동이 타임아웃 방에 들어가면 문을 닫고 1분+5초 간의 조용히 있는 시간(5s of quiet) 동안 아동이 방에 있도록 한다. 그런 후에 아동을 다시 타임아웃 의자에 데려와서 "내가 일어나도 된다고 말할 때까지 의자에 앉아 있어."라고 말한다. 그 후 아동은 다시 3분간 앉아 있어야 한다. 이 과정은 처음 타임아웃 동안 여러 번 반복될 수도 있기 때문에 부모와 치료사는 부모가 절대 포기하지 않을 것이라는 사실을 아동이 이해할 때까지 충분한 시간 여유를 두고 행하는 것이 중요하다.

PCIT 회기에서 사용되는 타임아웃 방은 놀이실에서 찾아가기 쉬운 빈방이어야 한다. 그 방은 이상적으로는 아동의 행동을 모니터링할 수 있는 관찰 창문이나 카메라가 있어야 한다. 아동의 집에서 사용하기 위해 선택된 타임아웃 방은 환한 조명에 공간이 최소 1.5×1.5m의 방이어야 한다. 타임아웃 방은 단기간 사용될 것이지만 안전과 효율성을 모두 고려하여 잘 선택해야 한다. 아동에게 해로울 수 있으면서 아동을 다치게 할 수 있는 물건들은 제거한 욕실, 침실, 다용도실 또는 밝은 조명이 있는 드레스룸 정도가 적당하다. 다용도실이나 욕실을 타임아웃 방으로 사용할 때는 찬장에서 세제와 약물을 제거하고, 뜨거운 물은 잠그거나 끊는 등 아동의 안전과 관련해서 특별히 조심해야 한다.

아동이 첫 PDI 코칭 회기에서 타임아웃 절차를 경험할 때 치료사는 부모가 끝까지 포기하지 않고 훈육의 일관성을 배우도록 지지해 줄 수 있고, 부모의 행동과 아동의 행동에 관해 가르칠 수 있다. 치료사는 아동이 왜 그런 행동을 하는지에 대해서 정확한 귀인(attribution)을 전달해 줄 수 있고, 행동에 대한 해석을 해 줄 수 있다. 치료사는 또한 이완과 분노조절 기술을 생생하게 가르쳐 줄 수 있다. 만약 아동이 타임아웃 의자와 방을 재미있어하면서 여러 번 왔다 갔다 한다면, 치료사는 부모에게 아동이 분명히 그 절차를 이해하고 있다는 것을 확신시켜 줄 수 있다. 어떤 아동은 부모와 노는 것을 좋아해서 모든 지시를 따르기 때문에 치료회기에서 타임아웃을 하지 않아도 된다. 이러한 경우, 치료사는 부모가 아동을 대신하여 곰돌이(Mr. bear)로 타임아웃 절차를 연습한 후 아동에게 적용하도록 할 수 있다.

4. PCIT에서 평가의 역할

평가(assessment)는 PCIT에서 매우 중요한 역할을 한다. 몇 가지 측정도구는 치료의 내용과 과정을 안내하고 그것의 결과를 평가한다. 치료를 시작하기 전에 아동의 발달력, 가족력, 현재의 기능, 훈육 방법, 치료 목표 등이 포함된 반구조화된 PCIT 임상 면접으로 시작되는 초기면접 평가를 한다. 그 평가에서 부모는 Eyberg가 개발한 아동 문제행동 체크리스트(Eyberg child behaviour inventory, 이하 ECBI; Eyberg & Pincus, 1999)를 완성한다. 이 척도를 통해서 얻을 수 있는 정보는 일상적으로 아동이 보이는 행동 문제의 강도(ECBI Intensity Scale)와 그 행동이 부모에게 어느 정도로 문제시되는가(ECBI Problem Scale)다. 아프리카계 미국인 부모를 대상으로 한 한 연구 중 강도 점수와 문제 점수의 불일치는 두 가지 ECBI 척도 점수에서 나타난 아동의 버릇없음에 대한 부모의 인내심과 관련되어 있다는 것을 보여 준다(Butler & Eyberg, 2006). 예를 들어, ECBI 강도 점수보다 유의미하게 높은 ECBI 문제 점수는 부모가 인내심이 없어서 발달상으로 정상적인 버릇없음을 참지 못하는 것에 기인하는 것일 수도 있기 때문에 그와 관련된 부모교육을 받아야 함을 시사한다. 반대로, 문제 점수보다 유의미하게 높은 강도 점수는 부모가 지나치게 허용적이어서 단호한 제한 설정과 관련 부모교육을 받아야 함을 시사한다.

부모와 아동 사이의 관계의 질과 그들이 서로의 행동을 통제하려고 시도하는 방식들을 평가하기 위해서 부모-자녀 상호작용 코딩 시스템(dyadic parent-child interaction coding system, 이하 DPICS; 두정일, 이정숙 역, 2012)을 사용하여 부모-자녀 상호작용을 직접 관찰하고 코딩하는 것이 초기 평가에 포함된다. DPICS는 다음과 같은 목적, 즉 ① 아동기장애, 양육 기술에 대한 심리평가 중 하나로서 부모-자녀가 상호작용하는 동안 부모와 아동의 행동에 대한 관찰측정치를 제공하기 위해서, ② 가족 상호작용에서 발생하는 기저선(baseline) 행동이나 치료 전 행동을 평가하기 위해서, ③ 일반적인 부모-자녀 상호작용의 패턴 변화에 중점을 둔 치료의 진행 사항을 측정하기 위해서 고안되었다.

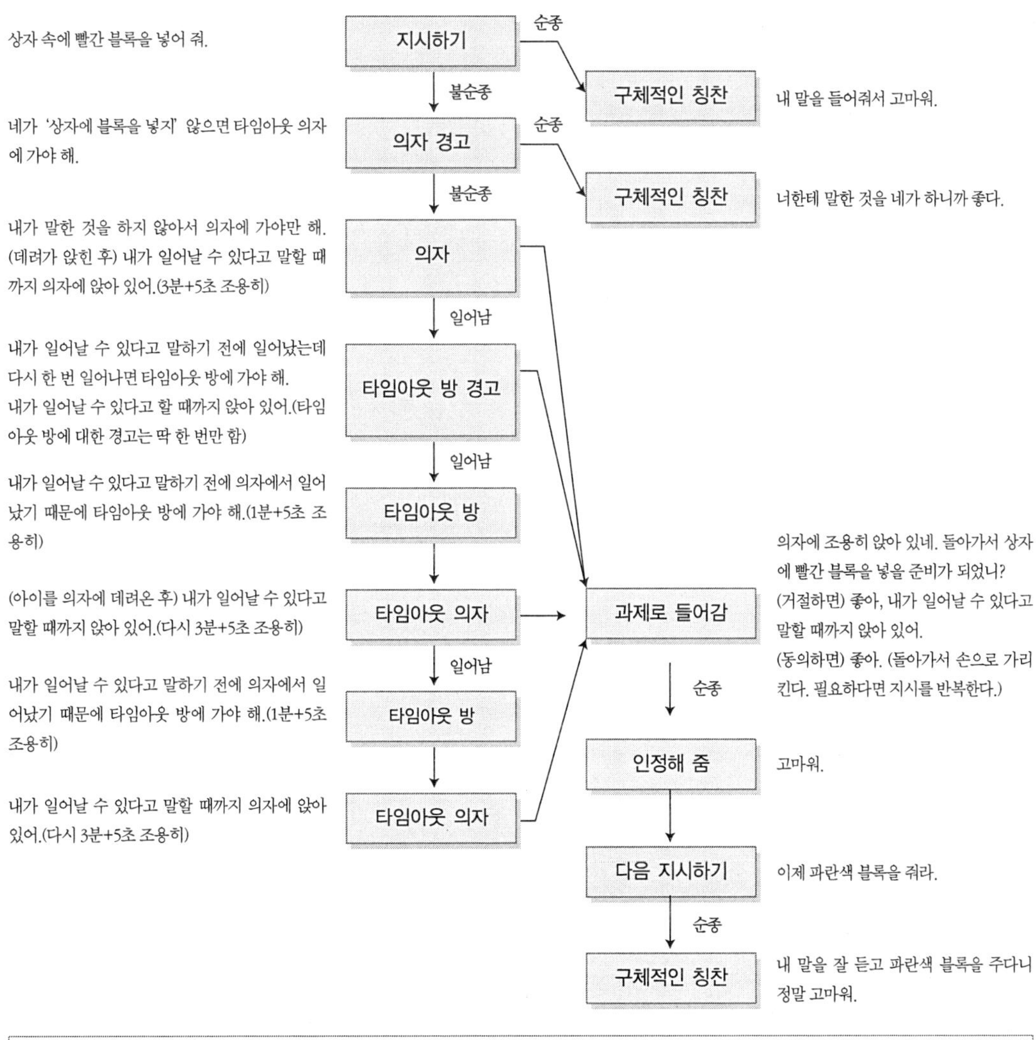

[그림 11-1] 타임아웃 절차의 예시

PCIT는 초기 면접 시의 평가에서 부모-자녀가 상호작용하는 장면을 관찰·코딩하는 시스템인 DPICS를 통해 20분 동안 부모-자녀의 상호작용의 질을 코딩·평가한다. 또한 PCIT 프로그램을 진행하는 동안에도 매회기 처음 5분 동안 DPICS 코딩을 함으로써 부모가 어떤 상호작용 기술을 어느 정도로 습득했는지 객관적으로 평가하고, 각 가족의 진행 사항을 파악할 수 있다(Herschell, Calzada, Eyberg, & McNeil, 2002). 그동안 임상가와 연구자들은 PCIT와 문제행동을 보이는 학령 전기 아동을 위한 다른 부모훈련 개입에서의 변화를 평가하기 위해 DPICS를 사용했다. 그리고 법의학 아동심리학자들과 임상가들은 양육 능력, 부모-자녀 애착, 학대 가족을 대상으로 개입한 이후 양육 행동에서의 변화를 설명하기 위해, 그리고 심리사회적 장애와 발달장애의 동반질병을 갖고 있는 아동의 부모-자녀 상호작용을 설명하고, 언어치료와 신체치료 및 학습치료를 받는 동안 치료사와 아동 사이의 상호작용을 조사하기 위해서도 DPICS를 사용했다(두정일, 이정숙 역, 2012).

사전-사후 치료 평가 때에 자주 사용되는 측정도구에는 학생 행동 체크리스트(Sutter-Eyberg student behaviour inventory-revised: SESBI-R; Eyberg & Pincus, 1999), 파괴적인 행동에 대한 교사 평정척도(Revised Edition of the School Observation Coding System: REDSOCS; Jacobs et al., 2000)가 있다. 이러한 측정도구는 학교에서 보이는 아동의 행동 평가를 가능하게 하고 학교 세팅으로 일반화시키는 PCIT의 효과가 어느 정도인지를 평가할 수 있도록 돕는다. 치료가 끝날 때 부모는 치료태도 척도(Therapy Attitude Inventory: TAI; Brestan, Jacobs, Rayfield, & Eyberg, 1999)를 통해 PCIT의 결과와 치료 과정에 대한 만족 정도를 평가한다.

5. PCIT 효과에 대한 증거

PCIT의 목표가 부모에게는 아동과 좀 더 긍정적인 관계를 형성하도록 하고, 아동에게는 바람직한 행동을 증가시키며 부적절한 행동을 줄이도록 하는 데 있기 때문에 이것은 다양한 문제 유형에 적용될 수 있다는 장점을 지닌다(Eyberg, 2005). 그에 따라 PCIT는 파괴적인 행동장애(McNeil, Capage, Bahl, & Blanc, 1999; Perez, 2008)와 ADHD(Matos, Bauermeister, & Bernal, 2009), 만성적 질병(Bagner, Fernandez, & Eyberg, 2004), 방임된 아동

(Mcrae, 2003), 신체 학대를 받은 아동의 가족(Urquiza, 1996), 가정폭력에 노출된 아동(Gat, 2007) 그리고 정서장애 및 불안장애 아동(Choate, Pincus, Eyberg, & Barlow, 2005)에게 실시하였을 때 효과가 있음이 입증되었다(두정일, 2014). 그리고 자녀 학대의 전력이 있거나 학대의 위험이 있는 어머니(Thomas & Zimmer-Gembeck, 2011)의 양육스트레스와 부모의 폭력에 노출된 학대 아동의 행동 문제를 감소시키는 데 효과적인 것으로 밝혀졌고(Timmer, Ware, Urquiza, & Zebell, 2010), 우울한 어머니에게도 효과적인 것으로 나타났다(Timmer et al., 2011). 자폐스펙트럼장애가 있는 아동을 대상으로 한 PCIT 연구 중 일부는 부모의 지각된 행동 문제에서의 감소, 그리고 아동의 순종과 친사회적 말에서의 증가를 증명했다(Agazzi, Tan, & Tan, 2013; Armstrong & Kimonis, 2012; Masse, McNeil, Wagner, & Chorney, 2008; Solomon, Ono, Timmer, & Goodlin-Jones, 2008).

현재까지 PCIT의 효과는 주로 백인 아동을 대상으로 검증되었고 스페인어를 사용하는 라틴계 아동을 대상으로 하는 연구들(Borrego, Anhalt, Terao, Vargas, & Urquiza, 2006; McCabe & Yeu, 2009)과 소수민족을 중심으로 PCIT의 효과를 검증하려는 시도 역시 이루어졌을 뿐 아니라(Butler & Eyberg, 2006) 홍콩의 부모를 대상으로도 효과가 검증되었다(Leung, Tsang, & Heung, 2009; Leung, Tsang, Sin, & Choi, 2015). 우리나라에서는 PCIT가 이경숙(1991)에 의해 처음 소개되었고, PCIT에 대한 고찰 논문(이정숙, 두정일, 2008)과 파괴적인 행동 문제가 있는 아동 및 그 부모를 대상으로 실시한 집단 PCIT의 효과를 검증한 연구(두정일, 이정숙, 2012; 백지은, 2013)가 이루어진 바 있다. 최근에는 두정일(2014)이 ADHD 성향 아동의 문제행동과 그 어머니의 심리 및 상호관계에 미치는 PCIT의 효과를 연구하였다.

Funderburk 등(1998)은 McNeil 등(1991)의 연구에서 PCIT를 끝마쳤던 아동들을 포함하여 12개월과 18개월 추후조사 학교 평가(school assessments)를 실시했다. 12개월 추후조사에서 치료집단에 속한 아동들은 교사 평가와 파괴적인 행동에 대한 관찰 측정치에서 치료 후 향상이 유지되었고, 사회적 유능감에서의 향상을 보여 주었다. 치료 후에는 아동의 행동에서의 향상뿐만 아니라 연구에 참석한 어머니의 불안 및 염세주의적 관점의 감소가 나타났고, 타인에 대한 관심과 관계 맺기도 증가하였으며, 내적 통제의 정도가 더 커졌다. 또한 치료받지 않은 형제의 행동에서의 개선이 관찰되었고, 부부적응평가 결과 또한 향상되었다. Hood와 Eyberg(2003)는 3~6년 전 PCIT를 끝마친 50가족의 소재를 찾았다. 그중 29가족을 찾아낼 수 있었고 23가족이 아동의 파괴적인 행동과 양육의 통제소재에 대한 추후조사 평가에 참석했다. 그리고 결과는 치료 동안에 형성된 유의미한 변화들이 3~6년이 지난 뒤에도 계속해서 유지되었다는 것을 나타내었다.

PCIT는 파괴적 행동장애를 위해 설계되었는데, ADHD를 위해 PCIT를 사용하는 데에는 두 가지 개념상의 장점(conceptual benefits)이 있다. 첫째, ADHD가 있는 아동은 자극이 부족하다. PRIDE 기술이 적절하게 행해지면 아동에게 관심과 함께 긍정적인 행동을 강화해 주는 것은 물론이고, 거의 변함없이 자극을 제공한다. 그 관심은 정확하게 ADHD 아동이 찾고 있는 것이다. 둘째, 더 좋은 놀이 기술을 배우는 것은 아동에게 더 나은 사회기술을 가르칠 것이고 틀림없이 또래관계를 향상시킬 것이다(Wagner & McNeil, 2008).

Wagner와 McNeil(2008)은 PCIT를 받은 아동들 중 69%가 일차적으로 ADHD 진단 또는 ADHD와의 동반질병 진단 중 하나를 받았고 다른 31%의 아동도 어느 정도의 과잉행동과 부주의 문제를 가지고 있다는 것을 발견했다. 그리하여 PCIT 기술이 ADHD 증상을 향상시킬 것인지 여부를 경험적으로 측정하는 데 관심이 있었다. 아직까지 반항문제와 품행문제에서의 개선과는 대조적으로 부주의와 과잉행동과 같은 ADHD 증상을 다루는 데 있어서 PCIT의 효과에 관한 결과는 일관성이 없다. Johnson 등(2000)에 따르면, PCIT 후에 부주의와 공격성은 감소했지만 임상적으로는 유의미한 수준으로 남아 있었다. 반면에, 푸에르토리코 학령 전기 아동을 대상으로 실험집단과 대기집단에 32가족을 무선 할당하여 PCIT를 실시한 결과 프로그램에 참여한 어머니들은 아동의 과잉행동과 부주의가 유의미하게 감소한 것으로 보고했고 공격적 · 반항적 행동 및 품행문제의 유의한 감소를 보고했다(Matos, Bauermeister, & Bernal, 2009). 두정일(2014)도 30쌍의 ADHD 성향 아동과 그 부모를 대상으로 실험집단과 대기집단으로 무선 할당하여 PCIT를 실시한 결과, 아동의 부주의와 과잉행동이 포함된 전반적인 문제행동과 어머니의 양육 스트레스 및 우울이 유의하게 낮아졌고, 3개월 추후평가에서도 유지되었다.

6. 미래연구를 위한 방향

치료의 효과에 대한 연구는 치료 연구에서 중요한 첫 단계다. 치료가 어떻게 효과적이고 왜 효과적이고 누구에게 효과적인지에 대한 조사를 하면서 그 단계를 따르는 것은 중요하다(Kazdin, Holland, & Crowley, 1997). 예를 들어, PCIT 연구들은 집단수준(group level)에서의 중요한 변화를 증명했으나 치료 반응의 특정한 예언변인에 관해서는 덜 알려져 있다. 어머니가 크게 비판적이거나 우울한 가족은 PCIT에서 좀 더 불충분하게 반응한다고 주장할 수 있는 증거가 있다(Werba, Eyberg, Boggs, & Algina, 2002). 임상적인 경험은 적극적으로 약물 남용을 하거나 심한 부부갈등 또는 정신병리를 겪고 있는 부모 또한 PCIT에서 불충분하게 반응할 수 있다는 것을 시사한다(Hembree-Kigin & McNeil, 1995). PCIT가 누구에게 가장 효과적인지를 입증하고 어떤 가족이 치료에 가장 반응적인지, 그리고 어떤 가족이 덜 반응적인지를 확인해서 최선의 서비스를 제공할 필요가 있다. 미래 연구는 이러한 가족에게 더 나은 서비스를 제공하기 위한 치료 수정(treatment modification)에 목표를 둘 필요가 있다(Herschell et al., 2002).

PCIT가 행동상의 어려움이 있는 학령 전기 아동과 부모에게 유망한 개입이긴 하지만, 그것이 문화에 걸쳐 효과적이라는 증거는 아직 확립되지 못했다. Eyberg, Nelson과 Boggs(2008)에 의해 이루어진 증거-기반 치료의 개관에서, 검토된 연구의 참가자들 중 45%가 아프리카계 미국인이었고 4%만이 히스패닉이었으며 나머지 문화 집단은 잘 대표되지 않았다. Eyberg(2005)에 따르면, 특정한 문화 집단에서 경험적으로 지지받는 효과적인 치료로서 설계된 치료 프로그램이 되기 위해서는 비슷한 표본으로 적어도 2개의 무선 통제된 시도(randomized controlled trials)가 있어야만 하고 결과 측정치가 개입 집단의 경우에 더 우수해야 한다. 소수 문화 집단에서의 PCIT의 효과에 관한 증거가 어느 정도 있지만 다른 문화 집단을 대상으로 PCIT의 효과를 확립하기 위해서는 더 엄격한 연구가 요구된다. 또한 미래 연구에서는 치료적 변화의 메커니즘을 확인하고 소수 가족에게 치료적 성과를 최대화하기 위해 재단할(tailor) 수 있는 방법을 확인하는 것이 중요하다.

7. 맺는 글

지금까지 PCIT 치료의 핵심적 요소는 치료에 부모와 자녀가 함께 참여한다는 것, 가족의 진행 사항을 안내하기 위해 평가를 사용한다는 것, 관계와 행동을 변화시키는 기술을 부모에게 적극적으로 코칭해 준다는 것, 그리고 부모가 그 기술을 습득하고 자녀의 행동이 정상 범위에 속하게 될 때까지 치료를 계속한다는 것 등을 포함하고 있음을 설명했다. 이러한 치료 요소는 아동의 행동 문제에서의 감소는 물론 부모-자녀 정서적 유대에서의 지속적인 개선을 만들어 낼 수 있다는 애착이론과 사회학습 원리에서 도출된 것이다.

연구들을 통해서 치료의 효과성이 검증되었고, 치료를 끝마친 대다수 가족을 대상으로 연구를 했을 때 치료를 받지 않은 자녀에게까지 긍정적인 영향을 미쳤으며, 장소와 시간에 따른 일반화가 검증되었다. 하지만 이러한 효과성 연구들은 치료를 완결하지 못한 소수의 가족에 대해서는 설명하지 못한다. 치료를 완결하기 위해 좀 더 특별한 개입이 필요한 가족을 확인하기 위해서는 더 많은 탈락의 예언인자에 관한 연구가 필요하다.

참고문헌

두정일(2014). ADHD 성향 아동의 문제행동과 그 어머니의 심리 및 상호관계에 미치는 부모-자녀 상호작용치료(PCIT)의 효과연구. **정서 · 행동장애연구**, 30(2), 307-335.

두정일, 이정숙 역(2012). 부모-자녀 상호작용 코딩 시스템 매뉴얼[*Manual for the dyadic parent-child interaction coding system*]. S. M. Eyberg, M. M., Nelson, M. Duke, & S. R. Boggs 공저. 서울: 시그마프레스. (원저는 2004년에 출판).

두정일, 이정숙(2012). 파괴적 행동 문제가 있는 아동과 그 부모를 대상으로 실시한 집단 부모-자녀 상호작용 치료(PCIT) 효과 검증. **한국상담심리학회**, 24(2), 339-363.

이경숙(1991). PCIT 프로그램. **특수아동상담연구**, 2, 70-77.

이정숙, 두정일(2008). 부모-자녀 상호작용 치료에 대한 고찰. **한국놀이치료학회**, 11(2), 1-16.

Agazzi, H., Tan, R., & Tan, S. (2013). A case study of Parent-Child Interaction Therapy for the treatment of autism spectrum disorder. *Clinical Case Studies*, *12*, 428-442.

Ainsworth, M. D., Blehar, M. G., Waters, E., & Wall, S. (1978). *Patterns of attachment*. Hillsdale, NJ: Erlbaum.

Armstrong, K., Hangauer, J., & Agazzi, H. (2013). Intellectual and developmental disabilities and other low-incidence disorders. In L. A. Reddy, A. S. Weissman, & J. B. Hale (Eds.). *Neuropsychological assessment and intervention for youth*(pp. 227-246). Washington, DC: American Psychological Association.

Bagner, D. M., Fernandez, M. A., & Eyberg, S. M. (2004). Parent-child interaction therapy and chronic illness: A case study. *Journal of Clinical Psychology in Medical Settings, 11*, 1–6.

Baumrind, D. (1967). Child Care practices anteceding three patterns of preschool behavior. *Genetic Psychology Monogrphs, 75*(1), 43–88.

Borrego, J., Anhalt, K., Terao, S. Y., Vargas, E. C., & Urquiza, A. J. (2006). Parent- child interaction therapy with a Spanish-speaking family. *Cognitive and Behavioral Practice, 13*, 121–133.

Brestan, E., Jacobs, J., Rayfield, A., & Eyberg, S. M. (1999). A consumer satisfaction measure for parent-child treatments and its relationship to measures of child behavior change. *Behavior Therapy, 30*, 17–30.

Brinkmeyer, M. Y., & Eyberg, S. M. (2003). Parent-Child Interaction Therapy for Oppositional Children. In A. E. Kazdin & J. R. Weisz (Eds.), *Evidence-based Psychotherapies for Children and Adolescents* (pp.204–223). New York: Guilford Press.

Butler, A. M., & Eyberg, S. M. (2006). Parent-child interaction therapy and ethnic minority children. *Vulnerable Children and Youth Studies, 1*(3), 246–255.

Choate, M. L., Pincus, D. B., Eyberg, S. M., & Barlow, D. H. (2005). Parent child interaction therapy for treatment of separation anxiety disorder in young children: A pilot study. *Cognitive and Behavioral Practice, 12*, 126–135.

Eyberg, S. M. (1979). A parent-child interaction model for he treatment of psychological disorders in young children. Paper presented at the meeting of the Western Psychological Association, San Diego, CA.

Eyberg, S. M. (2005). Tailoring and adapting Parent-Child Interaction Therapy to new populations. *Education and Treatment of Children, 28*(2), 197–201.

Eyberg, S. M., & Pincus, D. (1999). *Eyberg child behavior inventory and Sutter-Eyberg student behavior inventory-revised: Professional manual.* Odessa, FL: Psychological Assessment Resources.

Eyberg, S. M., Boggs, S. R., & Algina, J. (1995). Parent-child interaction therapy: A psychosocial model for the treatment of young children with conduct problem behavior and their families. *Psychopharmacology Bulletin, 31*(1), 83–91.

Eyberg, S. M., Nelson, M. M., & Boggs, S. R. (2008). Evidence-based psychosocial treatments for children and adolescents with disruptive behavior. *Journal of Clinical Child & Adolescent Psychology, 37*, 215–237.

Eyberg, S. M., Schuhmann, E., & Rey, J. (1998). Psychosocial treatment research with children and adolescents: Developmental issues. *Journal of Abnormal Child Psychology, 12*, 347–357.

Foote, R., Eyberg, E., & Schuhmann, E. (1998). Parent-child interaction approaches to the treatment of child behavior problems. In T. H. Ollendick & R. J. Prinz (Eds.), *Advances in Clinical Child Psychology*. (Vol. 20, pp.125-151). New York: Plenum Press.

Funderburk, B., Eyberg, S. M., Newcomb, K., McNeil, C., Hembree-Kigin, T., & Capage, L. (1998). Parent-child interaction therapy with behavior problem: Maintenance of treatment effects in the school setting. *Child and Family Behavior Therapy, 20*, 17-38.

Greenberg, M. T., & Speltz, M. L. (1988). Contributions of attachment theory to the understanding of conduct problem during the preschool years. In J. Belsky & T. Nezworski (Eds.), *Clinical Implications of Attachment* (pp. 177-218). Hillsdale, NJ: Erlbaum.

Hanf, C. A. (1969). A two-stage program for modifying maternal controlling during mother-child (M-C) interaction. Paper presented at the meeting of the Western Psychological Association, Vancouver.

Hembree-Kigin, T., & McNeil, C. B. (1995). *Parent-child interaction therapy*. New York: Kluwer Academic/Plenum Publishing.

Herschell A. D., Calzada E. J., & Eyberg, S. M., (2002). Parent-child interaction therapy: New directions in research. *Cognitive Behavioral Practice, 9*, 9-16.

Hood, K. K., & Eyberg, S. M.(2003). Outcomes of Parent-Child Interaction Therapy: Mother's report of maintenance three to six years after treatment. *Journal of Clinical Child and Adolescent Psychology, 32*, 419-429.

Jacobs, J. R., Bogg, S. R., Eyberg, S. M., Edwards, D., Durning, P., Querido, J. G., McNeil, M. B., & Funderburk, B. W. (2000). Psychometric properties and point data for the revised edition of the school observation coding system (REDSOCS). *Behavior Therapy, 31*, 695-712.

Johnson, B. D., Franklin, L. C., Hall, K., & Prieto, L. R. (2000). Parent training through play: Parent-child interaction therapy with a hyperactive child. *The Family Journal: Counseling and Therapy for Couples and Families, 8*(2), 180-186.

Kazdin, A. E., Holland, L., & Crowley, M. (1997). Family experience of barriers to treatment and premature termination from child therapy. *Journal of Consulting and Clinical Psychology, 65*, 453-463.

Leung, C., Tsang, S., & Heung, K. (2009). Effectiveness of Parent-Child Interaction Therapy (PCIT) among Chinese families. *Research on Social Work Practice, 19*(3), 304-313.

Leung, C., Tsang, S., Sin, T. C., & Choi, S. (2015). The efficacy of Parent-Child Interaction Therapy with Chinese families: Randomized controlled trial. *Research on Social Work Practice, 25*(1),

117-128.

Loeber, R., Burke, J., & Pardini, D. A. (2009). Perspectives on oppositional defiant disorder, conduct disorder, and psychopathic features. *Journal of Child Psychology and Psychiatry, 50*(1-2), 133-142.

Masse, J. J., McNeil, C. B., Wagner, S. M., & Chorney, D. B. (2008). Parent-child interaction therapy and high functioning autism: A conceptual overview. *Journal of Early & Intensive Behavior Intervention, 4*, 714-735.

Matos, M., Bauermeister, J. J., & Bernal, G. (2009). Parent child interaction therapy for Puerto Rican preschool children with ADHD and behavior problems: A pilot efficacy study. *Family Process, 48*(2), 232-252.

McCabe, K. M., & Yeu, M. (2009). Parent-child interaction therapy for Mexican Americans: A randomized clinical trial. *Journal of Clinical Child & Adolescent Psychology, 38*(5), 753-759.

McNeil, C., Capage, L., Bahl, A., & Blanc, H. (1999). Importance of early intervention for disruptive behavior problems: Comparison, of treatment and waitlist control groups. *Early Education and Development, 10*(4), 445-454.

McNeil, C., Eyberg, S. M., Eisentadt, T., & Funderburk, B. (1991). Parent-child interaction therapy with behavior problem children: Generalization of treatment effects to the school setting. *Journal of Clinical Child Psychology, 20*, 140-151.

Mcrae, R. E. (2003). The treatment of child neglect through a comprehensive service strategy including home-based therapy, play therapy, parent education, and Parent-Child Interaction Therapy. *Dissertation Abstracts International: Section B: The Sciences & Engineering, 63*, 3930.

Patterson, G. R. (1982). *Coercive family process*. Eugene, OR: Castalia.

Patterson, G. R., DeBaryshe, B. D., & Ramsey, E. (1989). A developmental perspective on antisocial behavior. *American Psychologist, 44*(2), 329-335.

Perez, J. C. (2008). Predictors of patterns of change in child disruptive behavior and parenting stress during parent child interaction therapy and its relation to treatment outcome. Doctoral Dissertation University of Florida.

Querido, J. G., & Eyberg, S. M. (2003). Psychometric properties of the Sutter-Eyberg student behavior inventory-revised with preschool children. *Behavior Therapy, 34*, 15.

Querido, J. G., Bearss, K., & Eyberg, S. M. (2002). Theory, research and practice of Parent-Child Interaction Therapy. In F. W, Kaslow & T. Patterson (Eds.), *Comprehensive Handbook of*

Psychotherapy: Vol. 2. Cognitive/Behavioral/Functional Approaches (pp. 91-113). New York: Wiley.

Sanders, M. R. (1999). Triple p-Positive Parenting Program: Towards an empirically validated multilevel parenting and family support strategy for the prevention of behavior and emotional problems in children. *Clinical Child and Family Psychology Review, 2*, 71-90.

Solomon, M., Ono, M., Timmer, S., & Goodlin-Jones, B. (2008). The effectiveness of Parent-Child Interaction Therapy for families of children on the autism spectrum. *Journal Autism Developmental Disorders, 38*, 1767-1776.

Thomas, R., & Zimmer-Gembeck, M. J. (2007). Behavioral outcomes of Parent-Child Interaction Therapy and Triple P-positive program: A review and meta-analysis. *Journal of Clinical Child Psychology, 35*(3), 475-495.

Thomas, R., & Zimmer-Gembeck, M. J. (2011). Accumulating evidence for Parent-Child Interaction Therapy in the prevention of child maltreatment. *Child Development, 82*, 177-192.

Timmer, S. G., Ho, L. K. L., Urquiza, A. J., Zebell, N. M., Fernandez Garcia, E., & Boys, D. (2011). The effectiveness of Parent-Child Interaction Therapy with depressive mothers: The changing relationship as the agent of individual change. *Child Psychiatry and Human Development, 42*, 406-423.

Timmer, S. G., Ware, L. M., Urquiza, A. J., & Zebell, N. M. (2010). The effectiveness of Parent-Child Interaction Therapy for victims of interparental violence. *Violence and Victims, 25*, 486-503.

Urquiza, A. (1996). Parent-child interaction therapy: An intensive dyadic intervention for physically abusive families. *Child Maltreatment, Vol. 1*(2), 134-144.

Wagner, S. M., & McNeil, C. B. (2008). Parent-child interaction therapy for ADHD: A conceptual overview and critical literature review. *Child & Family Behavior Therapy, 30*(3), 231-256.

Webster-Stratton, C. (1996). Early-onset conduct problems: Does gender make a difference? *Journal of Consulting and Clinical Psychology, 64*(3), 540-551.

Werba, B. E., Eyberg, S. M., Boggs, S., & Algina, J. (2002). Predicting outcome in Parent-Child Interaction Therapy: Success and attrition. Manuscript submitted for publication.

ADHD 12

ADHD의 정신사회적 치료

놀이치료 및 개인 정신치료를 중심으로

1. 들어가는 글
2. ADHD에 대한 비주류적 인지행동치료
3. ADHD에서 놀이치료
4. ADHD에서 개인적 정신역동치료
5. 맺는 글

ADHD 12

임명호

1. 들어가는 글

ADHD에서 현재까지 가장 잘 확립되어 있는 치료 방법은 약물치료와 인지행동치료의 병합요법이다. ADHD의 비약물치료, 즉 정신사회적 치료에는 매우 여러 방법이 시도되고 있는데, 각각 열거해 보면 개인적 개입(individual interventions), 집단적 개입(group interventions), 가족기반 개입(family-based interventions), 학교기반 개입(school-based interventions), 직장개입(occupational interventions), 행동부모훈련(behavioural parent training), 행동치료(behavioral management), 사회교육 또는 심리교육(psychoeduation), 가족치료(family therapy), 사회기술훈련(social skills training, 이하 SST), 인지치료(cognitive therapy), 인지행동치료(conitive behavior therapy), 지지치료(supportive therapy), 자조훈련(self-help), 상담(counselling), 인지교정(cognitive remediation), 간병인 지지(carer support) 등이 있으며, 이 외에도 놀이치료(play therapy), 식이제한 및 지방산 투여(dietary intervention and free fatty acid supplements), 시각교정훈련(optometric vision training), 감각통합훈련(sensory integrative training), 척추교정(chiropractic manipulation), 염색렌즈(tinted lenses), 고량 비타민섭취(megavitamin), 허브치료(herbal medication), 바이오피드백/뉴로피드백(biofeedback/neurofeedback), 아연 · 철 · 항산화제 투여요법(zinc · iron · antioxidants supplements), 원예요법(flower remedies), 동종요법(homeopathy), 안마치료(massage therapy) 등이 보완대체요법으로 보고되었다.

그렇지만 이렇게 다양한 치료 방법 중에서도 근거에 기반한(evidence-based) 정신사회적 치료 방법은 ① 행동부모훈련(behaviral parent trainning), ② 행동교실치료(behavioral classroom management), 그리고 ③ 행동초점 또래개입(behavior-focused peer intervention) 등만이 유의하게 치료적 효과를 보고하고 있다.

〈표 12-1〉 여러 ADHD 진료지침에서의 사회심리치료 권고사항(Seixas et al., 2012)

	AAP	NZ	DGPPN	ESCAP	BAP	AACAP	DGKJP	NICE	SIGN	CADDRA
Association	(2000, 2001)	(2001)	(2003)	(2004,2006)	(2006)	(2002, 2007)	(2007)	(2008)	(2009)	(2011)
Individual interventions	0	0	+	+	0	0	+	+	0	+
Group interventions	0	+	+	+	0	0	+	+	0	0
Family-based inventions	0	0	0	+	0	0	+	+	+	+
School-based inventions	+	0	0	+	+	0	+	+	+	+
Occupational inventions	0	0	0	0	+	0	0	0	0	+
Behavioural parent training	+	0	0	+	0	0	+	+	+	+
Behavioural management	0	+	0	+	0	0	+	+	0	+
Psychoeduation	+	0	+	+	+	+	+	+	+	+
Family therapy	0	0	0	0	0	0	+	0	0	+
Socail skills training	0	0	0	+	0	−	0	+	0	+
Cognitive therapy	−	0	0	0	0	0	+	0	0	0
CBT	−	0	0	+	0	−	+	+	0	+
Supportive therapy	0	0	0	+	+	0	0	0	0	+
Self-help	0	0	0	+	0	0	+	+	+	+
Counselling	0	0	0	0	0	0	0	0	0	+
Cognitive remediation	0	0	0	Academic skills	0	0	+	0	0	Academic skills
Carer support	+	+	0	+	0	0	0	0	+	+
Other therapies mended	play therapy not recom mended	Dietary interventions supervised by dietitian and at parents' request. Optometric vision training, sensory integrative training, chiropractic manipulation, tinted lenses, megavitamins, herbal remedies and biofeedback not recommended(−)	0	Elimination and restriction diets not routinely recom mended(−)	0	Dietary modification and EEG biofeedback not recom mended(−)	Dietary modification, biofeedback	Elimination and restriction diets not recom mended; fatty acid supplements not routinely recom mended(−)	Avoidance of case-specific food additives(+); omega-3 and omega-6 fatty acid supplements, iron supplements, zinc supplements, antixidants, Bach flower remedies, homeopathy, massage therapy and neurofeedback(all−)	Anger management; interpersonal therapy; expressive arts therapy; paly therapy.
Multimodal interventions	+	0	+	+	0	+	+	+	+	+

0, no recommendation found; +, explicit favourable recommendation; -, negative recommendation; C&A-child and adolescent. CBT, cognitive behavioural therapy; EEG, electroencephalography AAP(2000), America Academy of Pediatrics, Committee on Quality Improvement Subcommittee on Attention-Deficit/Hyperactivity Disorder(2000) Clinical Practice Guideline: Diagnosis and evaluation of the child with attention-deficit/hyperactivity disorder; AAP 2001,American Academy of Pediatrics, Committee on Quality Improvement, Subcommittee on Attention-Deficit Hyperactivity Disorder(2001) Clinical Practice Guideline: Treatment of the school-aged child with attention-deficit/hyperactivity di Zealand Guideline for the Assessment and Treatment of Attention-Deficit/Hyperactivity Disorder; DGPPN 2003, Ebert D, Krause J, Roth-SackenheimC(2003) ADHS im Erwachsenenalter Leitlinienaufder Basiseines Expertenkonsensusmit UnterstUtzunger DGPPN; ESCAP 2004, Taylor E, Döpfne M, Sergeant J, AshersonP, BanaschewskiT, BuitelaarJ, CoghillD, DanckaertM, RothenbergerA, Sonuga-Barke E, Steinhausen HC, ZuddasA(2004) European clinical guidelines for hyperkinetic disorder–first upgrade; ESCAP 2006, Banaschewski T,Coghill D,Santosh P,Zuddas A,Asherson P,Buitelaar J,Danckaerts M,D Upfne M, Faraone SV, Rothenberger A, Sargeant J, Steinhausen HC, Sonuga-Barke EJ Taylor E(2006) Long-acting medications for the hyper kinetic disorders. A systematic review and European treatment guideline; BAP 2006, Nutt DJ, Fone K, Asherson P, Bramble D, Hill P Matthews K, Morris KA, Santosh P, Sonuga-Barke E, Taylor E, Weiss M, Young S;British Association for Psychopharmacology(2006) Evidence-based guidelines for management of attentio deficit/hyperactivity disorder in adolescents in transition to adult services and in adults; recommendations from the British Association for Psychopharmacology; DGK JP 2007, Deutshe Gesellschaf für Kinder-und Jugend für Kinder-und Jugend-psychiatrie und Psychotherapie(2007) Hyperkinetiche störungem(90) In Deutsche Gesellschaft für kinder-und Jugenpsychiatrie und Psychotherapie(eds), Leitlinien zur Diagnostik und Therapie von psychischen störungen im Säuglings-, Kinder-und Jugendalter. 3. öberarbeitete Auflage; AACAP 2002, Greenhill LL, Pliszka S, Dulcan MK, Bernet W, Arnold V, Beitchman J, Benson RS, Bukstein O, Kinlan J, McClellan J, Rue D, Shaw JA, Stock S; American Academy of Child and Adolescent Psychiatry(2002) Practice Parameter for the Use of Stimulant Medications in the Treatment of Children Adolescents and Adults; AACAP 2007, Pliszka S; American Academy of Child and Adolescent Psychiatry (AACAP) Work Group on Quality Issues (2007) Practice Parameter for the Assessment and Treatment of Children and Adolescents with Attention-Deficit/Hyperactivi Disorder;NICE 2008, National Institute for Health and Clinical Excellence(2008) Attention deficit hyperactivity disorder-Diagnosis and management of ADHD in children, young people and adults. NICE clinical guigeline 72; SIGN 2009, Scottish Inercollegiate Guideline Network(2009) Management of attention deficit and hyperactivity disorders in children and young people-A national clinical guideline; CADDRA 2011, Canadian Attention Deficit Disorder Resoure Alliance(2011) Canadian ADHD Practice Guidelines, Third Edition.

첫째, 행동부모훈련은 집에서 아동의 부모를 대상으로 행동수정을 교육함으로써 간접적으로 ADHD 아동의 요구 및 순응도를 향상시키는 방법으로 0.55의 효과크기를 나타내었다. 이 방법은 통상적으로 부모만족도가 높아지는 장점이 있다. 둘째, 행동교실치료는 학교에서 교사를 대상으로 행동수정을 교육함으로써 간접적으로 ADHD 아동의 지시에 대한 주의력 향상, 파탄행동의 감소, 규칙에 대한 순응도의 향상 등을 촉진하는 방법으로 0.61의 효과크기를 나타내었다. 셋째, 행동초점 또래개입은 또래에게 초점을 맞춘 치료 방법으로 대체로 SST와 같은 집단치료를 병행한다.

〈표 12-1〉은 외국에서 ADHD의 치료 방법으로 수행된 정신사회적 치료의 여러 가지 방법을 10개의 큰 연구에 따라서 정리한 것이다.

2. ADHD에 대한 비주류적 인지행동치료

ADHD에서 주된 인지행동치료인 부모훈련, 학교 교사상담 외에 비주류적 인지행동치료의 근거기반 인지행동치료로 시행된 연구는 매우 적은 편이다. Pelham 등의 보고에 따르면 2개 정도의 근거기반 치료가 있었을 뿐이며, 결과적으로 두 연구 모두 근거에 기반한 ADHD에서의 치료 효과는 나타나지 않았다.

Sonuga-Barke 등(2001)이 ADHD 양상을 나타내는 3세 아동들을 대상으로 부모훈련, 부모상담 및 지지, 대기자군으로 구분하여 치료를 수행한 결과, 아동조절기법을 직접적으로 부모에게 교육한 부모훈련군에서는 ADHD 증상이 유의하게 감소하였고 부모훈련군의 53%에서 임상적 개선이 나타났지만, 간접적으로 부모상담과 지지를 수행한 군과 대기자군에서는 유의한 차이를 나타내지 않았다.

Barkley 등(2001)은 97명의 10대 ADHD 학생을 두 군으로 나누어 18회기의 문제해결의사소통훈련(problem-solving communication training, 이하 PSCT), 그리고 PSCT와 9회기의 행동조절훈련을 시행하였다. 그 결과 양쪽 군 모두에서 치료 전에 비해 23%의 유의한 개선 효과가 나타났으나 양쪽 군 간의 차이는 유의하게 나타나지 않았다. 다만 행동조절 훈련을 함께 시행한 군에서는 치료 탈락률이 적었다.

Smith 등(2000)은 ADHD 아동・청소년을 위한 정신치료가 약물치료 및 약물치료/행동치료에 비해서 그동안 매우 제한적인 연구 결과만 있었을 뿐이라고 언급했으며, 근거기반 연구의 결과는 아직 보고된 바가 없다. 앞으로 장기간의 치료 효능, 안전성, 실행 기법 등에 대한 지속적인 보완이 필요한 실정이라고 할 수 있겠다.

3. ADHD에서 놀이치료

놀이치료는 70년 이상 아동의 정신사회적 치료의 한 방법으로 사용되어 왔다. 특히 놀이치료는 아직 추상적 사고능력을 지니고 의사소통 능력을 제대로 갖추지 못한 어린 아동의 감정, 사고, 행동을 적절하게 다룰 수 있다는 장점이 있다. 즉, 아동에게 장난감은 '단어'와 같으며 놀이는 '대화'와 같다. 그러나 아동기 우울장애 혹은 불안장애에서 놀이치료를 자주 적용하는 것과는 달리, ADHD와 관련해서는 놀이치료를 적용한 연구가 매우 미흡하다. 그러한 이유는 ADHD 아동은 대부분 행동상의 문제가 나타나는데, 이러한 행동수정의 방법으로 놀이치료보다는 적극적인 지시와 교육을 치료 요소로 포함하고 있는 인지행동치료가 더욱 수월할 것으로 생각되기 때문일 것이다. 그러므로 ADHD의 임상적 실제에서 놀이치료를 시행하는 적응증은 아동기 우울장애 혹은 불안장애가 ADHD에 동반되어 있는 경우다.

놀이치료만을 치료적으로 적용한 치료 연구는 2013년 말까지 단지 10여 개 이내의 연구가 있었을 뿐이며 모두 증례 혹은 개방적 연구로서 그간 무작위 조절연구는 수행되지 않았다. 그러므로 이러한 결과로는 ADHD에 놀이치료가 임상적인 효과를 나타낸다고 볼 수 없을 것이다. 그간 이루어진 ADHD 연구에서 놀이치료의 치료 연구 결과를 몇 가지 살펴보면 다음과 같다. Hall, Kadusin과 Schaefer(2002)는 4~12세의 아동을 대상으로 효과적이고 즐겁고 값싸고 쉽게 다룰 수 있는 15가지의 놀이치료 방법을 소개하고 있으며, 이러한 놀이가 불안, 우울뿐만 아니라 충동성, 부주의(distractibility), 비순응 등 ADHD의 특성에도 효과적이라고 보고하였다.

Barzegary와 Zamini(2011)는 14명의 ADHD 아동을 대상으로 놀이치료군과 대조군으로 나누어 10회기(주 3회)의 놀이치료를 수행하였으며 소아 증상 검사(Children Symptome Inventory) 4를 사용하여 평가하였는데, 결과적으로 과잉행동 척도와 부주의 척도 모두에서 양 군 간에 유의한 개선이 나타났다고 보고하였다. Abdollahhian 등(2013)은 30명의 ADHD 아동을 대상으로 놀이치료군과 대조군으로 나누어 8회기(주 2회)의 인지행동

요소를 포함한 놀이치료를 수행하였으며 루터 부모 설문지(Rutter Parental Questionnaire)와 루터 아동 행동 설문지(Rutter Children Behavior Questionnaire)를 사용하여 평가하였는데, 역시 양 군 간에 유의한 개선이 나타났다고 보고하였다. Panksepp 등(2003)은 전두엽 손상으로 기능이 부진한 쥐를 대상으로 신체적 놀이를 시행한 이후 활동성과 충동성이 감소되었다고 보고하였다. 그리고 Janatian 등(2008)은 30명의 ADHD 아동을 대상으로 놀이치료군과 대조군으로 나누어 8회기(주 2회)의 놀이치료를 수행하였으며 소아 증상 검사 4와 MFFT 설문지(MFFT Questionnaire)를 사용하여 평가하였는데, ADHD, 과잉행동, 부주의, 반응오류 증상에서 양쪽 군 간에 유의한 개선이 나타났으나 반응시간에서는 오히려 악화가 나타났다고 보고하였다. 마지막으로, Schottelkorb와 Ray(2009)는 4명의 ADHD 초등학생을 대상으로 모두에게 개인 중심 교사 자문(person-centered teacher consultation)을 시행하였으며 2명에게는 아동 중심 놀이치료(child-centered play therapy)를, 다른 2명에게는 독서를 시행한 결과, 아동 중심 놀이치료를 추가 시행한 2명의 아동에게서 ADHD 증상의 현저한 개선을 나타내었다.

4. ADHD에서 개인적 정신역동치료

2012년 Conway의 종설보고에 따르면, 그간 ADHD 아동의 정신역동적 정신치료에 대한 연구는 21개의 보고가 있었으며 각각 13개의 증례연구, 7개의 후향적 임상기록지 보고, 1개의 회의토론(conference panel) 보고가 있었다. 일반적인 치료 기간은 1~2년이었고, 평균 일주일에 한 번 정도의 간격으로 진행되었으며, 대상아동 · 청소년의 연령은 4~18세였다.

그간 이루어진 대표적인 연구를 기술하면 다음과 같다. Eresund(2007)는 6~10세 아동 9명을 대상으로 지지 표현 놀이 정신치료를 수행한 결과, 사회적 기능의 향상을 나타내었으나 ADHD 진단군에서는 효과가 유의하지 않았다. Fonagy와 Target(1996)은 안나 프로이트 센터에 내원한 750명의 아동 · 청소년을 대상으로 장기간의 정신역동적 정신치료를 수행한 결과를 후향적으로 검토하여 보고하였는데, 파탄행동을 보이는 아동의 경우 정신치료의 효과에 반응이 적었으나 3년 이상의 장기간 치료에서는 파탄행동군과 다른 질환군 간의 차이가 없었다. Leuzinger-Bohlerber 등(2011)은 환경적인 요인이 아동의 증상에 많은 영향을 주는 것으로 보았다. 135명의 ADHD 아동을 대상으로 정신분석 치료 프로그램을 시행하였는데, 이들은 실직, 가난, 범죄, 이민 등의 스트레스에 직면한 도시 가정 아동이었다. 부모와 아동에게 정신분석적 정신치료가 시행되었고 아동과 교사 집단에게 정신분석 수퍼비전이 함께 시행되었으며, 일주일 간격으로 정신분석적 토론이 이루어졌다. 그 결과 여아가 남아에 비해 과잉행동 증상이 유의하게 감소하였으며, 모든 아동에게서 공격성이 유의하게 감소하였다. 그러나 이 연구의 한계는 대부분의 아동이 회피성 혹은 혼돈형 불안정 애착아동이었으며 안정애착 아동은 매우 극소수였다는 점이다. 또한 Leuzinger-Bohlerber 등(2011)은 2~6세의 아동 40명을 대상으로 무작위 조절 연구를 시행하였는데, 여아가 치료에 좀 더 잘 반응하였으며 모든 아동이 공격성과 불안의 감소를 나타내었다.

1) ADHD 진단의 정신역동적 개념

ADHD 진단의 정신역동적 개념은 크게 두 가지 관점으로 설명할 수 있다. 첫째, 자아심리학(ego psychology)의 관점으로 ADHD 아동은 자신의 경험을 합성하고 조직화하고 통합하는 자아기능의 어려움을 갖고 있다고 보는 것이다. 자아심리학자는 뇌 전전두엽 피질에서 나타나는 수행기능(executive function)을 자아(ego)의 특성으로 본다(Gilmore, 2002). 또한 ADHD의 여러 증상, 즉 계획 세우기의 어려움, 여러 가지 작업 수행의 어려움, 충동억제의 어려움, 지연만족의 어려움 등이 이러한 자아 수행기능의 결핍 때문에 나타나는 것으로 본다. 둘째, 대상관계(object relation)의 관점으로 ADHD 아동이 다른 사람과의 상호 관계에서 어려움을 갖고 있다는 점이다. 이 모델에서 다른 사람과의 상호 관계 문제로는 주로 부모와의 갈등과 형제자매와의 갈등, 조기 부모-자녀 관계의 문제(아버지의 부재와 어머니의 과도한 간섭), 외상 경험, 자기애 취약성 등이 보고되었다(Cione, Coleburn, Fertuck, & Fraenkel, 2011). Leuzinger-Bohlerber 등(2011)은 500명의 ADHD 아동을 대상으로 한 연구에서 이들 중 다수에게서 조기 정서적 방임, 외상, 문화적 충격, 우울 혹은 애도, 영재, 부모의 역할부재 등을 발견할 수 있었다고 보고하였다. 이들은 ADHD는 외상, 자아 및 자기 발달, 가족 간의 대인갈등 등의 '조기 대상관계의 문제' 때문에 만들어진 부모-자녀 관계와 인격구조에 의해 결정된 '증후군'이라고 주장하였다.

정신치료는 애착이론에 대한 강조를 대상관계의 관점으로 함께 설명한다. 외상으로 인한 조기 대상관계 문제 또는 안정애착 및 혼란애착 등의 문제로 설명하기도 하는데, 예컨대 환경적으로 학대 등의 심리적 침습사건이 일어나면 초기 애착관계가 훼손된다(Cione et al., 2011; Hopkins, 2000). 자아의 기억기능에서 문제를 나타내는 아동은 과거의 만족스러웠던 기억을 회상하는 데 어려움을 나타내기도 하는데, 치료자의 지지는 이러한 기억기능의 회상 능력을 회복하는 데에 도움을 주기도 한다.

2) 정신역동치료의 실제 기법

공감(empathy)은 아동의 두려움과 무조감(helplessness)에 공감해 주는 것(Hopkins, 2000)이다. 또한 아동의 감정을 반영(mirroring)하고 반추(reflecting)하는 것은 아동의 자기조절 능력을 개선시킬 수 있다. 공감적인 접근은 짧은 화(short temper), 공격성, 불안 등의 정서 상태를 관찰하고 조정하는 것이다(Nathan, 1992).

Fonagy와 Target(1996)은 ADHD의 정신역동적 치료 방법의 초점을 아동의 '정신과정의 변화(changing of mental process)에 두었다. 즉, 아동은 자신의 정신 상태를 타인과 구분함으로써 좀 더 자기조절을 잘할 수 있게 된다고 본 것이다. 그들은 치료자의 역할은 Vygotsky의 개념인 '사회적 거푸집(social scaffolding)'을 아동에게 제공하는 것이라고 보았으며, 정신적 성장은 전이와 역전이의 통합에 의해서 성장한다고 보았다.

발달적 도움은 치료자가 아동과 다음과 같은 측면에서 상호작용하는 것이다. 즉, ① 자아와 대상의 재현을 통해 자아기능을 발달시키는 것, ② 내부 상태를 언어표현(verbalization)하고 정서를 분화시키는 것, ③ 조절 불가능한 정서 실패(불안)에서 조절 가능한 일정 부분을 찾는 것, ④ 자신의 감정을 통제할 수 있는 내적 정서를 재현하는 것, ⑤ 불안을 감소시키는 사고를 촉진하고 사고과정의 여러 측면을 연계하는 것, ⑥ 원인과 결과에 대한 연관성 사고를 하는 것, ⑦ 아동이 외부적 요인으로부터 내부적 요인을, 비현실로부터 현실을, 환상으로부터 현실을 구분하도록 돕는 것, ⑧ 한계 설정 및 한계 설정에 대한 설명을 제공하는 것, ⑨ 자기와 타인의 내적 재현을 형성하고 촉진하는 것, ⑩ 상호성(reciprocity)을 확립하는 것, ⑪ 지연만족 능력을 발달시키는 것, ⑫ 가정적인(as if) 태도를 발달시키고 환상에 대해서 격려하는 것, 반대되는 생각에 점차적으로 직면하도록 도와주는 것 등이다(Fonagy & Target, 1996).

정신역동치료는 '자아'의 기능에 초점을 둔다(Gilmore, 2005). 자아 능력의 발달은 욕동(drive)의 방어를 조절한다. 아동과의 놀이는 아동이 경험의 의미를 이해하도록 하고, 자기(self)의 출현과 심상(mentalize) 능력을 발달시킨다. 가족과의 작업은 형제자매 및 부모에 대한 의식적 · 무의식적 감정과 갈등을 해석하는 데에 유용할 수 있다(Cione et al., 2011). 부모와의 작업은 부모의 불안을 감소시킬 수 있고, 치료 성공률을 개선시킬 수 있는 것으로 보고되었다. ADHD를 대상으로 한 정신역동적 지지치료에 대한 구체적인 지침서를 제시한 경우는 정신역동적 지지 표현 놀이 정신치료(psychodynamic supportive expressive play psychotherapy, 이하 SEPP)가 유일하다. Eresund(2007)가 매뉴얼화한 SEPP는 클라인(Klein) 접근법과 달리 불안에 대해서 해석하지 않으며 치료 초기의 부정적 전이에 초점을 맞춘다. 클라인 치료 기법이 초기 영아 경험의 공포와 관련된 불안 및 소멸 공포를 분석하는 것에 반해서 이 기법은 해석을 덜 하는 대신에 지지와 표현적 개입을 더 시행한다.

정신역동치료의 주요 요소는 다음과 같다. 즉, 긍정적 전이, 치료적 관계 확립, 자아 기능 발달, 교육적 지지 개입, 지지(encouragement), 격려(reassurance)와 공감, 표현적 요소, 적극적 경청, 표현과 반영을 촉진하는 지적, 아동의 상태 요약, 주의 기울임(directing attention), 해석, 지금-여기의 해석, 부모 공동작업, 교사와의 공동토론 등이다(Eresund, 2000).

5. 맺는 글

ADHD에 대한 정신사회적 치료에는 매우 다양한 치료 방법이 있었다. 그러나 이렇게 다양한 치료 방법 중에서 근거기반 정신사회 치료 방법은 행동부모훈련(behaviral parent trainning), 행동교실치료(behavioral classroom management) 그리고 행동초점 또래개입(behavior-focused peer intervention) 등만이 유의하게 치료적 효과를 보고하고 있으며, 놀이치료, 개인적 정신역동치료 등의 비주류적 정신치료에서는 그간 매우 극소수의 연구만이 시행되었을 뿐으로 근거기반 치료 효과가 입증된 결과는 아직 없다.

참고문헌

Abdollahian, E., Mokhber, N., Balaghi, A., & Moharrari, F. (2013). The effectiveness of cognitive-behavioural play therapy on the symptoms of attention-deficit/hyperactivity disorder in children aged 7-9 years. *ADHD Attention Deficit Hyperactivity Disorder*, *5*, 41-46.

Barkley, R. A., Edwards, G., Laneri, M., Fletcher, K., & Metevia, L. (2001). The efficacy of problem-solving communication training alone, behavior management training alone, and their combination for parent-adolescent conflict in teenagers with ADHD and ODD. *Journal of Consulting and Clinical Psychology*, *69*(6), 926-941.

Barzegary, L., & Zamini, S. (2011). The effect of play therapy on children with ADHD. *Procedia-Social and Behavioral Sciences*, *30*, 2216-2218.

Cione, G. F., Coleburn, L. A., Fertuck, E. A., & Fraenkel, P. (2011). Psychodynamic play therapy with a six-year-old African American boy diagnosed with ADHD. *Journal of Infant, Child and Adolescent Psychotherapy*, *10*, 103-143.

Conway, F. (2012). Psychodynamic psychotherapy of ADHD: A review of the literature. *Psychotherapy*, *49*(3), 404-417.

Eresund, P. (2007). Psychodynamic psychotherapy for children with disruptive disorders. *Journal of Child Psychotherapy*, *33*, 161-180.

Fonagy, P., & Target, M. (1996). Playing with reality I: Theory of mind and the normal development of psychic reality. *International Journal of Psycho-Analysis*, *77*, 217-233.

Gilmore, K. (2002). Diagnosis, dynamics, and development: Considerations in the psychoanalytic assessment of children with AD/HD. *Psychoanalytic Inquiry*, *22*, 372-390.

Gilmore, K. (2005). Play in the psychoanalytic setting: Ego capacity, ego state, and vehicle for intersubjective exchange. *Psychoanalytic Study of the Child*, *60*, 213-238.

Hall, T. M., Kaduson, H. G., & Schaefer, C. E. (2002) Fifteen effective play therapy techniques. *Professional Psychology: Research and Practice*, *33*, 515-522.

Hopkins, J. (2000). Overcoming a child's resistance to late adoption: How one new attachment can facilitate another. *Journal of Child Psychotherapy*, *26*, 335-347.

Janatian, S., Nouri, A., Shafti, A., Molavi, H., & Samavatyan, H. (2008). Effectiveness of play therapy on the bases of cognitive behavior approach on severity of symptoms of Attention Deficit/Hyperactivity Disorder (ADHD) among primary school male students aged 9-11. *Journal of Research in Behavioural Sciences*, *6*(2), 110-112.

Leuzinger-Bohleber, M., Laezer, K. L., Pfenning-Meerkoetter, N., Fischmann, T., Wolff, A., &

Green, J. (2011). Psychoanalytic treatment of ADHD children in the frame of two extraclinical studies: The frankfurt prevention study and the EVA Study. *Journal of Infant, Child and Adolescent Psychotherapy, 10*, 32-50.

Nathan, W. A. (1992). Integrated multimodal therapy of children with attention-deficit hyperactivity disorder. *Bulletin of Menninger Clinic, 56*(3), 283-312.

Panksepp, J., Burgdorf, J., Cortney, T., & Gordon, V. (2003). Modeling ADHD-type arousal with unilateral frontal cortex damage in rats and beneficial effects of play therapy. *Journal of Brain and Cognition, 52*, 97-105.

Pelham, W. E. Jr., & Fabiano, G. A. (2008). Evidence-based psychosocial treatments for attention-deficit/hyperactivity disorder. *Journal of Clinical Child and Adolescent Psychology, 37*(1), 184-214.

Schottelkorb, A. A., & Ray, D. C. (2009). ADHD symptom reduction in elementary students: A single-case effectiveness design. *Professional School Counseling, 13*(1), 11-22.

Smith, B. H., Waschbusch, D. A., Willoughby, M. T., & Evans, S. (2000). The efficacy, safety, and practicality of treatments for adolescents with attention-deficit/hyperactivity disorder (ADHD). *Clinical Child and Family Psychology Review, 3*(4), 243-267.

Sonuga-Barke, E. J., Daley, D., Thompson, M., Laver-Bradbury, C., & Weeks, A. (2001). Parent-based therapies for preschool attention-deficit/hyperactivity disorder: A randomized, controlled trial with a community sample. *Journal of American Academy Child and Adolescent Psychiatry, 40*(4), 402-408.

Toplak, M. E., Connors, L., Shuster, J., Knezevic, B., & Parks, S. (2008). Review of cognitive, cognitive-behavioral, and neural-based interventions for attention-deficit/hyperactivity disorder (ADHD). *Clinical Psychology Review, 28*, 801-823.

ADHD 13

학교와 ADHD

ADHD 13

홍현주

1. 들어가는 글

ADHD는 주의력결핍, 과잉행동, 충동성을 특징으로 하는 만성적인 신경발달학적 질환이며 학교생활, 학업, 가정, 대인관계 등 다양한 영역에서 문제를 야기한다(The MTA Cooperative Group, 1999a). ADHD의 유병률은 전체 아동·청소년의 5~10%로 보고되며(Polanczyk et al., 2007), 정신건강의학과 외래에 내원하는 아동의 30~50%가 ADHD로 진단될 정도로(Popper, Gammon, West, & Bailey, 2003) 가장 흔한 아동·청소년 정신병리다. ADHD는 조기개입이 중요하며 치료 효과도 양호하다고 보고되지만, 치료가 필요한 아동의 10% 미만이 전문적인 의료 서비스를 받는 것으로 알려져 있다(Min et al., 1997).

거의 모든 아동·청소년은 학교를 다니고, 일과 중 많은 시간을 학교에서 보내며, 학교를 통해 성장하고 신체적·정신적으로 성숙을 이룬다. 또한 학교에서 정신건강 문제가 처음으로 발견되기도 하는 등 학교는 학생을 위해 정신건강 서비스를 제공할 수 있는 효과적인 공간이기도 하다. 만일 학교를 통해 학생의 정신건강 문제에 대한 서비스가 이루어진다면 접근성과 효과는 더욱 클 수 있다. 또한 정신건강 문제에 대한 부정적인 인식이 개선되고 정신과 치료에 도달하기까지의 장벽이 완화될 수 있을 뿐 아니라(Cho, Kim, Kim, & Shin, 2009), 학교 본연의 기능인 교육의 효율성이 더욱 증가될 수도 있다. 이러한 배경에서 우리나라를 비롯한 많은 국가가 학교 기반의 다양한 정신건강 정책을 수행해 왔다. 학교를 기반으로 하는 정신건강 정책이 효과적으로 수행되어 학생의 정신건강 문제를 대상으로 한 개입이 이루어진다면 학업성취도, 학급 분위기, 학교 이탈률 등에도 긍정적인 효과가 있을 수 있는 것이다(Loe & Feldman, 2007). 특히 ADHD는 아동·청소년의 학습부진과 정서행동 문제의 대표적인 원인으로 거론되고 있기에(Hill, Degnan, Calkins, & Keane, 2006; Hinshaw, 1992), 학교에서 가장 많은 관심과 표적이 되고 있는 질환이다. 이 장에서는 ADHD가 교육 현장인 학교에 미치는 영향을 살펴보고 효과적인 개입 방안을 모색해 보며, 우리나라에서의 학교기반 ADHD 관리 현황을 살펴보고자 한다.

2. ADHD와 학교생활

주의력결핍, 과잉행동, 충동성과 같은 ADHD의 주 증상은 다양한 자극과 과업이 주어지는 학교에서 더욱 두드러지기에 학교에서 처음 문제가 발견되는 경우가 많다. ADHD 학생은 학업수행도가 떨어지고 수업 태도가 좋지 않아 학급 분위기에 부정적인 영향을 주게 되며, 또래관계나 사제관계에서도 쉽게 갈등을 유발하여 학교 내 폭력 또는 따돌림에도 쉽게 연루된다. 이러한 배경에서 학교에서는 ADHD를 아동·청소년의 학습부진과 정서행동 문제의 대표적인 원인으로 거론하고 있으며(Hill, Degnan, Calkins, & Keane, 2006; Hinshaw, 1992), 많은 관심과 개입의 초점이 되고 있다.

ADHD와 낮은 학업수행도의 관련성에 대해서는 국내외에서 많은 연구가 이루어졌다. 초등학교 6학년 때 평가한 ADHD 증상은 5년이 지난 고등학교 2학년 때에도 학업성취와 부정적으로 관련이 있으며, 고등학교 2학년 때의 ADHD 증상은 고등학교 3학년 때 미래에 대한 지향도에도 부정적인 영향을 미친다고 한다(Scholtens, Rydell, & Yang-Wallentin, 2013). 즉, ADHD 증상은 지속적으로 학업성취에 부정적인 영향을 미치며 미래에 대한 조망에도 영향을 준다. ADHD로 진단받은 아동·청소년은 고등학교의 유급이나 중퇴의 위험이 높았고, 이는 유급이나 중퇴에 영향을 미칠 수 있는 지능지수와 낮은 사회경제적 수준, 학습장애를 보정한 뒤에도 유의미하였다(Fried et al., 2013). ADHD의 경우 주의집중력 및 제 증상들의 치료를 통해 호전될 수 있기 때문에 학교 현장에서 ADHD를 가진 아동·청소년을 조기에 발견해 적절한 중재를 적용한다면 학업 성취, 유급, 퇴학의 문제를 해결하는 데 큰 도움이 될 가능성을 지닌다.

국내에서도 학생들의 학습부진과 ADHD의 관련성에 대한 연구가 이루어졌다. 모 광역시의 3~6학년 초등학생 중 학년 초에 기초학습부진으로 평가된 학생에 대해 학년 말 재평가를 하여 계속 학습부진으로 평가된 학생 350명에게 기초학력검사(Korean Institute of Special Education-Basic Academic Achievement Test: KISE-BAAT)를 실시하였다. 그 결과 학

〈표 13-1〉 기초학습부진으로 의뢰된 일반학급 초등학생 76명의 임상적 진단

	진단	학생 수(%)
I 축	주의력결핍 과잉행동장애(Attention-deficit/Hyperactivity disorder)	66(86.8)
	우울장애(Depression)	16(21.1)
	학습장애(Learning disorder)	7(9.2)
	의사소통장애(Communication disorder)	3(4.8)
	자폐스펙트럼장애(Pervasive developmental disorder)	2(2.6)
	기분장애(Mood disorder)	1(1.3)
	말더듬(Stuttering)	1(1.3)
	인터넷중독(Internet addiction)	1(1.3)
II 축	지적장애(Mental retardation)	56(73.7)

출처: 방수영, 박정환, 임재인(2011).

력지수 70점 이하인 학생이 130명이었으며, 그중 정신과적 면담이 동의된 76명을 면담하였는데 그중 86.8%의 학생이 ADHD로 진단되었다(〈표 13-1〉 참조). 비록 이 연구 대상자의 73%가 지적장애로 진단되긴 하였지만 이는 국내 학습부진아의 가장 흔한 정신과적 병리가 ADHD라는 것을 보여 준다(방수영, 박정환, 임재인, 2011).

약물치료는 ADHD의 증상 개선에 매우 효과적이기에 학업수행도의 향상에도 기여할 수 있다. Scheffler 등(2009)은 ADHD를 가진 초등학생에게 약물치료를 한 후 수학 및 읽기 시험 점수를 비교했다. 그 결과 약물 사용을 한 군에서 표준화된 수학 및 읽기 시험 점수가 상승하였고, 이는 양의 관계를 보였다. 즉, 이러한 결과는 학생의 학업부진에는 ADHD가 영향을 미칠 수 있지만, 이는 약물치료와 같은 효과적인 치료로 개선이 가능함을 시사하는 것이다.

3. 학교에서의 ADHD의 효과적인 개입

ADHD의 효과적 관리를 위해서는 적절한 부모교육을 통한 가정에서의 관리, 의료 기관에서의 전문치료와 함께 학교에서의 적절한 개입이 필요하다. 학교 개입의 많은 부분은 교사와 학교 환경을 통해 이루어진다. 교사는 다양한 환경에서 학생들과 많은 시간을 보내기 때문에 학생의 상태를 잘 관찰하고 평가하여 학생의 문제를 조기에 발견할 수 있으며, 부모에게 전문적인 기관에의 평가 또는 치료를 권유할 수도 있고, 학교 환경

을 통해서 문제행동을 보이는 ADHD 학생에게 교육적 개입을 할 수도 있다. 이러한 배경에서 ADHD에 대한 교사의 인식이 학교 개입의 질을 결정하는 중요한 결정 요인이 될 수 있다. 하지만 많은 교사는 학생의 문제행동을 쉽게 알아차릴 수는 있지만 ADHD 및 ADHD의 치료에 대한 적절한 인식이 부족한 경우가 많다.

영국의 초등학교 교사 496명을 대상으로 ADHD의 인식에 대해 조사한 흥미로운 연구 결과가 있다. 교사들에게 9세의 ADHD 남학생 및 여학생의 사례를 제시한 글을 보여주고 학생의 문제가 무엇이라고 생각되는지, 전문가에게 평가를 의뢰할지 여부를 결정하도록 한 후 학생에게 약물이 도움이 될 것인지와 관련하여 의견을 제시하도록 하였다. 그 결과 절반 이하(38%)의 교사들만이 이 증례들을 ADHD로 평가하였고, 특히 ADHD 부주의형에 대한 사례를 보고서는 ADHD라고 알아채지 못했다. 또한 교사들은 전문기관에 의뢰하는 것에 주의를 표명했는데, 글로 제시된 아동의 사례만으로는 의뢰 여부를 판단하기 이르거나 학생의 문제가 심각하지 않다거나, 학교에서 도움을 줄 수 있을 것이라고 생각하는 경우가 제일 흔했다. 또한 약물이 도움이 될 수 있을지에 대한 질문에는 193명 중 125명에게서 부정적이거나 망설이는 반응이 나타났다. 교사는 약물치료와 같은 전문적인 치료에 대한 지식 또는 경험이 없거나 약물치료를 비판하는 시각을 보였으며, 약물치료 대신 학교 내에서 시행할 수 있는 전략을 선호하였다(Moldavsky, Pass, & Sayal, 2014). 최근 전 사회적으로 ADHD에 대한 관심이 높아졌음에도 우리나라 교사의 인식은 이전과 큰 차이를 보이지 않는다. 교사를 대상으로 하는 ADHD의 임상 양상 및 평가나 치료에 대해서 좀 더 적극적인 연수 교육이 이루어져야 할 것이며, 학교 내의 전략 및 학교 밖의 전략이 유기적으로 잘 결합하여 통합적인 서비스 체계를 만드는 것이 필요할 것이다.

ADHD의 주 증상인 부주의성과 과잉행동은 특히 수업 시간의 적응 문제를 야기하며 전문기관으로의 의뢰를 권유하게 되는 주 이유가 된다. ADHD 학생은 수업 시간에 집중력이 쉽게 흐트러지고 행동을 절제하지 못하며 과제 수행을 완수하지 못하기에 교사의 집중적인 감독과 함께 교실 환경을 통한 개입의 필요성이 제기되는 것이다. 또한 ADHD 아동 · 청소년은 수업 시간뿐만 아니라 어떤 활동에도 참여하지 않으면서 구조화되어 있지 않은 시간인 쉬는 시간에조차 일반 학생과는 다른 행동과 태도를 보인다. 한 연구에 따르면, ADHD를 가진 초등학생은 쉬는 시간에도 일반 학생에 비해 더욱 과활동을 보이고 시끄러웠다. 따라서 수업 시간뿐 아니라 쉬는 시간을 포함해서 이 학급 내에서 적절하게 구조화시키는 것이 ADHD 증상의 악화를 막는 데 중요할 수 있으며, 이는 ADHD를 가진 아동·청소년에 대한 광범위한 학급 내 개입의 필요성을 시사한다(Imeraj et al., 2013).

학교에서 ADHD를 가진 아동·청소년에게 적절히 개입하기 위해서는 학교 관계자가 다음과 같은 부분을 충분히 이해하여야 한다. 첫째, ADHD는 학업, 대인관계 등 다양한 영역의 기능 저하를 야기하는 대표적인 신경발달적 병리로서 핵심 증상인 과활동, 주의력 부족, 충동성에 대한 학교 내 개입뿐 아니라 약물치료와 같은 전문의학적 치료가 필요한 질환이라는 점이다(The MTA Cooperative Group, 1999b). 둘째, ADHD를 가진 아동 및 청소년을 관리할 때는 일률적인 단일 치료가 아닌 문제 영역에 따른 다양한 전략을 써야 한다는 점이다. 예를 들어, 주의력결핍 과잉행동과 같은 핵심 증상은 약물치료가 효과적일 수 있지만 흔히 동반되는 불안이나 사회성 문제의 조절을 위해서는 놀이치료나 사회성 치료를 같이 시행할 수도 있으며, 부모와 학교가 참여하여 시행하는 행동치료나 특수교육 등 비약물치료를 동반하면 치료가 더욱 효과적일 수 있다(Jensen et al., 2001). 셋째, 학교는 ADHD 진단 및 관리를 위해 중요한 역할을 할 수 있다. 학교는 ADHD 진단을 위한 통로가 될 수 있으며, 아동·청소년을 대상으로 비약물치료를 진행할 때 주 치료 기관으로서 또는 공동 치료 기관으로서 기능할 수 있다.

학교에서 ADHD를 가진 아동·청소년의 문제에 개입할 때는 교사나 학교 환경을 조절함으로써 다양한 접근을 사용할 수 있는데(DuPaul & Eckert, 1997), 가족을 포함하는 경우에 더욱 효과가 있다. power 등(2012)은 초등학교 2~6학년 학생 199명을 대상으로 가족-학교 성공(Family-School Success, 이하 FSS) 프로그램이라는 학교-가족 중재 프로그램을 실시하여 학업성취, 숙제 수행, 학교-가족 파트너십 형성, 부모의 교육자로서의 유능감, 부모-자녀 관계 등을 결과 변수로 프로그램의 효과를 검증했다. FSS 프로그램은 세 가지 요소로 구성되어 있다. 첫째, 학교-가족 파트너십의 향상을 위해 교사와 부모가 함께 행동 문제에 대해 구조화된 협의를 진행하여, 협력하에 문제를 해결하는 과정이다. 둘째, 부모는 숙제에 대해 행동적 중재를 시행하는데, 목표를 설정하고 수행을 평가하며 유관을 강화한다. 셋째, 교사가 학교 내 목표 행동에 대해 일일기록카드를 작성하도록 하여 학생의 목표 행동을 평가하고, 가정에서 부모가 교사의 기록카드를 바탕으로 행동적 중재 및 강화를 하도록 하였다. 12회의 프로그램 이후 결과를 평가했을 때 참여자들은 부모-교사의 관계의 질이 향상되었고 학생의 숙제 수행이 늘었으며, 부모의 부정적이거나 효과가 없는 양육이 감소되는 효과를 보였다. 비록 ADHD의 핵심 증상이나 학업성취도에서는 차이를 보이지 않았지만 부모와 교사 및 학교 간 관계가 증진되는 것이 숙제 수행 또는 양육에서의 변화를 야기한다는 것은 학교-부모의 관계가 중요함을 시사한다. 더불어 이것을 통해 학교가 학부모와 효과적인 양육을 가능하게 하는 프로그램을 제공할 수 있음을 알 수 있다.

4. 우리나라의 학교기반 ADHD 개입 현황

우리나라에서는 아동·청소년의 정신건강 문제에 대한 관심이 높아짐에 따라 정서행동 문제의 발견, 조기 개입 및 조기 치료를 위해 다양한 사업을 국가적으로 시행하고 있다. 그중 하나는 보건복지부가 관장하는 정신건강증진센터의 활동이다. 정신건강증진센터의 아동·청소년 사업 영역은 점점 확대되고 있으며, 학교와 연계하는 정신건강 서비스 역시 점차 증가하고 있다. 2010~2012년 상반기 동안 경기도 정신보건 사업을 통해 아동·청소년이 상담한 현황을 보면, ADHD 등 행동 문제에 대해 상담한 건수는 2010년 전체 상담 건수의 72.2%, 2011년에는 전체 상담 건수의 62.3%로 절반 이상을 차지하는 등 많은 비중을 차지하였다.

지역 및 교육청을 통한 ADHD 조기 선별 노력도 진행되었다. 경기도 광역정신보건센터와 경기도 교육청의 경우, 2010년 2월부터 6개월간 경기도 내 초등학교 신입생 12만 6,122명 중 부모가 동의한 8만 9,629명을 대상으로 ADHD 검사를 시행하기도 하였다. 그 결과 11.4%인 1만 212명이 ADHD가 의심되었고, 그중 6,785명을 대상으로 2차 검사를 실시한 결과 25.8%인 1,752명이 병원에서의 진단이 필요하였다(경인일보, 2010).

지방자치단체가 아닌 국가 차원에서의 학교 개입으로는 교육부에서 시행 중인 학생 정서·행동 특성검사를 통한 개입을 들 수 있다. 2006년 1월 「학교보건법」이 개정되면서 학교를 기반으로 학생 정신건강 증진을 위한 개입이 본격적으로 시작되었다. 교육부는 학생들의 정신건강 상태를 파악하고 정신질환의 조기 발견 및 조기 개입을 위하여 2007년 전국 96개교를 대상으로 '학생정신건강 검진사업'을 시범적으로 운영하였다. 이 사업은 2008년에는 전국 245개교 약 7만 5,000여 명의 초·중·고등학교 학생을 대상으로 확대 실시되었고, 학교 폭력이 전 사회적 관심을 받던 2012년에는 전국 초·중·

고등학교 전체 학생 약 670만 명을 대상으로 '학생 정서 · 행동 특성검사'가 시행되었다. 2013년부터는 초등학교 1학년과 4학년, 중학교 1학년, 고등학교 1학년 학생을 대상으로 시행되고 있다.

학교 현장에서는 학생 정서 · 행동 특성검사를 시행하면서 정신건강에 대한 관심을 제고하여 인식이 개선되었고, 정서 · 행동 문제의 조기 발견 및 개입이 가능해졌다. 또한 예방 및 조기 발견 사업으로서 추후 정신질환으로 인한 사회 비용이 감소하였으며, 학교와 지역사회기관은 Wee 센터 및 정신건강증진센터 등과 공유하는 네트워크를 구축할 수 있게 되었다는 점이 학생 정서 · 행동 특성검사의 긍정적인 성과라고 볼 수 있다.

2013년 정서 · 행동 특성검사의 경우, 초등학생에게 기본 선별 척도 외에 ADHD 척도를 포함하고 있어서 학교기반의 ADHD 선별에 대한 정보를 제공하고 있다. 대상은 전국 초등학교 1학년과 4학년, 중학교 1학년, 고등학교 1학년 학생 약 200만 명이며, 1차 선별검사의 도구로는 초등학생은 '아동용문제행동선별검사(Child Problem-Behavior Screening Questionnaire, 이하 CPSQ)'와 '한국어판부모용ADHD 평가척도(Korean ADHD Rating Scales, 이하 K-ARS)'를, 중 · 고등학생은 '청소년정신건강 및 문제행동 선별검사(Adolescent Mental Health and Problem Behavior, 이하 AMPQ-II)'를 사용하였다([그림 13-1]

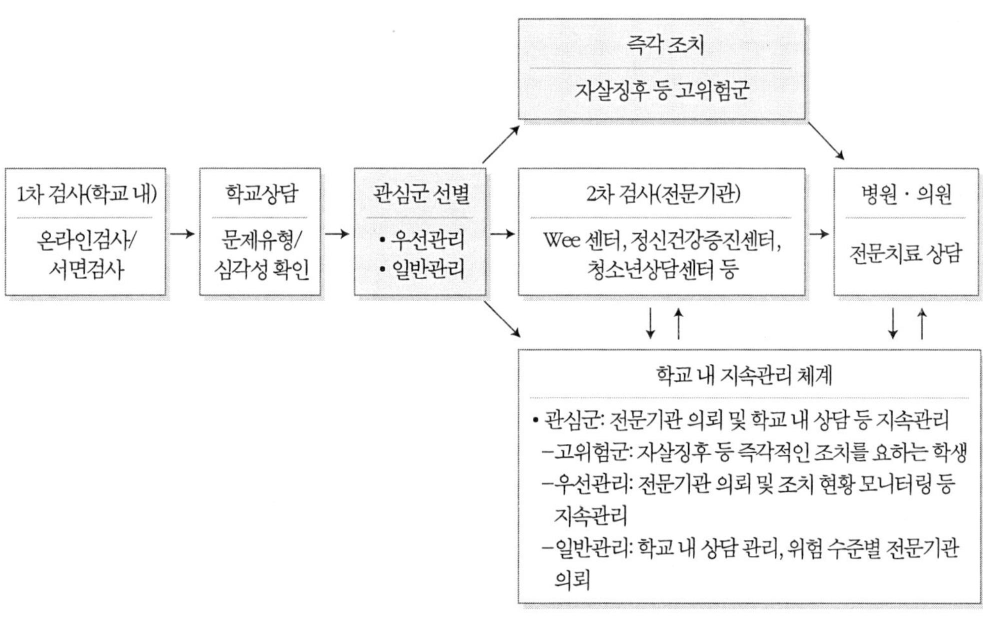

[그림 13-1] 2013년 초등학교 학생 정서 · 행동 특성검사의 진행 과정

출처: 홍현주 외(2013).

참조).

초등학생의 학생 정서 · 행동 특성검사에서 사용한 CPSQ는 전반적인 정서행동 문제를 선별하기 위해서 26개 문항으로 이루어진 부모 평가용 설문지로, 여기에는 ADHD 관련 문항이 3개 포함되어 있다(허윤석 외, 2003). 서울 소재의 2개 초등학교 2~4학년 학생 970명을 대상으로 CPSQ를 시행했고, 내적 합치도 계수는 부모용이 0.846으로 양호하였다. 같은 연구에서 CPSQ의 외현화 문제 척도는 ADHD 등을 진단받은 임상군에서 유의미하게 높아 ADHD를 잘 변별하고 있으며, 외현화 문제 척도는 한국어판 아동 · 청소년 행동평가척도(Korean Children Behavior Check List: K-CBCL)의 주의집중 문제와 높은 상관관계를 보였다(r=0.421, $p<0.01$). 서울 소재의 3개 초등학교 2~3학년 1,178명의 교사용 및 부모용 CPSQ의 일치도를 분석한 결과로는 전체 아동군의 문제행동에 대한 부모와 교사의 평가 일치도가 0.318($p<0.01$)이었으며, 소척도별 부모와 교사의 평가 일치도를 본 결과 주의력결핍 과잉행동 척도가 0.347($p<0.01$), 외현화 문제가 0.329($p<0.01$)였다(박효인, 김진미, 박용천, 김석현, 안동현, 2010). 정신건강의학과 의사가 최종 진단한 결과와 부모와 교사의 CPSQ 예측 타당도를 비교할 때, 모든 군에서 부모는 교사보다 민감도가 높았으나 특이도는 낮았으며 그중 ADHD를 진단받은 아동의 경우 부모와 교사가 평가한 예측 타당도가 비교적 높게 나타났다.

K-ARS는 1991년 Dupaul(1991)에 의해 처음 개발되었으며, DSM-IV(APA, 1994)의 주의력결핍 과잉행동장애 진단에 제시된 진단 준거를 기초로 한 행동 평가 질문지로 ADHD 선별을 위해 널리 사용되고 있다. K-ARS는 국내에 번역 · 표준화되었으며, 나이에 따른 내적 일치도는 0.77~0.89, K-ARS 총점에 대한 부모와 교사 간의 평정자 간 일치도는 0.383($p<0.01$)으로 보고되었다(소유경, 노주선, 김영신, 고선규, 고윤주, 2002). 2013년 정서 · 행동 특성검사 데이터 분석 결과에 따르면 CPSQ와 K-ARS의 상관계수는 0.7 이상으로 매우 높은 상관관계를 보였기에 2014년부터 1차 선별도구로 K-ARS를 제외한 CPSQ만이 시행되고 있다.

중 · 고등학생의 학생 정서 · 행동 특성검사에서 사용한 AMPQ-II는 정승아, 안동현, 정선녀, 정윤경과 김윤영(2008)이 2008년에 개발한 AMPQ를 방수영 등(2011)이 2011년에 개정한 설문지다. AMPQ는 4점 리커트 척도(Likert scale) 38문항으로 구성되어 있으며, AMPQ-II의 내용은 학생의 외현화 문제와 내재화 문제를 다루는 동시에 청소년기에 흔히 발생하는 정신병리를 포괄하고자 하였다.

이처럼 교육부가 주관하여 전국적으로 시행되는 학생 정서 · 행동 특성검사에서 초등학생의 경우 1차 검사를 통한 고위험군의 상당수는 ADHD와 같은 외현화 문제가 초점이 된다. 이러한 선별검사를 통해 많은 학생에게 조기개입의 기회를 제공할 수 있으며, 정신건강증진센터, Wee 센터, 전문 의료기관에 의뢰하여 치료적 개입이 이루어지고 있다.

5. 우리나라의 학교기반 ADHD 관리의 한계

학교를 기반으로 ADHD를 선별하고 관리하게 될 경우 여러 한계점도 존재한다. 우선, 초등학생의 경우 일차적으로는 부모 보고 설문지를 통해 평가하며, 현실적인 이유로 학생의 행동을 객관적으로 평가할 수 있는 교사의 평가가 포함되어 있지 않기 때문에 부모가 학생의 문제를 잘 알지 못할 경우 도움이 필요한 학생을 선별하기 어려울 수 있다. 비록 CPSQ와 K-ARS의 부모-교사 평정 간 상관성은 유의하게 나타났으나 이 부분을 보완할 수 있는 평가 방식의 변화가 필요할 수 있다.

둘째, 학교를 기반으로 평가를 시행할 때에는 과소평가될 수 있는 가능성을 염두에 두어야 한다. 지역사회를 기반으로 한 ADHD 선별 기준 수립을 위한 연구에서 K-ARS 총점이 19점 이상인 경우 상위 10%에 해당한다고 보고하였다(김재원, 박기홍, 최민정, 2004). 이 연구를 근거로 K-ARS 총점 19점이 우리나라 ADHD 선별의 절단점으로 제안되어 왔다.

2013년에 실시한 K-ARS가 포함된 초등학생의 학생 정서 · 행동 특성검사의 분석 결과, 절단점을 19점으로 적용했을 때 초등학교 1학년 남학생은 4.3%, 여학생은 1.6%, 4학년 남학생은 3.9%, 여학생은 1.5%만이 선별되었다. 이는 기존의 연구에 비해 매우 낮은 비율로서 학교를 기반으로 부모를 통한 평가를 시행할 경우 과소평가될 수 있음을 시사

〈표 13-2〉 부모용 K-ARS로 평가한 ADHD 선별의 기준

K-ARS 부주의 요인(평균 점수)				K-ARS 과잉활동성요인(평균 점수)				K-ARS 총점(평균 점수)			
상위 20%	상위 10%	상위 7%	상위 2%	상위 20%	상위 10%	상위 7%	상위 2%	상위 20%	상위 10%	상위 7%	상위 2%
8.00	10.90	12.00	16.00	7.00	9.00	11.00	14.00	15.00	19.00	21.00	29.38

출처: 김재원, 박기홍, 최민정(2004).

〈표 13-3〉 2012년 학생 정서 · 행동 특성검사 이후 전문기관 의뢰 비율

구 분	전문기관 연계 · 관리				학교 내 관리 (Wee 클래스 등)
	Wee 센터	정신보건센터	병의원	청소년상담센터	
초등학교	35%	22%	7%	6%	30%
중학교	33%	10%	3%	4%	50%
고등학교	22%	11%	3%	4%	60%
전체	30%	13%	4%	4%	49%

출처: 교육과학기술부(2013a).

한다.

셋째, 현재 ADHD의 학교 관리 체계 내에서는 선별된 학생이 꼭 정신의학적 진단 면담 또는 전문적 평가를 받지 않아도 되기 때문에 학생 정서 · 행동 특성검사 후 전문기관으로의 연계 비율이 매우 낮다. 2012년에 학생 정서 · 행동 특성검사를 시행한 후의 연계를 살펴보면, 학교 내에서 Wee 클래스 등으로 관리하는 경우가 제일 많았다. 전문기관에 연계된 경우는 Wee 센터가 제일 많았고 병원 · 의원으로 연계된 경우는 적었다. 향후 정확한 진단 및 전문적인 치료로의 연계 비율을 높일 수 있는 방법을 모색해야 할 것이다.

넷째, 학교 내 전담 인력 부족의 문제다. 효과적인 학교기반 ADHD 학생 관리를 위해서는 학교에 ADHD 및 정신건강에 대한 전문적인 지식을 갖고 꾸준하게 관리할 수 있는 인력이 필요하지만 전국 초 · 중 · 고등학교에서는 질적 · 양적 측면에서 인적 자원의 부족을 나타내고 있다. 예를 들어, Wee 클래스를 운영하거나 전문 상담교사 또는 사회복지사가 상주하는 학교의 수가 부족하며, 있다고 하더라도 고용이 불안정하고 전문성이 확보되지 않은 경우가 많다. Wee 클래스의 경우, 초 · 중 · 고등학교 전체 1만 1,658개교 중 5,443개교에 설치되어 있어 설치율이 46.7%에 불과하고, 2012년 9월 교육부의 보도 자료 결과를 살펴보면 전문상담교사 및 전문상담순회교사는 총 1,422명으로 학교에 1,114명만이 배치되어 있으며, 전문상담사는 3,979명이 배치되어 있다(교육과학기술부, 2013b). 따라서 학교 현장에 전문적인 인력을 충원하고 전문성을 강화하려는 노력이 필요하다.

마지막으로, 2007년부터 매년 실시되는 학생 정서 · 행동 특성검사 평가 이후의 고위험군 관리에 대한 문제다. 매년 학생 정서 · 행동 특성검사가 시행되고는 있지만 선별에 머물러 있기에 관심군 혹은 고위험군으로 변별된 학생에 대한 정신건강 예방 및 개입

체계나 프로그램이 부재하여 평가 후 관리 체계를 잘 확립하는 것이 필요하다. 또한 선별검사 이후 전문 기관으로 연계되는 비율이 낮으며 선별 이후 진단이나 경과에 대한 체계적인 연구가 부재한 실정이다. 평가 후 관리 체계 확립 및 관련 연구가 함께 이루어질 때, 학교를 기반으로 하는 ADHD의 개입 또한 효과성을 검증받고 개선 방향을 모색할 수 있을 것이다.

6. 맺는 글

ADHD는 학업, 대인관계 등 학교생활에 뚜렷한 기능 저하를 야기하는 대표적인 신경발달학적 질환이다. ADHD의 효과적인 치료를 위해서는 약물치료뿐 아니라 학교와 부모에 대한 이해 및 참여가 필요하다. 학교를 기반으로 평가 및 개입이 이루어지는 것은 ADHD 관리에 매우 효과적일 수 있다. 현재 우리나라는 학생 정서 · 행동 특성검사로 대변되는 부모평가에 의존하는 선별검사 중심의 정책이 수행되고 있는데, 부모에 의한 선별검사는 과소평가의 가능성이 있어 교사 평가가 동반되어야 하며, 선별 이후의 효과적인 개입 체계가 구축되어야 한다. 또한 ADHD 관리를 위해 교사 및 학교 관계자들을 대상으로 ADHD에 대한 적절한 지식과 교육이 전달되어야 한다. 즉, 학교, 가정, 지역사회, 의료기관이 협력하는 체계의 구축이 필요하고 적극적인 전문가의 참여가 요구된다.

참고문헌

교육과학기술부(2013a). 13년 학생정신건강 주요사업 추진계획 발표.
(http://www.moe.go.kr/web/45859/ko/board/view.do?bbsId=294&boardSeq=41901)

교육과학기술부(2013b). 학교폭력 피해보호보다 가해처벌 몰두. 미간행 보도 자료.
(http://www.moe.go.kr/web/45861/ko/board/view.do?bbsId=295&boardSeq=36729)

김동일 역(2007). ADHD 학교상담[*ADHD in the School: Assessment and intervention Strategies*]. G. J. DuPaul & G. Stoner 공저. 서울: 학지사. (원저는 2003년에 출판).

김재원, 박기홍, 최민정(2004). 지역사회에서의 주의력결핍-과잉행동장애 선별기준에 대한 연구. 신경정신의학, 43(2), 200-208.

박효인, 김진미, 박용천, 김석현, 안동현(2010). 학령기 아동 정서 · 행동 문제에 대한 부모-교사 평가 일치도. 소아청소년정신의학, 21(3), 161-167.

방수영, 박정환, 임재인(2011). 기초학습부진으로 의뢰된 일 광역시의 일반학급 초등학생의 심리, 정신과적 평가 및 부모의 특성. 소아청소년정신의학, 22(1), 16-24.

방수영, 유한익, 김지훈, 김봉석, 반건호, 안동현, 이영식(2011). 청소년용 정신건강 선별검사 개정 연구: 청소년 정서행동발달 검사의 개발. 소아청소년정신의학, 22(4), 271-286.

소유경, 노주선, 김영신, 고선규, 고윤주(2002). 한국어판 부모, 교사 ADHD 평가척도의 신뢰도와 타당도 연구. 신경정신의학, 41(2), 283-289.

정승아, 안동현, 정선녀, 정윤경, 김윤영(2008). 청소년 정신건강 및 문제행동 선별검사 개발 연구. 신경정신의학, 47(2), 168-176.

허윤석, 안동현, 최준호, 강지윤, 김윤영, 오경자(2003). 아동용 문제행동 선별검사의 개발. 신경정신의학, 42(6), 724-735.

홍현주, 박은진, 하경희, 신윤미, 서은희, 김호경(2013). 2013년 학생 정서 · 행동 특성검사 및 관리 매뉴얼 개발 연구. 서울: 교육부 학생정신총괄과.

Cho, S. M., Kim, H. S., Kim, H. J., & Shin, Y. M. (2009). Perceived need and use of child mental health services in Korea. *Community Mental Health Journal*, *45*(1), 56-61. doi: 10.1007/s10597-008-9160-9

DuPaul, G. J. (1991). Parent and teacher ratings of ADHD symptoms: Psychometric properties in a community-based sample. *Journal of Clinical Child Psychology*, *20*(3), 245-253.

Fried, R., Petty, C., Faraone, S. V., Hyder, L. L., Day, H., & Biederman, J. (2013). Is ADHD a risk factor for high school dropout? A controlled study. *Journal of Attention Disorders*. doi: 10.1177/1087054712473180

Hill, A. L., Degnan, K. A., Calkins, S. D., & Keane, S. P. (2006). Profiles of externalizing behavior problems for boys and girls across preschool: The roles of emotion regulation and inattention. *Developmental Psychology*, *42*(5), 913-928. doi: 10.1037/0012-1649.42.5.913

Hinshaw, S. P. (1992). Externalizing behavior problems and academic underachievement in childhood and adolescence: Causal relationships and underlying mechanisms. *Psychology Bulletin*, *111*(1), 127-155.

Imeraj, L., Antrop, I., Roeyers, H., Deboutte, D., Deschepper, E., Bal, S., & Sonuga-Barke, E. (2013). The impact of idle time in the classroom: Differential effects on children with ADHD. *Journal of Attention Disorders*. doi: 10.1177/1087054713478464

Jensen, P. S., Hinshaw, S. P., Kraemer, H. C., Lenora, N., Newcorn, J. H., Abikoff, H. B., & Vitiello, B. (2001). ADHD comorbidity findings from the MTA study: Comparing comorbid subgroups. *Journal of American Academy of Child and Adolescent Psychiatry*, *40*(2), 147-158. doi: 10.1097/00004583-200102000-00009

Loe, I. M., & Feldman, H. M. (2007). Academic and educational outcomes of children with ADHD. *Journal of Pediatric Psychology*, *32*(6), 643-654.

Min, S. K., Oh, K. J., Kim, H. J., Lee, H., Shin, Y. J., Lee, K. Y., & Bae, J. M. (1997). Model development of school mental health service: 2 model Development of school mental health service in Korean urban communities. *Journal of Korean Neuropsychiatr Association*, *36*(5), 826-840.

Moldavsky, M., Pass, S., & Sayal, K. (2014). Primary school teachers' attitudes about children with attention deficit/hyperactivity disorder and the role of pharmacological treatment. *Clinical Child Psychology Psychiatry*, *19*(2), 202-216. doi: 10.1177/1359104513485083

Polanczyk, G., de Lima, M. S., Horta, B. L., Biederman, J., & Rohde, L. A. (2007). The worldwide prevalence of ADHD: A systematic review and metaregression analysis. *American Journal of Psychiatry*, *164*(6), 942-948. doi: 10.1176/appi.ajp.164.6.942

Popper, C. W., Gammon, G. D., West, S. A., & Bailey, C. E. (2003). *Disorders usually first diagnosed in infancy, childhood, or adolescence*. In R. Hales & S. Yudofsky Eds., 4th ed.), Washington, DC: American PsychSchottelkorbMautone.

Soffer, J. A., Clarke, S. L., Marshall, A. T., Sharman, S. A., & Jawad, A. F. (2012). A family-school intervention for children with ADHD: Results of a randomized clinical trial. *Journal Consult Clinical Psychol*, *80*(4), 611-623. doi: 10.1037/a0028188

Scheffler, R. M., Brown, T. T., Fulton, B. D., Hinshaw, S. P., Levine, P., & Stone, S. (2009). Positive association between attention-deficit/ hyperactivity disorder medication use and academic achievement during elementary school. *Pediatrics*, *123*(5), 1273-1279. doi: 10.1542/peds. 2008-1597

Scholtens, S., Rydell, A. M., & Yang-Wallentin, F. (2013). ADHD symptoms, academic achievement, self-perception of academic competence and future orientation: A longitudinal study. *Scandinavian Journal of Psychology*, *54*(3), 205-212. doi: 10.1111/sjop.12042

The MTA Cooperative Group (1999a). A 14-month randomized clinical trial of treatment strategies for ADHD. *Arch Gen Psychiatry*, *56*(12), 1073-1086.

The MTA Cooperative Group (1999b). Moderators and mediators of treatment response for

children With ADHD: The multimodal treatment study of children with ADHD. *Arch Gen Psychiatry*, *56*(12), 1088-1096.

경기G뉴스(2012. 9. 10). 청소년 자살 · 우울 상담건수 급격하게 증가.
(http://briefing/brief_gongbo_view.asp?BS_CODE=S017&number=16333#com_n)

경인일보(2010. 8. 26.). 경기 초등 1년 1만 212명 ADHD 의심.
(http://www.kyeongin.com/news/articleView.html?idxno=537674)

ADHD 14

ADHD 학생의 교실에서의 지도

1. 들어가는 글
2. 교실 환경 조정
3. 실제 교실지도
4. 맺는 글

ADHD 14

이재욱

1. 들어가는 글

현재 우리나라 법에서 ADHD를 지닌 학생은 정서행동장애 또는 학습장애로 진단받아 특수교육 대상자가 되고 있다. 그런데 현장 교사들의 이야기를 들어보면 ADHD 학생이 학습장애로 진단받아 오는 경우에 실제로 너무나 힘든 것은 학습의 문제가 아니라 ADHD의 특성, 즉 주의력결핍, 충동성, 과잉행동으로 인한 행동들이라는 것이다. 어느 국가에서든 ADHD 교육이 쉬운 것은 아니지만, 우리나라에서는 우리나라만의 독특한 사정이 있어 교사들이 ADHD 교육을 어렵게 생각하고 있는 것으로 보인다.

초등학교 통합교사를 대상으로 ADHD 학생 교육에 관한 스트레스를 설문조사한 결과, 3점 척도에서 평균이 2.38점이었다(황순영, 2009). 그리고 ADHD 학생을 지도한 초등학교 교사 334명을 대상으로 ADHD에 대한 지식과 교육적 중재를 조사한 결과에 따르면 ADHD에 대한 지식은 36점 만점에 평균 17점이었고 교육적 중재는 4점 척도에 평균 2.8점이었다(박완주, 황성동, 2013). 초등학교 교사만을 보면 ADHD에 대한 지식과 교육적 중재가 부족하고, 그 결과 ADHD 학생 지도에 많은 스트레스를 받고 있음을 알 수 있다.

ADHD 학생을 지도하는 교사는 열의가 있고 관심이 많아야 하며, 엄격하면서도 융통성 있고 물러서야 할 때를 알고, 악화시키는 일에 주의하면서 성실하게 지속적으로 가르칠 수 있고, 학생을 환영하며 지지해 주어야 한다(김선경 역, 2009). 이 장에서는 교실에서의 ADHD 학생 지도에 관한 정보를 제공함으로써 교실에서 ADHD 학생을 지도하는 사람들에게 ADHD 학생 교육에 대한 자신감을 갖도록 하여 그들이 ADHD 학생 지도에 적절한 사람으로 더욱더 변화할 수 있도록 돕고자 한다.

2. 교실 환경 조정

1) 좌석 배치

교실 내 ADHD 학생의 위치는 학교생활에 직접적인 영향을 미칠 수 있다. 일반적으로 다음과 같은 좌석 배치를 권한다(서석진, 서우정, 최종근, 김유리 역, 2011).

- 교사와 교실 중심에서 근접한 거리
- 단서 주기, 촉진하기, 모니터링하기, 감독하기에 용이한 접근 범위
- 교사와 학생이 자주 쉽게 눈 맞춤을 할 수 있도록 배치된 책상
- 가능하면 집중력이 뛰어나고 인내심 있게 잘 도와주는 또래들 주변
- 산만한 장소 또는 문, 창문, 학습 센터, 연필깎이, 냉방 · 온방 기기와 같은 학생들의 이동이 빈번한 구역에서 떨어진 장소

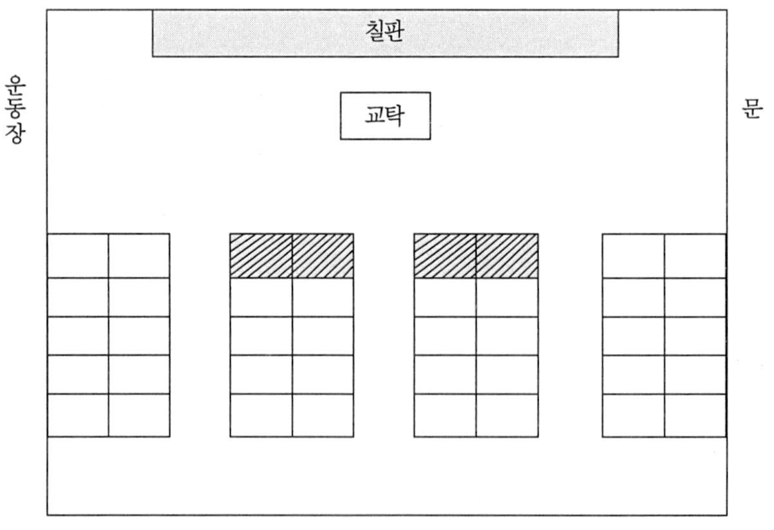

[그림 14-1] ADHD 학생에게 적절한 좌석 위치

2) 조직화 기술을 돕기 위한 환경 조정

교사와 학생들이 물건이 어디에 있는지를 분명히 알고 쉽게 그것을 찾을 수 있도록 정확하게 명칭이 붙은 선반, 파일 그리고 큰 상자들로 교실을 조직화한다. 또한 학생들이 과제를 계속해서 제출하고, 완료하지 못한 과제를 보관할 수 있도록 특정한 장소(서류함, 색깔이 있는 폴더 혹은 상자)를 학급 학생들에게 분명히 알리도록 한다(서석진 외 역, 2011). 그리고 '확인해야 할 것' '돌려주어 수정할 것' '도움을 주어야 할 것'으로 표기한 상자 혹은 파일함을 이용하여 학급에서 조직화된 체계를 갖도록 한다. 교사, 실습 교사, 부모 자원봉사자, 또래 교사 혹은 학급 내의 다른 보조원들은 '도움을 주어야 할 것' 서류함에서 과제를 꺼내어 개별 학생에게 도움을 제공할 수 있다(서석진 외 역, 2011).

시각적 단서 사용과 색의 전략적 활용을 통해서도 구조화를 할 수 있다(서석진 외 역, 2011). 이때 교과목 자료를 보다 빨리 쉽게 찾을 수 있도록 교과목에 따라 색을 설정한다. 예를 들면, 과학 공책 및 실험책 혹은 폴더는 노란색으로, 주간 및 월간 소식지는 파란색으로, 철자 목록은 분홍색으로 설정하는 등 특정 범주에 대하여 색으로 구분된 종이를 붙이고 중요한 공지사항과 유인물을 준비하여 예상되는 교재, 매일의 일정한 과제, 그리고 일정표를 보여 주기 위한 시각적 단서 및 그림 단서를 활용한다.

그 외에도 연필을 학생 책상에 붙여 두거나(끈 또는 벨크로 이용) 책상 및 테이블 안 혹은 위에 용품을 보관하기 위한 수납함을 제공하고, 교사 책상 근처에 운반용 서류함을 두고, 그 서류함에 무엇이 있는지 목록을 붙인다(서석진 외 역, 2011).

3) ADHD 특성에 따른 환경 조정

(1) 부주의

ADHD 학생의 부주의를 줄이기 위해서는 교실에 ADHD 학생에게 맞는 적절한 수준의 자극을 두는 것이 좋다. ADHD 학생은 학생에 따라 적절한 수준의 자극이 다를 수 있다. 어떤 학생은 교실 안 모빌, 동물 등에 혼란을 일으키는 반면, 어떤 학생은 교실에 아무 것도 없을 때 자극을 많이 받으므로, 교실 한구석 책상에 자극이 될 만한 물건을 몇 개 올려놓거나 집에서 라디오를 틀어 놓고 공부하게 한 후 집중도를 실험해 볼 수 있다(이영나, 우주영 역, 2008).

그리고 집중력 향상을 위해 휴식 공간을 제공할 수 있는데, 이동식 분리 벽을 이용할 수 있고 학생이 앉아서 독서할 의자 등을 마련할 수 있다(이영나, 우주영 역, 2008). 휴식 공간으로 정한 곳에는 TV나 라디오가 없어야 하며, 사람이 왕래하는 장소와 떨어져 있어야 한다.

ADHD를 가지고 캘리포니아의 버클리 대학교에 진학한 Blake Taylor는 불빛과 큰 소리, 촉각, 냄새에 민감해서 힘들었고, 작고 조용한 교실에서 과제를 잘 수행하였다고 언급했다(이승호, 이영나 역, 2010). 조용한 수업 시간에 부드러운 음악이나 파도 소리가 담긴 CD를 틀어 줄 수도 있고 새로운 전달 사항이 없다면 각자 개인 휴대용 카세트 플레이어로 부드러운 음악을 듣도록 허락할 수 있는데, 이렇게 하면 학생을 외부 자극에서 차단하여 편안한 느낌을 가질 수 있게 해 준다(이영나, 우주영 역, 2008). Blake Taylor는 자신의 경험을 다음과 같이 말하고 있다(이승호, 이영나 역, 2010).

> 클래식 피아노는 6년 동안 나에게 매우 중요했다. 내가 과잉활동적이라고 느꼈을 때 피아노는 나를 차분하게 해 주었다. 또한 음악은 내가 공부가 필요할 때 마음을 안정시키는 데 큰 도움을 주었다.

빛 또한 주의력 향상에 도움이 되는데, 천장 조명을 색지로 감싸 놓으면 형광등 불빛이 덜 거슬릴 수 있고, 다양한 불빛은 주변의 분위기를 더 친근하고 편안하게 만들어 준다(이영나, 우주영 역, 2008).

(2) 충동성

먼저 책상 간 간격을 충분히 확보해야 한다(이영나, 우주영 역, 2008). 책상 간 간격이 어느 정도 떨어져 있다면 주변 자극으로부터 덜 민감하게 되어 충동성을 낮추는 데 도움이 될 수 있다. 그리고 ADHD 학생의 주의를 끄는 사물은 제거해야 한다(이영나, 우주영 역, 2008). 특히 수업 시간에 그 수업과 관련 없는 사물을 ADHD 학생의 눈길이 닿지 않는 곳에 치워 놓으면 수업에 집중할 가능성이 더 높아진다.

또한 교실 내 생활 규칙을 ADHD 학생에게 잘 알려 줄 수 있는 자극물을 설치해 놓으면 좋다(이영나, 우주영 역, 2008). 수업 시간 규칙을 책상 위에 붙여 놓으면 충동적으로 발생시킬 수 있는 문제행동을 줄일 수 있다.

(3) 과잉행동

과잉행동을 완화하기 위해서는 조용하고 편안한 분위기의 학습 장소를 만들어야 하는데, 그 방법으로는 부드러운 음악이나 바닷소리, 열대우림의 소리, 부드러운 조명, 수족관, 식물 등으로 자극을 줄이거나 하늘색 또는 초록색 등의 안정감 있는 색으로 벽을 칠하는 것 등이 있다.

그리고 2개의 책상 두기를 할 수도 있다. 2개의 책상 두기는 ADHD 학생이 공부할 수 있는 복수의 공간을 제공하고 2개의 책상 중 하나를 학용품이나 개인 물건을 두는 곳으로 활용함으로써 나머지 책상을 깨끗하고 정돈된 학습 공간으로 사용하려는 목적으로 실시하는 것이다. 또한 활동 공간(activity corner)을 만들어 줄 수도 있는데, 이는 독서를 하고 숙제를 할 수 있는 공간과는 반대되는 개념으로, ADHD 학생이 더 이상 가만히 앉아서 무언가를 할 수 없을 때 찾아가는 공간이다. 예를 들어, 방의 일부를 칸막이로 막아 둘로 나눈 다음 한쪽에서 게임이나 컴퓨터 또는 여러 학습 활동을 하게 하는 것이다(이영나, 우주영 역, 2008).

3. 실제 교실지도

1) ADHD 특성에 따른 지도

(1) 부주의

ADHD 학생은 집중력이 짧으므로 공부를 하거나 과제를 할 때 나누어 하도록 하는 것이 바람직하다. 만약 어떤 ADHD 학생에게 20문제가 들어간 문제지를 한 번에 풀게 한다면, 몇 문제 못 풀고 무단 이석을 하게 될 수도 있다. 따라서 20문제를 5문제씩 나누어 5개의 문제지에 넣어서 풀도록 하면 좋다.

ADHD 학생의 주의력을 향상시키는 방법은 실습 및 체험 위주의 학습을 하는 것이다. ADHD 학생이 오감을 통한 경험 없이 무언가를 이해하는 것은 대단히 어렵지만 오감이 동원된 실습 및 체험을 하게 되면 이해가 한결 용이해진다. 예를 들면, 행복을 몸으로 직접 표현해 보거나 꽃을 관찰하고 살펴본 후 보고하게 하면 잘 알 수 있다. 실습 및 체험 위주의 학습은 에디슨이 초등학교를 자퇴한 후 에디슨 어머니가 사용한 방법으로서 이 방법을 통해 에디슨은 발명가로서 성공할 자질을 형성했다고 할 수 있다(정난진 역, 2012).

그리고 선행조직자(advanced organizers)를 활용하면 ADHD 학생의 학습에 큰 도움이 된다(이영나, 우주영 역, 2008). 선행조직자란 학습을 하기 전에 학습에 필요한 사전 정보를 여러 가지 방법으로 제시하는 것이다. 예를 들면, 수업 내용의 목록을 칠판에 적어 놓는 것이나 교과서의 한 단원을 공부하기 전에 일단 그림 또는 표, 그래프, 소제목 등을 대충 훑어보게 하는 것이다. 선행조직자를 사용하면 앞으로의 학습에 대해 어느 정도 예상을 할 수 있게 되어 ADHD 학생 입장에서는 편해진다.

부주의와 관련해서 ADHD 학생에게 습득시키면 좋은 기능으로는 메모하기와 자기점검을 들 수 있다(이영나, 우주영 역, 2008). 메모를 하면 학교 준비물을 가져오는 것이나 숙제 등을 정확하게 할 수 있으며, 자기점검은 교실생활뿐만 아니라 일상생활에서 자기가 앞으로 할 일을 점검하거나 한 일을 정확하게 했는지 점검하는 데 유익할 수 있다.

(2) 충동성

특정한 행동에 대해 교사와 ADHD 학생이 어떤 대응을 할 것인지와 관련해서 상호 동등한 논의를 거쳐 합의된 규칙을 만들어 놓을 경우, 충동성으로 인한 행동에 대해 ADHD 학생은 책임을 지려고 할 것이다. 여기에서 중요한 것은 ADHD 학생과 교사 간의 동등한 논의 과정이 있어야 한다는 것인데, 그렇지 않고 어느 한쪽의 일방적인 결정에 의해 결정된다면 다른 한쪽의 반발이 생겨 이 규칙은 오히려 서로의 신뢰 관계를 깨버릴 수 있다.

그리고 전환 과정에서는 미리 다음에 할 활동 및 과제를 알려 주어 마음의 준비를 하게 하는 것이 좋다. ADHD 학생이 좋아하는 특정 활동을 하다가 싫어하는 활동으로 넘어갈 때 특히 이것이 필요하다. ADHD 학생은 좋아하는 활동에 지나치게 몰두하는 경향이 있어 갑자기 싫어하는 활동으로 넘어가게 되면 그 활동에 더 적응을 못하게 된다. 그래서 미리 다음 활동 및 과제를 알려 주는데, 그 예로서 '2분 예고제'가 있다. 이는 말 그대로 2분 전에 다음 활동 및 과제를 알려 주는 것으로, 2분 예고제를 사용하면 다른 활동을 예측하고 준비하는 데 도움이 된다(이영나, 우주영 역, 2008).

ADHD 학생은 충동성을 완화하기 위해 기다리는 시간, 재확인, 자기점검 등을 배워야 한다(이영나, 우주영 역, 2008).

(3) 과잉행동

일어서서 수업 받게 하기, 책임감 부여하기, 휴식 시간 자주 주기를 하면 과잉행동은 완화될 수 있다(이영나, 우주영 역, 2008). ADHD 학생에게 일어서지 못하게 하는 것은 아마도 일어서서 움직이기 시작하면 수업에 방해되는 행동, 기물 파괴, 수업에 열심인 친구 건드리기 등을 할 가능성이 있기 때문일 것이다. 만약 ADHD 학생이 일어서기는 해도 이러한 행동을 하지는 않고, 시간이 어느 정도 지나 교사의 지시에 따라 착석할 수 있다면 일어서서 수업 듣기는 효과적일 것이다. 일어서서 수업을 받을 때에는 이젤에 종이를 붙여서 학생이 거기에 필기하는 것을 허용할 수도 있다(서석진 외 역, 2011).

그리고 ADHD 학생의 과잉행동을 촉발하는 행동(예: 시험지 나누어 주기, 숙제 걷기 등)을 시킨다면 과잉행동의 에너지를 긍정적으로 소비하게 할 수 있다.

휴식 시간 자주 주기는 쉬는 시간이 잦아질수록 수업의 질이 떨어지고 쉬는 시간을 남용할 수 있는 문제가 있으므로, ADHD 학생에게 쉬는 시간을 주기 전에 어느 정도 과제를 완수해야 함을 명기시키고 수업 시간을 빼먹기 위한 변명거리 늘어놓는 것을 받아주어서는 안 된다.

더불어 손에 항상 무언가(연필, 철사, 지우개나 고무 벌레)를 쥐고 만지면서 공부할 경우 집중에 도움이 되었다는 사례 보고가 있는데(김세주, 김민석 역, 2007), 이 역시 ADHD 학생에게 적극적으로 소개할 수 있는 것으로 보인다.

2) 학업 지도

(1) 지도 원리

교육을 할 때 학생들의 개인적 특징을 고려해야 하는 것은 당연하지만 ADHD 학생처럼 일반 학생과는 현저히 다른 특징을 가진 경우에는 개인적 특징을 더욱더 강조해야만 한다. 차별화 교수는 이 개인적 특징을 반영한 지도를 나타내는 용어로, 다음과 같은 믿음을 기초로 한다(서석진 외 역, 2011).

- 동일 연령의 학생이더라도 학습 준비도, 흥미, 학습 양식, 경험, 학습 프로파일, 삶의 경험, 독립성의 정도는 다르다.
- 학생 간의 차이는 학생이 학습해야 할 내용, 학생이 그것을 배우는 속도, 그것을 잘

배우기 위해 교사 혹은 다른 사람들에게서 받아야 할 지원에 상당한 영향을 미칠 만큼 충분히 크다.

- 학생은 보조 없이 학습할 수 있는 것으로부터 약간 벗어난 영역에서 가장 잘 배울 것이다.
- 학생은 교육과정, 흥미, 삶의 경험을 서로 관련지을 수 있을 때 가장 잘 학습할 것이다.

특징이 뚜렷한 ADHD 학생은 차별화 교수의 관점에서 지도가 이루어져야 학습에 성과를 거둘 수 있다. 예를 들어, 학습 양식은 청각 · 시각 · 촉각 중 선호하는 감각 양식에 따라 지도를 해야 한다는 것이고, 어떤 것을 학습하기 위해 어느 정도 지식을 습득하고 발달이 이루어졌는가는 학습 준비도에 해당한다.

또한 ADHD 학생에게 도움이 필요하면 교사에게 도움을 요청하도록 말해 두는 것도 바람직하다. ADHD를 잘 이겨 낸 한 학생은 교과 공부를 할 때 교사에게 기꺼이 도움을 요청하였고, 시간이 지나자 도움이 필요 없게 되었다고 회상하였다(김세주, 김민석 역, 2007). ADHD 학생이 교사에게 도움을 요청하게 하기 위해서는 학생 자신이 다른 학생들과 다른 특징이 있으며 도움을 요청하는 것이 창피한 것이 아니라는 것을 스스로 잘 인식할 수 있게 하는 것이 필요하다.

(2) 학습 영역

① 읽기

ADHD 학생의 학습에 있어 가장 흔한 것이 읽기의 어려움이다. ADHD 학생은 실행기능의 부족과 과제에 대한 주의집중의 어려움으로 인해 읽기 자료를 이해하고 그 내용을 회상하는 데 어려움을 겪는다. 설사 ADHD 학생이 해독 및 단어 재인 기술이 뛰어나서 글을 잘 읽는 것처럼 보일지라도 여전히 전략적인 독자가 되지는 못하고 '얼룩덜룩 오점투성이의' 이해를 보이는 경우가 흔하다(서석진 외 역, 2011).

ADHD 학생이 흔히 접하는 어려움으로 초인지 전략 사용의 실패(예: 내적 언어와 혼잣말 사용 등), 미흡한 작업기억력(예: 요약, 재진술 등), 부주의로 인한 단어와 주요 세부 사항 간과 등이 있을 수 있다(서석진 외 역, 2011). 다음은 ADHD를 가지고 교수가 된 Robert

Jergel의 실제 경험이다(조아라, 이순 역, 2005).

> 어떤 때는 며칠 동안 글을 읽는 능력이 사라져 버린 듯했다. 책을 보며 거기에 쓰인 단어들을 소리 내어 읽을 수는 있었지만 그 의미는 입력되지 않았다. 주어진 과제물도 몇 번이나 다시 읽어 보곤 했다. 큰 소리로 읽어 보기는 했지만 그것도 아무 도움이 되지 않았다.

이러한 ADHD 학생에게 읽기 전 단계에서는 토론, 사전 지식의 도표화를 통해 읽기 교재와 관련된 학생의 경험 및 지식을 연결시키고, 읽는 목적을 설정하며, 읽기 전에 예측을 하도록 해야 한다. 그리고 읽는 중에는 스토리 매핑을 가르치거나 상상력과 시각화를 촉진하도록 해야 하며, 읽은 후에는 표와 그래픽 조직자(스토리보드, 이야기 지도, 연대기 표, 구조도, 줄거리 표, 등장인물도 등)를 완성하도록 하고 개념이나 사건, 등장인물 등에 대해 심층 토론을 한 후 작문 활동을 통해 연결짓도록 해야 한다(서석진 외 역, 2011).

② 쓰기

문자언어 처리 과정이 복잡하기 때문에 ADHD 학생은 문자언어 체계에 약하다. 문어 체계는 여러 가지 기술과 두뇌 기능(조직화, 철자, 미세운동, 계획하기, 자기점검, 기억, 언어)의 통합 또는 동시적 사용을 요한다(서석진 외 역, 2011).

쓰기 전의 계획과 조직화를 위해서는 토론을 하거나 시각 자극물을 보며 사람 및 추억에 대해 생각해 보는 활동을 하고, 브레인스토밍, 참고도서 활용, 자기질문 등을 할 수 있다. 미세 운동 기술을 향상시키기 위해서는 손가락 준비 운동, 손 근육의 힘을 키우기 위한 볼 누르기, 작은 레고 조각으로 사물 만들기 등을 할 수 있다. 그리고 작문 능력 향상을 위해서는 글쓰기의 양을 줄이고 글쓰기 촉진 소프트웨어를 사용하거나 쓰기 과제 수행 시간을 연장해 줄 수 있으며, 자판을 익혀 타이핑으로 글을 쓰게 할 수도 있다(서석진 외 역, 2011).

ADHD를 잘 이겨 낸 Alex라는 학생은 수필 쓰기를 할 때 자신이 말로 하면 부모가 받아써 주고, 어머니가 타이핑을 하면 본인이 고치거나 글을 쓰기 전에 많은 생각을 한 후 그 생각을 써 보았으며, 인터넷에 있는 동의어와 반의어 사전을 이용했다고 하였다(김세주, 김민석 역, 2007).

③ 수학

ADHD 학생이 수학을 잘 못하는 것은 기억 문제, 주의력 문제, 수계열 문제, 감각 · 시각-운동 · 미세-운동 · 공간-조직화 문제, 언어 문제, 자기점검 및 자기관리 문제와 관련성이 있다(서석진 외 역, 2011). 수학을 못하는 것에는 수많은 요인이 관련되어 있어서 단순히 수학 문제를 풀지 못한다는 사실에 메이지 말고 다양한 검사를 통해 심리과정상 어떤 문제가 있는지를 알아보는 것이 필요하다. 심리과정상의 원인이 밝혀진 후 그 원인에 초점을 맞추어 지도를 하면 수학 학습능력은 높아질 수 있다.

몇 가지 지도법을 소개하면, 공간적 조직화 및 감각운동 측면에 어려움이 있는 경우에는 공책보다 그래프(모눈) 종이에 문제를 쓰고 계산하도록 할 수 있고, 자기점검 및 초인지 전략을 지도하기 위해서는 직접교수법을 사용하여 교사가 풀이 과정의 시범을 보이고 학생이 따라하게 할 수 있다(서석진 외 역, 2011).

(3) 숙제

ADHD 학생은 숙제를 제대로 해 오는 데 어려움을 겪는다고 알려져 있다. 그래서 교사는 숙제를 잘 해 오도록 여러 가지 조치나 배려를 해야 하는데, 구체적인 내용은 다음과 같다(서석진 외 역, 2011).

- ADHD 학생이나 양육자는 숙제를 못하면 좌절감을 맛본다. ADHD 학생에게 합리적이면서 과도하지 않은 양의 숙제를 제시하도록 한다.
- 숙제를 하는 것은 교실에서 배운 것을 검토하고 연습하는 것이므로 양육자가 그들의 자녀에게 가르칠 것으로 기대되는 새로운 정보를 포함한 숙제를 주어서는 안 된다.
- 결코 학교에서의 처벌 또는 잘못된 행위에 대한 결과로 숙제를 추가하지 않는다.
- 일과 종료 후 문 밖으로 나가기 전에 학생의 책가방에 준비물, 책들 그리고 기록된 과제들이 있는지 감독한다.
- ADHD 학생에게 한 명(혹은 두 명)의 학습 친구를 붙여 준다. 이들은 필요할 때 숙제에 관한 전화를 받고 책임감 있게 답해 줄 수 있는 친구들이다.
- 특별한 요구를 지닌 학생들에 대한 숙제를 수정하고, 수정하고, 또 수정한다.

우리나라에서 숙제는 수행평가 점수로 인정되는데, 일반 학생과 똑같은 방식으로 숙제를 내 주면 ADHD 학생은 수행평가에서 손해를 볼 수 있다. 예를 들어, 어떤 책을 읽고 독후감을 써 오는 숙제가 주어진 경우, 작문을 잘 못하는 ADHD 학생을 위해서는 쓰지 않고 말로 한 것을 파일로 만들어 제출하도록 할 수 있다. 그리고 해바라기에 대해 알아오기 숙제가 있다면 읽기를 잘 못하는 ADHD 학생을 위해 책을 보고 정리한 것만을 과제로 인정하지 말고 해바라기를 직접 관찰하여 그림을 그리고 관찰한 것을 글로 표현한 것도 숙제로 인정해 주어야 한다.

(4) 사회성 지도

ADHD 학생은 긍정적인 사회성 기술을 배우는 데에서 어려움을 보이는데, 그 이유로 지식의 부족, 피드백에 대한 연습 부족, 단서 또는 기회 부족, 강화 부족, 간섭하는 문제 행동의 존재의 다섯 가지를 들 수 있다(Rapport, 2009). 다음은 지식의 부족으로 문제를 일으키는 사례다.

> 이 아이는 ADHD … 아이는 매우 충동적이다. 다른 사람들 머리에 올라타고 싶으면 머리 위에 올라탄다. 다른 사람의 머리에 올라타는 행동이 심술궂은 행위라는 걸 알지 못하는 듯하다. 왜냐하면 단지 자기가 하는 짓이 마냥 재미있어서 하는 것이니까. 또는 사람들이 곱슬머리를 하고 있으면 만지고 싶으니까. 그는 자기 줄 앞에 있는 다른 사람을 밀면서 일어나는 도미노 효과와 같은 그 모습을 보는 것을 재미있다고 생각하는지도 모르겠다. 이런 식으로 문제를 일으킨다.

이렇게 ADHD 학생은 사회성 기술이 부족하다 보니 학교에서 또래나 성인(교사 등)과 원만한 관계를 형성하지 못하고 있는 실정이다. 그래서 미국의 교사들은 또래와의 갈등 상황에서 성질 통제하기, 또래 압력으로부터 적절하게 반응하기, 어른들과의 갈등 상황에서 성질 통제하기, 밀렸거나 맞았을 때 적절한 반응하기를 ADHD 학생의 학교생활에 필요한 사회성 기술로 인정하고 있다(Rapport, 2009).

ADHD 학생은 생태학적 분석을 통해 알아내기, 모델링, 사회성 이야기(social stories), 시연(rehearsal), 역할극(role play), 인형극, 사회적 상황을 다루는 도서, 강화, 시각 자극(사진, 동영상) 등을 통하여 교실에서 사회성 기술을 습득할 수 있다. 다음은 '나와 다른 사

람 받아들이기'를 지도하기 위해 사회성 기술과 관련된 책을 사용한 예다(Rapport, 2009).

> 때때로 다름의 긍정적인 면을 말하는 이야기를 읽는 것은 ADHD 학생에게 큰 도움을 줄 수 있다. 이러한 이야기의 예가 Helen Lester(1998)가 쓴 『펭귄 태키(*Tacky the Penguin*)』다. 이 책은 다른 펭귄과 똑같이 행동하지 않는 펭귄 태키의 이야기다. 예를 들면, 다음과 같이 행동한다.
>
> • 다른 펭귄은 조용히 인사하는데 태키는 다른 펭귄들의 등을 치면서 인사한다.
> • 다른 펭귄은 줄을 서서 걸어가는데 태키는 줄에서 벗어나 걷는다.
> • 다른 펭귄은 우아하게 물속으로 들어가는데 태키는 크게 물을 튀긴다.
> • 다른 펭귄은 아름다운 노래를 부르는데 태키는 이상한 노래를 부른다.
>
> 어느 날 사냥꾼이 펭귄들의 집에 왔을 때 태키는 이 차이를 긍정적으로 사용했다. 그는 다른 펭귄의 등을 치고, 같이 걸어가는 줄 밖에서 걷고, 사냥꾼을 짜증나게 하는 노래를 불러서 사냥꾼들이 펭귄들 그리고 펭귄들의 집에서 떠나가게 하였다! 다른 펭귄들은 태키에게 그가 자신과 다른 점이 태키를 도와 이러한 일들을 해낼 수 있게 했다며 감사를 전했다.
>
> 흔히 ADHD 학생은 이상하고 기묘하며 다른 아동들과 다르다고 생각하기 때문에, ADHD 학생에게 이 책은 매우 도움이 되는 책이다. ADHD 학생은 다른 학생들이 자신을 태키와 달리 부정적으로 다르게 본다고 생각한다. 또한 ADHD 학생은 다른 학생들이 자신을 좋아하지 않는다고도 생각한다. 이러한 ADHD 학생의 생각의 일부는 불행하게도 맞다. 그러나 ADHD 학생을 다른 학생과 다르게 만든 ADHD의 특성이 책의 주인공 태키에게서처럼 긍정적으로 사용될 수 있음을 알아야 한다.

이 외에도 ADHD 학생에게 사회성 기술을 가르치는 방안으로 사회적 지지망 구축, 사회적 발달을 할 수 있는 기회 제공, 리더 역할 부여, 피드백 제공, 나이가 많은 학생과 함께 작업하기, 적절한 상호작용 모델, 다양한 환경에서 배우고 적용하기를 들 수 있다(이영나, 우주영 역, 2008). ADHD 학생이 친구를 사귈 수 있도록 다른 학생들과의 집단을 만들어 줄 수 있는데, 예컨대 함께 숙제하는 집단을 만들고 그 안에 ADHD 학생을 포함시킬 수 있다. 그리고 리더가 될 수 있는 기회를 제공하면 다른 사람들과 원활하게 의사소통하는 방법을 배우고 비판적 사고 기술과 자아존중감 및 자신감을 가질 수 있게 되는데, 이 세 가지는 ADHD 학생에게 필요한 것이다. 다만 ADHD 학생이 리더의 역할에 서툰 경우에는 피드백을 통해 자신의 행동이 적절했는지 부적절했는지를 같이 알아보는 기회를 가져야 한다. 또한 나이가 많은 학생과 함께 작업을 하도록 시킨다면 나이가 많은 학생에게서 많은 조언을 들을 수 있고 적절한 모델을 관찰할 기회도 생길 수 있다(이영나, 우주영 역, 2008).

(5) 문제행동 지도

우리나라의 초등학교 통합학급 교사가 ADHD 학생을 지도하면서 가장 스트레스를 받는 상황은 학생이 문제행동을 보일 때다(황순영, 2009). ADHD 학생이 적절한 사회성 기술을 배우지 못하면 ADHD의 특성(주의력결핍, 충동성, 과잉행동)으로 인해 교실에서 문제행동을 보이는 경우가 많아진다. ADHD 학생은 처음부터 악의를 가지고 문제행동을 하지 않는다. 다만 문제행동이 미칠 영향을 생각하지 않고 자신의 의도에 따라 행동할 뿐이다. 그 대표적인 예가 도벽이다. ADHD 학생이 다른 사람의 동의 없이 집에 타인의 물건을 가져오는 경우가 흔히 있다. 이를 '도적질'이라는 범죄라고도 볼 수 있지만 ADHD 학생의 입장에서는 자신이 좋아하는 물건을 발견하고 만지다가 더 보려고 호주머니에 넣었는데 원래의 자리에 놓는 것을 잊어버리고 집에 들고 온 것이다. 이처럼 ADHD 학생은 자신의 행동이 왜 문제가 되는지 모르는 상태에서 문제행동을 많이 한다. 따라서 어떤 행동이 타인의 관점에서 어떻게 해석되며, 어떤 영향을 미치는지 알려 주고 자신의 의도를 사회적으로 용납되는 범위에서 하도록 지도해야 한다. 이처럼 문제행동을 개선하는 과정에서 바람직한 사회성 기술을 지도하면 대단히 효과적일 수 있다.

(6) 자부심 향상

ADHD 학생을 지도하는 교사는 종종 학생의 자존심을 상하게 하는 언어나 언어 방식(예: 무능함을 암시하는 말)을 사용하고, ADHD 학생의 말을 무시하고(예: "응, 알았어."라고 말하며 하품을 함), 사기를 꺾고(예: "너 때문에 화가 나."라고 말함), 과잉보호 및 불신을 보이며(예: "올라가면 안 돼. 또 떨어질 거야."라고 말함), 다른 학생과 비교한다. 그리고 자주

학생의 잘못을 지적하고(예: 학생-"제가 뭘 만들었는지 보세요." / 교사-"어? 대체 이게 뭐야?"), 상처 주는 말(예: "넌 정말 귀찮은 존재야.")을 하며, 실패에 집중하는 말(예: "읽기가 아주 엉망이군.")을 한다(김선경 역, 2009).

이러한 말과 행동은 ADHD 학생의 자신감을 파괴하며 자존감을 떨어뜨리고, 이러한 자신감 저하는 여러 가지 심리적 문제를 유발할 수 있다.

ADHD 학생의 자신감을 높이기 위해 교사는 말을 가려서 하고 격려를 해 주며 학생 스스로가 중요하다고 느낄 수 있도록 해 주어야 한다. 또한 학급에서 특별한 동료에게 주어지는 임무나 특권을 ADHD 학생에게 부여하고 성취감을 맛볼 수 있도록 해야 한다(김선경 역, 2009). 교실의 마스코트 관리나 애완동물 관리를 책임지도록 하는 것은 자아존중감에 중요한 영향을 줄 수 있다(이영나, 우주영 역, 2008).

ADHD 학생이 성취감을 맛보려면 자신이 할 수 있는 일에 주안점을 두어야 하며, 학생이 무언가 성취하였다면 성취한 것을 찾아볼 수 있도록 해야 한다(김선경 역, 2009). 컴퓨터를 잘한다면 교사의 컴퓨터 업무 보조를 하는 것으로, 피아노 연주를 잘한다면 음악 시간에 피아노 연주를 하는 것으로, 스포츠를 잘한다면 체육 시간에 능력을 발휘하는 것으로 자신감은 회복될 수 있다.

ADHD의 특성으로 인해 수영을 배우기 시작하여 세계적인 수영 선수가 된 Michael Phelps의 『나를 일으켜 세우는 힘, 노 리미츠(*No Limits*)』라는 책을 보면, 그는 다음과 같이 말하고 있다(양병찬 역, 2009).

> 9세 때 ADHD로 진단받았다. 나는 에너지가 너무 넘쳐흘러 주체할 수 없었다. 어머니와 누나, 코치들은 나의 과잉 에너지가 야구, 축구, 라크로스, 수영 등의 스포츠를 통해 분출될 수 있다는 것을 알았다. … 나는 수영을 시작하면서 나의 가장 안전한 피난처는 바로 수영이라는 것을 깨닫게 되었다. 수영장 안에 있으면 마음이 차분히 가라앉기 때문에 나는 마음껏 속도를 낼 수 있었다. … 나는 귀가 크고 마른 체형이어서 다른 아이들로부터 괴롭힘을 많이 받았다. … 모자를 쓰고 버스를 탔다가 모자를 잃어버린 적이 있었다. 상급생 아이들이 나의 모자를 벗겨서 이리저리 돌리다가 그중 한 명이 모자를 아예 창밖으로 던져 버렸기 때문이다. 열한 살인가 열두 살 때는 상급생 아이들로부터 머리를 변기 속에 집에 넣는 스월리라는 괴롭힘을 당하다가 누군가 화장실로 들어오는 바람에 도망쳐 나온 적이 있었다. 나는 이러한 일들을 아무에게도

말하지 않고 내 마음속에 차곡차곡 쌓아 두었다. 그러나 분노를 그대로 삭힌 것은 아니었다. 분노는 나의 발전을 자극하는 원동력이 되었다. 나는 끓어오르는 분노를 수영장에서 분출시켰다. 이 에피소드들은 나의 감정을 관리하여 장점으로 전환시키는 방법을 가르쳐 주었을 뿐만 아니라 내 인생에서 중요하고 의미 있는 일이 무엇인지 일깨워 주는 계기가 되었다.

이 책을 보면 Phelps가 집단 괴롭힘을 받으며 자신감이 낮아졌지만 수영을 통해 다시 자신감을 끌어올렸음을 알 수 있다. 각종 수영대회에 입상하면서 자신감이 높아지고 자기통제가 되었다는 점은 우리에게 많은 것을 시사한다.

4. 맺는 글

우리는 왜 ADHD 학생을 교육해야만 하는지 의문을 가진 적이 있는가? 답은 여러 가지가 있겠지만, 필자가 생각하기에는 ADHD 학생이 우리 주변에 많이 있고, 이들은 누군가의 자녀이며, 가깝게는 우리의 친구, 친인척, 직장 동료일수도 있으므로 ADHD 학생의 교육적 성공은 우리의 행복에 기여할 수 있기 때문일 것이다. 그리고 ADHD는 주의력결핍, 충동성, 과잉행동으로 사회성이나 학업에 어려움을 보이지만 창의성, 혈기왕성, 정서적 민감성, 대인관계 직관, 생태적 의식에는 재능을 지닌다(양돈규, 변명숙, 2007). 요즘은 이 다섯 가지 재능의 필요성이 강조되고 있으며, 이 재능들은 성공을 위한 조건이기도 하다. 따라서 이러한 재능을 잘 살릴 수만 있다면 ADHD를 가진 사람은 큰 성공을 거둘 수 있으며, 그 성공은 우리 모두에게도 혜택으로 돌아올 수 있다. 무엇보다도 요즘은 에디슨의 발명품으로 인해 우리의 삶이 얼마나 윤택해지고 편리해졌는지 알고 있지 않은가! 우리나라 ADHD 학생 교육에 큰 발전이 있어 제2의 에디슨, 제3의 에디슨이 나와 우리나라가 더욱 발전하고 국민의 삶이 더욱 윤택해지기를 기원한다.

참고문헌

김선경 역(2009). ADHD의 이해[*Understanding ADHD*]. C. Green & K. Chee 공저. 서울: 민지사. (원저는 2001년에 출판).

김세주, 김민석 역(2007). 주의력결핍 · 과잉행동장해의 이해: 성공적으로 극복한 젊은이의 조언[*A bird's-eye view of life with ADD & ADHD: Advice from young survivors author*]. A. Chris, D. C. A. Zeigler, & A. Zeigler 공저. 서울: 시그마프레스. (원저는 2003년에 출판).

박완주, 황성동(2013). 교사의 주의력결핍과잉행동장애에 대한 지식 정도와 공감 수준이 교육적 중재에 미치는 영향. 정신간호학회지, 22(1), 45-55.

서석진, 서우정, 최종근, 김유리 역(2011). ADHD 아동의 이해와 교육[*How to reach and teach children with ADD/ADHD: Practical techniques, strategies, and interventions*]. S. R. Rief 저. 서울: 교육과학사. (원저는 2005년에 출판).

양동규, 변명숙(2007). ADHD 아동의 재능[*The gift of ADHD*]. L. H. Webb 저. 서울: 시그마프레스. (원저는 2005년에 출판).

양병찬 역(2009). 나를 일으켜 세우는 힘, 노 리미츠[*No limits*]. M. Phelps & A. Abrahamson 공저. 서울: 조윤커뮤니케이션. (원저는 2008년에 출판).

이승호, 이영나 역(2010). ADHD와 나[*ADHD & Me: What I learned from lighting fires at the dinner table*]. E. S. Blake 저. 서울: 시그마프레스. (원저는 2008년에 출판).

이영나, 우주영 역(2008). ADHD의 재능찾기[*Making ADHD a Gift: Teaching superman how to fly*]. R. E. Cimera 저. 서울: 시그마프레스. (원저는 2002년에 출판).

이재욱 역(2014). ADHD와 사회성 기술들: 교사와 부모를 위한 단계별 안내[*ADHD and Social skills: A step by step guide for teachers and parents*]. E. M. Rapoport 저. 서울: 교육과학사. (원저는 2009년에 출판).

조아라, 이순 역(2005). 리틀 몬스터[*The Little Monster*]. G. Jergen 저. 서울: 학지사. (원저는 2004년에 출판).

황순영(2009). 초등학교 통합학급 교사의 ADHD 학생 교육에 대한 스트레스 연구. 특수아동연구, 11(4), 77-100.

정난진 역(2012). 에디슨 어머니처럼 키워라[天才エジソンの秘密 母が教えた7つのル?ル/ヘンリ?幸田]. 幸田 ヘンリ ー 저. 서울: 이손. (원저는 2006년에 출판).

Rapport, E. M. (2009). *ADHD and social skills: A step-by-step guide for teachers and parents.* Lanham, ML: Rowman & Littlefield Publisher.

ADHD 15

보완대체의학

ADHD 15

신윤미

1. 들어가는 글

보완대체의학(complementary and alternative medicine)은 주로 미국에서 사용되는 학술 용어로 현대의학의 어려움을 해결하는 대안이 될 수 있는 자연 치료적 방법을 총칭하는 말로 통용되고 있다. 미국과 유럽은 보완대체의학을 바라보는 시각에서 차이가 있다. 미국에서 사용하는 대체의학(alternative medicine)은 전통의학(conventional medicine)을 대신한다는 뜻으로 전통의학과 대치되는 개념이다. 예를 들면, 암 판정을 받은 환자가 수술 또는 항암치료를 받지 않고 식이요법을 하거나 증상이 심한 ADHD 환자가 약물치료를 하지 않고 식이요법을 하는 것이다. 통합(integrative), 보완(complementary) 의학 개념은 유럽에서 흔히 사용하며 대체의학과는 달리 기존 전통의학을 보완하고 통합하자는 의미로 사용된다. 수술 후 환자의 통증을 경감시키기 위해 아로마(aroma) 치료를 하는 것이 예가 될 수 있다. 일반 대중의 보완대체의학에 대한 관심은 전 세계적으로 높아지고 있다. Eisenberg 등(1993)의 조사에 따르면, 1990년 한 해 동안 미국인의 34%가 대체의학 치료를 받고 있었으며 같은 기간 1차 진료를 받은 것보다 훨씬 많은 사람이 대체의학을 이용하고 있었다. 미국 국립보건원자료에 따르면, 한 해 보완대체치료로 사용한 비용은 40조 원으로 매해 15~20%의 성장률을 보이고 있어 2020년경에는 전통의학을 앞지를 것으로 예상하고 있다(Fischer et al., 2014). ADHD 아동의 경우 보호자가 약물치료에 대한 부담감으로 인해 보완대체의학을 흔히 이용하고 있었다(Bussing, Zima, Gary, & Garvan, 2002). 보완대체의학을 의료계에서 방치하게 된다면 수많은 환자가 검증받지 않은 치료법으로 인해 심각한 상황에 직면할 것이다. 이런 시대적 요구를 반영하여 1992년 미국의회는 국립보건원(NIH) 내에 대체의학부서(office of alternative medicine: OAM)를 설립하고 1998년 보완대체의학센터(center for complementary and alternative medicine: CCAM)

를 설치하였다(Straus, 2000). 보완대체의학센터에서는 대체 및 보완의학의 효과를 과학적으로 규명하고 대체의학에 대한 과학적 근거, 효과, 안정성에 대한 정보를 일반 대중 및 전문가에게 제공하고 있다. 이 장에서는 ADHD 아동 · 청소년에게서 흔히 사용되고 있는 보완대체치료들과 임상적 근거들을 알아본다.

2. 개별 치료법

1) 페인골드 식이

알레르기 전문의 Benjamin Feingold가 집필한 『당신의 아이는 왜 산만한가?(*Why your child is hyperactive?*)』(1975)라는 책이 미국에서 큰 인기를 끌었다. 여기서 소개한 페인골드 식이는 4~6주간 식품첨가제, 색소, 살리실 산 함유식품(아몬드, 체리, 사과, 오이, 살구, 건포도, 딸기, 포도, 오렌지, 복숭아, 자두, 토마토 등)을 제외한 식단으로 구성된다. 이 책에서는 이러한 페인골드 식이를 한 아이들의 약 50%에서 과잉행동의 극적인 호전이 있었으며, 다시 유발물질을 식단에 첨가했을 경우 증상이 재발한다고 주장하였다. 미국에서는 페인골드 식이가 소개된 후 과잉행동과 식품첨가물 연구를 위한 국립자문위원회가 설치되었고, 부모에게 자녀의 식이요법을 돕고 정보를 제공하기 위한 미국 페인골드 재단이 설립되었다. 하지만 1977년부터 1982년까지의 연구들을 검토한 결과, 페인골드 식이가 과잉행동, 집중력 등에 효과가 있다는 근거는 없었다(Lipton & Mayo, 1983). 오히려 페인골드 식이로 증상 호전을 보인 경우 음식 알레르기 가능성이 높았으므로 알레르기 전문가의 도움을 받는 것이 필요했다고 설명하였다. 즉, 일부 아동에게 미미한 효과를 보일 수는 있지만 모든 ADHD 아동에게 적용하기에는 과학적 근거가 없어 현재는 ADHD 아동에게 적절한 치료 없이 페인골드 식이를 권하는 것은 위험하다고 본다.

2) 설탕, 아스파탐

페인골드 식이법에 대한 관심이 줄면서 일부 학자는 설탕과 아스파탐(aspartame) 등이 ADHD의 원인이라는 주장을 했다. 하지만 Behar(1984)는 통제된 이중 맹검 연구를 통해 자당(sucrose), 포도당(glucose), 위약(placebo)을 6.5~14세의 아동 21명에게 복용하게 한 후 행동 문제, 주의력 등을 조사한 결과, 이 3개 군 사이에 차이가 없었다고 밝혔다(Behar, 1984). 그리고 이후의 연구들에서도 설탕, 포도당 등이 ADHD의 원인이 될 수 있다는 과학적 근거는 밝혀지지 않았다(Kanarek, 1994). 1995년 Wolraich 등은 16개의 이중 맹검 연구를 분석하여 자당(sucrose), 포도당(glucose), 과당(fructose)이 아동의 인지 및 행동에 미치는 영향은 거의 없고 대부분은 부모의 설탕에 대한 편견이 연구 결과에 영향을 준 것으로 결론을 내렸다(Wolraich, Wilson, & White, 1995). 1997년 미국소아정신과학회의 임상 지침은 ADHD 아동에게서 제한 식이는 아직 효과가 검증되지 않았으며, 부모-자녀 관계에도 영향을 미칠 수 있으므로 추천하지 않는다고 명시하고 있다(Dulcan & Benson, 1997).

3) 인공색소와 방부제

인공색소(artificial food coloring: AFC), 방부제(benzoate preservative)와 ADHD 간의 관련성은 지난 20년간 논쟁거리가 되어 왔다(Barrett, 2007; Nigg, 2006). 2007년 영국에서는 3~9세 아동을 대상으로 인공색소, 벤조산나트륨 방부제가 포함된 음식이 아동의 행동에 미치는 영향을 알아보기 위한 연구를 실시하였고, 그 결과 식품첨가물 자체가 아동의 과잉행동을 악화시켰다고 보고했다(McCann et al., 2007). 이러한 연구 결과는 사회적으로 큰 파장을 일으켜 2008년 12월 영국 식품기준청(food standards agency: FSA)에서 황색 4호, 황색 203호, 황색 5호, 적색 102호, 적색 30호 등 6가지의 식용타르색소의 사용을 금지시키는 법령을 마련하였다. 하지만 미국에서는 연구를 분석한 결과 인과관계를 밝히기 어렵고, 몇몇 민감한 아동이 식품첨가물을 추가하면서 문제행동을 더 두드러지게 보고한 것이라고 결론을 내렸다. 현재 미국에서는 영국처럼 사용 자체를 금지하지는 않고 식품첨가물에 경고문을 붙여 판매하고 있다(Stevenson et al., 2010). 식품첨가물과 ADHD 간의 연관성에 대해 실시한 15개의 이중 맹검 연구를 분석해 본 결과, 식품첨가물이 과잉행동에 미미하게 영향을 미칠 수 있긴 하지만 대부분의 연구에 검증되지 않은 측정 방법, 다양한 진단을 가진 대상군이 포함되었기 때문에 추후 연구가 필요하다고 보았다(Schab & Trinh, 2004). 따라서 식품첨가물이 ADHD의 중요한 원인은 아니지만 임상적으로 식품첨가물이 포함된 음식을 먹었을 경우 증상이 악화된다면 조심해서 식단

조절을 해 볼 수는 있을 것이다.

4) 비타민

1960년대 정신과 의사였던 Hoffer와 Osmond는 영양소와 비타민(vitamin B3, vitamin C)의 대량 복용이 몸속의 불균형적인 성분을 교정하여 조현증 및 ADHD 증상을 호전시키는 데 효과적이라는 이론을 주장하였다(Hoffer, 2008). 1970년 Allan Cott는 비타민 결핍으로 과잉행동과 학습장애가 생길 수 있기 때문에 증상 조절을 위해서는 대량의 비타민과 미네랄이 필요하다고 주장하였다(Cott, 1972). 당시 비타민은 약물치료 대체로 이용할 수 있는 자연스러운 치유 방법이라는 생각으로 인해 선풍적인 인기를 끌게 되었다. 하지만 이후 대량 비타민(Megavitamin) 치료는 이중 맹검 연구를 통해서 단기간 및 장기간에 걸쳐 미치는 영향을 분석한 결과 효과가 없는 것으로 판명되었다(Arnold, Christopher, Huestis, & Smeltzer, 1978; Haslam, Dalby, & Rademaker, 1984; Kershner & Hawke, 1979). 오히려 대량 비타민 치료는 간독성, 신경학적 독성을 야기할 수 있으므로 주의를 요하며 함부로 아동에게 사용할 수 없다(Arnold et al., 1978; Sato, Taguchi, Maeda, & Yoshikawa, 1993; Schaumburg et al., 1983).

5) 아연

아연(zinc)은 뇌에 존재하는 100여 개의 효소에 보조요인으로 작용하며, ADHD 기전에 관여하는 DA 대사에도 간접적으로 작용한다. 아연이 부족할 경우 동물실험에서는 과활동이 발생하고(Halas & Sandstead, 1975) 인간에게는 집중력 문제가 발생할 수 있다(Aggett & Harries, 1979). 많은 임상 연구에서 혈중 아연 농도가 대조군에 비해 ADHD 아동에게서 저하되어 있었고 혈중 아연 농도와 주의력 저하가 음의 상관관계가 있었다. 즉, 아연 결핍이 주의력 문제를 야기할 수 있다는 것이다(Arnold & DiSilvestro, 2005; Bekaroğlu et al., 1996). 400명의 ADHD 아동을 대상으로 아연 치료군과 위약군으로 무작위 배정한 뒤 12주간 비교한 결과 과잉행동, 충동성, 사회성의 호전이 있었지만 대개 아연을 복용한 군에서 증상의 호전을 보인 아동은 나이가 많거나 혈중 아연 농도 및 유리지방산(free fatty acid) 농도가 낮은 경우였다(Bilici et al., 2004). 최근에는 DA 수용체에 높은 친화력을 지닌 아연이 DA 기능에 중요한 역할을 하여 적절한 농도의 아연이 있을 경우 ADHD 약물치료가 효과가 있다는 연구들이 있다(Arnold, Votolato, Kleykamp, Baker, & Bornstein, 1990; Lepping & Huber, 2010). ADHD 아동을 대상으로 약물치료 단독, 약물치료와 아연을 병행한 군으로 나눈 후 6주간의 효과를 비교한 연구에 따르면 양쪽 군 사이에 교사 및 부모 행동척도에서 유의미한 차이가 있었다(Akhondzadeh, Mohammadi, & Khademi, 2004). Arnold 등(2011)은 아연 단독 치료, 약물치료와 아연을 병행한 군으로 나눈 후 비교한 결과 아연 단독 치료는 효과가 없었지만 AMP와 아연 30mg을 복용한 군에서는 더 적은 용량의 AMP로도 증상 호전이 있었다. 적절한 농도의 아연이 있을 경우 약물이 효과적일 수 있고, 실제 더 적은 용량의 ADHD 약물로도 증상 호전에 효과가 있다는 것이다. 앞서의 연구들을 종합해 볼 때, ADHD 아동의 아연 섭취량이 부족할 경우 충분한 섭취를 장려하거나 혈중 아연 농도가 낮을 경우 아연을 복용하는 것이 도움이 될 수 있겠다. 하지만 아연 역시 일일 권장 허용량(recommended daily allowance) 내에서는 독성이 없다고 알려져 있지만 과다 섭취 시 부작용을 일으킬 수 있고 하루 300mg 이상 복용 시 면역기능을 저하시킨다는 보고가 있으므로 조심해서 복용해야 한다(Forsyth & Davies, 1995).

6) 철분

철분(iron)은 ADHD의 병태생리적 원인으로 작용하는 DA와 노르아드레날린의 합성 효소인 타이로신수산화효소(tyrosine hydroxylase)의 보조 요소로서 DA와 노르아드레날린의 생산을 조절하는 것으로 알려져 있다. 2004년 Konofel의 연구에 따르면 ADHD 아동 53명 중 혈중 철분 수치가 낮은 아동(혈청 ferritin 30ng/Ml 이하)은 42명(84%)이었으나 대조군 27명 중에서는 혈중 철분 수치가 낮은 아동이 5명(18%)으로 나타나 ADHD 군에서 유의미하게 낮은 혈청 페리틴(ferritin) 소견을 보였으며, 낮은 페리틴(ferritin) 농도는 심한 ADHD 증상 및 심각한 인지적 결함과 관련이 있는 것으로 나타났다(Konofal, Lecendreux, Arnulf, & Mouren, 2004). 하지만 이후의 연구 결과들은 ADHD 아동에게서 철분의 감소, 철분 투여가 증상을 호전시켰다는 결과도 있었지만 유의한 효과를 나타내지 않았다는 결과도 있었다(Konofal et al., 2008; Sever, Ashkenazi, Tyano, & Weizman, 1997). 따라서 ADHD 아동에 대한 철분 제제는 주된 치료 방법으로 이용되기에는 근거가 부족하며, 혈중 농도가 낮을 경우 철분 복용이 도움이 될 수 있을 것으로 기대된다. 한편, 철분 제제는 변비, 메스꺼움, 설사를 일으킬 수 있고 과도하게 섭취할 경우 혈색소침착증(hemochromatosis)이 생길 수 있으므로 주의를 요한다.

7) 마그네슘

마그네슘은 신경전달물질 합성과 효소에 조효소로 작용하게 된다. 마그네슘의 결핍이 있을 경우 신경근육계통의 과활성, 짜증 등의 다양한 신경학적 · 정신건강의학적 부작용이 생길 수 있다(Flink, 1981). 1997년 116명의 ADHD 아동을 대상으로 모발, 적혈구, 혈청의 마그네슘 농도를 측정한 결과에 따르면, 95%에서 혈청, 적혈구, 모발에서 마그네슘의 결핍을 보였다. 116명의 아동 중 50명은 약물치료와 병행하여 매일 200mg의 마그네슘을 복용하였고, 30명의 대조군 아동에게는 마그네슘 없이 약물치료만 시행하였다. 마그네슘을 함께 복용한 군에서 교사 및 부모에게 증상의 호전이 있었다는 보고가 있지만 이를 입증할 수 있는 근거는 아직 부족하다(Kozielec & Starobrat-Hermelin, 1997). 2004년 52명의 ADHD 아동을 대상으로 혈중 마그네슘 농도를 대조군과 비교한 결과에 따르면, 농도가 저하된 것으로 보고되었다(Marianne Mousain-Bosc, Roche, Rapin, & Bali, 2004). 낮은 마그네슘 농도는 과활동성, 집중력, 수면 문제 등과 관련이 있었다(Mousain-Bosc et al., 2006). 하지만 무작위 이중 맹검 대조군 실험 연구가 충분히 시행되지 않았고 마그네슘 결핍이 없는 상태에서 과다한 마그네슘 복용 시 특히 용량이 매일 10mg/kg 이상인 경우 독성을 나타낼 수 있으므로 주의를 요한다(Durlach, Durlach, Bac, Bara, & Guiet-Bara, 1994).

8) 불포화 지방산: 오메가-3

건강에 좋다고 알려진 오메가-3를 챙겨 먹는 사람들이 점차 늘고 있다. 지방산 분자를 구성하는 탄소 사슬의 가장 끝 탄소로부터 세 번째에 위치한 탄소에서 이중결합이 형성된 불포화 지방산을 오메가-3 지방산이라고 한다. 이러한 오메가-3 지방산은 인체에서 형성되지 않기 때문에 반드시 식이를 통해서 섭취해야 한다. 녹는점이 높은 포화지방산은 실온에서 고체로 존재하게 되고, 녹는점이 낮은 불포화지방은 실온에서 액체로 존재하게 되며, 혈액 내에서도 액체를 유지하게 된다. 오메가3 지방산의 종류에는 알파 리놀렌산(alpha-linolenic acid: ALA), DHA로 알려진 도코사헥사에노산(docosahexaenoic acid), EPA로 알려진 에이코사펜타에노산(eicosapentaenoic acid), SDA(stearidonic acid), ETA (eicosatetraenoic acid)가 있다. 이 중 주요 기능을 하는 것은 DHA와 EPA다. 특히 DHA는 신경세포의 죽음과 괴사를 막아 주는 것으로 알려져 있다. 오메가-3, 오메가-6의 비율도 중요한 것으로 알려져 있으며, 서양 식단의 경우 오메가-6 함유 음식이 많아서 이것이 ADHD의 위험요인으로 알려지기도 했다(Haag, 2003; Young, Conquer, & Thomas, 2005). 필수 지방산인 오메가-3가 부족한 아동은 대개 피부와 머리카락이 건조하며, 잦은 감염 등의 신체 증상도 동반한다고 알려져 있다(Antalis et al., 2006).

1980년대부터 과활동성을 보이는 아동에게서 불포화지방산이 결핍되어 있다는 보고가 있었으며, 이후 ADHD 군에서 대조군에 비해 불포화지방산 오메가-3가 감소되어 있다는 보고가 있었다(Mitchell, Aman, Turbott, & Manku, 1987; Stevens et al., 1995). 불포화지방산 오메가-3 복용이 ADHD 아동의 불안감, 주의력 어려움, 행동 문제를 호전시킨다는 결과도 있지만(Richardson & Puri, 2002; Stevens et al., 2003) 일부 연구에서는 효과가 입증되지 않았다. 6~12세의 ADHD 아동 63명을 무작위 배당한 후 345mg의 DHA를 16주간 복용한 군과 대조군을 비교했을 때, ADHD 증상의 호전에는 별다른 효과가 없었다(Voigt et al., 2001). 일본에서도 비슷한 시기에 6~12세의 ADHD 아동 40명에게 2개월간 주당 DHA 3600mg, EPA 700g을 복용하도록 하였으나 증상 호전은 보이지 않았다(Hirayama, Hamazaki, & Terasawa, 2004).

2005년부터는 대규모 무작위 대조 실험들이 시행되었다. 첫 연구는 영국에서 ADHD로 진단받고 읽기 및 쓰기에 문제가 있는 5~12세 아동 117명을 대상으로 하였다. 3개월 동안 매일 EPA 552mg, DHA 168mg, gamma linolenic acid(GLA; omega-6 PUFA) 60mg을 복용한 군과 대조군을 비교한 결과, 교사 척도에서 ADHD 증상의 호전과 읽기 능력 호전이 있었다(Richardson & Montgomery, 2005). 두 번째 연구는 호주에서 약물치료를 받지 않은 7~12세의 ADHD 아동을 대상으로 하였는데, 불포화지방산을 복용한 군에서 부모 보고용 ADHD 증상의 호전이 있었다(Sinn & Bryan, 2007). 2013년 90명의 ADHD 환아를 무작위 분류한 후 EPA 1,109mg과 DHA 108mg을 함유한 보충제, EPA 264mg과 DHA 1,032mg을 함유한 보충제 또는 리놀레산 1,467mg을 함유한 홍화씨 오일을 4주 동안 복용하도록 한 후, 연구 시작, 4개월, 8개월 및 12개월이 경과한 시점에서 피험자들의 적혈구 속 지방산 수치와 주의력, 인지력, 문자해독 능력, 청소년 행동평정척도 등을 평가한 결과에 따르면, 피험자들의 적혈구 속 EPA 및 DHA 수치가 증가했을 때 맞춤법 및 철자법과 주의력, 반항적인 행동(oppositional behavior), 과잉행동 등은 호전되었다(Milte et al., 2013).

최근 들어 불포화지방산 오메가-3 연구가 활발해지면서 3개의 개관 논문이 나왔다(Bloch & Qawasmi, 2011; Raz & Gabis, 2009; Gillies, Sinn, Lad, Leach, & Ross, 2012). 이 중 2개의 개관 논문에서 오메가-3가 ADHD 치료에 미미하지만 효과가 있다고 결론을 내리고 있다. 현재는 ADHD 단독 치료로는 추천되지 않으며 약물치료와 함께 병용하면 도움이 될 것으로 생각된다.

9) 아미노산 보충제

아미노산 보충제는 일시적으로 ADHD 아동에게 카테콜아민, 세로토닌의 전구물질인 아미노산이 결핍되어 있다는 것에서 착안하였다. 많은 연구에서 단기간 트립토판, 타이로신, 페닐알라닌 보충제가 효과가 있다고 보았지만(Nemzer, Arnold, Votolato, & McConnell, 1986; Reimherr, Wender, Wood, & Ward, 1987), 2~3개월 이상의 효과는 검증되지 않았다(Wood, Reimherr, & Wender, 1985). 이후 연구에서는 단기간 결과조차 검증되지 않았으며, 이들 물질을 지속적으로 복용할 경우 오히려 해가 될 수 있으므로 사용할 수 없다(Sidransky, 1997; Sternberg, 1996).

10) 기타: 항산화제, 한약, 침

최근 유럽에서 많이 사용되고 있는 피크노게놀(pycnogenol)은 소나무 껍질에서 추출한 산화방지제로 알려져 있다. 이것은 과학적인 효과가 검증되지 않은 채로 미국과 유럽 등에서 사용되고 있으며(Heimann, 1999), 피크노게놀과 관련해서는 2개의 대조군 연구가 시행되었다. 첫 번째 연구는 24~50세의 ADHD로 진단받은 성인 24명을 대상으로 피크노게놀군, MPH군, 대조군으로 나누고 3주가 지난 후 ADHD 증상을 평가한 것으로, 호전 정도는 차이가 없었다(Tenenbaum, Paull, Sparrow, Dodd, & Green, 2002). 또 다른 연구는 9~14세의 ADHD 아동 61명을 대상으로 피크노게놀을 복용하게 하였으나 일시적 효과는 있었지만 지속되지는 않았다(Trebatická et al., 2006). 마음을 진정시키고 기분을 좋게 하는 허브로 알려진 카바카바(kava kava)는 인지기능에 긍정적인 효과가 있는 것으로 알려져 있다(Sarris, LaPorte, & Schweitzer, 2011). 하지만 아동 · 청소년에게서는 아직 안정성이 확보되지 않아 권장하지 않는다(Sarris, Adams, & Wardle, 2009; Teschke, Sarris, & Lebot, 2011). 브라미(brahmi) 역시 인지기능 개선제로 효과가 있다는 보고가 있지만 아동 · 청소년에겐 안정성이 확보되지 않았다(Stough et al., 2008).

ADHD 아동을 대상으로 한 한약 연구 중에서는 아직 검증된 무작위 대조 실험은 없고 몇 개의 개방연구가 있을 뿐이다(Sun et al., 1994; Zhang & Huang, 1990). 침술은 비교적 저렴하고 간단하며, 안전하다고 생각해서 ADHD 치료에 많이 이용되고 있다. 하지만 1998년 초등학교 3학년 학생들을 대상으로 한 연구에 따르면, 교사의 보고는 17점에서 12점으로, 부모의 보고는 23.1점에서 15.5점으로 저하되었다고 하였다(Loo, Naeser, Hinshaw, & Bay, 1998). 또한 한약 및 침술과 관련된 대부분의 연구는 중국에서 시행되었으며, 효과가 있다는 근거는 아직 없다.

3. 맺는 글

국내에서 보완대체치료를 어느 정도 이용하는지 알 수는 없지만 한의학, 민간요법까지 포함하면 대다수의 국민이 보완대체의학을 이용하고 있을 것이다. 대체로 의사는 보완대체의학에 대해서 부정적인 시각을 가지고 있으며, 실제로 보완대체의학을 이용하면서도 담당 의사에게 말하지 않는 경우가 많다. 치료사는 환자 대부분이 보완대체의학을 요구하고 있으며 실제로 많이 찾고 있음을 인정해야 한다. 전 세계적으로 일반 대중의 보완대체의학에 대한 관심이 높아지면서 이를 바라보는 의료계의 입장이 변화하고 있다. *New England of Journal of Medicine*의 편집장은 의학에는 전통의학과 대체의학이 존재하는 것이 아니라 철저히 검증된 의학과 그렇지 않은 의학, 효과가 있는 의학과 그렇지 않은 의학이 있다고 언급하면서, 억측으로 일관된 보완대체의학을 전통의학과 같은 방법으로 철저히 검증해야 하는 것이 의료계의 당면 과제라고 역설하였다(Angell & Kassirer, 1998). 따라서 치료사는 보완대체의학의 치료 효과에 대한 과학적 근거, 안정성 여부, 비용 등에 관심을 가지고 평가를 하여 환자에게 올바른 정보를 전달해야 할 것이다.

참고문헌

Aggett, P., & Harries, J. (1979). Current status of zinc in health and disease states. *Archives of Disease in Childhood, 54*(12), 909.

Akhondzadeh, S., Mohammadi, M.-R., & Khademi, M. (2004). Zinc sulfate as an adjunct to methylphenidate for the treatment of attention deficit hyperactivity disorder in children: A double blind and randomized trial. *BMC Psychiatry, 4*(1), 9.

Angell, M., & Kassirer, J. P. (1998). Alternative medicine-the risks of untested and unregulated remedies. *New England Journal of Medicine, 339*, 839-840.

Antalis, C. J., Stevens, L. J., Campbell, M., Pazdro, R., Ericson, K., & Burgess, J. R. (2006). Omega-3 fatty acid status in attention-deficit/hyperactivity disorder. *Prostaglandins, Leukotrienes and Essential Fatty Acids, 75*(4), 299-308.

Arnold, L. E., Christopher, J., Huestis, R. D., & Smeltzer, D. J. (1978). Megavitamins for minimal brain dysfunction: A placebo-controlled study. *Jama, 240*(24), 2642-2643.

Arnold, L. E., & DiSilvestro, R. A. (2005). Zinc in attention-deficit/hyperactivity disorder. *Journal of Child & Adolescent Psychopharmacology, 15*(4), 619-627.

Arnold, L. E., DiSilvestro, R. A., Bozzolo, D., Bozzolo, H., Crowl, L., Fernandez, S., & Abdel-Rasoul, M. (2011). Zinc for attention-deficit/hyperactivity disorder: Placebo-controlled double-blind pilot trial alone and combined with amphetamine. *Journal of Child and Adolescent Psychopharmacology, 21*(1), 1-19.

Arnold, L. E., Votolato, N. A., Kleykamp, D., Baker, G. B., & Bornstein, R. A. (1990). Does hair zinc predict amphetamine improvement of ADD/hyperactivity? *International Journal of Neuroscience, 50*(1-2), 103-107.

Barrett, J. R. (2007). Diet & nutrition: hyperactive ingredients? *Environmental Health Perspectives, 115*(12), A578.

Behar, D. (1984). Sugar challenge testing with children considered behaviorally "sugar reactive". *Nutrition & Behavior, 1*(4), 277-288.

Bekaroğlu, M., Asian, Y., Gedik, Y., Değer, O., Mocan, H., Erduran, E., & Karahan, C. (1996). Relationships between serum free fatty acids and zinc, and attention deficit hyperactivity disorder: A research note. *Journal of Child Psychology and Psychiatry, 37*(2), 225-227.

Bilici, M., Yıldırım, F., Kandil, S., Bekaroğlu, M., YıldırmıŞ., Değer, O., Aksu, H. (2004). Double-blind, placebo-controlled study of zinc sulfate in the treatment of attention deficit hyperactivity disorder. *Progress in Neuro-Psychopharmacology and Biological Psychiatry,*

28(1), 181-190.

Bloch, M. H., & Qawasmi, A. (2011). Omega-3 fatty acid supplementation for the treatment of children with attention-deficit/hyperactivity disorder symptomatology: Systematic review and meta-analysis. *Journal of the American Academy of Child & Adolescent Psychiatry*, *50*(10), 991-1000.

Bussing, R., Zima, B. T., Gary, F. A., & Garvan, C. W. (2002). Use of complementary and alternative medicine for symptoms of attention-deficit hyperactivity disorder. *Psychiatric Services*, *53*(9), 1096-1102.

Cott, A. (1972). Megavitamins: The orthomolecular approach to behavioral disorders and learning disabilities. *Academic Therapy, VII*, 245-258.

Dulcan, M., & Benson, R. (1997). AACAP Official Action. Summary of the practice parameters for the assessment and treatment of children, adolescents, and adults with ADHD. *Journal of the American Academy of Child and Adolescent Psychiatry*, *36*(9), 1311-1317.

Durlach, J., Durlach, V., Bac, P., Bara, M., & Guiet-Bara, A. (1994). Magnesium and therapeutics. *Magnesium Research: Official organ of the international society for the development of research on Magnesium*, 7(3-4), 313-328.

Eisenberg, D. M., Kessler, R. C., Foster, C., Norlock, F. E., Calkins, D. R., & Delbanco, T. L. (1993). Unconventional medicine in the United States-prevalence, costs, and patterns of use. *New England Journal of Medicine*, *328*(4), 246-252.

Feingold, B. F. (1975). *Why your child is hyperactive?* New York: Random House.

Fischer, F., Lewith, G., Witt, C., Linde, K., Ammon, K., Cardini, F., & Reiter, B. (2014). A Research Roadmap for Complementary and Alternative Medicine-What We Need to Know by 2020. *Forschende Komplementärmedizin/Research in Complementary Medicine*, *21*(2), e1-e16.

Flink, E. B. (1981). Magnesium deficiency, Etiology and clinical spectrum. *Acta Medica Scandinavica*, *209*(S647), 125-137.

Forsyth, P., & Davies, J. (1995). Pure white cell aplasia and health food products. *Postgraduate Medical Journal*, *71*(839), 557-558.

Gillies, D., Sinn, J. K., Lad, S. S., Leach, M. J., & Ross, M. J. (2012). Polyunsaturated fatty acids (PUFA) for attention deficit hyperactivity disorder (ADHD) in children and adolescents. *Cochrane Database Syst Rev*, *7*.

Haag, M. (2003). Essential fatty acids and the brain. Canadian journal of psychiatry. *Revue Canadienne de Psychiatrie*, *48*(3), 195-203.

Halas, E., & Sandstead, H. (1975). Some effects of prenatal zinc deficiency on behavior of the adult rat. *Pediatric Research, 9*(2), 94–97.

Haslam, R. H., Dalby, J. T., & Rademaker, A. W. (1984). Effects of megavitamin therapy on children with attention deficit disorders. *Pediatrics, 74*(1), 103–111.

Heimann, S. W. (1999). Pycnogenol for ADHD? *Journal of the American Academy of Child & Adolescent Psychiatry, 38*(4), 357–358.

Hirayama, S., Hamazaki, T., & Terasawa, K. (2004). Effect of docosahexaenoic acid-containing food administration on symptoms of attention-deficit/hyperactivity disordera placebo-controlled double-blind study. *European Journal of Clinical Nutrition, 58*(3), 467–473.

Hoffer, A. (2008). *Psychiatry: Yesterday (1950) and Today (2007)*. Victoria, BC: Trafford Publishing.

Johnson, M., Östlund, S., Fransson, G., Kadesjö, B., & Gillberg, C. (2009). Omega-3/Omega-6 fatty acids for attention deficit hyperactivity disorder a randomized placebo-controlled trial in children and adolescents. *Journal of attention disorders, 12*(5), 394–401.

Kanarek, R. B. (1994). Does sucrose or aspartame cause hyperactivity in children? *Nutrition Reviews, 52*(5), 173–175.

Kershner, J., & Hawke, W. (1979). Megavitamins and learning disorders: A controlled double-blind experiment. *Journal of nutrition, 109*(5), 819–826.

Konofal, E., Lecendreux, M., Arnulf, I., & Mouren, M.-C. (2004). Iron deficiency in children with attention-deficit/hyperactivity disorder. *Archives of Pediatrics & Adolescent Medicine, 158*(12), 1113–1115.

Konofal, E., Lecendreux, M., Deron, J., Marchand, M., Cortese, S., Zaïm, M., & Arnulf, I. (2008). Effects of iron supplementation on attention deficit hyperactivity disorder in children. *Pediatric Neurology, 38*(1), 20–26.

Kozielec, T., & Starobrat-Hermelin, B. (1997). Assessment of magnesium levels in children with attention deficit hyperactivity disorder (ADHD). *Magnesium Research: Official organ of the International Society for the Development of Research on Magnesium, 10*(2), 143–148.

Lepping, P., & Huber, M. (2010). Role of zinc in the pathogenesis of attention-deficit hyperactivity disorder. *CNS Drugs, 24*(9), 721–728.

Lipton, M. A., & Mayo, J. P. (1983). Diet and hyperkinesisan update. *Journal of the American Dietetic Association, 83*(2), 132.

Loo, M., Naeser, M., Hinshaw, S., & Bay, R. (1998). Laser acupuncture treatment of ADHD. *NIH Grant, 1*.

McCann, D., Barrett, A., Cooper, A., Crumpler, D., Dalen, L., Grimshaw, K., & Prince, E. (2007). Food additives and hyperactive behaviour in 3-year-old and 8/9-year-old children in the community: A randomised, double-blinded, placebo-controlled trial. *The Lancet, 370*(9598), 1560-1567.

Milte, C. M., Parletta, N., Buckley, J. D., Coates, A. M., Young, R. M., & Howe, P. R. (2013). Increased erythrocyte eicosapentaenoic acid and docosahexaenoic acid are associated with improved attention and behavior in children with ADHD in a randomized controlled three-way crossover trial. *Journal of Attention Disorders*. [Epub ahead of print] doi:10.1177/1087054713510562.

Mitchell, E. A., Aman, M. G., Turbott, S. H., & Manku, M. (1987). Clinical characteristics and serum essential fatty acid levels in hyperactive children. *Clinical Pediatrics, 26*(8), 406-411.

Mousain-Bosc, M., Roche, M., Polge, A., Pradal-Prat, D., Rapin, J., & Bali, J. (2006). Improvement of neurobehavioral disorders in children supplemented with magnesium-vitamin B6. *Magnesium Research, 19*(1), 53-62.

Mousain-Bosc, M., Roche, M., Rapin, J., & Bali, J.-P. (2004). Magnesium VitB6 intake reduces central nervous system hyperexcitability in children. *Journal of the American College of Nutrition, 23*(5), 545S-548S.

Nemzer, E. D., Arnold, L. E., Votolato, N. A., & McConnell, H. (1986). Amino acid supplementation as therapy for attention deficit disorder. *Journal of the American Academy of Child Psychiatry, 25*(4), 509-513.

Nigg, J. T. (2006). *What Causes ADHD?: Understanding what goes wrong and why*. New York: Guilford Press.

Raz, R., & Gabis, L. (2009). Essential fatty acids and attention-deficit-hyperactivity disorder: a systematic review. *Developmental Medicine & Child Neurology, 51*(8), 580-592.

Reimherr, F. W., Wender, P., Wood, D., & Ward, M. (1987). An open trial of L-tyrosine in the treatment of attention deficit disorder, residual type. *American Journal of Psychiatry, 144*(8), 1071-1073.

Richardson, A. J., & Montgomery, P. (2005). The Oxford-Durham study: a randomized, controlled trial of dietary supplementation with fatty acids in children with developmental coordination disorder. *Pediatrics, 115*(5), 1360-1366.

Richardson, A. J., & Puri, B. K. (2002). A randomized double-blind, placebo-controlled study of the effects of supplementation with highly unsaturated fatty acids on ADHD-related symptoms in children with specific learning difficulties. *Progress in Neuro-Psychopharmacology and Biological Psychiatry*, *26*(2), 233-239.

Sarris, J., Adams, J., & Wardle, J. (2009). Time for a reassessment of the use of Kava in anxiety? *Complementary Therapies in Medicine*, *17*(3), 121-122.

Sarris, J., LaPorte, E., & Schweitzer, I. (2011). Kava: A comprehensive review of efficacy, safety, and psychopharmacology. *Australian and New Zealand Journal of Psychiatry*, *45*(1), 27-35.

Sato, K., Taguchi, H., Maeda, T., & Yoshikawa, K. (1993). Pyridoxine toxicity to cultured fibroblasts caused by near-ultraviolet light. *Journal of Investigative Dermatology*, *100*(3).

Schab, D. W., & Trinh, N.-H. T. (2004). Do artificial food colors promote hyperactivity in children with hyperactive syndromes? A meta-analysis of double-blind placebo-controlled trials. *Journal of Developmental & Behavioral Pediatrics*, *25*(6), 423-434.

Schaumburg, H., Kaplan, J., Windebank, A., Vick, N., Rasmus, S., Pleasure, D., & Brown, M. J. (1983). Sensory neuropathy from pyridoxine abuse: a new megavitamin syndrome. *New England Journal of Medicine*, *309*(8), 445-448.

Sever, Y., Ashkenazi, A., Tyano, S., & Weizman, A. (1997). Iron treatment in children with attention deficit hyperactivity disorder. *Neuropsychobiology*, *35*(4), 178-180.

Sidransky, H. (1997). Tryptophan and carcinogenesis: review and update on how tryptophan may act. *Nutrition and Cancer*, *29*(3), 181-194.

Sinn, N., & Bryan, J. (2007). Effect of supplementation with polyunsaturated fatty acids and micronutrients on learning and behavior problems associated with child ADHD. *Journal of Developmental & Behavioral Pediatrics*, *28*(2), 82-91.

Sternberg, E. M. (1996). Pathogenesis of L-Tryptophan eosinophils myalgia syndrome recent advances in tryptophan research. *Advances In Experimental Medicine and Biology, 398,* 325-330.

Stevens, L., Zhang, W., Peck, L., Kuczek, T., Grevstad, N., Mahon, A., & Burgess, J. R. (2003). EFA supplementation in children with inattention, hyperactivity, and other disruptive behaviors. *Lipids*, *38*(10), 1007-1021.

Stevens, L. J., Zentall, S. S., Deck, J. L., Abate, M. L., Watkins, B. A., Lipp, S. R., & Burgess, J. R. (1995). Essential fatty acid metabolism in boys with attention-deficit hyperactivity disorder. *The American Journal of Clinical Nutrition*, *62*(4), 761-768.

Stevenson, J., Sonuga-Barke, E., McCann, D., Grimshaw, K., Parker, K. M., Rose-Zerilli, M. J., & Warner, J. O. (2010). The role of histamine degradation gene polymorphisms in moderating the effects of food additives on children's ADHD symptoms. *American Journal of Psychiatry, 167*(9), 1108-1115.

Stough, C., Downey, L. A., Lloyd, J., Silber, B., Redman, S., Hutchison, C. N., & athan, P. J. (2008). Examining the notropic effects of a special extract of Bacopa monniera on human cognitive functioning: 90 day double-blind placebo-controlled randomized trial. *Phytotherapy Research, 22*(12), 1629-1634.

Straus, S. E. (2000). Complementary and alternative medicine: challenges and opportunities for American medicine. *Academic Medicine, 75*(6), 572-573.

Sun, Y., Wang, Y., Qu, X., Wang, J., Fang, J., & Zhang, L. (1994). Clinical observation and treatment of hyperkinesia in children by traditional Chinese medicine. *Journal of traditional Chinese medicine, 14*(2), 105-109.

Tenenbaum, S., Paull, J., Sparrow, E., Dodd, D., & Green, L. (2002). An experimental comparison of Pycnogenol® and methylphenidate in adults with Attention-Deficit/Hyperactivity Disorder (ADHD). *Journal of Attention Disorders, 6*(2), 49-60.

Teschke, R., Sarris, J., & Lebot, V. (2011). Kava hepatotoxicity solution: a six-point plan for new kava standardization. *Phytomedicine, 18*(2), 96-103.

Trebatická, J., Kopasová, S., Hradečná, Z., Činovský, K., Škodáček, I., Šuba, J., Rohdewald, P. (2006). Treatment of ADHD with French maritime pine bark extract, Pycnogenol®. *European Child & Adolescent Psychiatry, 15*(6), 329-335.

Voigt, R. G., Llorente, A. M., Jensen, C. L., Fraley, J. K., Berretta, M. C., & Heird, W. C. (2001). A randomized, double-blind, placebo-controlled trial of docosahexaenoic acid supplementation in children with attention-deficit/hyperactivity disorder. *Journal of Pediatrics, 139*(2), 189-196.

Wolraich, M. L., Wilson, D. B., & White, J. W. (1995). The effect of sugar on behavior or cognition in children: a meta-analysis. *Jama, 274*(20), 1617-1621.

Wood, D., Reimherr, F., & Wender, P. (1985). Amino acid precursors for the treatment of attention deficit disorder, residual type. *Psychopharmacology Bulletin, 21*(1), 146.

Young, G. S., Conquer, J. A., & Thomas, R. (2005). Effect of randomized supplementation with high dose olive, flax or fish oil on serum phospholipid fatty acid levels in adults with attention deficit hyperactivity disorder. *Reproduction Nutrition Development, 45*(5), 549-558.

Zhang, H., & Huang, J. (1990). Preliminary study of traditional Chinese medicine treatment of minimal brain dysfunction: analysis of 100 cases. *Zhong Xi Yi Jie He Za Zhi(Chinese Journal of Modern Developments in Traditional Medicine). 10*(5), 260, 278-279.

성인기 ADHD

ADHD 16

성인기 ADHD의 평가와 진단

1. 들어가는 글
2. ADHD는 아동기 · 청소년기에 국한된 질병인가
3. 성인기 ADHD의 유병률이 높음에도 잘 진단 되지 않는 이유
4. 성인기 ADHD를 의심해 볼 수 있는 양상
5. 성인기 ADHD 진단과정
6. 성인기 ADHD 치료
7. 맺는 글

ADHD 16

정유숙

1. 들어가는 글

전통적으로 ADHD는 아동기 · 청소년기에 국한된 질병이라는 개념이 일반 정신의학계에서는 지배적이었는데, 이는 아동 · 청소년을 주로 접하는 정신건강 영역과 성인기를 주로 접하는 정신건강 영역이 서로 분리되어 발달되어 온 것이 주요 요인 중의 하나다. 즉, ADHD 진단을 받은 아동 · 청소년은 성인이 되어 일반 정신건강 영역으로 가게 됨에 따라 더 이상 아동 · 청소년 전담 정신건강 전문가의 손길이 미치지 않는 상태에서 ADHD 질병에 대한 지식과 정보가 상대적으로 적은 일반 정신영역 전문가를 만나게 된다. 이때 공존질병이 빈번한 성인 ADHD 군은 정동장애나 성격장애의 진단하에 치료적 개입을 받는 경우가 자주 나타나게 된다. 또한 ADHD 치료 약물을 성인에게 사용하는 것을 엄격히 제한하는 법적 규제도 성인 ADHD에 대한 접근을 막는 요인 중의 하나다. 더불어 ADHD라는 명칭에서 오는 선입견이 있는데, 이는 성인기에서 더욱 높게 나타나 성인 ADHD 군을 치료가 필요한 정신건강 문제를 지닌 사람으로 보기보다는 '게으르고 성격적 문제가 있는 사람'이라는 고정된 관념으로 보려는 시각이 많았다(Kooij et al., 2010).

그뿐 아니라 의과대학이나 정신건강 문제를 다루는 여러 영역의 교육 프로그램 과정에서도 성인기 ADHD에 대한 교육과정이 부재한 상태로 교육과 수련을 받는데, 이 시기부터 성인기 ADHD의 개념과 관련 지식을 접할 기회를 갖지 못함으로써 실제 수련 이후 환자를 접하는 임상 현장에서 성인 ADHD를 크게 고려하지 못하는 상태가 된다. 각자가 개인적인 노력을 추가적으로 기울이지 않는다면 이를 자연스럽게 배우고 접할 수 있는 기회를 갖지 못하게 되는 것이다. 이에 대한 해결 방안의 하나로 향후 학생부터 임상가에 이르기까지 전문가 보수 교육의 전 단계 과정을 통해 성인기 ADHD의 조기 발견, 진단 및 치료를 위한 교육 프로그램의 개발이 필요하다(Hechtman, 2011).

2. ADHD는 아동기 · 청소년기에 국한된 질병인가

1) 장기 추적 연구

아동기 ADHD 중 70%에서는 청소년기까지, 50~60%에서는 성인기까지 증상이 지속된다는 장기 추적 연구 결과들이 보고되고 있다(Barkley et al., 2002). 증상의 지속을 예측할 수 있는 요인으로는 복합아형(combined type), 증상 심각도(severity), 주요우울장애의 공존(comorbid MDD), 높은 공존율(high comorbidity), 아버지의 불안 및 기분 문제(paternal anxiety/mood), 아버지의 반사회적 인격장애(parental antisocial: PD) 등이 거론되고 있다(Lara et al., 2009). 또한 증상의 연속성과 관련하여 ADHD 아군이 무엇인지에 상관없이 아동기에 ADHD가 진단된 경우에는 45~46% 정도에서 성인기에도 ADHD 진단을 내릴 수 있을 정도로 증상이 지속되는 양상을 보여 주었다(Kessler et al., 2010).

2) 일반군 대상의 역학 연구

미국에서 18~44세의 성인 3,199명을 대상으로 실시한 한 역학 연구는 ADHD가 아동기 · 청소년기를 거치면서 호전되므로 성인기에서는 거의 나타나지 않을 것이라는 일반적인 생각과 달리 대상 인구 중 4.4%가 성인기 ADHD로 진단되어(Kessler, 2006) 성인기에서 ADHD 유병률이 낮지 않음을 보여 주고 있다. 국내에서의 역학 연구에 따른 성인기 ADHD 유병률은 1.1%로 조사되었다(Park et al., 2011).

3. 성인기 ADHD의 유병률이 높음에도 잘 진단되지 않는 이유

실제로 높은 유병률을 보임에도 성인기에서 ADHD 진단이 잘 되지 않는 이유로는 여러 가지를 고려할 수 있다. 이는 증상 자체가 성인기 누구에게나 경하게 있을 수 있는 양상이라고 간과하는 점, 진단 기준 중 아동기에 발현되어야 하나 아동기에 대한 기억을 정확히 하기 어렵고 이에 대한 정보를 줄 수 있는 평가자가 흔하지 않다는 점, 최소한 두 가지 이상의 영역에서 기능의 저하를 증명하여야 하는데 이는 상대적이고 임상적인 판단을 하는 것이라 판정하기 어려운 점 등이 이유일 수 있다(Barkley, 2008). 그중 가장 영향을 주는 것은 아동기 핵심 증상들이 나이가 들면서 양상이 변화한다는 것과 공존질병율이 높은 특성으로 인해 처음 내원 시에는 ADHD 핵심 증상보다도 이런 공존질병으로 인한 증상이 더 두드러질 수 있다는 것이다.

1) 연령 증가에 따른 핵심 증상의 표현 양상 변화(Kooij et al., 2010)

세 가지 핵심 증상 중에서 과잉행동은 연령 증가와 함께 감소하는 경과를, 충동성은 감소하다가 청소년기 이후 증가하고 다시 약간 감소하는 경과를, 부주의성은 일생에 걸쳐 지속되는 경과를 보이게 된다(Biederman, Mick, & Faraone, 2000).

(1) 과잉행동

전반적으로 연령 증가에 따라 증상의 심각도는 감소한다. 아동기에 나타나던 심하게 뛰어다니거나 기어오르는 목적 없는 과잉행동, 놀이나 활동 시 조용히 있지 못하는 것, 손발을 계속 움직이는 것 등의 양상에서 성인기에는 목적 있는 행동, 내적인 좌불안석 및 착석은 가능하지만 과도한 손발 움직임 등의 산만성, 식당, 영화관, 교회, 회의 등 착석이 필요한 상황에서의 장시간 착석의 어려움, 휴식을 잘 취하지 못하는 것, 지나치게 수다스러움, 매우 활동적인 일을 선택하는 것, 투잡(two jobs) 등의 양상으로 표현이 달라지게 된다.

(2) 충동성

연령 증가에 따라 감소하다가 청소년기 이후 증가하고 다시 약간 감소하는 경과를 보이지만 성인기에 참여하는 생활반경이 넓어지고 역할이 증가하는 만큼 아동기보다 좀 더 심각한 문제를 일으키게 된다. 아동기에는 질문이 끝나기도 전에 대답하거나 자기 순서를 기다리지 못하는 것 또는 다른 사람을 방해하거나 끼어드는 양상으로 표현된다. 하지만 성인기에는 빈번한 차 사고(예: 교통신호 무시, 과속), 조절에 대한 낮은 인내력(예: 잦은 이직), 생각 없이 행동하여 주변의 원성을 사기도 하고 화를 잘 내고, 다혈질적이고 불안정하며 충동적인 대인관계 양상, 자극 추구 행동(예: 증상 호전을 위한 자가치료 목적

의 과도한 흡연, 알코올 및 카페인 섭취나 물질 남용) 등의 특성을 보이게 된다.

(3) 부주의성

일생에 걸쳐 지속되는 경과를 보이는데 성인기에는 더 두드러진 문제를 보일 수 있다. 아동기에는 섬세하게 주의를 기울이지 못하고 잦은 부주의한 실수, 집중 유지의 어려움, 타인의 말을 잘 경청하지 않는 것, 지시를 잘 이행하지 못하고 일을 마무리하지 못하는 것, 과제나 활동을 조직화하지 못하는 것, 지속적으로 정신적 노력을 요하는 활동을 피하는 것, 자주 잊어버리고 잃어버리는 것 또는 외부 자극에 쉽게 산만해지는 것 등으로 표현되다가 성인기가 되어서는 상대방을 무시(잘 경청하지 못하는 것)하고, 시간 관리에 어려움을 보이거나 지각하고, 자주 잊어버리고, 제자리에 물건을 두지 못하거나 조직화에 어려움을 보이고, 의욕이 없고(일 시작이 어렵거나 끝까지 마치지 못하는 것), 게을러 보이고, 결정을 못하고, 과제에 집중을 못하고, 집중을 요할 때 매우 당황하는 등의 표현 양상을 보이며, 스스로 이런 문제를 느끼는 경우에는 일종의 보상행동으로 오로지 한 가지 과제에만 과도하게 집중하거나 다양한 보조 인력 및 도구(기억 재생 및 스케줄 관리)를 활용하게 된다. 이런 보상행동이 많은 사람은 처음 접하는 주변 사람들로부터 오히려 지나치게 꼼꼼하거나 신중한 사람이라고 평가를 받기도 하지만 스스로는 과도한 노력에 대해 피곤함을 느끼기도 한다.

(4) 연관증상

핵심 증상 이외에도 갑자기 기분의 상태가 변하여 감정 기복이 심하고 화를 잘 내며 외부 자극에 매우 예민한 특성을 보이는 경우가 많다. 이런 경우에는 마치 성격적인 문제가 있는 것처럼 보이기도 한다(Moss et al., 2007).

2) 빈번하게 동반되는 정신장애

성인기 ADHD에서는 여러 정신장애가 빈번하게 동반되는데, 미국에서 일반군을 대상으로 한 역학연구에 따르면 불안장애 47%, 우울장애 31%, 조울장애 19%, 약물 남용 15% 등이었고(Kessler et al., 2006), 우리나라에서 임상군을 대상으로 한 연구에서는 우울장애 45%, 조울장애 21%, 불안장애 9%, 알코올 남용 3.5% 정도의 공존장애율을 보였다.

동반 정신장애가 있는 경우 처음 병원 방문 시 ADHD 증상이 아닌 불안, 우울감 등의 공존장애의 증상을 주로 호소하기 때문에 주 진단을 공존장애로 하고 ADHD 진단은 간과될 가능성이 있을 수 있다.

4. 성인기 ADHD를 의심해 볼 수 있는 양상

ADHD 성인은 대부분 ADHD 핵심 증상보다는 자극에 대한 예민도, 감정 기복, 불안, 우울, 충동성, 분노감, 짜증, 무기력감 등 다른 증상을 주로 호소하며 내원하는 경우가 많다. 따라서 아동기부터 기능의 어려움이 있었고 현재 매우 불안정하고 무계획적이며 정신없는 일상생활 유형을 보이고 있다면 한번 의심해 보는 것이 필요하다. 이들에게는 먼저 아동기부터 주의력의 어려움이나 충동적인 양상이 지속되었는지 알아보고, 몇 가지 생활 영역에서의 기능 저하 여부를 살펴본다(Moss et al., 2007).

- 조직화 기술 문제: 시간 관리가 안 되고 약속을 잘 잊어버리며 약 복용 등 규칙적인 활동을 하지 못한다. 일 마무리를 잘 못하고 주변 정리를 못한다.
- 직업이나 직장에서의 문제: 잦은 이직 또는 불성실한 업무 태도로 인한 해고 등을 겪는다.
- 화 조절의 문제: 상사나 직장 동료와의 과도한 말다툼 또는 자녀의 교사와의 싸움 등 부적절하고 과도한 화를 폭발하여 주변에서 다혈질 성격이라는 평가를 자주 받는다.
- 생활에서의 위험한 행동 문제: 위험 추구 행동으로 인하여 자극적이며 새로운 활동이나 운동 등을 함으로써 잦은 사고가 나타나기도 한다.
- 운전 관련 문제: 주정차 위반, 과속, 음주음전 등으로 인해 자주 벌점을 받고 면허 정지 및 취소 처분을 받기도 한다. 스스로 운전 중 부주의성을 느끼는 경우에는 반대로 운전을 기피하거나 지나치게 조심스럽게 운전을 함으로써 도로에서 정체를 유발하기도 한다.
- 대인관계 문제: 공공장소에서 혼자 큰 소리로 통화를 하거나 다른 사람들을 고려하지 않는 안하무인적이고 무례해 보이는 행동을 나타낸다.

- **배우자와의 문제:** 배우자의 말을 경청하지 않고 부부싸움 중 선을 넘는 언어적 표현을 하며, 중요한 기념일뿐 아니라 일상생활에서의 약속을 자주 잊어버리고 사소하고 계획적이지 않은 거짓말을 자주 한다.
- **부모 역할의 문제:** 식사 시간, 약 챙기기, 잠자리 시간, 등교나 하교 시간 등 자녀의 일상활동을 잘 챙기지 못하고 자주 잊어버린다. 과도하게 자녀를 통제하거나 방임하는 등 일관성 없는 양육을 하기도 한다.
- **경제적 문제:** 공과금 기한을 자주 놓치거나 자신의 소득을 고려하지 않는 과도한 소비생활로 카드 한도 초과, 감당할 수 없는 마이너스 통장 등 경제적 관념이 없는 행동을 한다.
- **중독 성향적 문제:** 알코올, 담배, 카페인 등에 지나치게 탐닉하며 탐식, 게임, 운동, 쇼핑 또는 성적 활동 등에 지나치게 몰입하여 이로 인한 중독 성향을 보이기도 한다.

5. 성인기 ADHD 진단과정 (Canadian ADHD Resource Alliance, 2012)

성인기 ADHD의 진단은 다음의 단계를 거친다.

① 선별(Screening) 단계

- **현재 증상의 선별:** 18개 항목으로 구성된 ASRS-V1.1-한국판 등의 평가도구를 사용할 수 있다(Adler et al., 2006; Kim et al., 2013).
- **발달적 선별:** 사춘기 이전부터 이런 문제들로 인한 어려움이 있었는지, 아닌지 확인한다.
- **기능저하 선별:** 이런 증상들이 현재 생활에서 어려움을 주는지, 아닌지 확인한다.

② 병력조사 단계

환자, 배우자, 부모나 동료 등 다양한 경로를 통해 병력을 청취하고 학생 시절의 생활기록표나 성적표 또는 직장 평가표 등을 통해 객관적인 자료를 확보하여 증상 또는 기능 저하에 대한 객관적인 증거를 찾아보도록 한다. 다음의 사항들을 확인하도록 한다.

- 증상의 심각도, 빈도, 만성화 및 일상화
- 아동기 발현 여부
- 증상으로 인한 주요 생활 영역에서의 기능 저하
- ADHD 가족력

③ **임상 면접 단계**

임상가에 의해 시행되는 구조화 · 반구조화된 면접 도구를 활용할 수 있다(〈표 16-1〉 참조).

〈표 16-1〉 성인기 ADHD를 진단하는 데 사용되는 면접방법들

면접 방법	문항수	Adm.(min)/Dx criteria	Ref.(참고문헌)
Adult ADHD Investigator Symptom	18 (0-3)	15분 DSM-IV	Adler(2003)
Adult Interview	18: Sx(증상) 10: Social Fc(사회기능) 16: Additional(부가항목)	90분 DSM-IV	Barkely & Murphy (1998)
Brown ADD Scale Diagnostic Form	18	90분 DSM-IV	Brown(1996)
Conners Adult ADHD Diagnostic Interview for DSM-IV(CAADID)	I: History(병력) II: 18	90분 DSM-IV	Epstein(2001)
Wender-Reimherr Interview (WRAADDS)	28: Sx(0-2)(증상) 7 domain & SD(0-4)	30분 Utah criteria	Wender(1995)

출처: Rosler et al. (2006).

④ **평가척도 활용**

이를 진단도구로 사용할 수는 없지만 현재 증상이나 아동기 증상을 평가함으로써 진단 시 보조적 도움을 받을 수 있다(〈표 16-2〉, 〈표 16-3〉 참조).

〈표 16-2〉 아동기 ADHD 증상의 후향적 평가에 사용되는 척도

Rating Scales	Informant	문항수	Adm(min)/Cut-off	Ref.(참고문헌)
Childhood Symptoms Scale	SRF	18: Sx (0-3)(증상) 8: Social Fc(사회기능) 8: ODD(적대적반항장애) 15: CD(품행장애)	20분 1.5 SD (성별과 연령 기준)	Barkley & Murphy (1998)
Wender-Utah Rating ※ WURS-k	SRF	61(0-4) 25(0-4)	20분: 36pts 10분: 30pts(46)	Wender(1995) Ward(1998)

출처: Rosler et al. (2006).

〈표 16-3〉 현재 ADHD 증상 평가에 사용되는 척도

Rating Scales	Informant	문항수	Adm(min)/Cut-off	Ref.(참고문헌)
ADHD-RS-IV	ORF	18(0-3)	8분	Dupaul(1998)
Adult Self-Report Scale-v 1.1 Screener	SRF	6(0-4)	3분 4항목: (+)	Kessler(2005)
Adult Self-Report Scale-v 1.1	SRF	18(0-4)	5분	Adler(2003)
Brown ADD Rating Scales	ORF	40(0-3)	15분 50pts	Brown(1996)
Conners Adult ADHD Rating Scales	SRF & ORF	원형: 66(0-3) 단축형: 30 선별: 26	10~20분	Conners(1999)
Current Symptoms Scale	SRF & ORF	18: Sx(0-3)(증상) 10: Social Fc(사회기능) 8: ODD(적대적반항장애)	15분: 36pts 1.5 SD	Barkley & Murphy (1995)

출처: Rosler et al. (2006).

⑤ 신경심리검사

성인기 ADHD에서 언어 기억력 저하, 선택적 또는 지속적 주의력 결함, 행동 조절 결함 또는 문제해결력 결함 등이 자주 나타난다고 보고된 기능을 평가하기 위해 신경심리검사를 시행할 수 있다.

⑥ 실행기능 검사 및 평가척도

성인기 ADHD의 기능 저하를 설명하기 위하여 지속적으로 제기되어 온 중요한 신경

심리적 결함이 실행기능의 문제로서 이에 대한 평가가 필요한데(Kessler et al., 2010; Barkley, 1997), 단시간의 신경심리 검사를 통해 일상 전반에 걸친 실행기능 문제를 파악하기는 어려우므로 평가척도를 통해 평가하고자 하는 추세이며(Barkley & Fischer, 2011), Barkley Deficits in Executive Functioning Scale(BDEFS) 등이 유용하게 사용될 수 있다. BDEFS는 89문항의 원형(long form)과 20문항의 단축형(short form)이 사용된다.

⑦ 이학적 검사, 실험실 검사 및 기질적 뇌 검사

ADHD 증상을 유발할 수 있는 의학적 상태를 배제하기 위한 실험실 검사 및 두부 손상이나 기질적 문제를 배제하기 위한 뇌파 또는 뇌영상 검사를 실시할 수 있으며, 수면무호흡 상태가 지속되는 상황에서도 ADHD 증상이 야기될 수 있으므로 필요시에는 수면다원검사 등을 실시할 수 있다.

6. 성인기 ADHD 치료

일상생활에서의 책임감과 역할이 강조되는 성인기의 치료 목표는 아동기와 달라야 한다. 성인기 ADHD를 치료받지 않는 경우 학업부진, 낮은 직업 상태, 물질남용 가능성 증가, 잦은 사고 및 비행 또는 사회적 관계의 어려움 등이 후유증으로 나타날 수 있으나, 반대로 적절한 치료 시 상기 영역에서의 추가적인 기능장해를 예방할 수 있는 것으로 알려져 있다(Barkley et al., 2008). 치료 계획 시 또는 치료 효과 평가 시에는 심리적 기능과 자존감, 가족 내 기능, 대인관계, 직업 기능, 인지적 기능, 운전 및 물질남용의 위험도 등에 대한 종합적인 조망이 필요하다(Kooij et al., 2010).

7. 맺는 글

성인기 ADHD는 비교적 자주 발생하지만 간과되는 경우가 빈번하여 진단이 잘 안 되는 상태에 있다. 그러므로 의심되는 양상이 있으면 자세하고 추가적인 평가 및 진단 과정이 필요하다. 성인기 ADHD 진단과 치료를 놓치는 경우 핵심 증상뿐 아니라 여러 영역에 걸친 기능의 문제로 인해 성인 ADHD 환자를 비롯하여 자녀, 배우자를 포함한 가족과 환자가 속한 사회에까지 부정적 영향과 고통감을 주게 된다. 이러한 영향을 줄이기 위해서는 사회적으로 성인 ADHD 증상에 대한 민감도를 높이고 이러한 상태가 성격 결함이나 개인의 노력 부족이 아닌 뇌기능의 변화에서 오는 일종의 질환임을 인정해 주는 성숙한 사회적 분위기의 조성이 필수적이다. 또한 당뇨나 고혈압 등 만성적인 신체 질환처럼 성인기 ADHD도 장기적이고 다각적인 치료 개입이 필요하고, 이런 치료 개입이 개인과 사회의 삶의 질을 높이는 데 기여할 수 있으므로 진단 이후 적극적으로 치료에 참여하도록 가족과 사회의 격려와 지지 역시 필요하다.

참고문헌

반건호, 백상빈, 유한익, 방수영(2009). 성인에서의 주의력 결핍/과잉행동장애(ADHD). 서울: 울산대학교출판부(UUP).

안동현, 김정유, 이동준 역(2014). 실수투성이 당신, 성인 ADHD? [*My Brain STILL Needs Glasses: ADHD in Adults*]. A. Vincent 저. 서울: 한울림출판사. (원저는 2013년에 출판).

김선경 역(2009). ADHD의 이해[*Understanding ADHD*]. C. Green & K. Chee 공저. 서울: 민지사. (원저는 2001년에 출판).

Adler, L. A., Spencer, T., Faraone, S. V., Kessler, R. C., Howes, M. J., Biederman, J., et al. (2006). Validity of pilot Adult ADHD Self- Report Scale (ASRS) to rate adult ADHD symptoms. *Ann Clinical Psychiatry*, *18*(3), 145-148.

Barkley, R. A. (1997). Behavioral inhibition, sustained attention, and executive functions: Constructing a unifying theory of ADHD. *Psychological Bulletin*, *121*(1), 65-94.

Barkley, R. A. (2008a). Challenges in diagnosing adults with ADHD. *Journal of Clinical Psychiatry*, *69*(12), e36.

Barkley, R. A. (2008b). Global issues related to the impact of untreated attention-deficit/hyperactivity disorder from childhood to young adulthood. *Postgraduate Medicine*, *120*(3), 48-59.

Barkley, R. A., & Fischer, M. (2011). Predicting impairment in major life activities and occupational functioning in hyperactive children as adults: Self-reported executive function (EF) deficits versus EF tests. *Developmental Neuropsychology, 36*(2), 137-161.

Barkley, R. A., Fischer, M., Smallish. L., & Fletcher, K. (2002). The persistence of attention-deficit/hyperactivity disorder into young adulthood as a function of reporting source and definition of disorder. *Journal of Abnormal Psychology, 111*(2), 279-289.

Biederman, J., Mick, E., & Faraone, S. V. (2000). Age-dependent decline of symptoms of attention deficit hyperactivity disorder: Impact of remission definition and symptom type. *The American Journal of Psychiatry, 157*(5), 816-818.

Canadian ADHD Resource Alliance (2012). *Canadian ADHD Practice Guidelines (CAP-Guidelines)*, 3rd ed. http://www.caddra.ca.

Hechtman, L. (2002). Prospective follow-up studies of ADHD: helping establish a valid diagnosis in adults. *Journal of the American Academy of Child and Adolescent Psychiatry, 50*(6), 533-535.

Kessler, R. C., Green, J. G., Adler, L. A., Barkley, R. A., Chatterji, S., Faraone, S. V., et al. (2010). Structure and diagnosis of adult attention-deficit/hyperactivity disorder: Analysis of expanded symptom criteria from the Adult ADHD Clinical Diagnostic Scale. *Archives of General Psychiatry, 67*(11), 1168-1178.

Kessler, R. C., Adler, L., Barkley, R., Biederman, J., Conners, C. K., Demler, O., et al. (2006). The prevalence and correlates of adult ADHD in the United States: Results from the National Comorbidity Survey Replication. *The American Journal of Psychiatry, 163*(4), 716-723.

Kim, J. H., Lee, E. H., & Joung, Y. S. (2013). The WHO Adult ADHD Self-Report Scale: Reliability and validity of the Korean version. *Psychiatry Investigation, 10*(1), 41-46.

Kooij, S. J., Bejerot, S., Blackwell, A., Caci, H., Casas-Brugue, M., Carpentier, P. J., et al. (2010). European consensus statement on diagnosis and treatment of adult ADHD: The European Network Adult ADHD. *BMC psychiatry, 10*, 67.

Lara, C., Fayyad, J., de Graaf, R., Kessler, R. C., Aguilar-Gaxiola, S., Angermeyer, M., et al. (2009). Childhood predictors of adult attention-deficit/hyperactivity disorder: Results from the World Health Organization World Mental Health Survey Initiative. *Biological Psychiatry, 65*(1), 46-54.

Moss, S. B., Nair, R., Vallarino, A., & Wang, S. (2007). Attention deficit/hyperactivity disorder in adults. *Primary Care, 34*(3), 445-473, v.

Park, S., Cho, M. J., Chang, S. M., Jeon, H. J., Cho, S. J., Kim, B. S., et al. (2011). Prevalence, correlates, and comorbidities of adult ADHD symptoms in Korea: Results of the Korean epidemiologic catchment area study. *Psychiatry Research, 186*(2-3), 378-383.

Rosler, M., Retz, W., Thome, J., Schneider, M., Stieglitz, R. D., & Falkai, P. (2006). Psychopathological rating scales for diagnostic use in adults with attention-deficit/hyperactivity disorder (ADHD). *European Archives of Psychiatry and Clinical Neuroscience*, *256*(Suppl 1), 3-11.

ADHD 17

성인 ADHD 환자에게 인지행동치료 적용하기

1. 들어가는 글
2. 성인 ADHD 장애에 대한 CBT 적용하기
3. 맺는 글

ADHD 17

이성직

1. 들어가는 글

ADHD는 단지 아동기 및 청소년기에 보이는 일시적인 발달장애가 아닌 성인기까지 이어지는 신경발달적 장애다. 지난 10년간 성인 ADHD의 종단연구 결과를 통해 발견한 것은 이 장애로 인해 개인이 삶의 여러 측면에서 심한 고통을 경험한다는 것이다. ADHD로 인해 자주 보이는 어려움의 양상으로 낮은 교육 수준 및 낮은 성취, 부부갈등, 가족갈등, 대인 간 어려움, 잦은 이직과 실직, 우울감, 불안감, 만성적인 낮은 자존감 등이 있다. 유년 시절부터 현재까지의 삶에서 겪은 반복적인 실패로 인해서 성인 ADHD 환자는 자신과 타인 및 세상에 대한 부정적인 신념을 가지게 된다. 현재까지 이루어지고 있는 성인 ADHD 치료에 대한 일차적 치료 개입은 약물치료다. 최근의 연구에 따르면, 약물치료가 효과적이긴 하지만 이에 대한 환자의 반응률은 50% 정도이고, 약물치료를 통해 증상의 호전을 보고하긴 하지만 여전히 약물치료로 해결하지 못하는 일상의 기능적인 어려움이 있다고 보고한다. 약물이 안정화된 상황에서도 환자의 실행기능 결함으로 인해 그들이 호소하는 주된 어려움은 조직화하기, 계획하기와 시간 관리, 문제해결하기 그리고 부정적인 사고 등이다. 약물치료의 제한점을 보완하고자 최근에는 인지행동치료(cognitive behavior therapy, 이하 CBT)의 적용에 대한 연구가 진행되어 왔고, CBT가 성인 ADHD 환자의 주요 증상의 감소뿐만 아니라 자기효능감과 자존감 향상과 같은 긍정적인 효과를 낳는다는 결과를 보고하고 있다. 이 장에서는 성인 ADHD의 증상에 의한 일상 기능의 어려움을 다루기 위한 CBT 치료의 구체적인 작업 내용과 적용에 대해 알아보고자 한다.

1) 성인 ADHD에 대한 기본적인 이해와 치료 방식

성인 ADHD의 심각성은 최근 국내 방송이나 신문지상을 통해 자주 보도되어 왔다. 한때는 ADHD를 아동기 및 청소년기에 보이는 발달장애로 여겼지만, 지난 10년간의 종단연구 결과를 통해서 60~80%의 ADHD 진단을 받은 아동・청소년이 성인이 되어서도 같은 증상을 보인다는 사실을 밝혀냈다(Biederman et al., 1995, 1998; Manuzza & Klein, 2000). ADHD의 주요 증상은 크게 부주의와 과잉행동/충동성이며, 이로 인해 개인은 지속적으로 삶의 다양한 영역에서 어려움을 경험하고, 정상적인 발달과정에 심각한 장애를 경험하게 된다(APA, 2013). 과잉행동은 청소년기나 성인기가 되면서 줄어들지만 내면으로는 성인이 되어서도 여전히 분주하고 안절부절못하는 태도를 보이며, 부주의와 충동성의 문제가 지속적으로 남게 된다(APA, 2013).

ADHD에 흔히 동반되는 장애로 적대적반항장애, 기분장애, 불안장애, 학습장애, 물질남용, 성격장애 등이 보고되고 있고, 직장에서의 일상적인 업무수행의 어려움, 감정조절의 실패로 인한 대인관계의 어려움과 가족 간의 갈등, 그리고 충동적 행동으로 인한 경제적인 어려움 등을 보고하고 있다(Barkley, Murphy, & Fischer, 2008; Safren, Sprich, Cooper-Vince, Knouse, & Lerner, 2010). ADHD 아동・청소년의 경우에는 약물사용 치료와 행동치료의 병합적인 치료가 가장 효과적인 방식으로 보고되고 있으며(The MTA Cooperative Group, 1999), 사회심리적 개입으로 CBT 치료의 적용은 다소 부정적이다. 이는 대부분의 아동・청소년이 비자발적으로 부모에 의해 치료 장면에 오기 때문에 자신의 어려움을 극복하기 위한 자발적인 동기가 약한 것이 이유로, 이들에게 협력적인 관계를 중시하는 CBT 치료 개입은 제한적일 수밖에 없다. 약물의 개입은 성인 ADHD 환자에게도 최우선의 치료법으로 간주되지만, 약물에 대한 낮은 반응률과 부작용, 그리고 낮은 내성으로 인해 약물을 사용하지 못하는 환자를 대상으로 한 사회심리적 개입의 필요성으로 최근 들어 CBT 치료가 활발히 연구되어 왔다(Bramham, Young, Bickerdike, Spain, McCartan, & Xenitidis, 2009; Emilsson et al., 2011; Ramsay & Rostain, 2011; Safren, Otto et al., 2005, 2010; Solanto, Marks, Mitchell, Wasserstein, & Kofman, 2008; Solanto et al., 2010; Virta et al., 2008). 약물과 CBT 치료의 병행은 약물의 낮은 반응률로 인한 ADHD의 잔류증상의 감소와 함께 우울과 불안의 개선은 물론, 환자의 자존감의 향상에 효과적이라는 결과도 나오고 있다(Bramham et al., 2009; Emilsson et al., 2011; Safren et al., 2010).

2) 성인 ADHD 실행기능 결함과 기능적 어려움

ADHD 증상에 대한 주요한 이론적 가설로는 실행기능(executive functioning: EF)의 결함이 언급된다. 실행기능의 결함에 대한 설명으로는 Barkley(1997)의 행동억제 모델을 제시하고 있는데, 모델의 핵심 개념은 자극에 대한 행동억제와 자기조절의 결함이다. 이와 관련한 구체적인 실행기능의 네 가지 요소로서 비언어적인 작업기억, 자각이나 동기부여의 조절, 내면화된 자기대화(언어적 작업기억) 그리고 재구성의 능력을 들고 있다. 이러한 네 가지 실행기능의 구성요소가 개인의 행동억제나 조절의 매개 역할을 하여 운동(근육) 통제, 언어의 유창성 및 통합 능력으로 이어진다. 하지만 성인 ADHD 환자는 일차적으로 행동억제와 자기조절의 실패 때문에 실행기능의 결함으로 이어지게 된다. 실행기능에 대한 구체적인 설명과 예시는 이미 앞 장들에서 반복적으로 기술하였으므로, 이 장에서는 Barkley의 행동억제 모형을 토대로 실행기능의 결함 때문에 ADHD 성인 환자가 경험하는 어려움에 대해서 간략하게 기술하고자 한다.

우선 비언어적 작업기억의 결함으로 ADHD 성인 환자는 과거의 경험을 인출하는 데 어려움을 겪고, 이 어려움으로 인해 과거에 저지른 비슷한 실수를 할 소지가 높으며, 또한 현재의 행동의 결과가 미래에 어떤 결과를 낳을지에 대한 예측을 하는 데 어려움이 있을 수 있다. 또한 시간 개념의 결함으로 약속 시간이나 직장에 자주 지각하는 경우가 있으며, 시간 관리의 어려움으로 우선 처리해야 할 과제나 업무를 하지 못하게 되어 자주 과제나 업무를 마감일 전까지 제출하지 못하고, 마지막 순간까지 미루는 습관을 지닐 수 있다. 시간 관리와 우선순위 결정에 대한 어려움은 일이나 과제를 체계적으로 조직화하는 데 어려움을 경험하게 만든다(Barkley, Murphy, & Fischer, 2008).

언어적 작업기억의 결함으로 ADHD 성인 환자는 자신을 돌아보는 반성적 능력이 부족하게 되어 자신이 저지른 실패 경험을 반복하고, 문제를 직면하게 될 경우 내면적인 자기대화의 결함으로 인해 문제해결 능력이 떨어지게 된다. 또한 상황에 있어서 내면화된 자기지시적 규칙(self-directed rules)에 따르는 어려움으로 인해 행동 조절에 어려움을 경험하며, 자신의 생각이나 행동을 들여다보고 자기대화를 할 수 있는 메타인지(meta-cognition)의 결함으로 행동이나 사고의 수정에 어려움을 겪는다. 성인 ADHD 환자는 언어적 작업기억의 결함으로 직장 내 기본적인 직무수행에서 자주 어려움을 호소한다. 예를 들어, 상사의 지시를 받아도 일련의 절차에 따른 과제를 수행하지 못하거나 자주 잊어버리는 경우가 흔하다. 또한 과제를 수행할 때의 부주의로 잦은 실수를 하게 되어 불안이 더욱 가중되고 주의집중에 어려움을 겪게 되는 악순환을 경험한다. 그리고 대학생의 경우, 작업기억의 결함으로 책을 읽고 이해하는 데 있어서 어려움을 겪으므로 학업의 효율성이 떨어질 수 있다. 이로 인해 ADHD 증상이 없는 또래들보다 학업 성적이 낮을 수 있다(Barkley, 2008).

ADHD 성인 환자는 감정 조절과 동기부여 및 각성의 결함으로 인해 감정 조절에 어려움을 지니며 장기적인 목표를 위해 지속적이고 동기부여적으로 자기지시적 행동을 하는 데 곤란을 겪는다. ADHD 성인은 유년기부터 현재에 이르기까지 미숙한 대인관계 기술과 감정 및 행동 조절의 어려움이 있어 또래관계에서 거절 또는 비난을 받았을 소지가 높고, 이에 따라서 낮은 자존감과 더불어 대인관계에서 방어적이고 반사적인 행동을 할 수 있으며, 대인불안을 경험할 수 있다. 또한 감정 조절의 실패로 대인관계에서 잦은 갈등을 일으킬 수 있고, 가정에서는 가족 간 갈등을 겪고 자녀에게 심하게 학대적일 가능성이 높다(Barkley, 2008). 특히 청년기는 자아정체성의 확립 및 타인과의 친밀감 형성의 능력이 발달과제임을 고려해 볼 때, 타인과의 반복적인 갈등과 이로 인한 고립 경험은 이후의 삶에 심각한 영향을 미치게 된다. 감정 각성의 결함은 성인 ADHD 환자에게 보다 자극적인 경험을 추구하게 만드는데, 이로 인해 인터넷이나 도박, 물질남용의 중독에 취약하게 만들 수 있다(Barkley, 2008; Yen, Yen, Chen, Tang, & Ko, 2009).

성인 ADHD 환자는 재구성의 결함으로 인해 자신의 생각을 구두로 표현하는 언어적 유창성이 부족하거나 글쓰기 또는 타인과의 정보 전달에서 정확하고 효율적인 소통에 어려움을 경험할 수 있다. 상황에 대한 분석과 재구성의 능력은 또한 개인의 문제해결 능력과도 직결될 수 있다. 예를 들면, 성인 ADHD 환자는 문제에 직면했을 때 문제해결을 위해 상상으로 사건을 세부적인 부분으로 나누어 들여다보는 분석 능력과 논리적으로 다시 조합하여 추론하는 능력이 부족할 수 있다. 즉, 다양한 해결책의 도출과 목표 행동을 위한 단계별 계획을 세우는 능력에서 어려움이 있을 수 있다는 것이다. 재구성과 관련한 성인 ADHD 연구의 경험적인 연구 결과는 나머지 다른 세 가지 실행기능과 비교해서 전무한 수준이다(Barkley, 2008).

3) 성인 ADHD에 대한 사회심리적 개입의 필요성

아동 · 청소년 ADHD 증상에 대한 개입과 마찬가지로, 성인 ADHD의 일차적인 치료 개입으로 약물 사용을 권장한다. 하지만 아동 · 청소년의 경우 최고 80%가 약물에 효과적인 반응을 보이지만, 성인의 경우에는 25~78%가 약물에의 반응을 보고한다(Spencer, Biederman, & Wilens, 2004). 약물 반응의 기준으로는 증상 감소의 30%까지를 포함하고 있으며, 실제 약물의 반응은 50% 미만으로 보고 있다(Wilens, Spencer, & Biederman, 2002). 약물치료를 통한 ADHD 주요 증상의 감소에도 불구하고, ADHD 성인 환자는 삶의 기능적인 측면의 어려움으로 인해 구체적인 전략이나 기술의 개발이 필요하다(Safren, Otto et al., 2005). 대표적인 예로 계획하기, 조직화하기, 시간 관리하기 및 문제해결하기 그리고 대인관계 기술 향상하기 등이 있다. 게다가 약물에 반응을 하지 않거나 내성이 약하거나, 의료적 문제로 인해 약물을 사용하지 못하는 하위 집단의 ADHD 성인 집단이 있다. 다시 말해서, 이는 약물과 사회심리적 개입이 병행되어야 하거나 약물 사용을 하는 데 어려움이 있는 환자를 위해서는 보다 효과적인 사회심리적 개발이 필요하다는 것을 시사한다. 지금까지 사회심리적 기법으로 자주 시도된 치료법은 CBT이며, 개인치료 및 집단치료의 형식으로 시도되었다. CBT는 안정화된 약물치료에도 불구하고, 환자가 여전히 경험하는 잔여증상의 감소와 삶의 기능적인 측면을 향상시키는 데 있어 부수적인 치료법으로서 효과적이라고 보고된다(Emilsson et al., 2011; Safren, Otto et al., 2005, 2010; Ramsay, 2012; Ramsay & Rostain, 2011; Rostain & Ramsay, 2006; Weiss, Murray, Wasdell, Greenfield, Giles, & Hechtman, 2012). 또한 약물 사용을 거부하거나 부득이 약물 사용을 할 수 없는 환자에게도 CBT가 증상의 감소 및 삶의 기능적 측면의 향상을 보고하고 있다(Ramsay, 2012; Ramsay & Rostain, 2011; Rostain & Ramsay, 2006). Bramham 등(2009)의 집단 CBT 연구에서는 약물과 CBT의 병합치료 실험집단 참가자가 약물만 복용하는 통제집단 참가자보다 유의미한 수준의 자기효능감 및 자존감의 향상을 보였다. 보다 흥미로운 최근의 연구 결과에 따르면, 약물과 CBT 처치를 받은 집단 및 CBT와 위약을 사용한 무선 통제집단의 실험에서 두 집단이 모두 증상이나 기능의 양호한 개선을 보였지만, 약물을 사용한 CBT 집단이 위약을 사용한 CBT 집단보다 유의미한 차이를 보이지는 않았다는 사실이다(Weiss et al., 2012). 물론 이러한 결과를 지지할 수 있는 추가적인 연구가 필요하지만, 이 연구 결과는 성인 ADHD 치료의 경우 아동 · 청소년의 치료 개입과는 달리 CBT 같은 사회심리적 기반의 개입이 보다 필수적이라는 점을 시사한다(Weiss et al., 2012). 여기서는 해외에서 지금까지 시도한 성인 ADHD 대상의 CBT 치료 적용과 구체적인 개입 내용에 대해 소개하고자 한다.

4) CBT 소개

CBT란 통상적으로 인지치료기술과 행동치료기술을 병합해서 사용하는 심리치료 접근이다. 미국 정신과 의사인 Aaron Beck이 1960년대 초에 우울증 환자를 치료하면서 개발한 인지치료가 대표적인 CBT 가운데 하나이며, 현재까지 다양한 심리 및 정신 장애에 적용되고 있고 치료 효과 역시 경험적으로 검증된 심리치료 방식이다. CBT 모델에서는 인간의 사고, 감정 그리고 행동이 상호적으로 영향을 주고받는 관계에 있다고 개념화한다. CBT의 인지적 개입은 치료자가 환자의 역기능적 사고를 파악하고, 환자 스스로 자신의 '자동적 부정사고(automatic negative thought: ANT)'를 찾아내도록 돕고, 환자가 그것에 도전하며 보다 적응적인 사고를 도출하도록 돕는다. 부정적 사고를 식별하고 수정하면서 치료자는 궁극적으로 환자의 역기능적 중간신념과 핵심신념을 파악하고, 환자가 이에 도전하고 그것을 재구조화하도록 한다. 초기 사례개념화 작업을 위해 치료자는 성인 ADHD 환자가 흔히 보고하는 핵심신념인 '실패, 결함, 무능' 등과 관련된 주제를 미리 인식하고, 이에 대한 보상전략인 중간신념과 일상에서 흔히 경험하는 자동적 부정사고가 이러한 핵심신념 안에서 발생할 가능성이 높을 것임을 예측하며, 이에 대한 치료적 질문을 준비할 필요가 있다. 궁극적으로 '인지적 재구조화(cognitive restructuring)' 작업이 인지적 측면에서 주된 목표가 된다. 반면에 행동치료의 관점에서는 환자의 역기능적 행동에 대한 개입에 초점을 둔다. 예를 들면, 대인불안 ADHD 환자에게 자기주장 훈련을 하도록 과제를 부여하거나 회피 혹은 미루기를 시도하는 환자에게 이와 관련된 사고를 탐색하고 이해하도록 도우며, 과제가 압도적인 경우 작은 단위의 과제로 나누어 환자가 처리 가능하도록 돕고, 문제해결 능력을 돕기 위해 심상기법을 통한 인지적 리허설에의 직면 또는 실험적인 행동 및 현실검증을 하도록 행동과제를 부여한다.

지금까지 개발된 성인 ADHD를 위한 CBT는 집단치료 방식으로서 구체적인 회기별 주제로 구성된 매뉴얼 방식이다(Safren, Perman, Sprich, & Otto, 2005; Solanto, 2011). 약물을 통한 증상의 감소에도 불구하고, 삶의 기능적 어려움으로 인해 회기 초반부터 구체적인 기술 개발에 초점을 두고 있다. 인지적 개입은 회기의 중반에 내담자의 역기능적 사고를 식별하고 수정하는 기술을 소개한다. 다음에서는 앞서 제시한 매뉴얼들에서 공통으로 제시하는 개입으로서 행동적 개입과 인지적 개입을 소개한다.

2. 성인 ADHD 장애에 대한 CBT 적용하기

성인 ADHD 치료를 위한 CBT의 구성요소는 유사하다. 여기서는 Safren, Perman 등(2005)이 개발한 '성인 ADHD CBT 프로그램(Mastering your adult ADHD: A Cognitive behavioral treatment program)'의 매뉴얼과 Solanto(2011)가 개발한 '성인 ADHD를 위한 CBT(Cognitive behavioral therapy for adult ADHD)' 매뉴얼에서 공통으로 언급하는 기술을 소개한다. 두 매뉴얼은 공통적으로 계획화하기와 조직화하기, 시간 관리 및 환자의 역기능적 사고의 재구조화 작업에 초점을 두고 있다. 둘 다 환자의 만성적인 낮은 자존감에 대한 작업을 회기의 중반에 두고 있으나, 필자는 회기를 시작하면서 환자에게 인지치료의 핵심인 인지모델을 설명하고, 사고와 감정의 연관성에 대해 설명하기를 권한다. 그리고 역기능적 사고에 대한 자기감찰 과제를 처음부터 부여하면서 환자가 보이는 치료에의 부정적 태도나 사고를 미리 파악하고, 치료에 장애가 되는 사고나 태도를 수정 혹은 문제해결하도록 돕는다. 다시 말하면, 인지적 작업과 행동적 개입을 동시에 1회기부터 시작하는 게 바람직할 수 있다. 1회기부터 환자에게 기능적 측면의 기술 개발의 중요성과 더불어 인지모델을 소개하는 방식으로 시도할 수 있다. 물론 1회기에서는 심리교육을 통한 ADHD의 증상과 병인학, 유병률, 증상으로 인한 영향을 설명함으로써 정상화하기 작업을 하는 것이 포함되어야 한다. 성인 ADHD 환자와 작업에서 자주 하는 주제들로는 ADHD와 관련한 심리교육, 조직화하기, 계획하기, 시간 관리하기, 주의산만성 다루기, 적응적 사고하기 등이 있다.

1) 심리교육과 조직화하기 및 계획하기

(1) 심리교육하기와 기초 기술 소개하기

상담 진행 전반에 대한 소개와 더불어 ADHD에 대한 정보를 제공한다. 치료에 대한 환자의 구체적인 목표를 논의하고, 변화에 대한 환자의 동기 수준을 평가한다. CBT와 약물을 병행할 경우 이에 대해 논의하고, 매 회기에서 약물 복용과 증상 수준에 대해 확인하는 것이 치료 과정의 중요한 부분이라는 사실을 알려 준다. 행동치료 개입을 위해 치료 초반에 조직화하기와 계획하기를 위한 기초 기술을 소개하고 준비 사항에 대해 알려 준다. 조직화하기를 위한 시스템을 개발하기 위해 노트나 수첩 사용의 중요성을 설명하고 가능한 한 빨리 이를 구입하도록 격려한다. 치료 과정에의 가족 구성원 참여는 선택 사항이지만, ADHD 문제로 인한 가족 구성원의 갈등을 고려해 볼 때 성인 ADHD 환자의 배우자가 참여하는 회기는 필수적인 부분일 것이다. 가족 구성원에게 ADHD에 대한 설명과 함께 장애로 인해 그들이 경험한 고통에 대한 타당화 작업을 하고, ADHD 배우자의 어려움을 이해하도록 도우며, 치료 과정에서 보다 협조적일 수 있도록 동기를 부여한다.

(2) 복수과제 조직화하기 및 계획하기

성인 ADHD 환자는 작업기억 능력의 결함을 보완하기 위해 하루에 서너 번씩 다이어리에 기재한 약속이나 과제 마감일을 확인하고, 과제의 우선순위를 정하고 이에 따라 과제를 처리하는 습관을 개발해야 한다. ADHD 환자는 만성적 산만성과 부주의 그리고 인지적 회피로 인해 덜 중요한 일을 먼저 처리하여 중요한 일을 처리하는 데 늦장을 부리거나 마지막 순간까지 미루는 경향이 높다. 이러한 어려움을 다루기 위해 치료자는 성인 ADHD 환자에게 다수의 처리해야 할 과제를 열거하게 하고, 일의 중요도와 시급도에 따라 우선순위를 정하는 방법을 교육한다. 이에 대한 기술로서 과제들을 다음과 같이 분류하는 법을 구체적으로 교육한다.

- 우선순위 정하기: A, B, C
  - –A 등급 과제: 가장 중요한 과제로 단기간에 처리해야 할 과제(오늘이나 내일까지)
  - –B 등급 과제: 중요하지만 장기적으로 해야 할 과제
  - –C 등급 과제: 보다 매력적이고 처리하기 쉬울 수 있지만 중요도가 낮은 과제

우선순위를 기준으로 완료한 과제는 줄을 그어 표시한다. Safren, Perman 등(2005)은 다이어리와 노트를 구분해서 사용하도록 권하지만, 실제 성인 ADHD 환자의 작업기억과 조직화의 어려움을 고려해 볼 때 하나의 다이어리에 약속, 행사, 과제 마감일 그리고 해야 할 과제 목록을 기록하는 것이 보다 효과적일 수 있다.

(3) 문제해결하기와 압도적인 과제 관리하기

실행기능의 결함으로 인해 성인 ADHD 환자는 문제를 해결하고 결정을 내리는 데 있어 어려움을 보일 수 있다. 구체적으로 언제, 어떤 상황에서 어려움을 경험하고 압도적인 느낌을 받는지 파악하고, 문제에 대한 정확한 이해와 함께 해결책에 대한 대안을 도출하며, 실행 가능한 대안을 시도하는 일련의 문제해결 기술을 적용해 본다. 다음은 문제해결 기술의 일반적인 절차다.

① 문제를 분명하게 파악한다. 가능한 한 문장으로 환자의 문제를 기술하도록 돕는다.
② 모든 가능성 있는 대안을 도출한다.
③ 각 대안의 장점과 단점을 열거한다.
④ 각 대안에 대해 평가한다.
⑤ 가장 훌륭한 대안을 실행한다.

문제해결하기 기술과 더불어 치료자는 환자가 압도감을 느끼는 과제를 처리 가능한 크기로 나누어서 심적 부담감을 줄이면서 숙달감을 높일 수 있도록 관련 기술을 교육한다. 예를 들어, 학기말 제출 과제가 있다면 구체적으로 주제를 언제까지 정하고, 이를 위해 참고자료 수집을 언제까지 하고, 매일 몇 시간씩 자료를 읽고 자료를 몇 장이나 쓸 것인지에 대한 계획을 하고, 언제까지 1차 초안을 작성하고 언제까지 윤문을 하여 제출할 것인지와 관련하여 구체적으로 과정 및 기일을 설정하는 법을 교육한다. 이러한 세부적인 사항을 매일 해야 하는 과제 목록에 옮겨 적도록 한다.

(4) 조직적으로 서류 정리하기

성인 ADHD 환자는 우편물, 공과금 고지서 및 일상의 서류를 조직적으로 정리하는 것에 큰 어려움을 경험한다. 이들은 중요한 서류를 아무 데나 함부로 방치해서 분실하거나 고지서를 제때 내지 못해 좌절감과 분노감을 경험한다. 이때 우선 치료사는 환자가 주기적으로 우편물이나 공과금 고지서를 언제, 어디에서 분류하고, 어디에 보관할 것인지에 대한 논의를 해야 한다. 단순하게 하나의 캐비닛에 정말 필요한 물건만 보관하게 하고, 중요한 주제별로 걸이식 파일 폴더를 설치하게 한다(예: 자동차 관련 서류, 의료 정보, 세금, 은행 내역서, 신용카드 내역서; Safren, Perman et al., 2005). 환자의 조직적인 서류 정리하기 기술이 온전히 습관이 되게 하기 위해서는 주변의 배우자나 가족의 협조가 필요하다.

2) 주의집중하기와 산만성 줄이기

(1) 주의지속 시간과 산만성 늦추기 실행하기

환자의 주의 폭을 파악하고, 그에 부합하는 중요한 과제의 분량을 여러 단계로 나누어 압도감을 갖지 않고 처리할 수 있도록 도와주는 기술이다. 주의지속 시간의 길이를 파악하기 위해 우선 스톱워치를 준비하게 한다. 환자에게 재미없는 과제를 고르게 한 다음 과제를 시작한 후에 내담자가 휴식을 취하거나 산만해지기 전까지 얼마나 오랫동안 작업을 할 수 있는지 기록한다. 그리고 여러 번 측정해서 평균적인 지속시간을 파악한다. 그 후 중요한 과제를 작은 단계들로 나누어 내담자가 중요한 과제를 나누어서 할 수 있도록 돕는다.

산만성 늦추기는 환자가 지루한 작업을 하게 될 때 노트를 가까이 두고 주의지속 시간을 평가하면서, 다른 생각이 들 때마다 노트에 기록하고 당장 실행하지는 않게 하는 것이다. 그리고 정해진 주의지속 시간이 끝나고 알람이 울릴 때 주의를 빼앗은 생각이 지금 당장 해야 하는 것인지를 결정한다. 또한 환자는 현재 작업 중인 과제로 주의를 돌리기 위해 자신에게 주의집중을 상기시키는 내면의 자기지시문(self-statements)을 개발할 수 있다. 예를 들어, "하던 과제를 마치고 처리할 거야." "그건 당장 급한 일이 아니야." 혹은 "이건 C 과제에 해당하는 거야."와 같은 것이다(Safren, Perman et al., 2005).

(2) 주변 환경 통제하기

ADHD 성인 환자에게 평소에 주의를 산만하게 하는 상황에 대해 물어본다. 그리고 구체적으로 무슨 일로 인해 산만해지는지 물어본다. 주의집중을 높이기 위해 ADHD 환자는 주의를 빼앗는 시각적 · 청각적 자극을 피하거나 조정할 필요가 있다(Safren, Perman et al., 2005; Solanto, 2011). 치료자는 환자와 주의를 빼앗는 주변자극에 대해 논의하면서 방해자극을 피해 특정한 장소에 가서 작업을 할 것인지 아니면 방해자극을 조정할 것인지 논의해야 한다. 환자는 주변의 방해자극이 없는 특정한 장소를 정하여 그곳에서 중요한 과제를 처리할 수 있다. 다른 한편으로는 방해자극을 차단하기 위해 작업하기 전에 전화선을 뽑거나 컴퓨터 또는 스마트폰의 전원을 끄고, 작업 공간을 정리하고, 라디오나 TV를 끄고, 작업 중일 때 타인의 방문을 허용하지 않으며, 내담자의 책상을 창문으로부터 돌려놓는 등의 활동을 하도록 할 수 있다.

산만성을 줄이기 위한 또 다른 전략으로 주의를 빼앗는 물건에 색깔 스티커를 붙이는 식으로 자신의 주의가 산만해졌다는 상기물을 사용하는 것이 있다. 이를 통해 환자는 상기물을 볼 때마다 스스로에게 다음과 같은 질문을 할 수 있다. 즉, "해야 하는 것을 지금 하고 있는가?" "내가 지금 주의가 산만해졌나?" 등이다. 따라서 환자는 주의가 산만해지거나 과제를 하지 않고 딴 것을 할 경우 다시 작업하고 있던 과제로 돌아가기 위해 주의를 돌리게 된다. 그래서 일상에서 자주 사용하는 물건을 구체적인 장소에 매일 두고 가지고 가는 습관을 개발할 수 있다.

3) 적응적 사고하기

(1) 인지치료 적용의 중요성

CBT의 관점에서 볼 때, 성인 ADHD 환자의 가장 큰 심리적 문제 중 하나는 만성화된 낮은 자존감의 문제다. 이들은 유년기 이후 삶에서의 반복적인 실패 경험과 주변의 부정적인 반응 및 피드백으로 인해 자신에 대한 부정적인 자기감을 흔히 보고한다(Newark & Stieglitz, 2010). 환자는 부정적 신념, 즉 환자 자신에 대한 부정적인 개념뿐만 아니라 타인에 대한 부정적인 생각과 세상에 대한, 그리고 미래에 대한 자기패배적인 사고를 가지고 있을 가능성이 높다. 성인 ADHD에 대한 몇몇의 해외 연구는 ADHD 성인의 핵심 사고로서 자신에게 결함이 있다거나, 자신을 실패자로 여기는 부정적인 신념을 보고한다(Newark & Stieglitz, 2010; Ramsay & Rostain, 2008). 이들은 부정적 사고로 인해 만성적인 우울감과 불안감을 자주 호소한다.

CBT는 ADHD의 주요 증상의 감소와 더불어 환자의 자기효능감과 자존감의 향상을 보고한다(Bramham et al., 2009). 부정적 사고와 감정은 심지어 과제를 수행하는 데 있어서 장애가 되고, 과제 수행이나 마무리를 하는 데 방해가 되며, 이로 인해 스트레스가 발생하여 과제를 회피하게 만듦으로써 환자의 산만성을 더욱 가중시키게 된다. 따라서 과제를 수행하는 상황 또는 그 밖의 다양한 상황에서 적응적 사고 방법을 배우는 것의 주된 목적은 치료자가 내담자에게 이전에 학습한 전략이 부정적 사고의 방해를 받을 수 있다는 메시지를 전달하는 것이다.

(2) 인지치료의 적용

인지치료의 기본 철학인 인지모델에 대한 설명을 제공하고, 환자의 경험과 관련된 예를 들어 회기에서 사고기록지 한 장을 함께 작성해 본다. 이를 통해 환자는 자동적 부정사고와 감정의 관계를 이해할 수 있고 감정이 조절될 수 있다는 사실을 깨달을 수 있다. 자동사고와 감정의 연관성을 이해하고 난 후에 ADHD 환자는 일상에서 불안, 우울, 분노나 화의 감정을 경험할 때마다 자신의 마음속에 어떤 부정적 자동사고가 스쳐갔는지 찾아내는 사고기록지를 과제로 부여받는다. 그리고 환자는 반복적인 작업을 통해 자신의 부정적 사고의 주제를 파악한 다음, 사고의 오류 목록을 참고하여 자신의 역기능적 사고에 대해 명명하는 법을 배우게 된다.

일반적으로 인지치료의 최종 작업은 환자의 핵심신념을 찾고 수정하는 것이지만, 성인 ADHD 환자의 경우 핵심신념은 이미 앞에서 언급한 것처럼 과거의 실패 경험으로 인한 무능함과 부적절감에 따른 '나는 실패자다'라는 신념이다. 치료자는 능력과 관련된 핵심신념의 주제들을 염두에 두고 환자의 부정적 자동사고가 어떨지 예측할 수 있다. 환자의 부정적 자동사고나 역기능적 생각은 환자의 부정적 핵심신념에서 기원하기 때문이다. 특히 치료자가 주의해야 할 사항은 이러한 부정적 핵심신념에 대한 대처전략으로서 환자가 회피행동을 자주 사용하게 된다는 것이다(Ramsay & Rostain, 2008). 회피나 미루기 행동은 불편한 생각 또는 감정으로부터 일시적인 안도감을 주지만, 이는 오히려 회피행동을 더욱더 강화시켜 환자의 행동 변화를 막고 악순환의 영속화를 만든다(Rosenfield, Ramsay, & Rostain, 2008). 다음 〈표 17-1〉, 〈표 17-2〉, 〈표 17-3〉, 〈표 17-4〉는 사고기록지와 사고 오류 목록의 예다.

〈표 17-1〉 3칸 사고기록지의 예

시간과 상황	자동사고	기분과 강도(%)
취업 다시 준비하기	• 또다시 실패할 거야. • 부모님의 말씀이 맞게 될 거야. • 사람들이 또 나를 멍청한 사람으로 보게 될 거야. • 또 실패하면 영영 다시 시도하지 못할 것 같아.	절망감(80) 슬픔(70) 불안감(90) 우울감(90)

〈표 17-2〉 4칸 사고 기록지의 예

시간과 상황	자동사고	기분과 강도(%)	사고 오류
취업 다시 준비하기	• 또다시 실패할 거야.	절망감(80)	속단하기(예언하기)
	• 부모님의 말씀이 맞게 될 거야.	슬픔(70)	속단하기(예언하기)
	• 사람들이 또 나를 멍청한 사람으로 보게 될 거야.	불안감(90)	속단하기(마음읽기와 예언하기)
	• 또 실패하면 영영 다시 시도하지 못할 것 같아.	우울감(90)	재앙화하기

〈표 17-3〉 사고 오류 목록

- 이분법적 사고하기: 사물을 흑백논리, 즉 이분법적 사고로 보며, 과제의 수행에서 완벽하지 않다는 생각이 들면 실패로 보는 역기능적인 사고 유형이다.
- 과잉일반화하기: 한 가지의 실패 경험이 미래에도 계속 일어날 것이라고 믿는 역기능적인 사고 유형이다(예: "이번 면접에도 또 떨어질 거야.").
- 정신적인 거르기(선택적 주의): 부정적인 사소한 일에 선택적 주의를 기울이고, 상황의 긍정적인 부분은 무시하는 태도를 가리킨다.
- 긍정적인 점을 무시하기: 자신이 이룬 성취나 긍정적인 측면에 대해 평가절하하면서 중요하지 않다고 주장한다.
- 속단하기: 객관적이고 분명한 증거 없이 부정적인 결론을 내려 버리는 행동을 가리킨다.
  - 마음 읽기: 타인의 행동이나 표정을 보고 자신에게 부정적인 생각을 갖고 있다고 속단하며, 실제 이에 대한 확인을 하지 않는다.
  - 예언하기: 상황이나 사태가 아주 나쁘게 될 거라 추측하고 결론을 내려 버리는 행동을 가리킨다(예: "긴장하게 되어 일을 제대로 못해 분명히 해고될 거야.").
- 확대화하기와 축소화하기: 특정한 상황이나 사건 혹은 개인의 특성에 대해 지나치게 과장하거나 중요성을 부적절하게 축소하는 행동을 가리킨다.
- 재앙화하기: 사건의 결과에 대해 극단적이며 끔찍한 결과로 받아들이고 직장에서의 실수를 해고 당하는 것과 동일한 것으로 본다.
- 감정적 추론하기: 느끼는 감정에 따라 상황을 해석하거나 추론하는 행동을 가리킨다(예: 아침에 불안한 감정이 들어 그날 재수 없는 일이 일어날 것이라고 믿는 태도).

- 당위적인 진술: 자신에게 혹은 타인에게 '해야 한다' 혹은 '하지 말아야 한다'라는 당위적인 말로 심리적 압박감을 주는 행동이다. 이러한 당위적인 기대에 부합하지 않을 때 좌절이나 분노를 경험한다.
- 꼬리표 달기와 오명 붙이기: 실수한 행동을 묘사하기보다는 자신이나 타인의 인격적인 부분과 관련한 부정적인 꼬리표를 붙인다. 실수한 행동을 '바보' 혹은 '패배자'로 묘사하는 과잉일반화의 유형이다.
- 개인화하기: 부정적인 사건에 대해 전적인 책임이 없음에도 자신의 탓으로 과도하게 돌리는 행동을 가리킨다.

〈표 17-4〉 합리적인 사고계발 기록지

시간과 상황	자동사고	기분과 강도(%)	사고 오류	합리적 반응
취업 다시 준비하기	• 또다시 실패할 거야.	절망감(80)	속단하기(예언하기)	또다시 실패할 수도 있지만 이번에는 상담자와 미리 준비할 수 있다.
	• 부모님의 말씀이 맞게 될 거야.	슬픔(70)	속단하기(예언하기)	부모님이 나에 대해 부정적으로 판단하지만 이제 내 삶은 내가 산다.
	• 사람들이 또 나를 멍청한 사람으로 보게 될 거야.	불안감(90)	속단하기(마음읽기와 예언하기)	다른 사람들이 나를 멍청하게 볼 수도 있지만, 이제는 상담에서 배운 기술을 적용하여 이전과는 다를 것이다.
	• 또 실패하면 영영 다시 시도하지 못할 것 같아.	우울감(90)	재앙화하기	설사 또 취업에 실패하더라도 아직 나이가 젊고 분명히 내게 맞는 직장이 있을 것이다.

3. 맺는 글

아동 · 청소년 ADHD에 대한 치료 개입과 달리 성인 ADHD 환자에 대한 치료 개입의 경우 약물 반응이 상대적으로 낮고, 약물 부작용이나 낮은 내성으로 인해 약물 사용이 어려운 경우도 있다. 게다가 약물치료로 주요 증상의 개선을 보고하지만, 여전히 잔류 증상이 있고 환자의 삶의 기능적인 측면에서 개발되어야 할 기술들이 남아 있다. 이를 위해 약물치료에 보완적인 사회심리적 개입이 필요하다.

앞서 언급한 것처럼, 최근에 CBT가 성인 ADHD 치료에 사회심리적 개입으로 활발히 연구되고 있고, 긍정적인 치료 효과를 보고하고 있다. CBT는 약물의 효과와 별도로 환자의 증상 개선과 더불어 환자의 낮은 자존감과 자기효능감을 개선하는 데 있어서도 도움이 되는 것으로 확인되었다. CBT의 주된 개입은 환자의 실행기능의 결함으로 일어나는 여러 가지 일상의 기능적인 문제에 초점을 두고 있다.

구체적인 개입으로는 계획하기, 조직화하기, 시간 관리하기, 미루기, 문제해결하기, 감정 조절하기에 대한 대처기술의 개발과 지속적인 연습을 하도록 돕는 것이 있다. 인지적 개입으로는 환자의 역기능적 사고에 대한 인식과 이에 대한 도전을 하도록 돕는 작업이 있다. ADHD 환자의 경우 반복적인 실패 경험으로 인해 만성적인 낮은 자존감과 실패자라는 핵심신념을 가지고 있을 소지가 높다. 이러한 만성적인 실패감과 무능감으로 인해 성인 ADHD 환자는 새로운 일이나 활동에서 미리 실패할 것이라고 생각하는 부정적인 사고(예: 속단하기, 재앙화하기, 과잉일반화하기 등)를 갖고, 이를 통해 시도도 하기 전에 포기하거나 회피 또는 미루는 행동을 할 가능성이 높다. 이러한 행동은 환자의 실패감과 무력감을 영속화시키기 때문에 치료자는 환자가 스스로의 역기능적 사고나 행동을 탐색하고 식별하여 악순환의 고리를 끊을 수 있도록 환자의 역기능적 사고에 대한 보다 합리적인 사고의 계발 및 행동치료를 위한 개입을 함으로써 역기능적인 행동을 수정하도록 도와야 한다.

참 고 문 헌

이성직 역(2013). 성인 ADHD 인지행동치료프로그램[*Mastering Your Adult ADHD: A Cognitive-Behavioral Treatment Program*]. S. A. Safren, C. A. Perman, S. Sprich, & M. W. Otto 공저. 서울: 학지사. (원저는 2005년에 출판).

American Psychiatric Association (2013). *Diagnostic and statistical manual of mental disorders* (5th ed.). Washington, DC: Author.

Barkley, R. A. (1997). Behavioral inhibition, sustained attention, and executive functions: Constructing a unifying theory of ADHD. *Psychological Bulletin, 121,* 65–94.

Barkley, R. A., Murphy, K. R., & Fischer, M. (2008). *ADHD in adults: What the science says.* New York: Guilford Press.

Biederman, J., Faraone, S. V., Mick, E., Spencer, T., Wilens, T., Kiely, K., et al. (1995). High risk for attention deficit hyperactivity disorder among children of parents with childhood onset of the disorder: A pilot study, *American Journal of Psychiatry, 152,* 431–435.

Biederman, J., Faraone, S. V., Taylor, A., Sienna, M., Williamson, S., & Fine, C. (1998). Diagnostic continuity between child and adolescent ADHD: Findings from a longitudinal clinical sample. *Journal of the American Academy of Child and Adolescence Psychiatry, 37,* 305–313.

Bramham, J., Young, S., Bickerdike, A., Spain, D., McCartan, D., & Xenitidis, K. (2009). Evaluation of group cognitive behavioral therapy for adults with ADHD. *Journal of Attention Disorders, 12,* 434–441.

Emilsson, B., Gudjonsson, G., Sigurdsson, J. F., Baldursson, G., Einarsson, Olafsdottir, H., & Young, S. (2011). Cognitive behavior therapy in medication-treated adults with ADHD and persistent symptoms: A randomized controlled trial, *BMC Psychiatry, 11,* 116-126.

Manuzza, S., & Klein, R. G. (2000). Long-term prognosis in attention-deficit/hyperactivity disorder. *Child and Adolescent Psychiatric Clinics of North America, 9,* 711-726.

Newark, P. E., & Stieglitz, R. D. (2010). Therapy-relevant factors in adult ADHD from a cognitive behavioral perspective. *Attention Deficit Hyperactivity Disorder, 27,* 215-224.

Parker, J. D. A., Majeski, S. A., & Collin, V. T. (2004). ADHD symptoms and personality: relationships wit the five-factor model. *Personality and Individual Difficulties, 36,* 977-987.

Ramsay, J. R. (2012). Without a net: CBT without medications for an adult with ADHD. *Clinical Case Studies, 11,* 48–65.

Ramsay, J. R., & Rostain, A. L. (2008). *Cognitive-behavioral therapy for adult ADHD: An integrative psychosocial and medical approach.* New York: Routledge.

Ramsay, J. R., & Rostain, A. L. (2011). CBT without medications for adult ADHD: An open pilot study of five patients. *Journal of Cognitive Psychotherapy: An International Quarterly, 25,* 277-286.

Rosenfield, B. M., Ramsay, J. R., & Rostain, A. L. (2008). Extreme makeover: The case of a young adult man with severe ADHD. *Clinical Case Studies, 7,* 471–490.

Rostain, A. L., & Ramsay, J. R. (2006). A combined treatment approach for adults with ADHD-results of an open study of 43 patients. *Journal of Attention Disorders, 10,* 150-159.

Safren, S. A., Otto, M. W., Sprich, S., Winett, C. L., Wilens, T. E, & Biederman, J. (2005). Cognitive-behavioral therapy for ADHD in medication-treated adults with continued symptoms. *Behaviour Research and Therapy, 43,* 831–842.

Safren, S. A., Perman, C. A., Sprich, S., & Otto, M. W. (2005). *Mastering your adult ADHD: A cognitive-behavioral treatment program, therapist guide.* New York: Guilford Press.

Safren, S. A., Sprich, S. E., Cooper-Vince, C., Knouse, L. E., & Lerner, J. A. (2010). Life impairments in adults with medication-treated ADHD. *Journal of Attention Disorders, 13,* 524-531.

Safren, S. A., Sprich, S., Mimiaga, M. J., Surman, C., Knouse, L., Groves, M., & Otto, M. W. (2010). Cognitive behavioral therapy vs. relaxation with educational support for medication-treated adults with ADHD and persistent symptoms: A randomized controlled trial. *Journal of American Medical Association, 304,* 875-880.

Solanto, M. V. (2011). *Cognitive behavioral therapy for adult ADHD.* New Yok: Guilford Press.

Solanto, M. V., Marks., D. J., Mitchell, K. J., Wasserstein, J., & Kofman, M. D. (2008). Development of a new psychosocial treatment for adult ADHD. *Journal of Attention Disorders, 11,* 728-736.

Solanto, M. V., Marks., D. J., Wasserstein, J., Mitchell, K., Abikoff, H., Alvir, J. M., & Kofman, M. D. (2010). Efficacy of meta-cognitive therapy for adult ADHD. *The American Journal of Psychiatry, 167,* 958-1012.

Spencer, T., Biederman, J., & Wilens, T. (2004). Stimulant treatment of adult attention-deficit/hyperactivity disorder. *Psychiatric Clinics of North America, 27,* 361-372.

The MTA Cooperative Group (1999). A 14-month randomized clinical trial of treatment strategies for attention deficit hyperactivity disorder. *Archives of General Psychiatry, 56,* 1073-1086.

Virta, M., Vedenpää, A., Grönroos, N., Chydenius, E., Partinen, M., Vataja, R., Kaski, M., & Iivavainen, M. (2008). Adults with ADHD benefits from cognitive-behaviorally oriented group rehabilitation: A study of 29 participants. *Journal of Attention Disorders, 12,* 218-226.

Weiss, M., Murray, C., Wasdell, M., Greenfield, B., Giles, L., & Hechtman, L. (2012). A randomized controlled trial of CBT therapy for adults with ADHD with and without medication. *BMC Psychiatry, 12,* 30-37.

Weiss, M., Safren, S. A., Solanto, M. V., Hechtman, L., Rostain, A. L., Ramsay, J. R., & Murray, C. (2008). Research forum on psychological treatment of adults with ADHD. *Journal of Attention Disorders, 11,* 642-651.

Wilens, T. E., Spencer, T. J., & Biederman, J. (2002). A review of the pharmacotherapy of adults with attention-deficit/hyperactivity disorder. *Journal of Attention Disorders, 5,* 189-202.

Yen, J. Y., Yen, C. F., Chen, C. S., Tang, T. C., & Ko, C. H. (2009). The association between adult ADHD symptoms and internet addiction among college students: The gender difference. *Cyberpsychology & Behavior, 12,* 187-191.

Young, S. (2005). Coping strategies used by adults with ADHD. *Personality and Individual Differences, 38,* 809-816.

찾/아/보/기/

인명

내용

저자 소개

〈대표저자Editor〉

- 안동현(Dong-Hyun Ahn, M.D., Ph.D.)_1장, 3장, 10장
  한양대학교 의과대학 한양대학교병원 정신건강의학과 교수 및 정신건강연구소 소장

〈집필진Contributors〉

- 김봉석(Bong-Seog Kim, M.D., Ph.D.)_6장
  인제대학교 의과대학 상계백병원 정신건강의학과 교수

- 두정일(Jeong-Il Doo, Ph.D.)_11장
  한양대학교 대학원 아동심리치료학과 교수

- 박태원(Tae-Won Park, M.D., Ph.D.)_9장
  전북대학교 의과대학 전북대학교병원 정신건강의학과 교수

- 반건호(Geon-Ho Bahn, M.D., Ph.D.)_2장
  경희대학교 의과대학 경희대학교병원 정신건강의학과 교수

- 신민섭(Min-Sup Shin, Ph.D.)_5장
  서울대학교 의과대학 정신과학교실 및 서울대학교 어린이병원 소아청소년정신과 교수

- 신윤미(Yun-Mi Shin, M.D., Ph.D.)_15장
  아주대학교 의과대학 아주대학교병원 정신건강의학과 부교수

- 양수진(Su-Jin Yang, M.D., Ph.D.)_4장
  제주특별자치도교육청 학생건강증진센터 마음건강팀장

- 이성직(Seong-Jik Lee, Ph.D.)_17장
  용문상담심리대학원대학교 심리학과 조교수

- 이소영(So-Young Irene Lee, M.D., Ph.D.)_8장
  순천향대학교 의과대학 정신건강의학교실 및 순천향대학교 부천병원 정신건강의학과 교수

- 이재욱(Jae-Wook Lee, Ph.D.)_14장
  강남대학교 사범대학 초등특수교육과 교수

- 임명호(Myung-Ho Lim, M.D., Ph.D.)_12장
  단국대학교 공공인재대학 심리학과 교수

- 정유숙(Yoo-Sook Joung, M.D., Ph.D.)_16장
  성균관대학교 의과대학 삼성서울병원 정신건강의학과 교수 및 삼성사회정신건강연구소 부소장

- 천근아(Keun-Ah Cheon, M.D., Ph.D.)_7장
  연세대학교 의과대학 정신과학교실 및 연세대학교 세브란스병원 소아정신과 교수

- 홍현주(Hyun-Ju Hong, M.D., Ph.D.)_13장
  한림대학교 의과대학 한림대학교성심병원 정신건강의학과 부교수 및 자살과 학생정신건강연구소 소장

ADHD의 통합적 이해

Integrative Understanding of ADHD

2015년 9월 25일 1판 1쇄 발행
2022년 4월 20일 1판 4쇄 발행

지은이 • 안동현 외

펴낸이 • 김 진 환

펴낸곳 • (주) 학지사
04031 서울특별시 마포구 양화로 15길 20 마인드월드빌딩 5층

대표전화 • 02) 330-5114 팩스 • 02) 324-2345

등록번호 • 제313-2006-000265호

홈페이지 • http://www.hakjisa.co.kr
페이스북 • https://www.facebook.com/hakjisabook

ISBN 978-89-997-0806-0 93370

정가 23,000원

저자와의 협약으로 인지는 생략합니다.
파본은 구입처에서 교환하여 드립니다.

이 도서의 국립중앙도서관 출판시도서목록(CIP)은 서지정보유통지원시스템 홈페이지(http://seoji.nl.go.kr)와 국가자료공동목록시스템(http://www.nl.go.kr/kolisnet)에서 이용하실 수 있습니다.
(CIP제어번호: CIP2015024529)